# 公共服务视野下的公法精神

Spirit of Public Law from the
Perspective of Public Service

贺林波 李燕凌◎著

人民出版社

# 序　言

在世界法制史上,《法国民法典》和《德国民法典》具有划时代的意义,是西方资本主义社会的制度基础。但是,人们往往容易忽略私法背后的公法前提,私法理性的发挥,极度依赖公法精神的理性与公法制度的建设。实际上,孟德斯鸠的《论法的精神》、洛克的《政府论》和卢梭的《社会契约论》所阐述的公法精神与制度,构成了西方资本主义法治社会的基础与前提。从这个意义上说,一个国家的公法精神与制度,是一个国家实施法治必须首先解决的问题。

西方社会主流的公法精神与制度,一般以私权保障为根本目的,强调政府对市场与社会的有限治理,严格控制政府权力的范围与行使,基本不干涉公民基于自由意志行动的结果。与主流公法精神与制度观不同,还存在另一种倡导社会平等、实现公民积极自由的公法精神与制度观。后者以维护公民实质平等为根本目的,虽然鼓励公民基于自由意志而行动,但同时提倡政府对行动的结果进行干预,以提高公民积极自由的理性程度,谋求在更高层次上实现社会公平。近两百年来这两种不同路径的公法精神与制度观之争议,推动着公法制度日益走向完备。

传统的公法精神与制度,包含着一些假定的前提,即以某些在伦理上视为正当的观念为基础,比如天赋人权、社会契约和意志自由等。或者采用的方法虽是科学性的,但是理论目的却是伦理性的,也就是说,以伦理上预设的判断对社会事实进行研究。这可能是两大主要公法精神与制度流派争论不断的根源所在。事实上,人们不可能在某些伦理观念的论战中,绝对地认定某些伦理观念是错误的,而另一些伦理观念则是正确的。正如维特根斯坦所言,"所有能够说的都一定说得清楚,不能说的人们应当保持沉默"。

公共服务视阈下的公法精神观念正是在这种历史条件下应运而生。将公法精神设定为公共服务,不仅界定了政府的社会功能和主要职责,而且明确了政府的道义责任。更重要的是,公共服务观念不具有明显的形而上学性,在伦理上也无可争议,因为任何政府成立的主要目的,必定在于提供公共服务,否则政府将没有存在的必要性。狄冀是第一个提出以公共服务观念替代传统公法精神与理念的法国法学家,他奠定了欧洲大陆国家"公共服务"流派的理论基础。遗憾的是,狄冀所倡导的公法精神,并未完全进入科学化的研究范畴。欧洲大陆国家的法学家还是将公共服务观念视为一种意识形态,没有将其作为科学研究的对象。

新公共管理运动的兴起,为公共服务观念作为公法精神的科学化研究奠定了实践基础。新公共管理运动以追求卓越效率为导向,在工具主义大旗下广泛运用科学研究方法,以阐明政府提供公共服务的方式方法和主要职能,同时对政府持续改善公共服务、提高服务效率、增进公平与福祉提出科学化要求。但是,新公共管理运动虽然从科学管理视角阐释了公共服务精神,却无法就公法精神与制度的发展,提出公平与正义的逻辑推演或伦理判断。在深入贯彻党的十八大精神,积极加强"五位一体"建设的历史背景下,加强公法精神与制度建设,以更加完善的公法体制作为规范中国社会管理与公共服务活动的基础,在中国法制发展史上,无疑是一件功莫大焉的拓荒之作。

基于这种认识,公共管理学者李燕凌教授和青年法学教师贺林波副教授两位学者,积极倡导在公共服务视野下展开公法精神与制度研究,历经数年努力,推出这套公法系列丛书,意在从法学角度阐明公共服务作为公法精神的必要性、可能性与现实性,在宪法权利观念中将其界定为政府提供公共服务职能的实现,审查现有行政法体系的基本逻辑,根据政府提供公共服务的效率与公平之要求,发现现有行政法体系之不足,调整现有行政法的基本体系,使之适应于新公法精神的要求。我认为,这种研究的现实意义,可能远远大于因为体系不完备、证论疏陋,或观点尚显粗简所带来的一切不足。

李燕凌、贺林波两位学者撰写的这套公法系列丛书,包括《公共服务视野下的公法精神》、《公共服务视野下的宪法权利》和《公共服务视野下的行政法》。丛书以公共服务理念为核心,研究了公共服务理念与公法的相关性,提出了作为公法基础理论的公共服务三原则,论证了公共服务理念作为公私法划分标准相对于其他标准的优越性,全面解读了公共服务理念在基本政治、经济和社会制度中的具体表现,证明了公共服务理念与社会主义法治理念的基本理论、基本内容和基本要求的内在一致性,研究了宪法权利的理论基础和实现保障的问题。与传统的宪法权利研究不同的是,本书突破了从人的道德权利出发来论证宪法权利的理论基础,以及从法律实证主义的角度来分析宪法权利理论基础的固有范围,从政府公共服务社会功能的角度来研究宪法权利理论基础,将宪法权利视为政府应当提供的公共服务或公共品,宪法权利实现的保障性取决于政府提供公共服务或公共品的有效性和正当性。围绕公共服务理念在具体宪法权利中的表现与实现问题,试图论证公共服务理念作为宪法权利理论基础的可行性、有效性和正当性。研究了将行政行为视为行政组织提供公共服务或公共品的行政过程,并以此为依据研究行政组织在行政过程中所应当遵循的行政法律,打破了传统的行政法学研究中以行政法律关系为核心的理论框架,将传统行政法学研究中忽视的许多行政行为,比如行政决策、行政执行、行政预算、行政人事和行政绩效等纳入到行政法学的研究中,使得行政法学的研究更具现实性和针对性,使得行政法学研究更加贴合行政主体在行政职能实现过程中依法行政的现实需求。

　　本书属于行政法学与公共管理学的交叉学科研究范畴,无论在研究方法上还是在研究内容上都具有一定的创新性;本书的研究开拓了行政法学和公共管理学研究的新领域,使人们注意到这两个学科在各自传统研究领域所存在的局限性。本书综合运用公共管理学与法学的知识进行研究,在知识体系上有一定的新颖性。本书突破了传统公法基础理论以"权力"和"权利"观念为核心的研究范围,引入了公共服务或公共品的范畴,并以此作为现代公法的理论基础,丰富了公法基础理论的研究范围,拓展了公共管理学的研究领域,对社会主义法治实践有一定的借鉴意义。

　　李燕凌、贺林波两位学者都是热爱法学与公共管理学的青年才俊,又是我的同乡。他们托我为这套丛书作序,盛情难却,欣然写下这些文字。是为序!

2012 年 11 月 18 日于北京

# 目　　录

# 绪　　论

## 一、法律精神的流变：事实与规范

精神，据东汉许慎在《说文解字》中的注释："精者，择也"，"神者，天神，引出万物者也"，精神意味着人类选择的能引出万物的东西；又，据《辞海》的解释，精神有"实质，要旨，事物之精微所在"的意思，如宋朝王安石《读史》诗："糟粕所传非粹美，丹青难写是精神。"鲁迅《三闲集·〈近代世界短篇小说集〉小引》："只顷刻间，而仍可借一斑略知全豹，以一目尽传精神。"

因此，从字面上来理解，法律精神为人类社会所选择的能从中引出所有被称为"法律"的东西，或者说是"法律"的实质、要旨或其精微所在。虽然人类社会在原初时代就意识到了"法律"与"法律精神"的差异，但是首次以"法律精神"为题进行论证却是文艺复兴时期之后。1748 年，孟得斯鸠发表了其划时代的著作《论法的精神》。在该书中，孟得斯鸠采用了"法律"与"法律精神"二元区分，运用了自然科学理论的方法论逻辑，认为"法律"是由"法律精神"决定的。"法律"是规定人们应当何为的"规范"，而"法律精神"，则由一些基本的社会事实构成，包括历史条件、生活需求、风俗习惯和地理环境等。孟得斯鸠认为，每一个国家或地区由于拥有不同的基本社会事实，也就拥有不同的"法律精神"，由"法律精神"决定的"法律"也必然有所不同。孟得斯鸠的法律理论虽然具有简化历史事实、为特定社会阶层辩护的缺陷，但是孟得斯鸠认定的"法律精神"与"法律"的二元区分，"法律精神"存在于基本社会事实之中的观念却具有积极的意义。在此之前的理论中，"法律精神"大多由"上帝旨意"等神学观念来解释，或者以抽象的"人权"观念来解释。

孟得斯鸠的法律理论对于人们摆脱神权法律的控制具有重要的社会意义。但是，值得注意的是，孟得斯鸠对"法律精神"的论证并不彻底，在他的理论中还保留了一些形而上学的成分。在《论法的精神》开篇,他阐述了法律精神的一般观念,认为:"从最广泛的意义上来说,法是由事物的性质产生出来和必然关系。在这个意义上,一切存在物都有它们的法。上帝有他的法;物质世界有它的法;高于人类的'智灵们'有他们的法;兽类有它们的法;人类有他们的法。……由此可见,是有一个根本理性存在着的。法就是这个根本理性和各种存在物之间的关系,同时也是存在物彼此之间的关系。"①在这个定义中,孟得斯鸠设定了"根本理性"的范畴,以此来替代西方传统法律观念中"上帝"的角色。由于此种不彻底性,孟得斯鸠的法律理论在 19 世纪受到了广泛的质疑,特别是以社会法学和历史法学等为代表的实证性法学流派,在全面批判孟得斯鸠将"法律精神"建立在"根本理性"之上观点的基础上,提出了将"法律精神"建立在特定或具体社会事实之上的法律理论,如狄冀的"社会团结关系"、马克思的"经济基础与上层建筑"和"阶级斗争",以及萨维尼的"民族精神",等等。在他们的观念中,根本理性不再是神秘的形而上学假定,而是实实在在的社会事实,"法律精神"也不再是主观而抽象的存在,而是"社会团结关系"、"阶级斗争"或"民族精神"等具体的社会事实。

"法律精神"实证化所带来的社会影响非常深远,使人们认识到社会基本事实(社会结构或社会制度)对法律内容的决定性影响,以及由此带来的对人的命运的深刻影响。19 世纪末至 20 世纪初的社会革命或改革运动,大多与"法律精神"的实证化思潮存在直接的关系,尤其是马克思主义的法律观,不仅改变了人们对"法律精神"的传统观念,而且还促进了社会主义革命或运动的发展,形成了独具特色的社会主义法律体系。

但是,"法律精神"实证化也面临着两个理论上的难题。其一,作为"法律精神"基础的社会事实不具有专门性,不仅可以成为"法律精神"的基础,也可以成为伦理道德、政治制度或其他社会制度的"精神"基础。换句话说,作为"法律精神"基础的社会事实,并不专属于法学领域,也可以作为社会学、政治学或伦理学的理论基础。根据这种理论,法律与伦理、政治或宗教规范等社会制度共享相同的"精神"基础,"法律精神"并不具有独特性,与其他社会制度的"精神"没有实质性的区别。此种"精神"同质化的倾向,容易滋生"法律虚

---

① [法]孟得斯鸠著:《论法的精神》,张雁深译,商务印书馆 1995 年版,第 1 页。

无主义"的观念,导致法律、政治、道德与宗教等规范不分,使法律的权威性和稳定性受到影响。其二,以基本社会事实作为"法律精神"来论证法律规范的合理性存在逻辑上的困难。根据休谟的观点,规范与事实的性质在逻辑上完全不同,规范强调的是"该当"性,而事实强调的是"是什么",事实上如何,并不能在逻辑上证明应当如何。法律首先是一种规范,规定人们"应当如何行为"。如果将"法律精神"设定为某些基本社会事实,然后认定"法律精神"决定"法律"的内容,就会出现休谟认定的逻辑难题,即"事实如何"不可能在逻辑上证明"应当如何"的正确性。

解决"法律精神"实证化难题的第一种解决办法是,从人性倾向中寻找"法律精神"的基础。休谟认为,"快乐与痛苦"是决定人类行为的两大主人,每一个人都有"趋乐避害"的自然倾向,每一个人都是按照自身"效用"最大化的原则行事,这是一种基本的社会事实。法律的正当性或当为性,由这一基本社会事实决定,只有能够实现"最大多数人的最大幸福"的法律才是正当的。"最大多数人的最大幸福"无疑是一种可以衡量的基本社会事实,休谟认为,这一基本社会事实可以作为"法律精神",成为决定"法律"正当与否的基础。实际上,休谟陷入了理论上的两难,一方面他坚持认为"事实如何"不可能在逻辑上证明"应当如何"的正确性,另一方面,在他的功利主义哲学中,他还是采用了以"事实如何"来证明"应当如何"的论证方式。

解决"法律精神"实证化难题的第二种解决办法是,不再从基本社会事实中寻找"法律精神",而是从其他"规范"中来寻找"法律精神",比如以"作为人的最为基本的权利"(德沃金)或"作为公平的正义"(罗尔斯)等规范观念作为"法律精神"。以其他"规范"作为"法律精神",并以此作为论证"法律"正当性的基础,在逻辑上可以避免"事实"证明"规范"的难题,只是在某种程度上,这种解决办法又回到了文艺复兴时期古典理论家论证"法律精神"的模式,从抽象的形而上学观念出发,演绎出法律"应当如何"的理论体系。不仅如此,关于"法律精神"的观念也与古典时期保持了一致,都强调"人的权利"的不可侵犯性。但是,观念上的回归,却是以新方法论为基础的。比如,新自然主义法学代表人物德沃金认为,所有的法律都应当"认真对待权利"。为论证这一结论,德沃金借用了解释学理论的最新成果,提出了法律正当性的"整体性阐释"方法,根据这一方法,"认真对待权利"是唯一正确的"法律精神";

再如,罗尔斯认为,"作为公平的正义"是社会制度,尤其是法律制度的首要价值。罗尔斯并没有采用"乌托邦"式的论证方法,而是从纯粹理性的角度出发,要求人们在"无知之幕"下,不受任何主观偏见的影响来回答法律应当如何的问题。在这种理论假设下,罗尔斯认为,"作为公平的正义"是每一个无主观偏见之纯粹理性人对"法律精神"的必然选择。简而言之,这种解决办法实际上就是以更高级、更抽象的规范作为法律规范的"精神",来论证法律规范的正当性。这种解决办法虽然避免了以社会事实来论证法律规范正当性的逻辑难题,但是却带来了另一个逻辑上的问题,即不存在不证自明的最高级规范,人们只能设定某些规范是最高级规范并且是必然正确的。

解决"法律精神"实证化难题的第三种解决办法是,模糊"规范与事实"之间的区分,从主体性视角出发,将"可接受性"或"共识"作为"法律精神"的基础。这种解决办法由于没有采用"规范与事实"的二元区分,直接将法律的正当性建立在"可接受性"或"共识"的基础上,避免了以"事实"证明"规范"正当性的逻辑难题;由于也没有设定形而上学的抽象观念作为论证法律正当性的前提,也就避免了形而上学观念无法证明为真的困难,从形式上解决了"规范与事实"之间的逻辑难题。这种解决办法受到了后现代主义思潮的影响,具有明显的消解法律本质的理论倾向,伴随着接受主体的"共识"或"可接受性"程度不同,"法律精神"也会不同,而在不同的"法律精神"中,并不存在唯一正确的"法律精神",这在某种程度上消解了"法律精神"本身,使"法律精神"成为一个并不需要讨论的问题。很明显,这种消解"法律精神"的理论态度是人们无法接受的,无论如何,人们都拥有法律应当受"法律精神"支配的信念。

至此,"法律精神"实证化难题的解决办法都不能说是成功的。将"法律精神"建立在基本"社会事实"之上,可以增加"法律精神"的确定性、实证性和科学性,但是却存在着"事实"无法证明"规范"的难题;将"法律精神"建立在形而上学的"高级规范"之上,可以解决"事实"不能证明"规范"的逻辑问题,但是却存在着形而上学规范本身无法自证的问题;将"法律精神"建立在"可接受性"或"共识"等主体性观念之上,可以消解"规范与事实"之间的逻辑难题,但是却同时也消解了"法律精神"的问题,使法律的发展与适用失去了确定的导向。"真理也许就在三者之间。康德在讨论科学基础问题时,对于"先验论"和"经验论"之间的争论,提出了一种综合性的看法,即所谓"先天综合命题"。康德认为,科学的基础应当是"知性与感性"的统一,"没有知性的感性是盲目的,而没有感性的知性是空洞的。""法律精神"的基础与此类似,"法律精神"也应当是"规范与事实"的统一体,"规范与事实"之间的关系应当是,"缺乏规范性的法律是盲目的,缺乏事实性的法律则是空洞的。"唯有如此,才能合理解决"法律精神"实证化过程中的难题。

### 二、公法精神的发展:意识形态与科学理论

将法律划分为公法与私法是一种非常古老的法律传统,在古罗马法中就有了公私法的划分与定义。查士丁尼在《法学阶梯》中将公私法定义为,"公法涉及罗马帝国的政体,私法则涉及个人利益。"[①]古罗马五大法学家之一乌尔比安将公法定义为,"有关国家稳定的法律。"[②]进入资本主义社会之后,随着罗马法的复兴,西方资本主义国家继受了公私法划分的传统,在罗马私法的基础上制定了适用于资本主义社会生产方式的私法体系。20 世纪以来,随着社会的发展,出现了一些新的法律部门,无法涵括在传统意义上的公私法范围之内,公私法的划分方式受到了挑战。传统私法是个人主义为理论基础,强调私人权利与义务的明确性,传统公法以规范政权组织与运转为核心,强调对政府权力的法律控制,而新出现的法律部门,大多具有"社会性",传统私法中的个人主义观念无法解释这一点,"社会性"法律的功能也超出了传统公法中政府应有的政治职能。"社会性"法律的大量出现,对传统公私法划分方式的挑战,说明人们对"公法精神"的认识远未达成一致。

罗马法复兴过程中,西方资本主义社会对罗马法公私法划分传统的继受,就法律内容而言,主要是对罗马私法的继受。这可能是因为古罗马时代的经济生产方式与资本主义社会存在很大的类似性。马克思认为,"罗马法是纯粹私有制占统治的社会的生活条件和冲突的十分经典的法律表现。"[③]"以私

---

① ［罗马］查士丁尼著:《法学总论——法学阶梯》,张企泰译,商务印书馆 2001 年版,第 6 页。

② ［意大利］朱塞佩·格罗索著:《罗马法史》,黄风译,中国政法大学出版社 1996 年版,第 108 页。

③ 《马克思恩格斯全集》第 21 卷,人民出版社 1965 年版,第 454 页。

有制为基础的法律的最完备形式。"①"私有财产的真正基础,即占有,是一个事实,一个不可解释的事实,而不是权利。而只是由于社会赋予实际占有人以法律规定,实际占有才具有合法占有的性质,才具有私有财产的性质。"恩格斯认为,罗马法是"商品生产者社会的第一个世界性法律,能够被巧妙地运用于现代资本主义条件,以致一切后来的法律都不能对它做任何实质性的修改"②。马克思、恩格斯对罗马法的讨论,主要涉及罗马私法,并未涉及罗马公法的内容,他们认为,是近现代资本主义社会与古罗马时代在经济生产方式上的近似性导致了对古罗马私法的继受。正因为如此,人们对私法精神的认识保持了较高程度的一致性。几乎所有国家的私法都会承认,私法的基本精神是"意思自治"或"行动自由",差别仅仅在于"意思自治"或"行动自由"的程度。

相对于私法精神而言,人们对公法精神的认识充满争议。不仅不同国家对于公法精神的认识有差别,即使同一个国家在不同的历史时期对公法精神的认识也有所不同。在古罗马法中,乌尔比安对公法先后做过几种完全不同的定义。在《法学阶梯》中,他将公法定义为"涉及罗马帝国政体的法律",而在他的某些著作中,他也将公法定义为"关于罗马国家稳定的法律",或定义为"关于罗马国家公共利益的法律"。在生涯后期,他甚至放弃了公法定义中的"国家"范畴,认为罗马公法是涉及"共同体"利益的法律。一方面,罗马公法缺乏统一的定义,另一方面罗马公法规范本身也是不成体系的,在罗马帝国著名的法律汇编中,只有《民法大全》,而没有《公法大全》,罗马公法的规范散见于各种私法规范中,与私法规范交织在一起。③ 罗马法时代之后,文艺复兴之前,人们对公法精神的理解大多与政治意识形态保持着紧密的关系。在欧洲中世纪,自罗马帝国时期被接受为国教的基督教变得非常强势,教会不仅仅是一个与宗教信仰相关的组织,也是一种足以与封建政权相抗衡的政治力量。教会与封建政权之间是一种共生关系,法律治理主要由封建政权实施,以维护国家良好的统治秩序,基督教则提供人们对生活与社会终极意义需求的信仰。

---

① 《马克思恩格斯全集》第20卷,人民出版社1971年版,第113页。
② 《马克思恩格斯全集》第21卷,人民出版社1965年版,第454页。
③ [意大利]桑德罗·斯奇巴尼选编:《民法大全选译——公法》,张礼洪译,中国政法大学出版社1999年版,"出版说明"第2—5页。

法律是世俗的,需要借助宗教信仰才能保持其神圣性,以及人们服从法律的自觉性,否则就会削弱法律维护统治秩序的功能。正是在这个意义上,美国著名法学家伯尔曼认为,"法律必须获得信仰,否则它将形同虚设。"①宗教信仰也需要借助法律才能获得社会性,才能持续改善并提高其社会地位。根据伯尔曼的观点,法律(在欧洲中世纪主要是公法,私法则随着罗马帝国的灭亡、农业经济取代商品经济而基本消失了)与宗教共享四项基本要素,即仪式、传统、权威和普遍性。② 这个时期的法律浸润着基督教关于"爱"的基本精神,西方社会中注重保障公民权利的法律传统与此有密切的关系。

　　文艺复兴时期,欧洲一些著名的思想家,如卢梭、洛克、霍布斯和孟得斯鸠等提出了一些重要的公法思想,如"天赋人权"、"社会契约"、"议会至上"、"有限政府"和"正当程序"等观念,这些观念至今还有非常重要的影响,甚至构成了美国等发达资本主义国家建国的理论基石。但是,正如马克思主义经典作家所分析的,这不过是在经济上取得成功的新兴资产阶级在政治上的反映而已,新兴资产阶级要在政治上取得统治地位,就必须借助一些思想武器作为政治上的意识形态,以对抗封建政权的政治意识形态。这些公法思想具有非常明显的针对性,"天赋人权"针对"君权神授","社会契约"、"议会至上"和"有限政府"针对"君权至上""朕即国家"等观念。如果说封建政权的政治意识形态"君权神授"等观念是形而上学的,那么新兴资产阶级的政治意识形态"天赋人权"等观念也是形而上学的。"天赋人权"的观念相对于"君权神授"而言并不具有逻辑上的优越性。与上述形而上学的公法精神不同,以马克思主义历史唯物论作为思想基础公法精神观具有明显的科学性。马克思主义的公法精神建立在"经济基础"的范畴之上,认为公法精神等"上层建筑"由"经济基础"决定,公法精神并不是凭空而来的,也不是先验的,而是由社会历史条件决定的。

　　公法精神的意识形态性质与科学性之间的争议并未在 19 世纪终结,进入20 世纪之后,两者的争论变得更为激烈。反形而上学的代表人物维特根斯坦认为,"凡能够说清楚的,就应该说清楚,对于不可说的,应当保持沉默。"意思

---

　　①　[美]伯尔曼著:《法律与宗教》,梁治平译,三联出版社 2002 年版,第 458 页。

　　②　参见[美]伯尔曼著:《法律与宗教》,梁治平译,三联出版社 2002 年版,"译者说明"第458 页。

是说,对于事实,能够说清楚也必须说清楚,而对于价值、信仰以及其他神秘领域的东西,则不可能说清楚而必须保持沉默。维特根斯坦反形而上学的理论态度恰当地解释了当代社会统一价值观崩溃和信仰迷失的现状,认为只有事实层面的东西才有理论建构的可能性,在价值和信仰领域既无理论建构的必要性,也没有可能性。同时代的公法思想受到了这种反形而上学态度的影响,理论家们开始质疑政治意识形态作为公法精神基础的普遍性和合理性。就普遍性而言,人们认为,不可能有所谓普适性的价值存在,没有一种价值观在逻辑上必然优于另一种,价值观在很大程度上是一种地方性知识,与在特定地区的人们的"生活方式"是一种共生关系。以美国社会为代表的西方社会主流价值观,借助于西方资本主义国家在经济上的强势,在全世界推行所遭遇到的麻烦与抵抗从实践的角度证明了这种怀疑的正确性;就合理性而言,价值观一般是信仰的衍生物,只有获得了人们信仰的观念才有可能成为指导人们行为并判断行为善恶的价值观,而信仰本身就是非理性的,无论信仰的内容是什么。实践中,如果一个国家要求其他国家与其持有相同的价值判断,并在其他国家不服从时诉诸武力,那么就必然会引发激烈的武装冲突。当今世界的许多战争、冲突与混乱可以说都与此有关。

在反对"公法精神"意识形态化的前提下,20世纪的许多法学家努力寻求将"公法精神"建立在实证性和科学性的基础上。一些英国学者受达尔文进化论的影响,将社会视为一种与生物类似的有机体,提出了与马克思的阶级冲突或斗争论相对立的社会合作观念,其中最著名的当属社会功能学派。他们认为,每一种社会制度都履行一定的社会功能,以维护社会有机共同体的延续、稳定与和谐。中国著名的社会学家费孝通先生,师从英国著名社会功能学派大师马林诺夫斯基,其完成的博士论文《江村经济》,以及后来的名著《乡土中国》和《生育制度》,运用社会功能学派的观点与方法,分析了中国传统的经济、社会与生育制度,并认为这些制度在当时的中国确有适用经济生产条件,维护社会秩序稳定,保证种族延续的合理性。社会功能学派对公法思想最重要的贡献是,不再将政治意识形态视为公法精神的基础,而将公法精神的基础建立在公法在社会中所应当履行的社会功能之上,公法规范的内容与结构,公法的强制性、非协商性和不平等性等特征都可以从其应当实现的社会功能获得合理的解释。以社会功能来解释公法的最大优势在于,其能够有效地解释一个国家或民族公法规范的内容或结构的合理性,使人们不再迷信经济上处于强势的国家的政治意识形态具有普遍适用性,不经审查就可以作为其他落后国家公法精神的基础。但是,它的缺陷与优势是同样明显的。与达尔文的进化论类似,社会功能作为公法精神的观念侧重于解释即存公法制度的合理性,正如进化论运用"物竞天择"的原理解释了物种起源与发展的事实,无法对物种将来的发展趋势作出指引和预测一样,社会功能作为公法精神的基础也无法对公法制度的改善提供任何指导性的意见。也就是说,在这种观点的支配上,人们能够感受到公法传统的合理性,却对公法如何变化或发展很盲目,也无能为力。

正因为如此,源自于启蒙时代的形而上学的观念在理论家们的重新阐释之下再一次释放出耀眼的光芒。人们在对公法精神进行科学化研究之后发现,价值对于公法精神来说可能还是具有不可替代的重要作用。哈耶克认为,社会知识可以区分为"规律性知识"和"个人性知识"。"规律性知识"是一种理性的知识,也是一种一般性的知识,经过学习与研究人们能够掌握的知识。这种知识是人们进行理论抽象所获得的知识,对于指导人们的生活和理解社会演进的进程是非常有帮助;"个人性知识"分散性地掌握在社会个体手中,任何人既没有能力完全掌握这些由个人分散掌握的知识,也没有这种必要性。因为人类社会面对的是一个未知的世界,只有允许掌握不同知识的群体自由的探索,才能在最大程度上发现解决未知世界谜题的答案。以此为前提,哈耶克复活了公民权利为本、有限权力政府和尊重公民自由的公法精神传统。现代科技的发展虽然有助于政府认识社会发展的一般规律,但是政府还是无法掌握所有"个人性知识"。如果政府采用公法规范对社会进行全权式的和强制性的治理,由于政府无知,此种治理方式可能会带来非常严重的社会后果。最为严重是,它可能会扰乱"自生自发的社会秩序",同时又无法将社会建构为一种良好的"组织秩序"。① 不仅如此,由于政府限制了"个人性知识"的发展,也会失去许多发现社会治理真理的机会,一旦人类社会面临前所未所有的灾难,政府将可能严重缺乏智识性的帮助而使社会共同体遭到灭顶之灾。因

---

① 参见[英]哈耶克著:《法律、立法与自由》,邓正来译,中国大百科全书出版社 2000 年版。

此,政府应当尽量尊重公民的权利与自由,收缩社会治理的范围,将社会的大部分事项交由公民自治去解决。

　　大陆法系国家一些公法理论家则从"公共服务"的观念中找到了另一条反形而上学的理论途径。法国著名社会学家、法学家狄骥首先提出了这一观念,并进行了开拓性的论证。狄骥在回顾文艺复兴时期公法基础理论时指出,那个时期的公共权力建立在财产权的观念之上,古罗马公法和欧洲中世纪封建王权下的公法都是如此,查士丁尼在《民法大全》中所表达的"朕即国家"的观念就是一个明显的例证,而封建王权时代的领地权也是一种基于土地财产权之上的公共权力。文艺复兴时期"天赋人权"观念的兴起,以及罗马法的复兴,一种新的基于财产权的公权基础理论出现了,即所谓的"主权"理论。财产权观念中有两个重要的法律概念:一是虚拟人格制度,二是代理人制度。借助于这两个概念,公法的基础理论即公法精神得到了重新的建构。根据第一个观念,国家是一个有独立人格的法律主体,就如同一个公司或企事业单位有独立人格一般,政府是国家人格的象征或代表,政府作出的行为就是国家的行为,政府行使的权力具有"主权"的性质,具有不受限制的至上性,即"主权至上"的原则;根据第二个观念,国家由全体人民共有,并不专属于国王或封建贵族(这一点与封建王权存在重大差别,这要归功于"天赋人权"观念的流行),政府并非国家的所有人,正如公司或企事业单位的法人代表不是所有人一般,政府只是作为全体共有权人的代理人而享有公共权力并履行职能,政府权力的正当性与范围都应当受制于全体共有权人的"委托与授权"。狄冀认为,这种观念既是虚假的,也是无用的。虚假的原因在于,历史上任何一个国家的成立与消亡并不符合这一理论,与其说一个国家的成立是按照虚拟人格制度和代理人制度建构起来的,还不如说是基于武力占领或社会习惯等社会事实而成立的。如果说这一理论的提出在摆脱封建王权和宗教神权的桎梏方面曾经发挥过一定的作用,那么在现代社会中这种理论已经完全失去了其应用的领域。在现代化的过程中,国家与社会都面临着越来越复杂社会状况,如经济危机的周期出现、自然环境的恶化和社会分层多样化及冲突严重化的趋势,等等,面对着这些问题,这种形而上学的理论根本就无法作出有效地应对。据此,狄骥认为,公法的基础理论应当朝着更具实证性、更具回应性的"公共服务"的方向发展,唯有如此,才能真正解决现实的社会问题,才能真正体现公法的价值。① "公共服务"的范围也不再是局限于"有限政府"时代的国防、治安和司法服务,而应当扩张到保障私人事务的顺利进行和公用事业等广泛的领域。"公共服务"是一种科学性和技术性的范畴,即如何最好的提供公共服务,它并不关心谁是统治者、统治者义务的依据和目的是什么等形而上学的问题,这些问题的解决对公法基础理论的建构没有必要性。形而上学的理论也许可以证明这些问题的解决方案是正当的,但是这些问题其实更多地是由即存社会事实决定的。无论这些问题的最终答案是什么,即无论是谁成为统治者,统治者义务的依据是上帝的旨意还是来自于民意,都无法改变公法提供"公共服务"的本质属性。

应当说,狄骥的观点是非常有吸引力的,但是也面临着一些理论难题。首先,这种观点完全否认政治意识形态或主流价值作为公法精神的可能性,这同样会面临上文所述的缺乏价值指引所导致的盲目性问题。其次,这种观点虽然提出以"公共服务"作为公法精神的基础,但未对公共服务的概念进行更为细致的定义与分析,对公法实践的指导性不强;最后,这种观点未对公共服务的范围提供明确的识别标准,这可能会导致公法无节制的扩张,而私法的自治受到严重影响。如果能够解决这些问题,公共服务作为公法的精神或基础理论是非常有发展前途的。然而,自狄骥提出这种观点之后,法学界对此进行响应的并不太多,人们还是沉迷于公共权力的价值或正当性基础问题,反而是在行政管理、公共管理或新公共管理等领域,对公共服务进行了极具科学性和技术性的研究,发展了一些有效的分析工具,提出了一些非常有价值的观点。

### 三、公法精神的现状:规范、功能、主权和公共服务

在国外,英美法系与大陆法系国家对公法精神的研究取向有显著差别。在英美法系国家中,一直存在着"规范主义"与"功能主义"的争论。"规范主义"以戴雪的宪政理念为基础,强调控制与限制公权力的必要性,持最小政府就是最好政府的理念,这是一种古典的公法基础理论传统;而"功能主义"则以功能主义社会学派的观点为理论基础,将社会比喻为一个有机体,公法和私

---

①　参见[法]狄骥著:《公法的变迁》,郑戈译,辽海出版社1999年版。

法各有其相应的功能,但无论公法与私法其最终的目的都是为维系社会作为一个整体的存在与延续。古典的"规范主义"公法理论传统虽抱有极力扩展和保护公民自由的完美理念,但复杂的社会现实以及相应的公法实践已否证了这种理念的可行性;"功能主义"虽然能够合理解释公法存在的必要性以及公私法之间的相关性,但是其所持有的社会有机体的观念,却是一种消极承认社会即存事实合理性的学术态度,不仅对公法体系的改造与建构无甚帮助,而且对于公法实践也缺乏相应的指导意义。

在大陆法系国家,公法的基础理论存在"主权论"与"公共服务论"的争议。"主权论"是一种古典的宪政理论,其主要的理论依据是"社会契约论"和财产权神圣。这种理论将主权视为一种财产权,在王权时代,主权是君主的财产权,而在民权的时代,主权则是全体人民的财产权,公共权力源自于权利,尤其是财产权。不仅如此,主权还具有所谓的至上性和不受限制性。而"公共服务论"则是在认识到政府的职能已全面扩展到传统私法自治领域的前提下提出的,强调公法的理论基础或公共权力并非源自主权,而是源自于更为现实的社会需求,即社会对公共服务需求的必然性。在现代社会中,"主权论"更多地是作为一种政治理论,而非公法理论,虽然政治理论对公法的理论基础存在不可避免的影响,但是作为一种职业化的公法而言,还是需要一种专业化的理论基础。应当说,"公共服务论"为公法基础理论的研究提供了一个可靠而又现实的方向,但是关于"公共服务"的理论还停留在理念的阶段,要发展成为一种公法的基础理论还有很长的路要走。

国内对于统一公法的基础理论研究基本上处于空白阶段,虽有政治上的重要理论作为意识形态总的指导思想,但是职业或专业化的公法基础理论研究比较少见。各部门公法对于基础理论的研究主要局限于部门法的范围内。不仅如此,有许多冠之以"公法"之名的研究直接将宪法和行政法的研究赞同于公法研究,而将刑法、诉讼法和经济法等法律的研究排除在外,有的研究甚至还将劳动法和社会保障等方面的法律称为"社会法"研究,试图在公法与私法之发展出一种新的法律分类方式。正是基于这样的现实,有学者进行了统一公法方面的研究,提出在宏观的法学层面与微观的部门法层面之间,建构中观层次的、相当于公法总论的统一公法体系,概括总结各部门公法规范所具有的普遍性和一般性的规律,以期形成对各部门公法具有指导性意义的基础理论。应当说,此类研究具有非常积极的理论与现实意义,它促使人们关注公法呈现出的新的特点,并提供了一个从更抽象和概观的层面来研究公法的视角,然而这种研究回应"公法应当统一于什么"的观点却值得商榷,它更多地聚焦于各部门公法规范的外在特征的统一性,而非各部门公法内在精神的统一性。探求这种意义上的公法统一性可能并不会有什么最终的结果,因为正如维特根斯坦所言,某一实体的外在特征表现出所谓的"家族相似性",并不存在一种普遍性和一致性的外在特征能够代表该实体的本质。

### 四、现代公法的崛起:重构公法精神的必要性

在古罗马法体系中,公法没有独立的法律地位,公法规范不成体系,大量的公法规范散见于《民法大全》等法律中。在桑德尼·斯奇巴尼教授的《罗马公法》选编中,罗马公法主要包括税法、军事法、帝国官制法、行业团体法、城邦及城市役务法和与教会有关的法律等。作为近现代最为典型的公法——宪法和行政法并未在罗马公法之列。如果用现行的公法标准来评判,罗马法中可能并不存在近现代意义上的公法。近代意义上的公法发轫于美国,发展于法国,成熟于德国。美国在赢得独立战争之后,制定了人类历史上第一部具有近代意义的公法——《美国宪法》,十年之后,美国国会以宪法修正案的形式制定了十条保障公民权利的《权利法案》,至今已制定修正案 28 条。美国宪法的制定受到了孟得斯鸠的权力分立与洛克的有限政府等公法思想的影响,设置了立法、行政与司法三种权力之间的分立、制约与平衡机制,设置了正当程序条款以保障公民的基本权利,将公民自由作为宪法的核心精神,政府职能限制在国家安全、社会治安、一般公共事务和司法服务的范围之内,公法规范相应的集中于军事、警察和诉讼这几个方面。在这个时期,美国的公法基本上可以等同于宪法,由于政府职能相对简单,行政法也不发达,治安和诉讼活动主要受宪法中正当程序条款的规制。①

法国近代意义上的公法源起于法国大革命时期的经典文献《人和公民权利宣言》。法国现行宪法在开篇就写道:"法国人民庄严宣告,他们热爱 1789

---

① 参见[美]汉密尔顿著:《美国宪法原理》,严欣淇译,中国法制出版社 2005 年版,第 37 页。

年的《人和公民的权利宣言》所规定的,并由 1946 年宪法序言所确认和补充的人权和国家主权的原则。"伴随着法国大革命的历程,法国历史上曾经制定过多部宪法,体现了复杂的政治权力争夺的状况。但是,法国公法的基础理论从未超出"人民主权"、"权力分立"和"公民自由"等近代公法精神的范围。近代德国公法的源起晚于法美英等国家,德国虽于 1898 年颁布了闻名世界的《德国民法典》,但是其公法在当时却处于"从封建专制国家向具有专制和民主因素国家转变"①的过程中,进入 20 世纪之后德国颁布并施行了著名的《魏玛宪法》,这是德国历史上具有近代意义的公法开始,但是却被第一帝国、第二帝国和第三帝国的专制统治所毁灭,直到第二次世界大战之后的联邦德国,德国公法的研究与实践才进入一个快速发展阶段,并在短时期内达到了很高的水平。

近代意义公法思想源自于文艺复兴时期的人权启蒙思想,主要作用在于摆脱封建专制和教会对人们思想的控制。因此,近代意义上公法的意识形态性要远多于科学性和技术性,公法思想更多地是作为一种资产阶级夺取政权的思想武器,而非一种有效的社会治理工具;更多地是作为一种政治与法律的理想,而非回应现实需求的治理手段。当然,我们不能否认近代意义公法思想的积极作用,它为资本主义在早期的发展作出了重要的贡献,其限制和控制公共权力对经济与社会任意干预的观念,至今还有重要的现实意义。可以说,近代意义的公法思想完成了应有的历史使命。但是,在回应现代社会复杂的经济、社会和文化问题时,近代意义上的公法思想显得软弱无力,其宏大叙事的理论风格,已跟不上现代社会"碎片化"的特征。现代公法在回应现代社会的复杂问题时,呈现出一些新的发展趋势。

首先,公法治理的范围得到了极大的扩张,社会对公法治理的依赖性越来越强。近代意义上的公法被认为是一种必要的恶,在主权由全体人民享有的前提下,由于公民自治的不便而必须制定的法律。公法的目的就在于"为某个社会的公众去做任何他们需要政府去做的事情,而这些事情仅凭他们各自单独或本人的力量是无法做到的"。② 公法的这一目的在现代社会并未发生

① [德]奥托·迈耶著:《德国行政法》,刘飞译,商务印书馆 2002 年版,"中文序言"。
② [美]麦克斯·J.斯基德摩、马歇尔·卡特·特里普著:《美国政府简介》,张帆、林琳译,中国经济出版社 1998 年版,第 1 页。

任何实质性的变化,但是公法治理的范围以及公法的地位却发生了翻天覆地的变化。近代意义上的公法治理范围局限在国防、治安、司法服务和一般的公共事务等领域内,在那个时代,"除了邮局和警察之外,一名具有守法意识的英国人可以渡过他的一生却几乎没有意识到政府的存在。"①而在现代社会中,公法的治理已广泛涉及经济、社会保障、公用事业和自然环境等传统属于公民自治的领域,可以毫不夸张地说,在现代社会,一个人"从摇篮到坟墓"的几乎任何活动都受到公法的治理,在很大程度上,人们已经离不开公法治理所提供的这些服务。有学者甚至认为,"对于一个社会法律秩序来说,私法只应当被认为是一个仅具有暂时性质的且日益缩小的个人能动领域,她暂时还残存于无所不涉的公法领域之中。"②

其次,公法的核心特征逐渐弱化,公法与私法的区分越来越模糊,出现了大量"公法私法化"或"私法公法化"的现象。近代意义公法的核心特征一般是授权性、强制性和非任意性等。授权性意味着公法行为必须获得法律的明确授权才能行使,才能证明其合法性,即"法无明文规定不得为";强制性是指公法行为可以采取剥夺人身自由权、财产权和政治权利的方式行使,或者说可以以合法暴力的迫使人们遵守公法的规定;而非任意性是指公法行为必须根据法律的明确规定行使,根据法定程序行使,基本上不能以自由协商的方式行使,也不能随意地撤销已作出的公法行为。除此之外,公法还具有公信力和主体地位不对等特征。近现代以来,随着公法治理领域的扩张,公法核心特征正在逐渐弱化,在一些新的公法部门中,比如公用事实的运营与管理、社会保障的实施以及自然环境的保护等领域,公法的授权性、强制性和非任意性等都受到了挑战,正在逐渐丧失这些特征,或者是失去了在传统公法中应有的强度。即使在一些传统公法的领域中,比如刑事诉讼和监狱管理等方面,也出现了公法核心特征弱化的现象,在美国有大量的监狱是由私人投资并进行管理的,政府与监狱之间是一种合同关系,虽然与一般的私法合同存在区别;在美国的刑事诉讼中,有大量的刑事案件不是通过法庭审判的方式解决的,而是通过控方与辩方之间的"辩诉交易"解决的,有些年份"辩诉交易"解决刑事案件的数量

---

① ［英］威廉·韦德著:《行政法》,徐炳等译,中国大百科全书出版社1997年版,第1页。

② ［英］哈耶克著:《法律、立法与自由》第一卷,邓正来译,中国大百科全书出版社2000年版,第222页。

甚至可以占到总刑事案件的 90% 以上。① 反过来,传统上属于私法范畴的一些私法行为却具有公法的一些核心特征,比如在反垄断和不正当竞争,原来属于市场经济自治的领域,公法一般不能进行强制性干预,但是现在这两个领域的公法干预却是一种世界趋势。这使许多学者对公法与私法区分的必要性和有效性产生了怀疑,如果根据传统公法的核心特征已不能有效地将公法与私法区分开来,那么这种区分还有什么必要性呢?

最后,以分权制衡为基础的公法体系呈现出权力整合的趋势,以科层制为核心的官僚体制受到了新公共管理模式的影响。由于深受专制时代封建王权残暴统治的危害,近代意义上的公法对于公共权力有一种宗教式的不信任,孟得斯鸠表达了那个时代人们对公共权力的普遍态度,即"一切有权力的人,都容易滥用权力,这是万古不易的一条经验。有权力的人使用权力一直遇到有界限的地方才休止"。以及"权力导致腐败,绝对的权力绝对地导致腐败"。②基于这种担心,美国宪法在人类历史上第一次以成文的形式确定了三权分立的体制,即立法权、行政权与司法权相互分立、相互制约。立法权体现了人民主权的理念,法律由议会制定,但是议会没有执行法律的权力,这样就可以保证所制定法律的正义性,因为法律是人民制定的而又适用于人民,"没有人会对自己不正义";行政权为执行法律的权利,依法行政是拥有行政权的政府的第一原则;司法权则为适用法律解决纠纷的权力,具有"不告不理"的被动性。三种权力之间通过质询、否决和判决可以实现相互之间的有效制约与平衡,共同维护最大范围的公民自由。分权制衡的体制对于法治社会的建构有积极的意义,因为"强制私人尊重法比较容易,因为国家在此可起举足轻重的作用,而强制国家尊重法却不容易,因为国家掌握着实力"。③ 然而,社会的现实需求很快就打破了这种权力分立并相互制衡一成不变的模式。美国在建国后不久就陷入了政治党派之间的政治斗争,并很快演化为一场宪法危机,作为这种危机的结果,在美国联邦最高法院审结的"马伯里诉麦迪逊"一案中,美国联

---

　　① 参见杨悦新著:《理性看待辩诉交易——访中国政法大学博士生导师宋英辉教授》,《法制日报》2002 年 4 月 28 日。

　　② 参见[法]孟得斯鸠著:《论法的精神》,张雁深译,商务印书馆 1995 年版。

　　③ [法]勒内·达维德著:《当代主要法律体系》,漆竹生译,上海译文出版社 1984 年版,第74 页。

邦最高法院获得了审查立法权的权力,并能够通过自己具有先例适用性的判决而事实上享有立法权。后来这一制度在欧洲许多国家广泛借鉴,成为司法审查制度的理论和实践来源。在美国法治实践的过程中,立法权也突破了其权力的界限,在美国的一些涉及总统的案件中,美国国会所享有的调查与审查权事实上是一种司法权。最为突出的是,行政权在世界各国都得到了极大地扩张,行政权已不再仅仅是一种执行法律的权力,许多国家的行政机构已经享有了行政立法和司法方面的权力。

　　与政治上的分权制衡制相适应,近代意义上的公法在官僚体制上实行的科层制。按照通行的解释,科层制指的是一种权力依职能和职位进行分工和分层,以规则为管理主体的组织体系和管理方式,也就是说,它既是一种组织结构,又是一种管理方式。作为一种管理方式,官僚制为现代社会的组织管理提供了有效的工具。马克斯·韦伯在对西方文明和东方文明进行广泛的历史研究和比较研究的基础上指出,任何有组织的团体,唯其实行"强制性的协调"方能成为一个整体。基于此,他将官僚集权的行政组织体系看成是最为理想的组织形态,并预言人类在以后的发展中将普遍采用这种组织结构。韦伯设计的这种理性科层制组织具有以下的五大基本特征,即专门化、等级制、规则化、非人格化和技术化。韦伯认为,从纯技术的观点来看,官僚制能为组织带来高效率。从这一意义上可以说实行强制性官僚制是最合理的已知手段。它在严密性、合理性、稳定性和适用性等方面都优于其他任何形式。① 科层制具有形式法治的特点,注重的是形式理性的优先性,在现代社会中科层制受到了来自时代的挑战。从 20 世纪 70 年代开始,传统的公共行政受到新外部环境越来越严峻的挑战,近乎刻板、僵化的科层制越来越不能适应迅速变化的信息和知识密集型社会和经济生活,政府面临着日益严重的问题和困难:政府财政危机,社会福利政策难以为继,政府机构日趋庞大臃肿,效率低下,公众对政府能力失去信心等,"政府失败论"开始出现。在这样的历史背景下,新公共管理在 80 年代的英美两国应运而生,并迅速扩张到西方各国。它以现代经济学和管理学为理论基础,主张在政府公共部门广泛采用私营部门成功的

---

　　① 　参见[美]戴维·比瑟姆著:《马克斯·韦伯与现代政治理论》,徐鸿宾译,浙江人民出版社 1989 年版,第 65 页。

管理方法和竞争机制,重视公共服务的产出,强调文官对社会公众的响应力和政治敏感性,倡导在人员录用、任期、工资及其他人事行政环节上实行更加灵活、富有成效的管理。①

　　在现代公法已经呈现出新发展趋势之际,公法精神的研究却处于相对滞后的状态,已不能完全适应或回应现代社会发展的需要。面对公法发展的新趋势,公法学界对公法精神的研究,大多停留在文艺复兴时期留下的精神遗产层面,缺乏创新。不可否认的是,近代意义的公法精神曾经发挥过巨大的社会作用,在现代社会,这些理念还有很大的价值。但是,也应当引起注意的是,近代意义上的公法精神更多作为政治意识形态而存在的,在某种意义上,它也是一种西方资本主义国家实施文化侵略的工具,在反形而上学的理论思潮中,近代意义上的公法思想明显缺乏实证性和科学性,对公法发展的新趋势视而不见,基本上难以适应现代社会对公法的新需求。在现代社会中,也出现了一些科学的新公法理论,不过大多局限于抽象层面的理论分析,从实用性学科中借鉴较少,结论大多不具备可操作性或技术性。另外,部分科学公法理论虽然表面上具有科学性和中立性,实质上却是以西方资本主义社会核心价值观为理论基础,由于具有"科学"的外表,使得此种"科学"公法理论具有很强的迷惑性。我们认为,公法精神的建构应当是既是科学性的,也是政治性的,可以说,缺乏政治性的公法精神是盲目的,它将可能使人们丧失对公法精神的信任和支持,而缺乏科学性的公法精神则是空洞的和无效的,因为其不能回应现代社会的要求。因此,中国必须要基于自身的价值理念来建构属于中国的、适合中国社会国情的新公法精神,在增强中华民族的凝聚力的同时,又能够以合理的方式解决中国当下所面临的实际问题。

　　就目前的研究现状而言,中国当下对公法精神的研究处于两个极端,一个极端是,只注重对政治意识形态的研究,强调中国社会核心价值观对公法精神的指导意义,不太重视公法精神的科学性探讨;另一个极端则是,将公法精神分散研究,各个部门公法只针对各在公法治理领域内的事项进行研究,提出属于各部门公法各自所认可的公法精神。虽然在理论上,我们强调中国宪法对其他各部门公法的指导意义,但是在实际研究或公法实践中,各部门公法一般

--------

① 　参见张成福、党秀成著:《公共管理学》,中国人民大学出版社 2001 年版。

只受各部门公法精神的支配。我们认为,政治意识形态的指导是非常重要的,否则公法精神的研究就会迷失方向,但是我们绝不能将公法精神研究等同于政治意识形态的研究,否则公法精神的研究将失去其专业性与科学性。公法精神的分散化研究有一定的积极意义,有助于我们认识到公法治理的复杂性和多样性,只是这种研究可能会带来一些新的问题,如割裂中国公法精神的统一性,各部门公法规范与精神之间出现相互矛盾的状况,以及对实践指导的模糊性与盲目性等。因此,如何在政治意识形态的基础上建构一种统一性的而非分散性的公法精神基础理论对于中国当前的公法理论与实践具有非常重要的理论与现实意义。

### 五、公法精神建构的新思路:公共管理与法学交叉视角下的公共服务

公法精神建构的方向应当融合"事实"与"规范"的要求,寻求"科学理论"与"意识形态"的完美结合。20 世纪新公共管理运动的兴起,为公法精神的建构提供了一个新的可能。新公共管理运动具有以满足社会公众需求为导向的价值取向,广泛运用了工商企业管理的科学手段或方法,具有很强的实证性和科学性。借用新公共管理运动中"公共服务"或"公共品"的范畴,运用法学的规范研究方法,可以发现一条建构公法精神的新道路。一般而言,在公共管理学科中,公共服务被理解为政府或非政府公共组织所提供的公共产品,与私主体所提供的私产品相对应。公共服务或公共品的范畴,从产品的角度来定义政府职能,从供需平衡的角度来定义提供的效率,具有较强的事实性或实证性。到目前为止,学术界还未对"公共服务"的定义形成一致认识。

从法学的视角来看,公共政府或公共治理机构所履行的职责都是由法律规范,尤其是公法规范确定的。公法规范为政府或公共治理机构的公共管理活动划定了行动的边界——行动边界的确定,取决于许多因素,比文化传统、社会效果或价值理念,等等,这些因素都可以称为公法规范存在的目的或实质性价值,或公法的精神或灵魂。法学视角下的公共服务正是这种意义上的范畴,它超越了具体的、作为政府职能存在的范畴,表现为政府或公共治理机构存在或行动之规范基础的目的或灵魂。换句话说,政府或公共治理机构在公共治理的过程中,都有提供公共服务的职责或职能,这是公共服务的一般意义。而在法学认知中,政府或公共治理机构的组建、履行职责或职能的行动等

各方面都必然会受到公法规范的型构或制约——公法规范本身有存在的目的或意义,公共服务就是公法规范存在的目的或意义之一。站在法学的角度上,公共服务强调公法所应当具备的两个基本属性或价值:其一是"公共性",公法规范治理的事项与社会整体有关,与每一个社会成员都有关,但公法并不关心社会成员的个人目的。其二是"服务性",公法规范治理的目的不在于维护公法规范本身的稳定性和有序性,而在于实现更高层次的社会需要。也就是说,公法规范本身不是存在的目的,而是手段,借助于这种手段,人类社会能够实现其他的目的或需要。

公共管理视角下的"公共服务",强调政府提供公共品的效率,可以借助于一些实证性研究方法,确定政府提供公共品的最佳方式。法学视角下的"公共服务",强调约束或指导政府提供公共品的法律的价值属性,即"公共性"和"服务性"。两者的结合研究,有利于增进人们对公法精神的认识和理解。公共管理视角下的"公共服务"为人们提供事实层面的认知,增进人们对"公共服务"的感性认识,法学视角下的"公共服务"为人们提供价值层面的认知,增进人们对法律,尤其是公法价值的理性认识。将公法精神定义为"公共服务",有其他理论不具备的理论和实践优势,是公法精神发展演变的新趋势。

### 六、研究的框架、思路与创新之处

#### (一)研究框架

本书的研究属于开拓性研究,结合公共管理学科的研究视角,以公共服务为核心观念,探讨公法的目的、价值,公法的规范性等问题。为公法提供一种价值基础——一种独立于政治意识形态、具有科学实证性而同时又不会完全滑向形式化的公法基础理论,这不仅可以弥补公法基础理论的空白,完善公法的缺陷(这种缺陷既是理论的,也是实践的),而且具有指导公法实践的现实意义。本书共分为七个部分。

绪论,主要阐述研究基本前提,包括研究目的,研究意义,研究综述,主要概念,研究框架与思路,以及创新之处等。

第一章,主要阐述公共管理学视角下的公共服务与法学视角下的公共服务的不同之处,探讨法学视角下的公共服务的基本范畴,证明公共服务作为公法的基本精神的必要性和合理性,并提出作为公法精神的公共服务所应当遵循的三个基本原则。

第二章,主要阐述以公共服务为理论基础的公私法划分的方法与标准,探讨公共服务标准下的公私法性质,并在公共服务的基础上重新阐述公法与私法的关系。

第三章,主要探讨公共服务视角下的公民权利以及政治权力,构建以公共服务为理论基础的政治制度。

第四章,主要探讨公共服务视角下的公平观以及效率观,构建以公共服务为理论基础的经济制度。

第五章,主要探讨公共服务视角下的社会管理理论以及社会公平理论,构建以公共服务为理论基础的社会制度。

第六章,主要阐述法治的基本观念,探讨法治的社会文化基础,构建公共服务视角下的法治观,力图证明公共服务理念与社会主义法治的契合性。

**(二)研究思路**

本书偏重于理论建构,意图建立作为公法精神的公共服务理论,并在此理论指导下讨论公法的范畴和作用。因此,本书的研究遵循以下理论逻辑:第一,讨论公法基础理论更新或重构的必要性;第二,分析界定公共服务的基本范畴,论证与公共服务理念相关的基本范畴;第三,从公私法的相互关系以及区分标准来论证公共服务作为公法基础理论的正确性;第四,探讨政治、经济和社会制度与公共服务的一般关系;第五,讨论公共服务理论与社会主义法治建设有机统一的关系。

公法基础理论重构的必要性。公法的发展与社会发展有着紧密的联系。人类的文明史,尤其是20世纪以来的历史证明,纯粹依靠私法自治达到社会和谐不过是镜花水月的梦想。在经济市场化、全球化的条件下,人类社会本身的深度和广度都要求一个强有力的组织(一般而言是国家)对社会进行治理,这是行政组织日益扩张的主要原因。现代公法的形式发生了巨大的变化,主权者以国家暴力机器为后盾对社会强制控制的公法形式已不复存在,现代公法对私法自治领域的介入程度越来越深,同时手段却日趋柔和。然而,基于人类知识的局限性(对于自治与公共关系的认知分歧,无法从全局的高度看待社会行为)、道德局限性(个体总是会或多或少考虑自己的利益)以及社会的复杂性(意识形态、价值观、利益分配观对社会治理的巨大影响),人们对公法的认识总是存在偏差——一方面人们已经意识到自治的局限,另一方面人们对公法实际实施者(国家)的权力扩张总是心怀忌惮。同时,公法理论本身也存在各种争议。种种情形,导致了公法的"碎片化"和公法精神的模糊。因此,有必要对公法的理论基础进行重构。

公共服务理论的基本范畴。本书中的公共服务是价值论意义上的公共服务,指向的是政府的职责和治理目的,强调公法治理的目的是为社会、个人的自由发展提供帮助和保障。我们认为,以公共服务作为公法的基础精神能够实现这一调整目标,提升社会主义法治水平。这是因为公共服务理论有着深厚的文化渊源——西方的社会契约理论认为政府的公法治理是在原初社会私人自治无能的情况下出现的,公法治理本身不是目的,服务私法自治才是目的;而在东方,民本思想一直以来就是官方意识形态的重要组成部分;而公共服务理论与社会主义思想,如"为人民服务"、"三个代表重要思想"等,本身就是契合的。作为公法精神的公共服务,必须符合三个原则:第一,私法自治先于公法的社会治理;第二,公法的社会治理是为私法自治服务的;第三,公法的社会治理应当以最好的方式为私法自治服务——这也是本书的核心思想。

公共服务与公私法的划分。公私法的划分就是划定公法的界限与范畴。我们在这里谈到公共服务与公私法的划分,实际上是在公共服务理论的视角下对公法重新进行定义,并试图在此视角之下重新定义公法与私法的关系。公共服务理论是一种兼具实践性和价值性的理论,其认为,公法的诞生是因为私法自治的不便已经影响到了社会整体利益和个体利益,公法却可以在很大程度上改进私法自治的不便,为私法提供服务。从这个角度来看,公主体可以这样定义,一个主体之所以是公主体是因为其本身不是存在的目的,它是为其他主体服务而存在的;同样,一种法律关系之所以是公法律关系是因为其本身并非存在的目的,它是为其他法律关系服务的。因此,公法并不是人们通常所理解的单向结构(即命令——服从结构),公法也有交互性。公法的交互性在于,既然公法是为实现私法自治而服务的,那么承担这一职能的公主体对私主体不可能只存在权利,没有义务,相反,公主体必须要承担为私法自治提供优质服务的义务。而且,正是因为公法的目的在于公共服务,现代社会才会越来越多地出现公法和私法互相渗透的现象:第一,在一个法律关系中,既有公法上的关系亦有私法上的关系;第二,公法行为构成私法关系产生、变动与消灭的原因;第三,公法具有私法的标准特征,即有私法化的倾向;第四,公私法相互转换,公法可以转换为私法,私法亦可以转换为公法;第五,私法具有公法的标准特征,即公法化的私法。公法和私法的"合流"实为人类社会治理问题上的重大进步,它意味着公主体的职能正在抛弃以往的"管制",而转向"服务",并将实现公法终极目的的回归。

以公共服务为基础的公法制度。以公共服务为基础的公法制度分为三大领域,即政治制度,经济制度以及社会制度。我们将通过对旧有理论与实践的批判,来考查以公共服务为基础的公法制度。

(1)政治制度。政治制度分为两大层面:一是公主体的架构,即政治权力;二是公主体与私人的关系,即公民权利。由于理论分歧,自然法学派与实证法学派在每个层面都有交锋。自然法学派对于公民权利最为著名的看法就是"天赋人权",将私权视为是一切政治构架的基础。他们认为,公民权利是毋庸置疑的,政治权力则来源于人民的赋予。实证法学派则反对这一观点,他们一般认为公民权利不是天赋的,而是来源于社会事实或历史,政治权利同样如此。然而,自然法学和实证法学都存在一定的缺陷,自然法学侧重价值,而回避了事实性,实证法学刚好相反。而公共服务理论则对政治制度的价值导向和实践基础同样重视。公共服务理论承认公法治理的正当性在于社会成员自治的不便或无能,也认为公民最大范围的均等自由必然受制于社会结构和特定历史阶段公民的接受程度,还从历史的角度出发,认为社会治理的改善是可能而且必须的。从具体政治制度而言,公共服务只承认价值导向,否定绝对标准,不认可盲目地为公民权利的保障和政治权力的构架制定绝对标准,在公民的生命权、自由权、财产权的保障以及政治权力的配置和运行等制度采取了实践性和价值导向相结合的架构方式。

(2)经济制度。对于经济领域的公法治理,可以从事实与规范两个层面来考虑。从事实层面来说,主要涉及公法治理经济领域的效率问题;从规范层面来说,主要涉及经济利益的分配问题。规范层面的公法治理与事实层面的公法治理存在一定的相关性,比如坚持经济利益的平等分配,可能会影响经济运行的效率。对于效率问题,主要存在市场自由与政府管制两种观点,而对于经济利益的分配问题,主要存在平等分配、功利主义和规范主义三种观点。上述的观点也都存在一定的问题,需要我们以公共服务理论为基础进行解析、重构。我们认为,公法治理、市场自治的程度,以及资源配置效率的关系是实践性的,需要经过不断的试错和重建,但是要始终坚持一点,即公法治理是在市场自治无能或不便时才有存在的正当性,公法治理应当服务于市场自治。另外,公共服务理论要求在政府的公法治理与市场机制在社会财富的分配上达到一种均衡状态,这种状态的存在既能够保证市场机制的效率,又能够保证社会全体成员能够共享社会发展的成果。因此,以公共服务为价值导向的公法治理,在调整经济关系时,必须保证以下几点:一、在公共品的提供方面,政府公法治理的介入只有在市场机制提供的公共品不足以致影响到市场机制本身配置经济资源效率时才是正当的;二、对于市场机制的负外部性效应,政府公法治理的程度正好在于使外部效应全部内在化;三、对于市场造成的自然垄断和信息不对称而造成的道德风险,政府的公法治理应当提供恰当的市场监管的公共服务;四、对于市场所不能解决的经济总量平衡的问题,公法应当提供恰当的宏观经济调控的公共服务;五、政府的公法治理必须保障社会贫困阶层达到最低的生存与健康标准才是正当的;六、政府的公法治理应当介入并提供最好的社会保障服务;七、政府的公法治理应当介入,促使社会成员的共同富裕。

(3)社会制度。在处于原始状态的自治的社会中,公民自治所不能解决的问题主要有两个:一是无法有效地解决公民之间的纠纷或争议,二是无法有效解决社会公平问题。对于这两个问题,公法治理都有介入的正当理由,但是对于公法应当以何种方式介入这两个问题的解决却存在诸多的争论。而且,这些理论都是存在缺陷的。公共服务理论则对此有所进步,其首先承认公民自治社会相对于由公法治理的政治社会优先性,也承认政府通过公法治理进行社会管理活动应当符合基本的道德要求,同时,公共服务理论也具有强烈的实践性和现实性。公共服务理论认为社会制度的管理目标和效果源于社会实践的价值认识,具有很强的针对性和现实性,是对社会管理过程中所遇到的问题,结合社会的文化传统与现实需要而形成的。在具体社会制度层面,公共服务理论提出了如下要求:第一,社会管理制度:社会管理活动主体的创新必须做到,创新的主体所进行的社会管理在满足比公法治理机构更有效的前提下,还能够满足在不损害任何一方利益的前提下持续改善各方的利益。第二,纠纷解决制度：立法机构制定的公法不能减少公民的消极自由，或者虽然减少了消极自由但是却可以为人们接受，同时又能够极大地改善人们的积极自由；执法机构的执行行为必须在接受"程序正义"规则和司法审查的控制的同时，具有一定的灵活性，要根据公共服务的观念进行相应的改进。第三，社会安全制度：公法治理维护社会安全应当在保持形式主义倾向的前提下，努力以一种实践性的态度来应对，应坚持在不损害任何一方利益的前提下对其他各方利益进行改善的态度；第四，人口管理制度：政府的人口信息管理工作，应当尽量以不侵犯公民的消极自由与权利为代价，但是如果有侵犯的可能性，那么只要政府能够提供更多的积极自由与权利来弥补，并能够增进社会整体的自由与权利，那么政府的人口信息管理工作就是可以改进的，直到必然会损害到一方的利益为止。第五，思想道德建设制度：社会核心价值观应当来源于社会的现实需要，而非来源于抽象的人性分析，但社会核心价值观也具有一定的理想性和目标性，应当根据实际情况不断改进。第六，教育制度：政府公法治理应当在私立教育供给不足时，努力地提供公立教育，这样既可以保证私立教育配置教育资源的优势，同时可以保证社会基础性教育或公益教育发挥重要的社会功能，保障社会的整体利益不受损害。第七，职业制度：公共服务理论认为保持职业的社会自由竞争是基础，但应当遵循不损害强者社会地位而同时提高弱者社会地位治理原则，努力消除性别、年龄、疾病、民族和种族等因素对于职业公平竞争的影响。第八，卫生制度：社会自由竞争配置医疗资源是合理的，政府治理医疗资源的配置问题时必须在形式公平与实质公平以及代际公平之间保持平衡，保证社会自由竞争有一个公平的竞争环境，努力治理信息不充分和不对称所带来的问题。第九，科学文化制度：政府公法治理除应当保证社会自发进行科学研究的自主性之外，对于社会供给不足的基础性科学研究应当提供必要的服务，通过促进基础性科学研究的进步来保证应用性科学成果的繁荣。第十，公用事业制度：政府公法应当以一种灵活的和实践性的态度治理公用事业问题，要做到公用事业供给的效率与实质公平之间的平衡，要以不损害任何一方的利益为前提，努力改进其他各方的利益和社会整体利益作为公法治理公用事业的指导方针，以一种不断试错的和实践性的态度来发现政府公法治理公用事业的最佳方式。

公共服务与社会主义法治。社会主义法治理念的基本内涵包括五个方面,即依法治国、执法为民、公正正义、服务大局和党的领导,这五个方面的内容是一个相辅相成的具有内在逻辑联系的整体,体现了内容与形式、手段与目的、价值与效果的辩证统一。"党的事业至上、人民利益至上、宪法法律至上"的重要观点,既是对社会主义民主法治建设规律的科学总结,是我国社会主义法治的根本原则,也是社会主义法治理念的本质属性。从公共服务理论的核心三原则来看,公共服务与社会主义法治是完全契合的:形式上,社会主义法治理念对依法治国的核心要求,保证宪法与法律的至上性等法治形式要求;实质上,社会主义法治要求执法为民,其实质的落脚点在于人民利益的至上性,也就是持续改善人民的利益;实践中,社会主义法治以现有物质经济条件和社会文化状况为依据,服从大局和党的领导,保障社会主义经济建设、政治建设、文化建设与和谐社会建设,为全面建设小康社会,建设富强民主文明的社会主义国家,创造和谐稳定的社会环境和公正高效的法治环境。

### (三)创新之处

本书跳出以往单纯从公共管理的角度来解析公共服务,而将公共服务作为一种公法基本理论提出,具有一定的创新性。

首先,在公法日益呈现出"碎片化"特征的现代社会,提出以公共服务的理念作为统一公法体系的精神或灵魂。事实上,自从公法的概念提出以后,法学家们对公法的范畴、功能、结构等问题进行了种种研究,但对公法基础的理解多囿于主权理论。尽管,法国法学家狄骥很早之前就提出了"公共服务",并将公共服务与公法联系在一起,但狄骥的只是将公共服务理解为政府的一项具体职能。而狄骥之后的法学家们似乎也没有对"公共服务"的范畴进行拓展。应该说,在法学界,"公共服务"更多的还是一种事实范畴,而不是理论范畴。这种研究现状或多或少地限制了公法的研究与发展,与现代公法的发展趋势存在一定程度的脱节。例如,政府职能的转变和政府调控手段的多样化,社会自治,公共事业的管理,等等,是很难用传统公法理论来解释的。我们扩展了"公共服务"的范畴,将公共服务从事实概念上升到价值导向,以公共服务作为公法的基本精神和灵魂,回归公法产生之初的目的——弥补私法自治的不足,这是国内研究从来没有的尝试。

其次,全面解读公共服务理念的主题、任务和主要观念,并论证公共服务作为公法基础理论的现实行与可行性。当前国内研究中,公共服务更多的是事实范畴,是以政府职能的身份作为研究对象的。我们将公共服务价值化,这本身就是一种创新。我们认为,公共服务是公法的终极目的,是公法出现的原因(即私法自治不能,公法为私法自治提供各种便利)。作为公法精神的公共服务,兼具价值性和实践性,一方面,公共服务本身就具有价值导向,公共服务要求公法的社会治理应当平等地供给每一个私人,并以最好的方式为私法自治服务;另一方面,公共服务承认社会现实条件对公法治理的影响,认为应当允许公法以公共服务为价值标准,不断以试错的方式改进,只要这种改进没有损害一部分社会成员的利益。

最后,本书是以科学实证的方式,而非以形而上学或意识形态的态度作为研究的方法论基础。由于公法一开始就牵涉到国家和公民,因此过去的公法研究多以形而上学或意识形态作为研究的方法论基础。自然法学派多集中于公法的价值和目的研究,以一种形而上的理性思考来研究公法,缺乏社会历史事实的支撑;实证主义法学认为民族国家或阶级社会的出现才是法律存无的标准,这一观点同样有失偏颇,法律应当从社会功能的角度来定义才符合人类社会延续的现实,民族国家或阶级社会的出现只是改变了法律的内容和形式。本书则从历史实证的角度出发,考证公法出现的原因和发展状况,侧重研究法的社会治理功能,主张公共服务是公法的目的,承认公共服务要以现实状况为依据,并借助帕累托最优原则,提出公共服务的改善方向和改善标准。

# 第一章 作为公法精神的公共服务

## 第一节 公共管理视角下的公共服务

在公共管理学科中,公共服务一般被视为政府或行政分支的法定职能。从最广泛的意义上来讲,公共服务涵盖了立法、执法和司法等法律治理机构履行的社会职能。无论政府或其他公共机构履行的是何种服务于社会的职能,公共服务都只是一种公共治理机构必须要做的事情。

### 一、公共服务的概念

一般而言,公共服务被理解为政府或非政府公共组织所提供的公共产品,与私主体所提供的私产品相对应。"公共服务"虽然广泛应用于理论与实务界,然而无论是理论界还是实务界,都未能就其定义达成共识,只就公共服务的"公共性"和"服务性"达成了统一。就国内的情况而言,下面几种定义比较有代表性。

有的学者认为,"公共服务是公共部门与准公共部门为满足社会公共需要,共同提供公共产品的服务行为的总称。"①这个定义认为,公共服务的前提在于社会存在公共需要,满足社会公共需要的是公共产品,提供公共产品的主体包括公共部门和准公共部门,他们的行为具有服务性。但是这个定义还存在一些疑问,比如何种需要是社会公共需要,何种部门又可以称为公共部门,以及何种产品可以称为公共产品等,都未能在这个定义中获得充分的解释。

---

① 卓越、赵蕾:《加强公共服务绩效评价的思考》,见《21世纪的公共管理:机遇与挑战(第三届国际学术研讨会文集)》,2008年。

该定义以公共需要、公共产品和公共部门来解释公共服务,是一种循环定义,未能解释公共服务范畴中的两个最重要的概念——"公共"和"服务"。

还有学者认为,"公共服务主要是指由法律授权的政府和非政府公共组织以及有关工商企业在纯粹公共物品、混合性公共物品以及特殊私人物品的生产和供给中所承担的责任。"①与前一个定义相比,这个定义有了一定程度的改进。首先,是使用了"由法律授权的政府和非政府公共组织以及有关工商企业"替换了公共部门;其次,使用了"纯粹公共物品、混合性公共物品以及特殊私人物品"替换了公共产品,将公共产品划分为三种不同类型的产品,概括了公共产品存在的不同社会形态;最后,使用"责任"来替换"服务"的范畴,强调公共服务提供的必要性和强制性,以及与私人服务存在的差别。该定义虽然在一定程度上对"公共"进行了阐释,却未能摆脱"公共"概念的循环定义。

有的学者意识到了这个问题,提出以公共利益来判断产品的"公共性",认为"公共服务可以界定为以公共利益为目的提供各种物品(包括有形物和无形物)的活动。公共利益是判定公共服务的内在依据,物品只有与公共利益联系才具有公共服务的特性"。② 然而,公共利益本身边界模糊,亦是一个难以精确把握的概念,在很多领域与个人利益、集体利益难以区分,以公共利益来定义公共服务并不能增进人们对公共服务概念的理解与认识。

上述定义的缺陷在于以"公共"来定义公共服务概念中的"公共性",以"服务"来定义公共服务概念中的"服务性",未能把握住公共服务概念的本质属性。在我们看来,我国公共服务体制与创新还处于初始的阶段,各种理论与实践尚不成熟,急于给公共服务进行精准定义,无异于探讨如康德所言之神秘的"物自体",或维特根斯坦所言之"不可言说之领域",对此的最佳理论态度当是"界定范畴",而非强行定义。我们试图摆脱公共服务的循环定义,以公共服务的相对概念为参照,借助比较公共服务与私人服务的差别,界定公共服务的范畴:

从提供产品的主体而言,私人服务的提供者主要是出于自身利益的考虑,

① 潘鸿雁:《公共服务社会化:政府、社会组织、社区三方合作研究》,《中共中央党校学报》2009年第4期。
② 柏良泽:《公共服务研究的逻辑和视角》,《中国人才》2007年第3期。

虽然其行为可能会给其他人或社会带来利益;而公共服务提供者不能出于自身利益的考虑来提供服务,而是必须出于社会利益的考虑来提供服务。

从产品的提供方式而言,私人服务采取自愿提供,相互协商的方式;而公共服务的提供则是强制性的,没有选择余地的。

从提供的产品而言,由于私人服务以盈利为目的,其产品带有强烈的竞争性;而公共服务产品以提供社会服务为目的,不具有竞争性。

从产品的使用者而言,私人服务产品的消费者是特定的;而公共服务产品的消费者则不特定。

### 二、公共服务的类型

虽然通过比较私人产品与公共服务之间的差异,可以大致界定公共服务概念,然而正如维特根斯坦所言的,任何一种定义都存在有"家族相似性"的可能,即社会事实的复杂性使得任何一种定义都无法涵盖所有的社会事实,处于某一定义之下的社会事实表现出若干"家族相似"和特点。公共服务的概念也存在类似的问题。通过对社会中实存之公共服务类型的描述与判断,可以帮助我们加深对于公共服务概念的认识。

#### (一)狭义的公共服务与广义的公共服务

就公共服务的内容而言,可以分为狭义的公共服务和广义的公共服务。

狭义的公共服务(public service)不包括国家所从事的经济调节、市场监管、社会管理等一些职能活动,即凡属政府的行政管理行为,维护市场秩序和社会秩序的监管行为,以及影响宏观经济和社会整体的操作性行为,都不属于公共服务的范围。① 公共服务仅仅是指政府除经济调节、市场监管和社会管理之外的、与"民生"直接相关的政府职能,主要是指政府提供公共品的服务,"不仅包含通常所说的公共产品(具有非竞争性和非排他性的物品),而且也包括那些市场供应不足的产品和服务。"②狭义的公共服务主要包括两种类型的公共服务,一是社会性公共服务,是指通过国家权力介入或公共资源投入为

---

① 2002年党的十六大报告中第一次将我国政府职能明确界定为"经济调节、市场监管、社会管理和公共服务",这是对于公共服务的主流定义。

② 陈昌盛、蔡跃洲著:《中国政府的公共服务:体制变迁与地区综合评估》,中国社会科学出版社2007年版,第1页。

满足公民的社会发展活动的直接需要所提供的服务,包括教育、科学普及、医疗卫生、社会保障以及环境保护等领域。二是经营性公共服务,包括基础性的服务和经济性的服务。基础性的公共服务是指那些通过国家权力介入或公共资源投入,为公民及其组织提供从事生产、生活、发展和娱乐等活动所需要的基础性服务,如提供水、电、气,交通与通信基础设施,邮电与气象服务等;而经济性的公共服务是指通过国家权力介入或公共资源投入为公民及其他组织从事经济发展活动所提供的各种服务,如科技推广、咨询服务以及政策性信贷等。狭义的公共服务仅由政府或行政机构提供,具有明确的非竞争性和非排他性,或者具有市场供给不足的特征。

广义的公共服务不仅包括狭义公共服务的内容,还包括政府提供的公共安全的服务,如社会治安、生产安全、消费安全、国防安全等,主要是社会治安与国防安全服务。也有学者将这种类型的公共服务定义为政权性公共服务,[1]意思是为维护一个独立的政治社会的稳定与安全而必须要政府提供的公共性服务。除此之外,根据 2002 年党的十六大报告中对政府职能的定位,广义上的公共服务还应当包括政府提供的经济调节、市场监管和社会管理服务。因此,广义上的公共服务除了包括政府所提供的狭义上的公共服务之外,也包括政府所提供的经济调节、市场监管和社会管理的服务,还包括政府所提供的社会治安与国防安全服务。值得注意地是,广义公共服务的供给主体不再局限于政府,立法机构所提供的立法服务,以及司法机构所提供的司法服务也属于广义公共服务的范围。

**(二)基本公共服务和一般公共服务**

从公共服务的内容来说,公共服务可以区分为基本公共服务与一般公共服务。

基本的公共服务一般满足三个条件:一是保障人类的基本生存权(或生存的基本需要)。为了实现这个目标,需要政府及社会为每个人都提供基本就业保障、基本养老保障、基本生活保障等;二是满足基本尊严(或体面)和基本能力的需要。需要政府及社会为每个人都提供基本的教育和文化服务;三是满足基本健康的需要,需要政府及社会为每个人提供基本的健康保障。从

---

① 孙晓莉著:《中外公共服务体制比较》,国家行政学院出版社 2007 年版,第 1 页。

上述标准判断，义务教育、公共卫生和基本医疗、基本社会保障和公共就业服务就是最为基本的公共服务。因此，基本的公共服务是指政府或行政分支根据一国的经济发展阶段和水平，为维持本国经济社会的稳定、基本社会正义和社会凝聚力，保护个人最基本的生存权和发展权，实现人的全面发展所需要提供的公共服务。根据十一五规划，我国基本公共服务又具有基础性、广泛性、迫切性和可行性四个特征。

一般公共服务是指超越基本公共服务标准提供的公共服务，与基本公共服务仅仅存在公共服务提供程度上的差别。如果说基本公共服务是"雪中送炭"，那么一般公共服务就是"锦上添花"。

无论是基本公共服务还是一般公共服务，都将公共服务限定在政府的职能范围之内，主要保障公民的生存权与发展权。这是一种意义非常狭窄的公共服务观念，它将政府提供的社会治安和国防安全服务，以及立法机构提供的立法服务和司法机构提供的司法服务排除在外。然而，在古典公法基础理论的观念中，社会治安、国防、立法和司法活动才是基本的公共服务，而现代社会所认可的保障公民基本生存与发展权的公共服务在当时被认为是一般性公共服务，在自由主义者看来，这些公共服务与有限政府和公民自由的公法精神是不相符合的。但是，无论自由主义者或新自由主义者如何反对政府提供此种类型的公共服务，这些类型公共服务的提供已成为一种世界潮流或趋势，即使在英国和美国这样的极度重视公民自由，对政府权力扩张抱有强烈反感的国家也不能例外。现实虽然打破了自由主义者或新自由主义者的理论梦想，然而他们所担心的问题确实是出现了。其中主要的问题是，随着政府提供的公共服务增多，公民所负担的税负水平也水涨船高，经济效率受到了严重的影响。与此同时，公民对政府的依赖性也越来越强，政府对公民的支配性与古典时代的政府已不可同日而语，公民消极自由范围越来越小，而政府以"家长式强制"方式提供的公共服务，似乎在限制公民消极自由的同时，有效地提升了公民的积极自由性，但问题是，公民的积极自由却不一定是每个人所需要的，社会阶层的某些成员（特别是处于优势地位的阶层）可能会认为这种积极自由并不是真正的自由，而恰恰是一种奴役，它使得人们丧失了独立自主生活的能力，而必须放弃自己的尊严以依赖政府来过活。

### （三）国家公共服务与地方公共服务

公共服务还可以根据其公共性程度来区分。在一个国家中,尤其是较大的国家中,存在多个不同的地区,地区之间的经济发展水平和文化传统可能存在较大的差异。在这种情况下,公共服务提供有两种基本方式,一种方式是由国家统一提供,另一种方式是由各地区政府单独提供。

在由国家提供的情况下,公共服务的公共性程度是最高的,全体社会成员都可以均等地共享国家提供的公共服务。但是,这是从公共服务享有的角度来看待公共性的,如果从供给的角度来观察,则公共性程度不是最高的,因为经济发展水平高的地区为国家的公共服务供给提供了更多的资源,而享有的公共服务却与经济发展水平低的地区是一致的。

在地区政府提供公共服务的情况下,情形正好相反,在这个地区的范围内,由于公共服务的供给与需求的来源是相同的,因此公共服务的提供既是均等的,公共服务的公共性程度也很高。但是从国家的层面上来看,由于地区之间经济发展水平的差异,各地区单独提供的公共服务是极不平衡和均等的,作为同一个国家的公民,这种公共服务的公共性程度是很低的。

国家与地区所提供的公共服务虽然存在公共性程度上的争议,但是对各自提供服务的公共性却没有疑义。这种公共性程度上的争议,实际上是指政府的纵向分权体制问题。有的国家实行的是中央集权制,有的国家实行的是由中央与地方分享治权的联邦或邦联制。古典政治理论注重有限政府和公民自由的精神,将此作为论证政府纵向分权体制合理性的逻辑起点,一般都认为联邦或邦联制要优于中央集权制。西方许多发达资本主义国家的政府纵向分权体制就是以此为依据建立起来的。然而,近现代以来,这些国家的联邦或邦联体制都有了一些加强中央集权的趋势,地区所拥有治权的独立性被大大削弱了。在美国,联邦政府与各州政府之间的分权原来是泾渭分明而相互之间不得随便逾越的,但是在进入 20 世纪以来,联邦政府的权力得到了很大的扩张,事实上已经在许多领域突破了纵向分权的宪法限制,而美国联邦最高法院则在一系的宪法判决中确认了这种突破的合宪性。现在来看,古典政治理论已经无法反映国家治理实践的现实需求,这可能更多的是由于古典政治理论逻辑起点的抽象性导致的。有限政府和公民自由的公法精神,从价值上来说,确实是一个具有吸引力的理念,然而却可能缺乏对现实社会复杂性的回应,也没有反映一个国家所可能面临的不同现实情况的需求,其作为一种普适性的价值确实是值得追求的,但是却缺少一种能够在所有国家同时实现的有效途径。

**(四)政府提供的公共服务与非政府公共组织提供的公共服务**

根据提供公共服务的主体的不同,公共服务可以分为政府提供的公共服务和非政府组织提供的公共服务。

政府提供的公共服务又包括政府直接提供的公共服务和政府间接提供的公共服务。政府直接提供的公共服务,是指由政府作为公共服务的主体,直接提供满足社会成员的公共性需求的服务,比如社会治安、国防安全、市场监管和社会管理,等等;政府间接提供的公共服务,是指政府采取契约的方式,委托或直接购买其他社会组织的服务,然后提供给社会成员以满足其需求的公共服务;非政府组织提供的公共服务,是指由供给资源不来源于国家公共资金也不享有公共权力的民间组织直接提供公共服务以满足社会成员需求的公共服务。政府直接或间接提供的公共服务的公共性是没有问题的,差别只在于提供公共服务的方式,以及由此可能带来的效率差异。而非政府组织提供的公共服务的公共性可能存在一定的疑义。首先,非政府组织提供的公共服务具有选择性。它在提供公共服务时,对于公共服务的需求者具有选择的权利,对于其没有选中的需求者,有权拒绝提供公共服务,而政府直接或间接提供的公共服务是强制性的,对于所有满足条件的需求者没有拒绝的权力。其次,非政府组织提供的公共服务具有局部性。受非政府组织公共服务供给资源的有限性以及非政府组织供给公共服务宗旨的限制,非政府组织提供的公共服务不可能如政府直接或间接提供的公共服务一样全面,而只可能局限于部分领域、人群或地域。最后,非政府组织提供的公共服务具有不稳定性。非政府组织供给公共服务的资源来自于自筹,或通过社会公开筹集,相对于政府供给公共服务的资源来自于税收而言,是极不稳定的,稍有不慎,则可能导致资源枯竭而无法运作,最终只能停止供给公共服务,而政府直接或间接提供的公共服务,即使出现严重的资源困难,除非通过立法消减,政府不能随意停止公共服务的供给。

在西方国家,非政府组织提供公共服务的活动虽然游离于政府体制之外,具有选择性、局部性和不稳定性等与政府提供公共服务活动截然不同的特征,但是由于此种类型的公共服务是政府公共服务活动的有效补充,有利于提高社会成员的道德情感,政府一般要求此类服务活动应当是非盈利性的,同时也给予其税收上的优待措施。因此,可以这样说,非政府组织提供公共服务的活动虽然在特征上与政府有些不同,但是其活动的目的却是公共性的。为了避免社会成员利用此种公共服务活动为个人谋取利益,西方国家的法律一般对于此类公共服务活动进行一定的规制,主要涉及供给资源的公开性等问题。

## 第二节 法学视角下的公共服务

一般而言,法学视角下的公共服务被理解为法律——主要是公法存在的目的或实质价值,或公法的精神或灵魂,是与公共利益、公共权力或权利等概念相对应的范畴,与公共管理视角下的公共服务既有明显的区别,也有一定的联系。

### 一、公共服务、公共利益与公共权力的同异

从法学的视角来看,政府或公共治理机构所履行的职责是由法律规范,尤其是公法规范确定的。公法规范为政府或公共治理机构的公共管理活动划定了行动的边界——行动边界的确定,取决于许多因素,比文化传统、社会效果或价值理念,等等,这些因素都可以称为公法规范存在的目的或实质性价值,或公法的精神或灵魂。法学视角下的公共服务正是这种意义上的范畴,它超越了具体的、作为政府职能存在的公共服务范畴,表现为政府或公共治理机构存在或行动之规范基础的目的或灵魂。换句话说,政府或公共治理机构在公共治理的过程中,都有提供公共服务的职责或职能,这是公共管理视角下的公共服务的意义。而在法学视角下,政府或公共治理机构的组建、履行职责或职能的行动等各方面都必然会受到公法规范的型构或制约——公法规范本身有存在的目的或意义,公共服务就是公法规范存在的目的或意义之一。站在法学的角度上,公共服务强调公法所应当具备的两个基本属性或价值,其一是"公共性",公法规范治理的事项与社会整体有关,与每一个社会成员都有关,公法并不关心社会成员的个人目的。其二是"服务性",公法规范治理的目的不在于维护公法规范本身的稳定性和有序性,而在于实现更高层次的社会需

要。也就是说,公法规范本身不是存在的目的,而是手段,借助于这种手段,人类社会能够实现其他的目的或需要。作为公法精神的公共服务观念包含了非常丰富的内涵,与公共利益、公共权力有所区分——三者在"公共性"上并无实质差别,后两者同样被许多人理解为公法的精神。

就公共利益而言,"利益"一个中性的概念,没有包含优先性等价值上的判断。庞德将利益视为是人们在社会生活中的主张、需求以及愿望。利益是人们主观上的诉求,而不是客观化的外物,外在的东西只有在人们需要时,才会成为一种利益。根据诉求主体的不同,利益可以划分为个人利益、集体利益和社会利益。庞德意义上的社会利益也就是公共利益,它包括一般的社会安全(如人身和财产安全)、社会制度的安全、社会的道德情感、社会资源的持续和社会进步的分享等方面,公共利益概念的最大贡献在于使人们认识到除了个人的或集体的利益之外,还存在着抽象的社会或公共利益,这些利益对于社会结构的稳定与和谐是必不可少的,公法应当实现并维护社会或公共利益。尽管如此,公共服务与公共利益还是存在实质性的区别。公共服务强调公法存在的目的或价值在于满足更高层次的社会需要。从这个意义上,公法具有从属性,或在价值上的低位性。公共利益也可能成为公法存在的目的或价值,但是公共利益本身可能会成为公法追求的最高目的或价值,公共利益可以优先于个人利益或集体利益,为了实现公共利益,公法可能会剥夺或限制个人利益或集体利益,使个人利益或集体利益从属于公法对公共利益的追求。

就公共权力而言,公共权力强调与社会自发形成的私权力之间的差异,具有强制性、程序性和公开性等特征,与私权力的非形式性特点形成鲜明对照。一般认为,公共权力是公法治理有效性的前提之一,公法如果缺乏公共权力的支持,就如同老虎没有了牙齿,必定会失去有效治理社会的功能。然而,如同公共利益一样,公共权力也是一个中性的概念,权力本身既可以成为社会有效治理的工具,也可以成为奴役社会的暴力手段。如果将公法存在的基础或精神奠定在公共权力上,无法保证公法在价值上的优越性,极有可能导致公法堕落为纯粹为统治者进行暴力统治的工具。概括而言,公共权力是一种纯粹事实上的概念,而公共服务则包含了一定程度的价值判断。

**二、法学视角下公共服务观念的演变**

法学上对于公共服务观念的认识,经历了一个从具体到抽象的过程。在法治化的早期,法学家们对公共服务的认识还不够充分,多受公共管理学的影响,从国家职能的角度来定义公共服务。

法国著名法学家奥里乌将公共服务等同于"公共事业"。他将公共事业视为国家为满足公众需要而提供的服务。这种服务具有持续性、规律性和公开性,最为重要的是有同等性,也就是向所有社会成员均等提供的特征。国家提供此等服务的目的在于满足社会的集体需要。奥里乌从国家或政府的一种主要社会职能的角度来定义公共服务,他强调公共服务供给主体的公共性,强调服务的固定性以及社会公众的集体需要,这些属性无一不是公共管理意义上的公共服务观念。由此观之,在法制现代化的早期,法学家们并没有意识到公共服务在法学上的独特价值,将公共服务仅仅视为是公共管理中的一种独特现象。当时的法学家们认为公共服务是国家应当提供的一项公用事业,此项公用事业与国家的其他职能有明显的差别,比如阶级统治的职能就明显不属于公用事业的范畴。这种状况的出现与当时的社会历史条件是分不开的。在资本主义社会早期,由于个人主义观念流行,社会成员个体更为关注与自己有关的、能够处理并能够获得相应利益的事务,而对于个人既无能力、也无法获得相应收益的公共事业,个人没有处理的意愿,国家既不强迫。但是,公共事业服务的缺位明显地影响了社会整体的利益,也间接地影响了每一社会成员的利益。在这种情况下,人们将公共事业视为国家的一项社会职能是理所当然的。

首先将公共服务与公法联系起来的法学家是狄骥。在狄骥看来,社会不是个体的简单结合,社会结构先于社会个体存在,表达着社会个体在社会中的关系。这种社会结构被狄骥称为"社会连带关系"。他从实证主义哲学出发,否定社会连带关系是一种道德观念的说法,认为社会连带关系仅表明一个事实,人在社会中永远并只能和其他同类一起生存;人类是一个原始的自然实体,绝非人类意愿的产物,因而所有人无论过去、现在、将来都是人类群体的一个部分。人对人类群体的依赖与人的个体性不是一个先验的断言,而是一个毋庸置疑的观察结果。"人们相互有连带关系,即他们有共同的需要,只能共同地加以满足,他们有不同的才能和需要,只有通过互相服务才能使自己得到满足,因而,如果人们想要生存,就必须遵循连带关系的社会法则。连带关系不是行为规则,它是一个事实,一切人类社会的基本事实。"①社会连带关系尽管在不同时代有不同表现形式,但其本身是永恒的。他肯定了杜尔克姆对相互关联性的划分和基本结论,把社会连带关系分为两种:一种是求同的相互关联性,建立在"相似性"基础之上;一种是分工的相互关联性,建立在"劳动分工"基础之上。维系社会紧密性的力量正是建立在相似性或劳动分工的相互关联性上,该力量越强,社会就越紧密。在此基础上,狄骥认为,"任何因其与社会连带的实现与促进不可分割,而必须由政府来规范和控制的活动,就是一项公共服务,只要它具有除非通过政府干预,否则便不能得到保证的特征。"②公法的主要任务就在于保证公共服务得到实现,公法构成了政府实现公共服务的义务性基础,"公共服务就是政府有义务实施的行为。"在狄骥看来,西方社会传统的公法基础建立在"财产权"的观念上,将国家视为主权者的财产,国家享有自由处分和支配的权利,即所谓"主权至上"的主权论。公法的这种基础明显与资本主义社会发展的现实不符,也与其所认定的社会连带关系的事实不符。他认为,公法的基础应当是公共服务,是在通过社会其他连带关系无法提供此类服务,或者虽能够提供,但只要有延误就会造成社会无序时,必须由政府来提供的服务。也就是说,公法不是代表主权者的意志对国家这一客体进行处分或支配,公法是规定政府必须为社会提供社会自身所无法提供的维护社会连带关系服务的法律。这构成了政府提供公共服务的正义性基础。

　　狄骥的公共服务理论相对于奥里乌而言有着显著的改进。最为明显的是,狄骥将公共服务视为政府的主要义务,公法则构成政府义务的法定来源,公法的主要内容就在于促使政府实现公共服务,以维护社会连带关系的稳定性。狄骥由此提出了公法的基础应当由"主权论"向"公共服务论"转变的观点,奠定了公法的主要内容在于规范政府提供公共服务。狄骥明确地反对公共服务观念中包含有任何道德或价值上的考虑,认为公法的主要内容是维护

---

　　①　[法]狄骥著:《公法的变迁》,冷静译、郑戈校,辽海出版社、春风文艺出版社1999年版,第156页。

　　②　[法]狄骥著:《公法的变迁》,冷静译、郑戈校,辽海出版社、春风文艺出版社1999年版,第157页。

社会连带关系而由政府提供的公共服务,如果公法不具备此种内容,则社会连带关系将无法维系,社会也将变得无序,他并没有将公共服务定义为公法的目的或实质性价值,也就是说他将公共服务只理解为政府的一项具体职能,而没有将公共服务抽象化,视其为公法的精神或灵魂。

随着社会的变迁,许多法学家发展了狄骥的公共服务观念,但主要关注的是提供公共服务的主体变迁。狄骥将公共服务提供的主体仅限于政府,这与社会发展的事实明显不符。法国著名法学家佩泽尔就明确指出公共服务是公共团体为满足普遍利益的需要而进行的活动。这个概念不仅拓展了作为一项社会功能的公共服务观念和公共服务提供主体的范围,而且也拓展了公法的内容。公共服务不再限于由政府提供,非政府公共性组织也可以提供,只要此种服务是为了满足普遍利益的需要而进行的。过去认为,公法规范或制约的对象仅限于政府,公法主要与政府有关。而随着公共服务提供主体的变迁,公法规范的对象如果还局限于政府,而不拓展到非政府公共组织,那么非政府公共组织提供公共服务的活动就会缺乏规范基础,"师出无名"。但是,如果将公法规范的对象扩展到非政府公共组织,也会带来一些理论或实践上的难题,特别是对传统公法基础理论的挑战。无论是"社会契约论",还是"阶级斗争理论",都可能无法清楚地解释非政府公共组织所提供的公共服务在法律上的性质,或由公法来规范和制约的理论基础。似乎只有将公共服务从具体的社会功能抽离出来,抽象为一种观念,并以此作为公法的理论基础或精神,才能完满解释社会发展的现实。

### 三、公共服务观念的理论渊源

公共服务观念作为公法的基础或精神,而非政府或非政府公共组织的一项法定职能,在中国和西方国家都有一定的理论渊源,并有深厚的文化传统作为解释的前提。西方国家有着悠久的"社会契约论"的传统,而中国则有着"民本"良好传统。

#### (一)公共服务的社会契约基础

社会契约观念在西方社会可谓是源远流长,最早的记载出现于古希腊学者伊壁鸠鲁的理论中。在柏拉图的《理想国》中,在讨论国家起源问题时,也有社会契约的观念。而明确将社会契约作为一种理论体系提出来的,是古罗马法学家的著作《法学阶梯》。古罗马法学家们认为,君主的权力来源于人民的授予,人民与君主之间是契约关系,政府的成立或存在出于人民的同意。17—18世纪,社会契约观念真正成为了一种体系化的理论,并对西方社会的政治法律生活产生了重要影响。在这个时期,一些著名的法学家,如格老秀斯、霍布斯、洛克和卢梭等,纷纷以社会契约为理论核心,阐述了自然法、主权和人权等观念,对西方社会法律精神的发展产生了重要的作用。

　　作为一种具有先验性质的理论,社会契约包含着人类理性的思考。但由于不同理论家所处的社会历史条件不同,提出社会契约论的目的或维护的价值也有所不同,因此,理论家们对于社会契约的具体观点存在很大的分歧,根本就无法达成一致。从历史上来看,社会契约的观念既可以为自由主义者所利用而成为资本主义建国的基础,也可以为专制主义者所利用,成为君主制辩护的理论工具。但是,即使如此,社会契约的观念还是包含了大量理性的成分,因而也表现出若干相似的特点。首先,社会契约论者一般都认定在国家出现之前,人类社会曾经处于原初状态(自然状态或原始社会),在原初社会中,社会依靠自治的规则(自然规则或风俗习惯)进行治理。对于原初社会中人们之间的关系到底如何,社会契约论者却有不同的看法,霍布斯认为"人对人是狼"的关系,洛克则认为人们之间处于"相互合作"的状态之中,还有论者认为人们之间是处于"战争状态",等等。其次,社会契约论者们都认为,原初社会存在某些缺陷,解决不了人类社会发展中出现的问题,于是人们便要求组建政府或国家以解决这些问题,人们与政府或国家之间以契约的形式约定相互间的关系,国家或政府根据契约的内容组建,也依据契约的内容对人民实施统治或治理。由社会契约授权国家或政府实施社会治理而使用的法律以及社会契约本身就构成了公法的渊源。至于社会契约的具体内容,社会契约论者所持的观点差异较大。格老秀斯认为,自原初社会人民授权于政府之后,社会契约的内容就不能再更改了,即所谓"承诺必须获得信守",认为君主制是原初社会人民授权的结果,受君主统治的人民必须信守契约,接受君主的统治,这明显地带有为君主专制辩护的倾向。霍布斯认为,社会契约是人民相互之间订立的,当人民之间达成社会契约并组建统治者时,人民应当根据社会契约的约定交出所有的权利于统治者,统治者由于并没有参与社会契约的订立过程,因此不受社会契约的约束,享有至高无上的主权。虽然霍布斯也是为君主制辩护,但是他的这种观点后来成了"主权至上"观念的理论渊源。而洛克明确反对霍布斯的观点,认为社会契约是人民与政府间达成的,人民在达成社会契约时,只让渡了部分权利,没有让渡的部分是政府不能侵犯的,而让渡的部分则构成了政府统治权的渊源,也是政府运用公法进行社会治理的正当性基础。卢梭则以一种更抽象,同时也更理论化的方式描述了社会契约的核心观念,在他看来,社会契约的达成实际上是人民间"公意"形成的过程,"公意"应当在一个国家的统治中享有最高的权利,即所谓"人民主权"的原则。只要形成了"公意",便可以改变国家或政府的形式,以及国家或政府的统治方式,因为国家或政府都是接受具有至上性的人民"公意"的委托而对人民实施统治或治理的。

　　社会契约论最大的问题可能在于缺乏真实的社会历史事实的支撑或证明,它表达了人们对于政治社会较高形态的理性思考,但其所认定的社会形态间的转换却仅仅是假想,没有反映真实的社会演化过程。通俗地说,社会契约论体现了人类理性思考的结果,因而很可爱,但是由于缺乏真实的社会基础,却又显得非常不可信。但是,永远不要忽视可爱而不可信的事物对于人类社会的影响。基督教的观念在现代人看来是非常荒谬的,但是我们却不能否认基督教观念对于西方社会政治法律生活的重要性甚至是支配性影响。这可能取决于两个因素,其一是人类社会知识的进步是一个漫长的过程,现代人看来极不可信的知识,在远古时代的人们看来也许是极其真实的;其二是只要人们相信其愿意相信的事物,那么社会也可以通过这种人们相信的方式进行治理,尤其是社会意识形态领域更是如此。因此,在西方社会,社会契约论并没有因为其缺乏真实的社会基础而停止的传播。相对于神学的观念,人们更愿意相信社会契约论的真实合理性。由此,社会契约论对近代西方资本主义社会的国家治理理念和实践产生了重要的影响,人们愿意相信,政府是接受人民的委托而对国家进行统治或治理的,构建政府和制约政府行动的公法同样也来自于人民的同意。

　　社会契约论虽然没有明确提出公法的基础应当在于公共服务,但是从社会契约论的基本观念中,却可以隐隐约约地推论出公法的公共服务性基础。无论社会契约论者持何种具体观点,他们都承认政府的公法治理是在原初社会自治无能或无力的情况下才介入的,这就说明社会的自治具有相对于公法治理的优先性,公法治理本身不是目的,而是服务于社会自治的手段。社会契约论的一个核心观念是,政府的公法治理必须获得人民的同意。根据一般的人性推测,任何人都不会同意一种对自身不利的统治,只有有利于自身发展或利益的统治,人民才会同意交出原属于自己的权利,也就是说以较小的代价来换取自身更大的利益,人民才会愿意接受某种限制自身自由与权利的统治。这就意味着,政府的公法治理必须要保证社会的存在与发展状态要好于没有公法治理的原初社会,否则政府的公法治理将失去存在的正当性基础。这似乎也可以推出公法的公共服务性基础,一种服务如果不能改善被服务人的状态,这种服务就不具有存在的正当性基础。同样的,政府的公法治理,如果不能改善自治社会的状态,那么政府的公法治理当然也会失去存在的正当性基础。尽管社会契约论隐约地包含了公法的公共服务性基础,然而社会契约论却同样也可以为专制而残暴的统治服务。当格老秀斯和霍布斯为君主制辩护时,当社会中的多数以"公意"口号压迫甚至是消灭少数人的自由与权利时,社会契约论也可以为这样的统治进行有效地辩护。因此,社会契约论中虽然包含了公法的公共服务性基础,但是绝对不能将社会契约论等同于公法的公共服务性基础,我们只能说,西方社会悠久的社会契约论传统,非常有利于萌发公法的公共服务性理论。

**(二)公共服务的民本基础**

　　如果说社会契约论体现了西方社会的政治文化理念,那么民本思想则可以算做是中国典型的政治文化传统,自有历史记载以来,民本思想就出现在官方的意识形态中。在上古时代,舜帝的五大贤臣之一皋陶,在与舜帝谈论为政之道时就说:"在知人,在安民","安民则惠,黎民怀之。"①周朝在取代商朝之后,认识到"天命靡常",提出了"明德慎罚"和"惟不敬厥德,乃早坠厥命"的观念。② 春秋时期的老子提出,为政者应当"圣人无常心,以百姓心为心"的观点。③ 儒家创始人孔子则希望统治者能够做到"节用而爱人,使民以时"以及"因民之所利而利之"。④ 最为系统地论述民本思想的当属孟子。孟子提出了

————————

① 《虞书·皋陶谟》。
② 《尚书·召诰》。
③ 《道德经》。
④ 《论语·学而》。

"民为贵,社稷次之,君为轻"这一代表中国古代典型的官方意识形态"民贵君轻"的思想,他认为,"得乎丘民而为天子,得乎天子而为诸侯,得乎诸侯而为大夫。"意思是只有得到了民心的人才能成为天子,而获得了天子或诸侯的赏识,最多只能成为大臣。他明确提出,"桀纣之失天下,失其民也。失其民者,失其心也。得天下者有道,得其民,斯得其天下矣。得其民有道,得其心,斯得其民矣。"①在这段论述中,孟子总结了桀纣失去天下的原因。孟子认为,得天下者首先要有道,而有道的意义就是得民心,只有得到民心才能得到天下。以后的各朝各代虽然论述各有不同,然而大体上的意思并未超出孟子论述的范围。

中国传统政治文化中的民本思想,虽然出现于官方的意识形态之中,然而由于其本质在于维护封建君权的统治,民本思想是作为一种统治民众手段而存在的,意在保证封建君权统治的稳定性。封建统治者对待民众的态度常以鱼水(或鱼舟)关系作类比,"水能载舟,亦能覆舟",意思是老百姓可以保证君主得到天下,并施行稳定的统治,如果不善待百姓,老百姓亦能推翻君主的统治,使其失去天下。这一思想中虽包含了以民为本的意味,然而却非统治的最终目的,统治的终极目的还是在于维护君主的统治和利益,以民为本只是作为有利于实现这一终极目的的手段而存在的。由于存在目的与手段之间的分离,在中国古代社会中,民本思想很难得到实际的推行,它仅仅停留在理论家的著述中,或者是在一个王朝灭亡之后的反思中。然而,即使如此,民本思想在传统的中国社会中还是具有积极的意义,至少它的存在不断地提醒着统治者应当实施善治,否则国家的统治将无法得到维系,这也在很大程度上维护了民众的基本权利,保证了民众的安居乐业。

中国传统政治文化中的民本思想,隐约地包含了公共服务的若干观念,只需要进行目的上的调整,它与公共服务的精神大体上是可以相容的。注重民生,以及维护民众的基本利益,是民本思想的精髓,而公共服务观念的核心恰恰在于政府公法治理的服务性,即服务于公民自治,注重治理公民自治无能或无力解决的社会问题,增进公民的基本福利,提升社会整体的利益水平。可以说,这两种观念在这一点上是相通的。然而,两者的差别非常明显,民本思想只是将民众利益的维护与改善当做统治的手段,而非统治的终极目的,而公共

---

① 《孟子·公孙丑》。

服务观念认为,政府的公法治理本身并不是目的,维护或改进公民利益或社会整体利益才是最终目的。也就是说,在中国传统封建社会中,保证民众的基本利益,维护基本的民生,实际上是为了维护君主统治,也即是维护地主阶级自身利益占有与发展的稳定性。而公共服务不承认政府的公法治理中包含了特权利益,唯一包含的就是保证政府的公法治理能够稳定社会有序运转的利益,即使如此,这一利益也是服务于民众利益或社会整体利益的改善这一终极目的的。

### 四、公共服务与为人民服务的关系

中国共产党领导的无产阶级革命最终在中国获得了胜利。在中国共产的领导下,在马克思主义的指导下,经过艰苦的社会实践,中国发展了马克思主义的公法治理理论,提出了政治领域公法治理"为人民服务"的重要论断。解放战争时期,毛泽东就根据马克思主义的基本原理,结合中国革命实践,提出了"为人民服务"的科学理论,并使之成为中国共产党一贯坚持的根本宗旨。[①]改革开放后,邓小平同志通过艰苦探索明确提出了"领导就是服务"的科学论断。江泽民提出发展社会主义市场经济同为人民服务统一起来的工作思路,提出了"三个代表"的重要思想,即"只要我们党始终成为先进社会生产力的发展要求、中国先进文化的前进方向、中国最广大人民的根本利益的忠实代表,我们党就能永远立于不败之地,永远得到全国各族人民的衷心拥护并带领人民不断前进"。2003年年初,胡锦涛同志强调,领导干部要做到"权为民所用、情为民所系,利为民所谋"。胡锦涛同志指出,对领导干部来说,最根本的就是要牢固树立正确的世界观、人生观、价值观,着力解决好权力观、地位观、利益观问题,特别是要解决好坚持"立党为公、执政为民"的问题。我党几代领导人反复讨论的"为人民服务"正是公法的根本价值。

为人民服务的观念首先是规范性或价值性的,公法治理的价值正在于其服务性,公法治理本身不是最高的价值,服务于人民才是公法的最高价值;为人民服务的观念也是事实性或科学性的,在公有制占主体的社会主义初级阶段,为人民服务绝对不是为占有生产资料的少数有产者服务,而是为共同享有物质财富的社会全体成员服务;为人民服务的观念不仅可以涵盖"公民自由"

---

① 参见《毛泽东选集》第三卷,人民出版社1991年版,第1004—1005页。

观念所认定的消极自由观,而且还包含了促进人的全面发展和自我实现的积极自由观。根据消极自由观,只要法律没有禁止的行为,就是公民可以做的行为。由于每个人的天赋、生活和教育等方面的差异,在公民可以自由而为的行为中,公民实际享有的自由程度是不同的。在消极自由观的概念中,这种情况被认为是正常的,是社会成员自治过程中必然会出现的情况,这有利于鼓励每一个社会成员最大限度的发挥自己的才能,是公法所不能干预的事情。而积极自由观认为,人的全面发展或自我实现是人存在的根本价值,一个社会应当确保每个人都有全面发展或自我实现的机会,如果一个社会的制度阻碍了它的实现,那么人是不自由的。在消极自由观的支持者看来,消极自由才是公法治理所应当予以保障的,而积极自由则完全是公民个人自主决定的事情,公法不应当介入其中。消极自由观是一种典型的个人主义的观念,完全无视社会结构对于消极自由的影响。一个公民在公法治理所保障的消极自由范围内之所以能够得到全面发展或自我实现,除了个人的努力与天赋之外,社会结构的影响是不能被忽视的。在特定的社会结构中,只有特定人的努力与天赋才有可能与该社会结构相契合,这些人才有更大机会获得社会所认可的成功,这种成功需要依赖社会结构所配置的其他人的支持才能获得。没有获得成功的人可能并不是因为其本身不努力或没有天赋,只是其努力的方向或天赋与特定的社会结构不契合,这些人可能为社会作出了同样的贡献,但却没有获得社会应有的承认。我们完全没有理由忽视这部分人的存在,如果忽视他们的存在,那么曾经享有消极自由的人也可能最终无法享有这份由公法治理所保障的自由。为人民服务的观念,正是基于社会的整体来看待公民自由,它不仅支持和鼓励公民的消极自由,而且努力为公民积极自由的实现提供必要的服务。

公共服务的观念符合"为人民服务"的实质精神。公共服务的观念可以说是源自于为人民服务的精神,两者在价值诉求具有完全的一致性,都以服务性作为公法治理的核心精神。两者在事实或实践的层面上也具有一致性,为人民服务的观念强调在只有在公有制为主体无阶级的社会中,为人民服务才具有为社会全体成员服务的真实性。公共服务与为人民服务的观念在中国并无实质差异,公共服务也支持"为人民服务"的社会整体自由的观念,认为公民的消极自由和积极自由都应当是公法治理所服务的公民自由。在这一点上,公共服务就是为人民服务理论的延伸,只不过是一个更具法学专业性和可操作性的观念。公共服务观念强调公法治理的重要性,它为公法治理的服务性提供了一个普遍性的标准,可以用来衡量公法治理服务性的质量,也可以用来判断公法治理的服务性是否还有改进的空间。"为人民服务"理念只是强调公法治理的服务性,并没有提出一个公法治理最佳服务性的标准,它更依赖于实施公法治理的领导干部或公务员来判断公法治理最佳服务性的标准,对领导干部或公务员有很高的智慧与德性的要求,毛主席曾说过,"政策制定之后,剩下的就看干部了",表达的也正是这个意思。在党的十五大确定"依法治国"的治国方略之后,为人民服务的观念必须要将重心从注重公务员或领导班干部个人,调整到注重公法制度的建设上来。公共服务的观念正好顺应了这一时代的要求,不仅继承了为人民服务精神的精髓,而且适应了"依法治国,建设社会主义法治国家"的要求。

## 第三节　作为公法精神的公共服务原则

从法学的视角来看,公共服务不仅仅是政府在现代社会的职能之一,也可以将公共服务提升到一个更高的抽象水平,使之成为对整个公法体系都有指导意义的灵魂和基石。我们始终都要把握这样一条指导性原则:公共服务绝对不是政府可以随意取舍的职能之一,毋宁说是整个公法体系赖以存续的终极目的,政府是为公共服务而存在的。公共服务的观念包含了一系列的原则,这些原则能够保证社会合作体系的稳定与和谐,保证社会成员共享社会合作所带来的自由与利益。我们认为,公共服务观念包含以下几条原则:

### 一、第一原则:私法自治先于公法的社会治理

无论从历史事实还是从逻辑的角度来观察,私法自治都先于公法的社会治理出现。一般认为,国家与公法是同时出现的,不过国家的出现属于一种社会事实,而公法则是国家出现的规范性表达,国家出现之后一般要借助公法来组织政权机构,划定公法社会治理的范围。① 虽然对于国家起源问题存在着

---

① 参见[英]凯尔森著:《法与国家的一般理论》,沈宗灵译,中国大百科全书出版社 1999年版。

社会合作与社会冲突理论的争议，但是，争议的问题仅局限于是私法自治中社会合作的必然需求还是私法自治中社会冲突的必然表现决定了国家的起源，双方对于私法自治先于公法的社会治理是没有争议的。

人类历史上最早系统地提出国家起源问题的是柏拉图。柏拉图并不是从历史事实的角度来探讨国家的起源问题，而是从抽象人性的角度来作出判断的。他将国家的结构与人类身体与灵魂的构造进行类比，认为身体的头、胸与腹分别与灵魂的智慧、激情和欲望相关联，一个正义的人应当是智慧统领着激情与欲望的人，与之相对应，国家是由统治者、护卫者和生产者构成的，三者应当分别具有智慧、勇敢和节制的德性，如果在一个国家中，统治者有智慧，护卫者有勇敢，而生产者有节制，那么这个国家就是一个正义的国家。柏拉图的国家观虽然是从纯粹人性的角度论证的，但是在他的国家观中却包含了国家起源于社会分工的观念，一个国家至少由三种人群构成，而这种人群之间的社会分工是建立国家必然的基础，"人类之所以要建立一个城邦，是因为我们一个人不能单靠自己达到满足，我们需要许多东西来满足自己行为的需要。"①柏拉图虽然没有明确表达出私法自治是先于公法的社会治理的观念，但是在他的理想国的理论中却隐含了这种观念，因为他承认城邦的建立，是以单靠自己不能达到满足自己行为的需要为前提条件的，如果在人类社会的早期，社会个体能够满足其比较简单行为需求，那么社会个体并不需要城邦的建立，由社会个体自治就可以满足其比较简单的行为需求。亚里士多德与柏拉图的理论旨趣存在较大的差别，如果说柏拉图是理想主义的创始人，那么亚里士多德则是现实主义的开创者。亚里士多德更多地从社会事实的角度来论证国家的起源问题，他在考察了158个城邦以后也提出了"城邦出于自然的深化，而人类是趋向于城邦生活的动物。人类在本性上，也正是一个政治的动物"的观点。②在这一点上，亚里士多德将国家的起源与生物的成长相类比，任何生物都有萌芽、生育、成长与成熟的阶段，而一个社会也必然经历村落、氏族、部落直至城邦的发展历程，生物的成长阶段是由生物的本性决定的，而城邦或国家的发展则是由人过政治生活的本性决定的。亚里士多德的国家起源观虽有可疑之

---

① ［古希腊］柏拉图著：《理想国》，郭斌和、张竹明译，商务印书馆2002年版，第47页。
② ［古希腊］亚里士多德著：《政治学》，吴彭寿译，商务印书馆1983年版，第239页。

处,但是其承认国家是社会发展的最高阶段是值得肯定的。这也就意味着其承认在国家出现之前是有社会存在的,这种社会不依赖于国家而存在,而是依赖于私法自治而存在。

文艺复兴时期之后,许多西方资产阶级法学家认同另一种社会合作的国家起源观,即"社会契约论"。这些理论家为论证国家起源于社会合作,都不约而同的设定一个国家起源之前人类社会存在着"自然状态",但是他们关于人类社会"自然状态"到底是什么的观点却很不相同。格老秀斯认为,"在自然状态中,没有财产之分,人人平等自由,人们只受自然法的约束。"①而霍布斯则认为在自然状态中"人对人是狼,是一切人反对一切的战争"。② 洛克认为国家产生以前,人都有自然权利。③ 卢梭却认为国家以前有自然状态,但他否认在自然状态下,人有自然权利。他认为在自然状态下,一切权利都是社会的,体现社会权利意志的是"共同意志"。④ 这些理论家对于"自然状态"的设定由于缺乏实证性而受到了广泛的质疑,直到 20 世纪美国著名哲学家罗尔斯作出回应之后,人们才对"自然状态"有了一个新的认识。根据罗尔斯的观点,人类社会的这种"自然状态"应当是一种逻辑上的设定,而非实际存在过的状态,即使实际存在过的状态,也因为历史资料的久缺而难以考证。理论家们设定"自然状态"(罗尔斯称为原初状态)更多地是为了从人类理性的角度来论证国家起源的正当性,为了保证人类理性不受"偏见"的干预,罗尔斯甚至认为在"原初状态"中还可设定人类受"无知之幕"的影响,只拥有理性而没有"偏见"。⑤ 因此,我们不能从社会事实的角度来评价"社会契约"的基本观念,而应当从理论逻辑的角度来评价它。在这种理论逻辑的支持下,可以清楚地看到,在国家出现之前的社会"自然状态"中,人们是受私法自治的,国家出现之后的公法治理在逻辑上应当后于私法自治。

除了基于社会合作的国家起源观之外,还有一种对立的观点,即基于社会冲突的国家起源观。马克思和恩格斯是社会内部冲突国家起源观的典型代

---

① ［英］格老秀斯著:《战争与和平法》,何勤华等译,上海人民出版社 2005 年版,第 24 页。
② 参见［英］霍布斯著:《利维坦》,黎思复、黎廷弼译,商务印书馆 1986 年版。
③ 参见［英］洛克著:《政府论》,叶启芳、瞿菊农译,商务印书馆 1986 年版。
④ 参见［法］卢梭著:《社会契约论》,何兆武译,商务印书馆 2005 年版。
⑤ 参见［美］罗尔斯著:《正义论》,何怀宏等译,中国社会科学文献出版社 1988 年版。

表。马恩以摩尔根在《古代社会》中的观点和所使用的人类学资料为基础,利用历史唯物主义的哲学观,提出了国家起源于阶级斗争的国家起源观。恩格斯认为,"国家是社会在一定发展阶段上的产物;国家是承认:这个社会陷入了不可解决的自我矛盾,分裂为不可调和的对立面而又无力摆脱这些对立面。而为了使这些对立面,这些经济利益互相冲突的阶级,不致在无谓的斗争中把自己和社会消灭,就需要有一种表面上凌驾于社会之上的力量,这种力量应当缓和冲突,把冲突控制在秩序的范围之内。这种从社会中产生但又自居于社会之上并且日益同社会相异化的力量,就是国家。"①亚当·斯密、埃德蒙·伯克和韦伯斯特等理论家也是社会内部冲突论的支持者,他们认为,"等级社会军事首领为了控制他们所掌握的社会资源往往能够用国家水平的强制来统治民众,从而导致了国家的产生。"②虽然马克思、恩格斯是从家庭和私有制发展演进的角度来论证国家的起源问题,与其他社会内部冲突论者从军事首领强制获取社会资源的角度存在较大的差别,但是两者都承认在社会冲突发生之前,人类社会有很长一段时间是处于私法自治的阶段,只有在私地自治发展到一定的阶段之后,以国家为主体的公法治理才正式出现。

还有另一种社会外部冲突的国家起源观,即将国家起源的基础建立在对外军事征服与战争之上。这种观点否认阶级之间的对立与斗争是国家起源的终极原因,认为不同社会共同体之间对于生存资源的争夺与冲突才是国家起源的终极原因。德国学者库诺根据考古学与人类学资料认为,"民族内部阶级分化的形成并不会自动导致国家的出现,因为在美加西亚和玻利尼西亚群岛中的某些地方,早在欧洲人到达之前已经产生了阶级分化,但那里并没有出现类似国家的机构。"③杜林认为国家是一个部落对一个部落进行征服的结果,他认为,"国家经常是一个部落对另一个部落施以暴力的结果而出现的,他表现为较强的部落对较弱的土著居民的征服与奴役。"④考茨基认为阶级与

① 参见中共中央马克思恩格斯著作编译局:《马克思主义经典著作选读》,人民出版社1995年版。

② [美]哈斯著:《史前国家的演进》,陈加贞等译,求实出版社1988年版,第23页。

③ [德]亨利希·库诺著:《马克思的历史、社会和国家学说》,袁志英译,商务印书馆1978年版,第139页。

④ [俄]杜林著:《国家概论》,陈岳译,商务印书馆1985年版,第459页。

国家的形成是许多部落因征服而互相联合的结果,其中强者战胜弱者就是阶级形成和国家产生的原因,他认为,"战胜的部落使战败的部落从属于自己,没收他们的全部土地,其后强迫战败的部落为战胜的部落做工。每当发生这种情况时,便产生阶级分化,但是这并不是将一个团体划分成几个小团体,而是相反地把两个团体接为一个,其中一个就做了统治阶级与剥削阶级;而另一个则成为被压迫与被剥削的阶级;战胜者为了统治被政府者而建立的强制性机关就成为国家了。"①虽然这种国家起源观认为不同社会共同体之间对于社会资源的相互争夺才是国家起源的真正原因,与国家起源于共同体内部之间的阶级斗争的观点有很大的不同,但是其并没有否认在国家起源之前基于私法自治的共同体社会不存在,正是在确认私法自治社会共同体存在的前提下,认为一个自治的社会共同体在无法抵抗有组织社会共同体入侵时国家才出现,这明确承认了私法自治社会是先于公法治理社会存在的。

**二、第二原则:公法的社会治理是为私法自治服务的**

私法自治不仅先于公法治理而出现,而且公法的社会治理必定是为私法自治服务的。无论从社会合作还是从社会冲突的角度来分析,公法的治理都是在私法的自治不方便或无能力而危害到了每一个社会成员的利益时才出现的。公法的治理本身不是目的,而是手段,是作为私法自治不方便或无能力时的必要手段而存在的。公法虽具有强制性、非任意性和羁束性的特点,但这些都不是侵害私法自治的利益的手段,而是保护私法自治利益的手段。公法治理的这种服务于私法自治的性质,不仅完全体现在基于社会合作的国家起源观中,而且也可以在基于社会冲突的国家起源观中得到合理的解释。

在柏拉图的理想国中,柏拉图设计了一个根据人的德性来分配社会地位的理想国家。在这个国家中,有智慧的人为统治者,勇敢的人为护卫者,而节制的人为生产者,如果各阶层的人"各司其职、各安其位",那么这个国家就是一个正义的国家。为保证统治者智慧与护卫者勇敢的品质不发生蜕变,柏拉图为他们设计了财产共有和无家庭婚姻的制度,以防止他们的激情和欲望对智慧和勇敢的品质产生不良的影响。在这个理想的国家中,统治者以其智慧

---

①　[俄]考茨基著:《伦理学和唯物史观》,董亦湘译,商务印书馆1985年版,第388页。

引领着整个国家的公共生活,维护着良好的社会秩序,护卫者守卫着国家领土的安全,防止外敌的入侵而对国家稳定的社会生活产生影响,而生产者则安心从事经济生产活动,不仅为自己的生活创造生存与发展的利益,也为统治者与护卫者提供治理国家所必须的生产和生活资料。① 在柏拉图的观念中,似乎有赞扬具有智慧和勇敢品质社会阶层的意思,因为其将这两类人比喻为金质和铜质的,而将生产者比喻为铁质的。柏拉图不赞成统治者使用普遍性公法规范进行社会治理,而是依赖于统治者个人智慧通过具体情况具体分析的方式进行社会治理。然而从这两点,我们无法得出公法治理不是以服务于私法自治的结论,或者说公法治理有其他终极目的的结论。统治者与护卫者的德性优于生产者的德性,并不意味着统治者与护卫者的统治活动本身就是目的,统治者的智慧是为整个国家的稳定与和谐服务的,而护卫者的勇敢是为整个国家不受外敌的蹂躏服务的。如果一个国家的自治能够保证稳定与和谐,而且处于一个绝对没有外敌入侵的绝佳位置,那么统治者与护卫的统治活动都是多余的,但是生产者的生产活动无论在何情况下都是不可缺少的,这是人类社会能够得以延续的保证。而历史事实也表明,在人类社会的生产水平和科技发展水平都很低的时期,社会的结构也相对较简单,整个社会对统治者与护卫者的统治活动的需求并不明显。统治者依靠其个人智慧而不依赖于普遍性的公法规范进行治理,并不意味着在这个国家并不存在公法,只是不存在普遍性意义上的公法。统治者依凭个人智慧进行社会治理的权力来源是公法授予的,其提出的必须为被治理人群遵守的治理社会的方案也是公法,这类规范同样具有强制性,只是与普遍性的公法规范存在表现方式上的差异。在承认这一前提的情况下,我们发现,统治者依凭其个人智慧治理社会的现实也不能得出公法治理不服务于私法自治的结论,而根据上述的理由,反而能够得出公法治理必然服务于私法自治的结论。

亚里士多德同样是从德性的角度来讨论国家治理问题的,不过与柏拉图从理想形态国家的角度不同的是,亚里士多德是从古希腊的多个城邦的政法实践出发探讨这一问题的。亚里士多德认为每一种技艺或研究都以某种善为目的,而共同体的治理却是所有善中的最高的善。不过,亚里士多德并不认为

---

① 参见[古希腊]柏拉图著:《理想国》,郭斌和、张竹明译,商务印书馆 2002 年版。

只有唯一一种与善相称的政治体制,而是不同善与不同的政治体制相对应。与君主制相对应的善是智慧,与贵族制相对应的善是荣誉,而与民主制相对应的善则是财富。在亚里士多德的观念中,智慧的善优于荣誉,而荣誉的善则优于财富,相应的君主制优于贵族制,而贵族制则优于民主制。亚里士多德与柏拉图在治理方式的观念也存在差别,亚里士多德更注重普遍性公法规范的治理,无论是君主制、贵族制还是民主制都是如此,他认为,'法律是没有感情的智慧',①而哲学王虽有智慧但易受感情的影响而危害共同体的利益。与现代社会普遍将民主政治视为最佳政治的观点不同,亚里士多德更欣赏与智慧和荣誉德性相称的君主统治和贵族统治,似乎是一种少数人注重智慧和荣誉的统治比多数人注重财富的统治要优秀的理论,似乎也否定了公法治理为私法自治服务的原则。然而实质上,亚里士多德的理论并没有否认这一原则,因为在他的观念中,无论何种类型的统治,都是为了社会共同体的利益而存在的,那些不是为了社会共同体的利益,而是为了特定阶层利益的统治方式,也即是失去了相应德性的统治方式,分别是暴君制、寡头制和暴民制。在承认私法自治先于公法治理的前提下,社会共同体的利益首先是以社会全体成员利益的方式存在的,而只在私法自治不方便或无能力影响到了社会全体成员利益时,公法的治理才介入私法自治的过程中,无论何种公法治理模式,统治者阶层虽然具有特定的利益,但这种利益是为私法自治状态下社会全体成员的共同利益而生的。当然,在公法的治理介入私法自治之后,社会共同体的利益的概念发生了变化,这时的社会共同体利益,既包括统治者阶层为维系统治所必需的利益,也包括其他社会成员的利益。

如果说大家对柏拉图与亚里士多德的理论是否表达了公法治理为私法自治服务的原则还存有一定的疑问,那么文艺复兴之后的"社会契约论"者,则明确表达并支持这一原则。社会契约论者一般都认为,在公法的治理出现之前,人类社会处于"自然状态"之中,人类社会的全体成员之所以契约的方式缔结成一个国家,是由于私法自治的不方便(洛克),或者是人都是自私的,私法自治不能解决相互之间的利益冲突(霍布斯),或者是人的本性是社会性,其"共同意志"必然要求实施公法的治理(卢梭)。尽管他们所认可的公法治

①  参见[古希腊]亚里士多德著:《政治学》,吴彭寿译,商务印书馆1983年版。

理出现的理由是不同的,但公法治理为私法自治服务这一观点或原则却是他们所共同支持的。社会契约论者之所以在这些问题上存在一些差别,可能有更深层次的原因——他们都是基于本国的语境(本国在当时所外的特定的社会历史条件)和自己所处的社会政治地位,来建构自己所认可的具有理想性质的公法治理理论——这些作为他们理论前提的条件,隐藏在他们所处国家当时的社会历史状况之中,以及他们个人的生活经验之中。但是,无论这些前提条件是什么,公法治理为私法自治服务这一原则却体现在所有的理论之中,成为他们理论共同的逻辑前提。

我们也许很难想象国家起源于社会冲突的观点与公法治理服务于私法自治原则的契合性。在马克思恩格斯的观念中,随着社会分工的发展与私有制的出现,社会必然会分裂为在经济利益上相互对立的两大阶层,占有生产资料的统治阶级和不占有生产资料被剥削的被统治阶级,国家及其治理的工具,如军队、警察、政府和法院等,都是统治阶级对被统治阶级实行统治的"暴力工具"。① 在这种理论中,公法的治理似乎不是为了私法自治服务的,而是为了统治阶级的利益服务的,统治阶级为了保护自己的利益,就必须运用公法的手段来治理社会。实际上,如果仔细分析马恩的相关论述,我们会发现公法治理服务于私法自治的原则还是隐藏于其中的,它只是被政治意识形态的观念所掩盖了。在历史唯物主义的国家观中,国家、军队、警察等公法治理的暴力工具之所会出现,正是由于在私法自治的过程中,出现了自治解决不了的问题,主要是生产资料的占有者无法阻止其他人的掠夺,无法感受到财产占有的稳定性,也无法阻止其他民族或国家的侵略等问题。而这些问题不解决,不仅对生产资料的占有者是不利的,对于不占有生产资料的人也是不利的。生产资料的占有者感受不到财产占有稳定性,就会失去利用生产资料来组织社会生产的动力,而不占有生产资料的人将会失去通过劳动获得生活资料的机会,整个社会的利益都将受损,这必然是一个两败俱伤的结局。公法治理是能够有效的解决这一问题的,虽然公法治理带有一些暴力的成分,但这些暴力是必要的,是有组织的。相对于私法自治时期可能无处不在的,且无法预料的暴力而

---

① 参见中共中央马克思恩格斯著作编译局:《马克思主义经典著作选读》,人民出版社1995年版。

言,这种可预测的暴力可能更为可取,它不仅解决了私法自治所不能解决的问题,而且也有可能比私法自治使用的暴力更少,又更具有规范性。

统治阶级借用公法治理的暴力工具,并不全是为了维护统治阶级的利益,历史唯物主义的观点也承认,公法治理的暴力工具,不仅具有维护政权的功能,还具有维护社会秩序的功能。① 政权的稳定首先是对统治阶级有利,但是对于被统治阶级也是有利的,他们可以在一个稳定的政治环境中安稳地从事生产活动,而不用担心邻居的伤害或其他国家的侵略;而社会秩序的稳定与和谐对于统治阶级与被统治阶级是同样有利的,这也是任何类型的公法治理必须要实现的功能。这里可能还存有这样一个疑问,那就是人类社会的历史上为什么会出现像奴隶制那样残酷的“人吃人”的制度呢? 这是否证伪了公法治理服务于私法自治的原则呢? 我们认为,这个疑问并没有证伪这一原则。公法治理的公共服务不仅仅是一种观念,它也是一种实践活动,要考虑实施公法治理的国家所面临的复杂的社会历史条件。每一个国家在采用公法治理的手段时,都要运用最为恰当的方式来保证这个国家在与其他国家的竞争中存续下来,而这一点是私法自治无论如何也实现不了的。在一个国家特定的历史阶段中,奴隶制也许是这个国家当时所能选择最好的治理手段。马克思在评价奴隶制时,也说过根据当时的经济发展水平,奴隶制是具有合理性的。② 这种观念可能会遭到道德普适论者的强烈批判,他们可能会认为,这是一种将社会即存事实的合理性承认为道德上的正当性的观点。这种批判有一定的合理性,但其前提是存在疑问的,他们一般认定道德价值观念是直觉式的、永恒的和正确的知识,不会随着人类社会的演进而发生改变。而历史唯物主义却认为,道德上的观念其他上层建筑的知识都会随着人类社会历史条件的改变而改变。③ 因此,这种批判是站不起脚的。

---

① 参见中共中央马克思恩格斯著作编译局:《马克思主义经典著作选读》,人民出版社1995 年版。

② 参见中共中央马克思恩格斯著作编译局:《马克思主义经典著作选读》,人民出版社1995 年版。

③ 参见中共中央马克思恩格斯著作编译局:《马克思主义经典著作选读》,人民出版社1995 年版。

### 三、第三原则:公法的社会治理应当以最好的方式为私法自治服务

虽然历史的事实与逻辑一再证明,公法治理后于私法自治出现,公法治理的目的是为私法自治服务,但是公法的社会治理却很容易偏离其应有的方向,而堕落为实际掌握公法治理手段者谋取私利的工具。因为公法一旦介入私法自治的社会,凭借其有组织实施的强制力,自治的社会成员很难有与之对抗的手段或措施来保证其符合公法治理应有的目的。除了一些明显有违公法治理目的的现象之外,公法的社会治理面临的最大难题在于,公法治理如何以最好的方式为私法自治服务,这既是一个认识上的难题,也是一个价值上的难题。作为认识上的难题,我们不清楚公法社会治理的范围应当扩张到何种程度,应当采取何种治理方式才能最好服务于私法自治;作为价值上的难题,我们不知道社会成员愿意接受何种类型的公法社会治理和治理方式,并将其视之为善的或正当性的——因为唯有社会成员认为是善的或正当的公法治理,才具有稳定性,才会收到其应有的社会效果。对于公法的治理范围或领域,一个最为传统的分类是分为政治、经济与社会三大领域,而治理方式一般可分为命令性的与协商性的两大类。三大治理领域的区分仅仅是相对性的,不可能完全相互独立,一个领域的治理必然会影响到其他领域,治理方式也是如此,往往命令性与协商性的治理方式法混合在一个治理行为中,各种治理行为的差别可能仅仅在于命令与协商的程度不同。

政治、经济与社会领域的复杂关系加剧了我们解读"公法治理如何以最好的方式为私法服务"这一难题的困难性。这些复杂关系包括一个领域的公法治理必然会对其他领域产生有规律的影响吗? 如果产生了有规律的影响,那么哪个领域的公法治理是决定性的? 在马克思主义的政治经济学观念中,一个领域的公法治理必然会对其他领域的公法治理产生有规律的影响,在公法治理的三大领域中,经济领域的公法治理对社会与政治领域的公法治理有决定性的影响;[①]而韦伯的观点却正好相反,韦伯也承认三大领域之间的公法治理必然会发生有规律的相互影响,但是经济领域的公法治理不是决定性的因素,社会领域或政治领域的公法治理才是决定性的。[②] 在许多新自由主

---

① 参见中共中央马克思恩格斯著作编译局:《马克思主义经典著作选读》,人民出版社1995年版。

② 参见[德]马克斯·韦伯著:《经济与社会》,阎克文译,上海人民出版社2005年版。

者看来,三大领域的公法治理并不存在所谓必然的有规律的联系,但是经济和社会领域的公法治理容易受到来自政治领域公法治理的强力干预,而经济与社会领域的公法治理是必须服从自由规律的,唯有如此,经济领域才会有效率,社会领域才会有创新。① 公法治理方式的多样化也会带来一些困难。传统的公法基础理论一般认为公法的命令性是公法最为本质的特征,当公法的治理方式掺入了协商性的因素之后,人们可能会怀疑这些法律的公法性质。有些学者将一些命令性与协商混杂的法律直接称为"社会法"就是这种怀疑的直接结果。

探讨政治、经济与社会领域在公法治理过程中的相互关系当然是必要的,但是想从中得出如自然科学一般的确定性结论却是不太可能的。有几个主要的原因决定了这一点。首先,从研究方法来说,这些领域的科学研究不可能如自然科学研究一般在非常精确的条件下进行,也不可能如自然科学一般可以在同样的条件进行反复的试验以检验结论的正确性。这些领域的研究可能更多是从历史事实中去寻找证据,而先后发生的历史事实虽然可能是相似的,但却绝对不可能是完全相同的,因而这些研究永远也无法证明其结论的普遍性,也不可能对未来社会的发展作出精确的预测。其次,从研究对象来说,这些领域的研究对象是人,而不是作为客体的物。在自然科学的研究中,被研究的对象虽然也有可能会被研究者的研究所影响,但这种影响通过一定的方法可以排除。而在这些领域的研究中,被研究的对象是人,人是可以对研究作出反应的主体——研究可以影响被研究者的行为表现,从而使研究所获得的数据失真。不仅如此,研究者本身也是带着先入为主的价值观进行研究的。这两点缺陷是在这些领域的研究过程中无法排除的,也就是说,虽然理论家们想尽量获得事实性的和科学性的结论,但是最终的结果可能都包含了价值的考量。所以,有学者评价上述理论时,认为这些理论家都处于事实与价值的矛盾之中,即如果某个结论必定会实现(这是科学的和事实性的),那么得出这一理论的理论家是促进它实现,还是放任不管呢(这是价值的)? 如果放任不管,则尊重了科学;如果促进它实现,则促进的行为本身会不会影响预期的科学结

---

① 参见[英]哈耶克著:《法律、立法与自由》,邓正来译,中国大百科全书出版社 2000 年版。

论又存有疑问;①最后,这些领域的公法治理不完全是科学研究的问题,它也是一个实践的问题。作为实践的公法治理,只有在做了以后,人们才能判断其优劣性或善恶性。② 对以往历史经验的总结或对未来作出的预测,都对作为实践的公法治理有帮助,但却不会影响其最终的品质。

政治、经济与社会领域相互之间关系的复杂性,以及这些领域公法治理的实践性,注定了公法治理如何以最好的方式为私法自治服务,不仅仅是一个科学理论的问题,它也是一个实践的和价值的问题。也就是说,公法治理首先要尊重这三大领域运行的一般性规律,这是公法治理以最好的方式服务于私法自治的前提条件。其次,公法治理也要考虑特定社会成员的价值观,正是特定的价值观决定了特定社会成员将何种公法治理接受为最好的服务于私法自治的方式。在此前提下,我们认为,公法治理如何以最好的方式为私法自治服务,可以先做一个初步的结论,即如果公法治理的结果好于私法自治的结果,并且这种结果能够为社会成员所接受,公法治理就可以获得治理的正当性;如果一种公法治理的方式能够改进所有社会成员的利益(此处的利益是指效用的满足,并不特指经济上的利益),而不损害某部分社会成员的利益,那么这种公法治理的方式还未达到最好,只到公法治理的方式达到了继续改进所有社会成员的利益必须损害某部分社会成员的利益,并且社会成员接受这种治理方式时,公法治理服务于私法自治的方式才达到了最好。

这个结论借用了经济学上帕累托最优原则的观念。这个原则认为,一种结构,当改变它以使一些人状况变好的同时不可能不使其他人的状况变坏时,这个结构就是有效率的。这样,对于一批产品在某些个人中的某种分配来说,如果不存在任何改善这些人中至少一个人的状况而同时不损害到另一个人的再分配办法,那么,这种分配就是有效率的。③ 帕累托最优原则是一条具有科学性的原则,它描述了利益分配最优效率的一般结构。根据帕累托最优原则,我们可以确定利益分配最优效率的状态。但值得注意的是,受帕累托最优原则支配的效率最优状态并不只一种情况,在经济学的表述上,帕累托最优状态

① 参见[英]基思·福克斯著:《政治社会学》,陈崎等译,华夏出版社2008年版,第34页。
② 参见亚里士多德著:《尼可马可伦理学》,廖申白译,商务印书馆2003年版。
③ 参见[美]罗尔斯著:《正义论》,何怀宏译,中国社会科学出版社2003年版,第67页。

是一条曲线,也就是说帕累托最优状态有无数种情况。经济学上所能够得出的结论只是,在确定分配各方的效用程度之后,才能够最终确定帕累托最优的具体状态。也就是说,经济学上的最优效率结论必须在假定社会成员的效用或需求程度的前提下才能得出。而社会成员的效用或需求程度是经济学无能为力的领域,这可能是一个心理学能够解决的领域,但主要还是属于伦理学研究的领域。虽然近代心理学和伦理学的科学化研究发展速度非常快,得出了一些令人瞩目的科学结论,但是即使如此,心理学和伦理学也不能为社会成员的效用或需求程度提供一个具有普遍性的答案。因为,社会成员的效用或需求程度在很大程度上并不是一个可以进行科学化研究的问题,而是一个实践的问题,即使社会成员本身有时候也并不知道自己真正的效用或需求是什么,只有在一些特殊的事件发生之后,如生理上的冲动和邻居的行为,等等,他们才获得了这种认识。这可能就是现实生活中人们的效用或需求程度多样化的主要原因。但是,我们又要认识到人们在实践活动中的效用与需求程度并不完全是由自己决定的,外在的社会意识会对此也有重要的决定作用,主要是一个国家或地区的传统文化和主流价值观等。所以,我们虽然不能得出如自然科学一般精确的结论,但是还是可以通过分析外在社会意识而得出这个国家或地区人们效用或需求的一般倾向。

将帕累托最优原则转用到公法治理的方式中,并结合一个国家特定的社会意识状态的考量,就可以得出公法治理以最好的方式为私法服务原则的结论。这个结论既考虑了注重治理效率的科学化方面的因素,也考虑了一个国家特定的社会意识状态,融合了社会成员对公法治理最优方式可接受性方面的价值要求。这个结论不仅仅适用于经济领域、政治领域以及社会领域,同时也适用于公法对于命令或协商等治理手段的选择。这一结论将考虑政治、经济与社会领域在公法治理过程中的相互影响,但是对于哪一个因素是决定性的因素不予考虑。因为此种思考既不会得出具有完全确定性的结论,对于公法治理最优方式的实践也没有多少帮助。

## 第四节　作为公法精神的公共服务的社会功能

公共服务作为公法的核心精神,正如意识自治作为私法的核心精神一样。

一部法律,无论它多么清晰、严密和一致,只要它没有体现公民的意识自治,这部法律就不可能是私法,如果要成为私法就必须加以修正。同样,一部公法,不管它的强制性有多大,羁束性有多强,只要它不具备公共服务的性质,就必须加以修改和废除。公法确实具有强制性、羁束性和非商谈性等区别于私法的特征,但这些特征是绝对不是公法存在的理由,公法的存在必然是为了提供公共服务。公法的这种性质即使在君权至上的时代也是不能忽视的,中国古代社会就有"水能载舟,亦能覆舟"的施政诤言。公共服务否认公法的强制性、羁束性和非商谈性是为特定阶层谋取利益的手段,也不承认为多数人的利益而牺牲少数人利益是正当的。因此,在一个以公共服务作为公法精神的国家中,绝不允许为了政治的交易和社会利益的权衡而置某些人于不顾。一个国家的公法体系之所以是能够忍受的,是因为到目前为止,还没有找到一种更好的方式来提供公共服务。

上述这些判断看来表达了我们对公共服务作为公法精神本质特征的一种直觉式的确信。它在语气上看起来表现得过于武断了一些,但无论如何,我们希望本书的论述能够证明这一点是正确的。为此,我们有必要建立一种"公共服务作为公法精神"的理论,并通过这种理论解释和上述观点。通过分析公共服务的社会功能,我们或许能够理解这一问题。

### 一、公共服务有维护社会合作体系稳定与和谐的功能

在讨论公共服务对社会整体的作用之前,为使公共服务的观念更容易理解,也更为确定一些,我们先假定这样一个社会,这个社会是由一些个人组成的相对自足的联合体,社会成员都承认某些行为规范具有约束力,并且使自己的大部分行为都遵守它们。这实际上是一个具有自治性质的社会,在这个社会中,人们基于对规范的认知而相互合作,生产维持生存的物质资料、维护社会的稳定与安全以及分享合作所带来的利益,等等。然而,个人之间的合作是一种收益与风险共存的活动——由于合作,它可能使所有人享受到更为优质的生活,同时,合作过程也存在一系列的风险,比如利益分配不均所带来的冲突,社会成员之间的信息沟通不畅所导致的合作无效率,社会成员对于规范与事实的理解不同而造成的纷争等问题。这些问题是无法完全依赖社会个体之间的合作来完成的,而必须依赖一个稳定的组织机构。这个组织的主要任务

就是提供一种公共性的服务以解决个人自治所不能解决的问题。

因此，可以这样说，一个社会，如果既能够保证社会成员在自愿合作的前提下实现最大范围的自治，又能够建立一个固定的组织提供公共服务来解决自治不能解决的问题时，这样的社会理所当然是一个组织管理良好的社会。也就是说，它是这样一个社会，即每个人都接受、也知道别人接受上述自治与公共服务关系的基本原则，同时私法与公法之间的关系普遍地满足、也普遍为人所知地满足这些原则。在这种情况下，自治的社会成员或提供公共服务的组织可能会相互提出比较过分的要求，比如社会成员可能会要求更多的自治空间，而公共组织却认为其应当提供更多的公共服务，但是无论怎样，他们还是会同意公共组织存在的唯一目的就是提供公共服务，差别只在于提供什么和如何提供，等等。如果说个人关于自治与公共服务关系的认知存在差异必然会使这个社会产生一些不稳定因素，但是他们对于公法的公共服务性的赞同又可以使他们联合为一个整体，正是基于对公法的公共服务性的这种信念，支持着人们维护一个组织良好的人类联合体的情感与欲望。

当然，现存的社会形态很少是在这个意义上组织良好的，这其中既有人类知识与道德局限性，也有社会本身复杂多变的因素。从知识局限性来说，人们对于自治与公共服务关系的认识存在分歧的可能性相当大，没有谁能够充当一个全知者可以为所有的分歧提供唯一正确的解答；而从道德局限性来说，虽然有人可能认为人是追求良善的理性动物，但是我们也不能否认人类会基于自身利益的考量而故意歪曲自己已经获得的关于自治与公共服务关系的知识。另外，人类社会在发展的过程中，时刻面临着未知的情事，而这些情事总会挑战人们已成定式的解决问题的经验与知识。但是，即使如此，只要人们对公法的公共服务性抱有坚定不移的信念，这些持有不同观念的人就还是有可能同意：只要公法不是专为某些特定阶层服务或谋取利益，只要公法在公共服务与公民自治之间作出了恰当的平衡，这种公法制度就是值得人们去遵守和维护的。只要公法是为社会全体成员服务或谋取利益，那么它仍然为人们的不同观念留有充分的余地，使人们能够根据自己所接受的理念对之进行解释。人们之间这些观念的差异性可能并不能解决任何重要的问题，但是人们对这个问题的多样性观念与看法也正好说明了公共服务作为公法精神的重要作用。

　　然而,一种统一的对于公共服务作为公法精神的理解和认识,对于一个治理并组织良好的社会来说是绝对必要的,但是却并非唯一的条件。其他的问题,特别是意识形态、价值观与利益分配观的问题,也能对社会治理产生巨大影响。一种良好的意识形态能够凝聚社会成员对于提供公共服务的组织的信任,能够有效地降低公共服务提供的社会成本,并使得人们感受到过这种生活是有意义的和值得的。价值观与利益分配观涉及社会成员个体的选择问题,如果社会个体所持有的价值观和利益分配观能够既受到作为公法精神的公共服务的支配,同时也可以最大限度的包容社会成员个体的自主选择,能够将冲突降低至最低的程度,那么作为公法精神的公共服务将发挥更大的作用。因此,下面的说法是正确的,在其他条件相同的情况下,能够与意识形态、价值观与利益分配观相适应的作为公法精神的公共服务是更为可取的公共服务观,也能够发挥更大的作用。

　　总而言之,公共服务的作用相对于社会整体来说可以概括为,保证基于社会成员自治为基础的社会合作体系的稳定性和有效性,扩展社会合作体系的合作能力以应对或解决更多的社会问题,为公法体系奠定人们遵守的价值基础和信任的情感基础。而对于社会成员个体来说,公共服务还具有另外一些重要的作用。

### 二、公共服务有保障社会成员自由最大化的功能

　　我们在上面讨论了公共服务对社会的作用,但这并不充分,并不完全。我们不能忘记正是出于对人的尊重,出于对实现人的自我解放和自由的渴求,才使得公共服务具有了强大的生命力,并成为公法理论的基础。公共服务对社会成员而言,同样意义重大。

### (一)公共服务能够扩展社会个体的能力,提高社会个体的创造性

　　马克思主义认为,人生活的最高价值就是能够自我实现。马斯洛更是从心理学的角度分析了人的需求层次,认为自我实现的需求是人的最高层次的需求。如果每个人都能够最大程度的自我实现,那么这个世界将是一个创造力极其强大,同时又丰富多彩的世界。在社会成员自治的情况下,社会个体需要完全独立处理的事情是非常多的。为了完善地处理好这些事情,社会个体需要学习大量的知识。在这个过程中,许多社会个体可能由于自身的原因,无

法习得在这个社会生存与发展所需要的知识与经验,也有可能由于不可预测的原因而发生身体健康方面的问题,还有可能面临着失业和养老没有保障的情况。这些问题使得社会个体时刻担心自己的未来。当然,这些事情完全交由社会个体自己来解决当然未尝不可,比如中国古代社会中特别注重孝道的伦理,老人的养老问题由其后代来解决,这在某种意义上可以说是社会自治自行发展出来的一种养老制度。但是,这样做将加重个体的负担,浪费其有限的精力,会在很大程度上限制社会个体能力的发挥。而且由于社会个体的生活条件存在巨大差异,这就可能会使许多本来能够自我实现的社会个体被"毁灭"。这不仅对于其个人来说是不幸的,而且对于整个社会来说也是不幸的。如果社会能够提供优质的公共服务,将知识平等地传授给每一个社会成员,保障每一个社会成员的健康,使每一个社会成员的失业与养老不再是一个值得过分担忧的问题,那么这将极大解放社会成员的束缚,使得社会成员有充分的时间和动力来促进自我实现,社会个体不仅体现了个人的生存价值,社会整体也将从中受益。

**(二)公共服务能够扩展社会成员合作的范围,提高社会成员合作的效率**

基于自治的社会合作体系中,社会成员合作的范围受制于信息、交通和能源等社会发展基本条件。在信息方面,如果缺乏有效的信息沟通与传播渠道,如果信息只能通过缓慢的口耳相传的方式传递,那么社会成员之间的合作范围可能会非常狭窄,社会的规模也会受到相应的限制,不仅如此,由于信息沟通与传播不畅还可能导致不同社会群体之间的混乱与冲突:就交通和能源而言,不仅限制着社会合作的范围,还严重影响着社会成员合作生产的效率。德国经济学家屠能在20世纪就证明了这个问题的存在。屠能发现,城市的规模以城市的产业布局呈现出以城市某点为中心的环状分布特点,根据这一事实,屠能得出了一个重要的判断,即这些问题都与城市的公用事业(当时主要是交通)的发达程度紧密相关。一般情况下,在公用事业越发达,城市的规模也越大,社会成员合作的范围也越大,合作效率也随之不断提高。而这些公共服务在自治的社会中,也可以由社会个体来提供,但是可能会存在几个问题,一是社会个体可能无法从中获得相应的收益而导致其不愿意提供这类服务,二是社会个体可能缺乏提供这类服务的相应能力。正是由于这些因素的存在,公共服务就显得极其必要了。

**（三）公共服务能够提升社会成员的尊严感，使社会成员能够感受到生存的价值与爱的情感**

在自治度较高的社会中，由于社会成员更关心自己的利益与幸福，在缺乏公法所提供的强制性压力的情况下，必然会导致社会合作体系的不稳定。因此，社会成员自治的社会必然需要公法提供的强制力来保证社会合作体系的稳定性。公法的强制力虽然是必须的，但是却很容易变成脱缰野马而不受控制，最终危害到社会自治的价值。同时，暴力（强制力）的实施，无论基于何种目的，即使其存在是为了社会自治的实现，总会使受暴人失去尊严，从而引起其他社会成员对生存价值的怀疑，以及感受到社会的冷漠。当公法的强制力成为某些阶层的特有之物后，这些阶层如果通过一些类似宗教的意识形态来论证其统治的正当性，将会使这一状况更加恶化。但是，如果将公法强制力的精神规定为公共服务，是为社会成员自治提供强制性压力的公共服务，那么这一状况将会得到很大的改善。因为公共服务实际上就是为受强制的人自身而存在的，如果说没有人会对自己不正义，那么也可以说，没有人会对为了自身的存在而必需的东西表达不尊重或反感。这正如家长对孩子的爱是一样的道理，家长可能会对孩子施以强制力，但是家长绝对不是为了自身的利益或价值而这样做，而是为了孩子的健康成长，虽然孩子可能在无知的情况下不太理解家长的做法，但是相信孩子理解家长并赞同家长做法的一天总会到来。

# 第二章 公私法划分与公共服务

公私法划分并不是一个纯粹的学术问题,在某种意义上说,也是一个社会问题。公私法之间的区别表达了国家生活与市民生活之间各自的范围与界限,也表达了公共性管理与私人性自治之间的范围与界限。本章将在批判公私法划分各种理论形态的前提下,探讨公共服务作为公私法划分新标准的可能性与可行性。

## 第一节 公私法划分标准与公共服务

到目前为止,公私法划分存在两种基本的理论形态:一是公私法划分的否定论,完全否认公私法划分的理论与实践意义,二是公私法划分的肯定论,认可公私法划分的理论与现实意义,但是却无法就公私法划分标准达成一致认识。本节主要讨论公私法划分的否定论、肯定论及各划分标准,并在此基础上建构公私法的公共服务论划分标准。

### 一、公私法划分否定论

法律实证主义者大多对公私法划分持否定态度,认为一个国家的法律具有统一性,任何类型的法律都具有"主权者"、"国家"或"承认规则"的性质,公私法划分既在理论上不可能,实践中也没有此种必要性。不仅如此,任何坚持公私法划分的理论都有可能造成人们对公法与私法法律性质的误解。

#### (一)奥斯汀的主权者论

法律实证主义者的创造人奥斯汀认为,"法律是独立政治社会中主权者发布的以威胁为后盾的命令"。政治社会是指"一部分社会阶层服从另一部分社会阶层或个人的社会",而独立的政治社会是指"一部分社会阶层服从另一部分社会阶层或个人,而另一部分社会阶层不服从于任何其他社会阶层或个人的社会"。在独立的政治社会中,才有主权者的存在。主权者是指"在独立的政治社会中不服从任何社会阶层或个人的社会阶层或个人"。① 法律就是在独立政治社会中主权者下达的必须服从的命令。命令意味着处于社会权力优势地位的社会阶层或个人向处于社会弱势地位的社会阶层或个人提出了一个行为上的要求,如果这个要求如果没有得到遵守,那么处于社会强势地位的社会阶层或个人将向其施以预期的暴力,以迫使处于社会弱势地位的社会阶层或个人遵守这一强制性的要求。法律则是由处于社会地位最优势的社会阶层或个人向其他社会阶层或个人发布的以威胁为后盾的命令。由于命令具有自上而下的性质,一般情况下处于社会最优势的社会阶层或个人不受法律的治理,只受道德、宗教或习俗等规范的约束。独立的政治社会之间订立的任何类型的协议或规范也不可能是法律(国际法不是法),因为一个主权者不可能向另一个主权者下达命令,如果能够下达,那么就不符合主权者的定义,这个社会也就不是一个独立的政治社会。

在奥斯汀的观念中,没有公法与私法的区别,所有的法律都是公法。民事法律允许人们自由的订立协议,自由地处分财产或其他权利,好像与主权者发布的以威胁为后盾的命令没有关系,也与法律的概念不相符合。实际上,奥斯汀认为,人们之所以能够自由地订立协议并能够自觉地遵守,人们之所以能够稳定地占有财产或享有权利而不被其他人侵犯,只是因为主权者向侵犯人们稳定地占有财产或享有权利的发布了以威胁为后盾的命令。如果主权者没有向人们发布这种以威胁为后盾的命令,那么人们就不可能自由地订立协议,即使订立了协议也不可能获得人们的信守,人们对于财产的占有或权利的享有是不可能稳定的,社会将进入"无法无天"的自然状态,人们之间只存在类似于动物界的残酷的生存竞争关系。行政法和刑法明显具有以威胁为后盾命令的特征,毫无疑问,它们符合奥斯汀关于法律的定义。对于宪法和国际法,正如上文所述,宪法是关于主权者如何组织自身的规范,主权者不可能向其自身

---

① [英]约翰·奥斯丁著:《法理学的范围》,刘星译,中国法制出版社2002年版,第129页。

下达任何命令,一个人向自身下达命令不符合"命令"的逻辑,因此宪法根本就不是法律;国际法是不同主权者之间订立的协议,由于每一个主权者都是至高无上的,一个主权者是不可能向另一个主权者下达命令的,因此国际法也不是法律。由此,当奥斯汀将宪法和国际法排除在法律的范围之外后,他得出了所有的法律都具有共同特征的观点,公法与私法的区别并不是法律的关键特征,它们之间也就没有区分的必要性。

### (二)凯尔森的纯粹法论

如果说奥斯汀并没有明确反对公法与私法区分,那么"纯粹法学"的代表人凯尔森则明确反对公法与私法的区分。他认为,"通说认为,国家与其他主体之间的关系为法律上的统治关系,因之对公法与私法加以区别,但我却相反,把这两者的区别概行抛弃。通说在对等的权利主体之外,承认国家为优越的主体,因而分为两个法域而构成其理论。反之,我却尽量把观念构成加以节约,我的理论构成只限于单一的法域。我以为国家与人民间之事实上的支配关系是不能'法律的'地去寻求的,所以我否认那是'法律的'地构成。对于我这种主张,亦许有人非难,以为我只偏于私法的观察。但事实上正相反,我并不是站在把一切的法都视为私法的立场,反而我是主张一切的法都属国家法的立场。"①

在奥斯汀的观念中,主权者对于其他社会阶层或个人存在事实上的统治关系,正是这种事实上的统治关系构成了所有法律的渊源。凯尔森认为,这种事实上的统治关系是社会学上的概念,是一种事实性的描述,而法律属于规范。虽然事实性的统治关系能够决定法律的渊源,但是事实性描述却不等同于法律本身,法律本身有其自身独有的特征,即主体之间的权利与义务关系。作为公法主体的国家和作为私法主体的公民,从法律上来说,两者并不存在事实性的统治关系,两者之间存在的是权利与义务关系。虽然作为公法主体的国家可能享有强制性权力,但是这种强制性权力并非不受义务制约。虽然作为私法主体享有的是权利,但是公民在权利受到侵犯时同样享有强制性的权力,只是相对而言这种强制性权力受到的约束更多。将事实上的统治关系作

---

① [英]凯尔森著:《法与国家的一般理论》,沈宗灵译,中国大百科全书出版社1999年版,第345页。

为描述法律的关键特征,以为国家与人民间的关系是不受限制的权力关系,与私人间相互关系为完全不同性质的看法,并以此种看法作为公法与私法区分的基础,这是专制社会法律观的遗留物,在现代社会中,这种看法早已过时了。

他认为,"国家基于事实上的实力关系去支配人民这回事,是属于实在世界的社会心理上的事实,是不属于法律家所当观察的范围之内的。自法律家看来,国家亦不过是一个人,是一个权利与义务主体而已。这种观察是一切法律的理论构成之基础。而若果承认这种这主张,就和那以国家与其他主体间的关系为统治关系或命令关系的主张,站在不能两立的地位。因为国家既为权利义务的主体,就必然与其他主体站在对等的地位的,而不是较其他主体较为优越的。从同样的法律的观察点看来,那一面以国家为人,同时又以之为统治主体的主张,亦很明显是自相矛盾的。因为在前一个场合,是以国家对其他主体享权利负义务,换言之,即将纯粹事实上的权力关系除去,而视之为对等者加以观察的。但在后一个场合,却是完全不考虑法律上的关系,而专从事实上的法律关系去观察,以为国家是对人民站在优越地位的缘故。依前一观察言,人民是权利主体,他对于国家这权利主体的关系,完全像他对其他一切的权利主体的关系一样。从后一观察言,人民仅为统治的客体,只有国家才是主体。"①也就是说,在现实的世界中,权力服从关系是一种事实,也是普遍存在的,但这和法律的定义无关。虽然国家拥有人民不能与之相比的事实上的强大权力,然而从法律上来看,这与资本家和工人阶级之间的关系并无实质区别,资本家虽然相对于工人阶级享有事实上的权力,但是两者都是法律上具有人格的主体。工人阶级服从资本家的指挥与监督的私法义务,与人民服从国家统治的义务并无实质区别。因此,公法与私法的区分根本就没有必要性,这种区分也是无效的。

凯尔森认为,事实上的统治关系或平等关系实际上是法律的内容,在不同的国家或民族中,作为法律内容的事实上的统治关系或平等关系存在较大的差别,并不具有普遍性。这种不具普遍性的事实关系并不能决定法律主体的人格,也不能决定法律的存在。即使法律不存在,事实上的统治关系或平等关

---

① [英]凯尔森著:《法与国家的一般理论》,沈宗灵译,中国大百科全书出版社 1999 年版,第 347 页。

系也还是存在的。但是当法律的形式不存在时,法律也就不存在。从这个意义上来说,是法律的形式决定了法律的身份,而非法律的内容。这与几何学上球或立方体的概念不依赖于球或立方体的材质,而取决于球或立方体的形式定义是同样的道理。我们可以说铁质的球或立方体在硬度上高于木质的球或立方体,但是这种区别并不能决定何谓球或立方体。即使球或立方体的概念不存在,铁还是比木的硬度要高。法律的判断是价值的判断而非事实的判断,即是对某事实是否符合法律的判断,而非对于事实本身的判断,这与某事实是否符合道德规范的善恶判断,或某事实是否符合美的原则的美丑判断实际上同一回事。把实在事物与该事实的价值混为一谈,实是一种思维方式的混乱,是原始思维方式的表现。将事实上的统治关系作为区分公法与私法的基础,实际上就是以事实上的判断来决定价值上的判断,这在逻辑上是不可能的。如果一定要区分公法与私法,那么只有在实在的世界中才有可能,在法律的世界中,这一区分是不可能的,因为法律的世界是价值的世界,合法与非法以及公法与私法的关系并不能由社会中事实上具有的关系来判断。即使社会中事实上有统治性的关系,法律上也不一定就存在公法与私法的区别。因此,凯尔森认为,法律关系中具体的权利与义务关系,也即是法律的具体内容并不是真正的法律,唯有规定制裁的规范才是真正的法律,无论是公法或私法,甚至任何一种法律类型,只有其中关于制裁规范的部分才是真正的法律,这才是每一个法律都具有的共同特征。公法与私法的区别并不是法律上的区分,而是事实上的区分。

### (三)哈特的规则论

哈特坚持了凯尔森以法律形式来定义法律的核心观点,但是修正了凯尔森认为法律的核心形式只包括制裁规范的观点。在哈特看来,在一个自治的社会中,也是存在规则的。规则可以从内在和外在两个方面来观察,从外在的方面来说,规范表现为人们行为的常规性,或一定的行为模式,从内在的方面来说有服从这种规则的理由,或认为自己应当服从。在一个自治的社会中,规则是通过长期演化形成的,与一个社会的生活形式紧密相关。这种自发形成的规则,虽然能够获得人们的广泛认同,但是却存在着几种不便。

首先,规则的演变是自发的而缓慢的,跟不上社会快速变化的步伐。当新的社会事实出现时,自治社会并不能自动的生成相应的规则。当原有的社会事实发生变化时,自治社会也不能及时自动改变规则的内容以适应变化的社会事实。其次,规则是抽象的,而社会事实总是具体的。将特定的社会事实适用于规则时,总是存在模糊不清的情况,不同的人可能有不同的理解,最终导致规则无法适用。最后,自发形成的规则缺乏强制性压力,这可能导致规则事实上的无效。为解决这种不便,必须要有第二性的规则存在,首先必须要有承认规则的存在,以及时地制定新的规则,修改不合时宜的旧规则,以适应社会事实发展的新需要;其次需要有适用规则的存在,以决定规则权威和准确的含义,解决实际发生的社会纠纷;最后需要有强制性规则的存在,避免人们不服从规则的道德风险。第二性规则的加入,使第一性的自发规则实际有效性大大提高,这是现代法律的基本特征。哈特认为,第一性规则与第二性规则之间的关系,是一种纯粹形式上的联系,也就是说只要第二性规则能够保证有承认、适用或强制三种功能,增进第一性规则的有效性,那么就符合法律的基本定义,至于第一性规则的具体内容,也即是实际上人们之间的权利与义务关系如何,以及第二性规则的具体内容,也即是国家与人民之间是否存在统治性的关系,这并不是法律定义的必要成分。①

　　也就是说,传统的观念,即私法是关于平等主体之间权利义务关系的法律,公法是关于国家与人民间不对等的权力与义务关系的法律,并非定义法律所必需的因素,这种区分对于认识法律的定义毫无帮助,即使在真实的世界中确实存在国家对人民的统治性关系,或者人民间确实是平等的自治关系,这一点也无法普遍化,而能够成为所有法律都必然具备的要素。自发性第一性规则也许会受事实上支配关系的影响,如资本家利用其优势地位与工人阶级鉴定非协商性和不平等的合同,但是第二性规则还是可以承认资本家与工人阶级在法律上是平等的,当然也可以承认两者在法律上是不平等的。自发性第一性规则也许并未规定一部分社会群体可以对另一部分群体施以强制力,但第二性规则却可以制定这样的第一性规则,使得某些人享有对另外一些人的强制性权力。由此来看,传统观念所认定的公法与私法必然具有的特征,对于定义法律概念来说都不是必要的。因此,公法与私法的区分当然也就是无效的且无用的。

———————————

① 参见哈特著:《法律的概念》,张文显译,中国大百科全书出版社 1995 年版。

### （四）马克思的阶级斗争论

从某种意义而言,马克思的法律观也是属于法律实证主义的范畴。马克思的法律观在公私法划分这一点上,与法律实证主义者保持了高度的一致,即否认公私划分的理论与现实意义,认为公法与私法的区分是虚假的且无用的。但是,马克思与其他法律实证主义者不同的是,马克思是从社会事实的角度来证明的,而其他法律实证主义者都是从法律形式的角度来证明的。马克思认为,法律起源于阶级之间的斗争需要。当私有制出现后,社会逐渐分化为有产阶级和无产阶级或受奴役阶级,有产阶级逐渐成长为统治阶级,而无产阶级或受奴役阶级而沦为被统治阶级,为了更好地统治,以维护统治阶级的既得利益,也为了更好地对被统治阶级进行剥削,统治阶级制定了法律,组建了如军队、警察和监狱等暴力机构。在阶级社会中,法律的内容与形式都是统治阶级意志的体现,如果统治阶级觉得有必要,也可以将法律区分为公法与私法。当然,马克思也承认,公法与私法的区分还是一个国家特定的经济基础和历史条件有关系,罗马私法发达的原因正在于罗马有发达的商品经济存在。公法与私法的区分并不是必然,也不是永远存在的,当阶级消失后,或者当适用于私法的商品经济基础消失后,公法与私法的区分就不再具有存在的社会事实基础。公法与私法的区分也并不是在每一个国家或民族都存在的,这既取决于统治阶级的意志,也取决于这个国家或民族的经济基础与历史条件。因此,马克思虽然与其他法律实证主义者论证的方式不同,所持的理论态度也有较大的差别,但是他们得出的结论却是相似的,即公法与私法的区分并不是必要且必然的。

### 二、公私法划分肯定论及划分标准

除法律实证主义者外,大部分法律学者都支持公法与私法的区分,但是关于公法与私法划分的标准却无法达成一致,存在多种不同的观念,可以列出了多达十七种不同的划分标准。[①] 在各种不同的划分标准中,有主张实质性划分标准的,有主张形式性划分标准的,更多的是主张实质与形式相混合的划分

---

① 参见[日]美浓布达吉著:《公法与私法》,黄冯明译,周旋勘校,中国政法大学出版社2003年版。

标准。下文将选择几种有代表性的观点进行阐述。

（一）**主体论标准**

这是一种最为普通且常见的公私法划分标准。根据这种标准，如果法律主体是私人或私团体，那么此种法律就是私法，如果法律主体是国家或国家之下的公共团体，则此种法律就是公法。这是一种完全形式化的公私法划分标准，认定划分公私法的唯一标准就是看法律主体的性质。此种划分标准很容易遭到来自事实的反驳。最常见的是，国家或国家之下的公团体有时候也在从事私法上的活动或行为，而私法上的主体，私人或私团体也经常接受国家或公团体的委托而从事公法上的活动或行为，我们并不能将约束前者活动或行为的法律称为公法，同样也不能将约束后者活动或行为的法律称为私法。于是，为解决此种理论上的困难，主体说出现了许多修正版本，使主体说不再是一种纯粹的形式化标准。有的标准加上了"非私或非公行为"的限制性条件，有的则加上了"为公益或私益"的限定条件，还有的加上了"有支配权或无支配权"的限制性条件，观点众多，莫能一致。比如耶利内克认为，"所谓公法，就是把保有统治权的团体在其与对等的或隶属下的人之关系加以拘束的法"。① 罗宁则认为，"公法是关于公权力之组织、作用及被统治者对于为统治者的国家及其机关之关系的法。至国家不用统治的权力而与其他人（不问是否服从其权力者）发生法律关系时便不属于公法而属于私法"。柯塞克认为，"公法是为公益而存在的组织体——国家、地方团体或教会等的法。但这些组织体在法律上与私人站在同等地位时，其间的法律关系便属于私法。例如收买土地和发行公债那样从事私经济的交易时，通常都是私法关系"。华志认为，"在法律关系上的公团体为公益的支持者而居于主体的地位，又公团体同时对对方，犹如全部对一部的关系而发生法律关系这点，是公法的特征。"②

（二）**法律关系论标准**

法律关系论是一种与主体论紧密相关的公私法的划分标准。持这种学说的理论家一般认为，规范权力与服从关系的法律就是公法，规范平等主体之间关系的法律就是私法。也就是说，如果在一种法律关系中，一方主体可以向另

---

① 参见狄冀著：《法律与国家》，冷静译，中国法制出版社 2010 年版。
② ［日］美浓布达吉著：《公法与私法》，黄冯明译，周旋勘校，中国政法大学出版社 2003 年版，第 24—26 页。

一方主体下达命令,而另一方主体必须服从这种命令,那么规定这种法律关系的法律就是公法。如果在一种法律关系中,一方主体只能与另一方自由地协商,而不能命令另一方如何行事,而必须相互尊重对方的意思表示,那么规定这种法律关系的法律就是私法。法律关系说的一种变形是所谓的"意思表示说",即在一种法律关系中,如果一方可以单向地表达意思,无须与另一方主体协商,而另一方必须服从这种意思表示,否则就有强制性权力来保证其服从,那么这种法律就是公法。反之,如果在一种法律关系中,各方主体只能相互协商进行意思表示,只有在意思表示相互一致的情况下,双方才受意思表示的约束,即使如此,各方也无强制对方服从的权力,那么这种法律就是私法。

法律关系论作为公私法划分标准具有深远而持久的影响,且具有很高程度的真理性。公法主要规范国家与人民间的关系,在大多数的国家中,国家确实享有权力上的优势去支配人民服从其命令,这也是大多数公法所具有的特征之一。私法主要规范人民之间的关系,在多数情况下,人民之间的地位是平等的,没有人可以命令其他人必须服从其意志,这当然也是私法的核心特征之一。

### (三)利益论标准

主体论和法律关系论都从法律内部来寻找公私法的划分标准,利益论则另辟蹊径,从法律目的来探求公私法的划分标准。利益论标准一般认为,服务于公共利益的法律即为公法,服务于私人利益的法律即为私法。利益论在法律思想史上有悠久的历史,古罗马法学家乌尔比安也是采用这种区分标准。时至今日,利益论有了更为全面的解释。公共利益可以解释为国家人格体自身的利益,也可以解释为社会共同体的利益。私人利益被解释为私人或私团体满足个人目的的利益。在此前提下,以公共利益为目的法律即为公法,以私人利益为目的法即为私法。

### (四)社会论标准

社会论标准一般认为,个人既是自主性的个体,亦是生活于特定社会团体中的一员。个人既要过个人自主的生活,由于其生活在复杂的社会交互关系之中,个人也应当受到社会交互关系的限制,以保证社会生活的稳定与和谐。因此,约束个人自主生活的法律即为私法,而约束社会共同体关系的法律即为公法。当个人作为一个独立的主体可以自主决定与社会团体是否发生关系时,约束此种关系的法律亦为私法,只有在个人必然要作为社会成员之一员而受相应法律约束时,此时的法律才必然是公法。祁克认为,"只有罗马法才是国家之外无社会,而所谓社会法、国家法都是同一意义的。反之,在近代,国家之外尚形成有种种社会,所以国家法还有无数种社会法。国家居于最高团体的地位,对此等国家法以外的社会法,依其所规律的公共生活对于国家本身的生活之价值,而赋予其以一部以与国家同样或类似的权力手段,至于其他,则不承认其有较个人法更高的权威。在现代,所谓私法,包含整个个人法和未编入公法的社会学——家族法、公司法及其他私团体的法;所谓公法,却包含国家及国家之下而经国家认为公团体的社会法——教会法、地方团体法和公共合作社法及国际法。"①

### 三、公私法划分公共服务论

#### (一)公私法划分否定论批判

法律实证主义者否认公私法的划分,既有实践上的理由,也有理论上的考量。从实践层面来说,历史上只有古罗马将法律划分为公法与私法,古罗马之前的古希腊、古埃及和古巴比伦等国家的法律中并未出现公私法的法律分类,在欧洲中世纪,整个时期都未有公法与私法划分的观念,公民间的交易关系,公民与国家之间的忠诚关系等都被视为由单一的法律来调整。在亚洲,古代中国和日本的法律也未有这种区分,法律体系的结构从未采用过这种分类。古代中国的所有法律都可以称为"王法",也就是国家法或官法,在官方的成文法中未曾有过私法的范畴。从理论层面来说,法律实证主义者一般持有并非任何社会都有法律的观点,认为在人类社会发展的某些阶段(比如原始社会)没有法律。马克思认为,在未来的共产主义社会中是不需要法律的。只有当社会进入某一个发展阶段之后,比如阶级社会或民族国家的出现,并在理论上发展了国家人格的观念之后,法律才开始出现。法律实证主义者之间的一个重大差别在于,有些理论家坚持是先有民族国家或统治阶级的出现,然后才有国家人格观念的出现以及法律的产生(如马克思),有些理论家可能并不

---

① [日]美浓布达吉著:《公法与私法》,黄冯明译,周旋勘校,中国政法大学出版社2003年版,第27页。

追溯民族国家事实上如何起源的问题,而仅以现存的社会事实出发,认定国家人格的观念是由法律规定的,也是法律区别于其他社会规范的原因。因此,法律实证主义者的推论是,任何类型的法律必定都与国家人格密不可分,与国家人格没有关系的自治性"私法"是一种词义上的混用,是不具备法律身份或资格的,只能称之为道德、社会习惯或组织纪律等,只有取得了国家人格的承认(包括明示或默示)的自治规则才具备法律的身份或资格。然而,这种经国家人格承认的自治规则还能不能称为"私法",与规范国家与人民之间关系的"公法"区分开来,却是大有疑问的。两者在法律关系的逻辑结构上并无实质的差别,在法律关系的内容上存在差别,但这种差别并非是普遍性的,不同的民族国家可能会规定不同的内容,这取决于这个民族国家的社会历史条件,也可能取决于国家人格的意志。在一个民族国家中所认定的私法性质,在另一个民族国家中未必就具有。公法的法律关系内容也是如此。

法律实证主义者过分狭隘地理解了"法律"的概念,只注意到了法律形式上的特征,而且是现代法律形式上的特征,未从法律的社会功能来定义"法律"的概念,也未从历史发展的角度来思考公私法划分的意义。从实践层面来说,世界上许多国家从未采用公私法的范畴,法律也未采用公私法的分类体系,这并不能否认公私法划分的存在。人们的认识是一回事,而实际情况如何是另一回事。比如,在物理学中,虽然人类社会在很长一段时间都认为地球是宇宙的中心,所有的天体都围绕地球旋转,但是这并不能由此就否认地球是围绕太阳旋转的事实。同样的,除古罗马之外的其他古代国家,虽然在概念上都未采用公法与私法划分的范畴,然而在实际的社会治理中,公法与私法的划分还是存在的。从理论上来说,国家人格观念的出现及法律的产生与阶级社会或民族国家的出现并不能截然分开,我们并不能从历史事实中找到一个时间点,在此之前是国家形成的时期,在此之后是法律产生的时期。我们只能说国家人格与法律产生是一个辩证和相互促进发展的过程,这两者的关系是逐渐发展并确定下来的。这与生物界的进化过程是类似的,一个物种并不是突然出现的,而是在复杂的自然环境中,经过了遗传变异、生存斗争和自然选择的过程,自然界的物种状态才呈现在我们面前。我们不能先验的假设这些物种是来自上帝的杰作,也不能认定某些物种在某个阶段之前没有任何存在的痕迹。即使是自然选择决定了物种的类型,那也必定是有某些物种先在的类型,自然选择才有可供选择的对象。也就是说,法律在任何阶段都可能是存在的,只是进入某些人类社会的发展阶段之后,社会对法律的选择或自主意识加强了,这可能会改变法律的一些特征,就如同自然选择会改变某些物种的遗传特征一样。但我们不能以现存法律的特征,就否认以前社会存有法律的事实,就如同我们不能根据现存物种基本特征,就否认以前的自然界存有物种的事实一样。社会对法律的选择或自主意识的加强,可能使法律社会功能的发挥更具目的性,也更具有效性,这可能会在很大程度上改变人类社会的发展状态,但这并非是否认以前社会存有法律的理由。当人类社会认识到了物种变异的基本规律之后,利用所习得的知识,对物种进行自主的选择与改造,这会使物种的发展更具目的性,在实现人类社会的目的方面也更为有效,但这并不是否认以前自然界存有物种的理由,这反而证明了以前自然界存有物种的事实。当然,人类社会一旦对法律产生自主选择的意识之后,法律与人类社会就进入了一个复杂的互动状态,人类社会对于这种自主选择法律的最终社会结果也许是无知的,但这恰恰是人类有理性的表现,不安于社会现实的安排,努力地实现理想中的社会。这就决定了人类社会对于法律的认知永远不会终结。这一点与人类对于物种的自主选择也是类似的,人类社会也许缺少这种选择可能造成后果的知识,然而实现人类社会理想目标的行动是永远不会停止的。

因此,可以认为法律实证主义者的理论前提是虚假的,民族国家或阶级社会的出现并不是决定法律存无的标准,民族国家或阶级社会的出现只是改变了法律的内容和形式。法律应当从社会功能的角度来定义才符合人类社会延续的现实。人类自有社会以来,就需要法律来维系基本的社会秩序,保持社会的稳定,并在与其他社会的竞争中延续下来。因此,从这个角度来说,法律就是维护人类社会秩序所必要的基本规则,缺乏这种规则,人类社会将陷入残酷的生存斗争与自然竞争中,人身和财产安全得不到基本的保障,人与人之间必须时刻提防,保持着"人对人是狼的状态"。在民族国家或阶级社会没有出现之前,法律的遵守可能缺乏有组织的强制来保障,然而这并不意味着社会没有任何措施来保证法律获得人们的服从。情感是保证法律服从的第一种因素,通过人们之间共同的合作劳动,共同生活和共同应对自然与社会的风险,可以加强人们之间的认同感与依赖感,还可以为人们的社会生活提供文化上的意义。情感上的认同与依赖一旦形成,约束人们关系的法律规则的服从性也会大大提高;道德观念是保证法律服从的第二种因素,道德观念所提供的善恶、美丑和真假观念,可以为人们的社会生活提供理想的境界,可以为社会生活设定值得追求的主观意义,这些都有利于人们服从法律的约束;理性是保证法律服从的第三种因素,随着人类理性的增长,人们会认识到共同遵守法律给社会整体所带来的福利,以及对于每一个人生活的意义,这也会增加人们遵守法律的动机;宗教等神秘因素也是法律服从的因素之一,基于人类认识上的局限性,先民们可能对许多自然与社会现象无法理解,而这些现象又可能会危害到人们的生存与社会的延续,出于恐惧或信仰的心理,人们可能会对约束自身行为的法律表示出极大的敬畏。当然,人们之间可能存在的报复以及对于战争的恐惧等因素也可能是服从法律的原因。在这种社会中,法律唯一的不便可能就是,它与社会习惯、道德和宗教等规范融合在一起,难以区分。然而我们要知道,这些与法律混同的因素只是为了使法律获得更好的服从性,这一点在现代社会的法律服从中也是很重要的。因此,富勒才会认为,法律是使人们的行为符合规则治理的活动。按照富勒的看法,为了使法律获得人们的服从,法律需要道德或宗教观念的支持,法律需要形式逻辑上的合理性,以及法律形式上的德性。① 法律不仅是规则,法律也是使规则获得人们服从的其他活动。由此,我们可以认为,法律在任何社会都是存在的,它并非独存在有阶级的社会中,或者是独存于民族国家中。

但是,阶级社会或民族国家的出现,毕竟还是改变了法律的内容和形式。从内容上来说,最大的变化莫过于出现了专门规范国家人格体的法律,以及人民与国家人格间关系的法律。这两种类型的法律一种是关于国家人格体如何构建的,一种是关于国家人格体如何对待人民的。在阶级社会或民族国家出现之前它们是不存在的,这也就是所谓的"公法"或"国家法"。在公法出现之前,约束人民之间关系的法律,也发生了一些重大的变化,有一些法律可能与公法理念相冲突而被废除,有一些法律获得了公法的承认,有一些法律则保持不变,即没有被禁止也没有被公法明确承认。在公法出现之后,也有可能出现一些创造出来的约束人民之间关系的法律。这些法律也就是所谓的"私法"或"民间法"。从形式上来说,在阶级社会或民族国家出现之前,法律大多以

---

① 参见[美]富勒著:《法律的德性》,强世功译,商务印书馆2001年版。

约定俗成和不成文的方式存在,靠人们的口耳相传进行传播与学习。而在阶级社会或民族国家出现之后,法律以明确的、公开的和成文的形式进行表达。在任何一个民族国家的历史中,成文法的正式颁布都是一件值得纪念的大事,这使得法律从此进入了依赖于人类社会自主选择而演化的发展阶段。首先,成文化的是处理国家人格体与人民间关系的法律。唯有如此,国家和人民才能在法律规定的范围内行事,保证社会的和谐。其次,成文化的是人民间关系的法律,国家采取承认社会中原有规范或制定新规范的方式来明确表达法律的内容。最后,成文化的是关于国家人格体本身的规范。在等级森严的阶级社会中,国家人格体代表并没有成文化的动机,只有在国家人格体意志发展到"公意"或全体人民意志时,规范国家人格体的法律成文化才正式出现。然而,值得注意的是,在阶级社会或民族国家出现之后,法律的内容和形式虽然发生了巨大的变化,出现了"公法",也出现了一些人类社会自主创造出来的"私法",法律大多以成文的形式表达出来,但是这不意味着所有的法律都以成文的形式表达出来,也不意味着只有以成文的形式表达出来的法律才是真正的法律,还有大量的自治社会遗留下来的私法并未被成文化,这些私法仍然在维护社会秩序方面起着不可替代的作用。不仅如此,也有大量的公法同样未以成文的形式表达出来,但却同样发挥着公法应有的社会功能。

因此,我们可以得出这样的结论,在公法出现之前,人类社会的法律大都以私法的形式存在。公法出现之后,私法的内容和形式都发生了重大的变化,但是公法却并非决定私法法律身份的决定性因素,决定私法法律身份的关键因素是社会功能。法律的这种成长过程,实际上也是人类理性逐渐成熟的过程,法律由自发式的发展跃进到自主式的发展。在自主式发展过程中,法律自发式的成长过程并未因法律自主的发展而停止,法律自发式的演化仍在继续。现在,我们可以回答公私法的划分问题了。法律在任何社会中都是存在的,这是一个无可置疑的事实;法律并非一成不变的,法律是发展的,法律发展的基本规律是先出现约束人民间关系的私法,然后才会出现约束国家人格体本身和与人民间关系的公法,公法的出现必然会改变私法的内容与形式,但公法也会适应私法自发式成长的需要,公法与私法以一种相互影响的方式共同成长。由此,我们可以判断,公私法划分是法律成长的基本规律,体现在任何民族或国家的法律发展过程中。即使某些民族或国家并未采用公法与私法的范畴,公法与私法的划分实际上也是存在的,只是未以特定的名称表达而已。

那么,公法为什么会出现呢? 又为什么会后于私法而出现呢? 这是决定公法与私法划分最为关键的问题。法律实证主义者一般不追问这个问题,而只是将当代社会中的法律现象作为研究对象,并将得出的结论普遍化,试图以这种方式来否认公法与私法划分的基本规律。马克思法律观研究了这个问题,认为公法的出现是社会中占优势地位的阶级,为维护其统治地位和既得利益而创造出的一种统治工具,公法的出现是为了解决统治阶级与被统治阶级之间的社会冲突而由统治阶级创造出来的。马克思的阶级斗争论解释了法律尤其是公法成长的本质规律,借用了物种进化论中"生存竞争"的基本范畴,反映了社会发展过程的基本事实。然而,阶级斗争论却未体现法律成长的全部规律。在物种进化论中,物种之间虽然处于严酷的生存斗争之中,但是物种也处于一种复杂的生态关系之中,生存斗争是一个方面,而相互依存却是另一个方面,物种之间并没有绝对的强者与弱者,在我们视为是弱者的物种,在另一种意义上却是强者,或者是其他强者赖以生存的基础。在社会中同样如此,统治阶级也许是强者,然而统治阶级却是依赖于弱者——被统治阶级而生存的,当所有的弱者——被统治阶级消灭时,作为强者的统治阶级也会失去统治的基础。只有维护好弱者——被统治阶级的利益才能更好地保证强者——统治阶级的生存与延续。因此,与其说公法是阶级斗争的工具,不如说公法的出现是为了社会各阶级的共同利益而存在的。在只有私法的自治社会中,无论是强者是还是弱者,由于缺乏适应社会新发展的新法律、法律模糊和存在违法的道德风险等原因,任何人都无法保障自身的人身与财产安全,只有通过公法的治理,弥补私法自治的缺陷,才能保证每一个人的利益。因此,我们可以说,公法的出现虽然与阶级斗争存在本质上的关联,但是其服务于私法自治的特征却是阶级斗争过程中的另一个方面,两者可以说是一个问题的两个方面。也就是说,公法的出现以及在私法之后出现,是阶级斗争与公共服务辩证发展的结果。

然而,我们不能忽视人类理性发展对于公法性质的影响,也不能忽视社会历史条件的变化对于公法性质的影响。人类理性的发展,使人们逐渐认识到,社会上任何一个阶层都没有自然的优势权力与社会地位,每一个人都是生而平等的,人类社会是相互依存的关系,只有相互合作才能保证社会共同的利益,才能保证每一个人利益。人类理性的发展成熟,人们服从阶级斗争式的公法统治的认识基础逐渐消失了,只有以公共服务的观念来代替公法治理的基础,才有可能获得社会所有成员的一致赞同,才能获得人们服从公法治理的认识基础。另外,生产方式的改进和生产力的提高,以及经济基础的变化,在另一个方面改变着公法的阶级斗争性质。在当代社会中,社会分工非常复杂,任何一个人都无法完全依赖于自身的劳动而生存,只有与其他人进行复杂的社会协作,才能保证社会化大生产的顺利进行,也有由此才能保证社会的整体利益,进而保障每一个人的利益。与此相关的是,社会阶层也变得越来越复杂,即使在传统的统治阶级内部,也难以保持其利益的一致性,而统治阶级与被统治阶级之间却可能出现利益一致性。因此,在这种社会历史条件下,阶级斗争的公法治理观难以适应社会发展的新需要,而公共服务的观念却可以很好地适应这一社会发展的新要求。

公共服务观念认为,公法的出现及其在私法后出现,是因为私法自治的不便已经影响到了社会的整体利益,以及由此而来的每一个人的利益。公法可以在很大程度上改进私法自治的不便,为私法自治提供服务,使私法能够最大限度地发挥维护人民间关系的社会功能。如果说私法的社会功能是调整人民间的相互关系,约束人民间的相互行为不致发生相互冲突,保证社会协作的顺利进行,那么公法的社会功能就是服务于私法的这一社会功能,运用人类理性的力量,自主地选择私法发展的方向或途径。但是,值得注意地是,人类理性的力量并非全知全能的,运用理性的力量所创造的公法与私法,可能与社会发展的程度不相适应。因此,我们必须保留私法自发发展的空间,允许人们自由地探索,以发现最佳的解决社会矛盾的法律形式和内容。从这个角度来说,公法与私法的划分不仅不会消失,而且会长期存在,它必然伴随着人类社会的发展而发展。

**(二)公私法划分肯定论批判**

1.主体论标准

主体论公私法划分标准,在逻辑上存在循环自证的缺陷。主体论标准认为,公法的识别标准由公法律关系的主体是否为国家或国家之下的公团体决定。那么我们可以问,如何判断一个组织是国家或国家之下的公团体,还是私人或私团体呢? 根据这种划分标准,回答只能是,由公法规定的团体就是公团体,由私法规定的团体就是私团体。于是,这便进入了循环自证的境地,即公私团体是区别公私法的标准,而公私法反过来又构成识别公私团体的标准。即使加上"公私行为"、"公益与私益"或"有无支配权"的限定语,也无济于事,因为"公私行为"、"公益与私益"或"有无支配权"等限定语,同样必须先由的公私法来判断。如果不由先在的公私法来判断,那么在现实社会中,为公为私的行为、为公益或私益的行为以及有无支配权等要素都缺乏精确性,为一个人的利益是也许可以算做是私,为一个群体或几个群体的利益时也许可以算做私,但算做是公也可能是正确的。公益与私益以及有无支配权的判断要素也存在类似的问题。换句话说,主体论的公私法划分标准,实际上是以既存的公私法作为前提条件的,而后又以这一前提条件作为划分公私法的标准。

2.法律关系论标准

法律关系论与主体论同属于形式性的划分标准,与主体论一样存在循环自证的问题。公法上的权力服从关系与私法上的平等自愿关系,本身来自于法律的规定,是一种规范性的关系,而非事实上的关系。既然权力服从关系与平等自愿关系是由法律规定的,那么这就已经暗含了公法与私法的区分。也就是说,权力服从关系与平等自愿关系本来就源自于公法与私法的不同区分,而后法律关系说又根据观察到的权力服从关系与平等自愿关系作为划分公法与私法的标准,这是一种明显的循环论证。除此之外,即使假定法律关系论不存在循环自证的问题,以权力服从关系与平等自愿关系作为划分公私法的标准也是片面的和非普遍性的。国家与人民间的关系虽然存在单向性,国家可以命令人民服从其意思表示,然而这并非意味着国家对人民不负有任何义务,在任何国家的公法中,国家与人民的权利义务关系是相互的,国家固然有命令人民服从的权力,然国家亦有服务于人民的义务。人民间的关系虽然是协商性和互动性的,人们只能以相互协商的方式来处理相互间的关系,然而这并非意味着人民间不存在权力服从关系,在亲属法和家庭法中就存在长辈对晚辈下达命令的权力,而晚辈也有必须要服从之义务。因此,权力服从关系或平等自愿关系虽然代表了公法与私法的关键特征,然而以此种特征作为区分公法与私法的标准则还需斟酌。

3.利益论标准

利益论相对于主体论和法律关系论而言,最大的进步在于其从法律外部来寻求公私法划分的标准,避免了循环自证的逻辑问题。但是,利益论对于公共利益与私人利益的判断与划分,带有明显的个人主义的色彩,与社会的真实情况不符,也与真实的法律状况不符。公共利益为国家人格体的利益,私人利益为满足私人目的的利益,这种简单区分并不能反映社会的真实情况。事实上,公共利益与私人利益之间存在复杂的相互交叉的关系,私人利益的充分保障与实现其实也是一种公共利益,当私人利益无法获得充分的保障时,公共利益也将不存在,这即是"皮之不存,毛将焉附"道理。不仅如此,国家人格体的利益有时候可能仅仅是国家人格体的集团小利益,而非社会共同体之利益,而私人利益虽从个人角度来观察是满足于私人目的利益,然则从社会整体来观察却是社会共同体之大利益。从实际存在的法律状况来分析,这种区分也是有问题的。约束私人间关系的法律看似为着私人利益,然则此私人利益的稳定享有需仰仗公法的保护,在私法的若干条款之中皆包含有公法保障的条款,将此类保护私人利益的法律视为公法,那么明显与利益论的公私法区分标准相违背。如果将其视为私法,由于公法的保障使私人利益得以稳定占有,这也是一种公共利益,而且是一种重要的公共利益,那么也与利益论的公私法区分标准不一致。

4.社会论标准

社会论意识到了利益论的个人主义倾向的缺陷。为解决此缺陷,社会论做了一个基本的区分,即个人性与社会性的区分,并在此基础上来探求公私法划分的标准。然而此种区分是不成立的。如果有一项事务为个人性的,那就只能意味着这件事与任何人没有利害关系。既然如此,那么法律也就没有进行约束的必要性。比如个人的情感问题就是如此。事实上任何一件看起来是纯粹个人性的事务,也必须要借助于其他人的协助才能达成,比如财产的自由使用,必须依赖于其他人的尊重,而财产的交换,则更须与他人达成一致才有可能。不仅如此,有时候看起来完全是私人间的交换关系或其他私人关系,与社会中其他人或共同利益没有关系,然则这种私人间的交换关系或其他私人关系却可能对社会产生难以预料的影响。因此,我们认为,由法律所治理的社会中,所有的关系都是社会性的,并无个人性的关系存在,即使存在,法律也没有治理的必要性,完全交由个人自治即可,因为法律的本性就在于实现一定的社会功能,协调处于社会中人们的相互关系,避免冲突,保证社会合作得以顺利进行。一项完全个人的事务,无须与其他人发生任何关系,自不在法律治理的范围之内。既然所有法律都是社会性的,借助于社会性这一范畴无助于划分公私法。国家人格体为国家中最大的社会团体,按照社会说的划分标准,规范其行为的法律当属公法。然而在国家中还存在各种性质各异,大小不同的社会团体,其行为属性也属社会性无疑,根据社会论的观点,规范这些社会团体行为的法律也应当属于公法。这明显与法律划分的真实情况不符。另外,个人所从事的私交易行为,在允许自由贸易的国家中,也当属于社会性行为,规范这些行为的法律明显是不能归属在公法名下的。

### (三)公私法划分的方法论依据

关于公私法划分标准的争论已如上述,每种标准虽然都观察到了公私法的若干重要特征,但是每种标准也都存在以偏概全的缺陷。不仅如此,部分标准还存在方法论上的疑难。这些缺陷的存在与西方社会理论研究的传统有密切的关系。在西方国家的理论研究传统中,特别注重理论体系的一致性,一般都通过单一因素意图解释所有的社会现象,理论家所认定的单一因素一般被认为是此类社会现象的本质现象,除此之外的所有现象都是具有偶然性的现象。理论家认定的单一因素的表现形式是多样化的,既有先验性质的,也有经验性质的,前者如康德的先验哲学,后者如各种类型的社会学法学等。这种理论传统在自然科学领域收到了良好的效果,它深化了人类社会对于自然界的认识与理解,对社会科学的发展也有重大的意义。然而此种以单一因素作为理论基础的方法论在当代社会中受到了严重的挑战。以维特根斯坦为代表的后现代主义者对科学研究中只注重单一本质因素的做法提出了强烈的质疑,认为在事实的世界中单一的因素并能够解释所有的现象,能够解释所有现象的因素必然是多样化的,这些多样化的因素表现出"家族相似性"的特征。后现代主义思潮消解了本质主义的范畴,消灭了形而上学观念在科学研究中的地位,使科学研究建立在更为实证的基础上,获得了科学界的广泛赞同。

上述公私法划分标准明显具有以单一因素解释所有法律现象的理论倾向。主体论仅仅从法律主体来区分公私法,法律关系论从权力服从关系或平等关系来区分公私法,利益论与社会论则分别从公共利益与社会公共性来区分公私法。正如维特根斯坦所言,某一类现象具有"家族相似性",其中并没有某一种本质性因素贯穿于所有现象中,公私法外在表现形式种类繁多,如果使用单一因素解释所有的公私法现象,那么自然也就会出现无法解释的公私法现象。所有的公私法现象表现为"家族相似性",并不存在单一因素能够全部对之进行解释的可能性。

除此之外,社会科学与自然科学还存在一个至关重要的差别。自然科学的研究对象是完全客观的,不会对研究本身作出反应,而社会科学的研究对象是人,具有主观能动性,在成为社会科学研究客体时,也会对研究本身作出反应。也就是说,社会科学的研究必须从外在和内在两个方面进行才能保证其精确性和适用性,从外在方面来说,必须研究人类行为的一般规律,从内在来说,必须从被研究对象的主观方面来确定其行为的意义,而不能从研究者的主观"偏见"来确定被研究者行为的意义。这也就意味着,即使社会科学的理论家们通过观察发现了人类社会行为的一般规律,其理论解释也不一定是正确的,因为他们可能完全无法理解行为人行为的主观意义。公私法划分标准的缺陷主要由此导致。各标准虽然发现了公私法区分的一些关键特征,这些特征也能描述某些公私法现象,然此种描述置各国的法律实践于不顾,认定公私法现象某些特征为全世界所国家公私法区别的一般规律,对于特定国家的文化如何看待这种区分则不予考虑。由此得出的结论自然难以避免以偏概全的缺陷。

社会科学研究必须从内在方面来考察行为的主观意义,并不意味着社会科学的研究结论是主观的和不确定的。心理学的研究表明,人的行为受动机支配,这一点与生物行为的刺激—反应模式并无实质区别。差别在于,人是社会性的人,虽然人的行为是受动机支配,但是动机来源却复杂得多。有些动机源自于人类的本能,大部分动机主要源自于社会。源自于人类本能的动机可以部分保证人类行为的一致性,源自于社会的动机却使人类行为呈现出极大的差异。每一个社会都存在特定的社会结构(或制度),相对于个体的成长而言,社会结构(或制度)是先在的,个人主观观念的形成必然受特定社会结构(或制度)的制约和影响,甚至可以说,个人主观观念的内容是由特定社会结构(或制度)决定的,特定社会结构(或制度)也就是个人主观观念的社会动机来源。虽然个人的实践也可以改变社会结构(或制度),然而此种变化相对于社会结构对于个人主观观念的形成而言实是太过于缓慢,生活于其间的个人终其一生也难以察觉显著的变化。这就意味着只要理解了一个特定社会的社会结构(或制度),就可以从内在的方面来考察社会科学研究从外在方面得出结论的主观意义。因此,公私法的划分标准要从外在和内在方面来考察,从外在的方面来说,应当考察公私法现象的一般规律,而且是具有"家族相似性"的规律,从内在方面来说,也应当考察公私法现象在特定国家不同的文化意义,唯有如此,才能提出公私法划分的一般标准。

**（四）公私法划分公共服务论标准**

1.公共服务论外在标准

探讨公私法划分的标准,可以从既存之公私法现象的一般规律开始,亦可以从公私法的社会功能开始。既存之公私法现象的一般规律有助于我们认识公私法之间的区别,然而以此作为区分公私法的标准却有循环自证的逻辑问题。公私法的社会功能可以帮助我们从法律之外认识公私法划分的标准,有助于解决循环自证的困难,然而只有在借助于既存之公私法现象的一般规律的认识才能正确解释公私法划分的外在标准。

（1）形式标准。

从既存之公私法内容来看,有一部分法律是国家或国家授权的公主体直接强制性命令或要求私主体为或不为一定的行为,私主体亦有直接请求国家或国家授权的公主体为或不为一定行为的权利,国家或国家授权的公主体有相对于私主体为或不为一定行为的义务。前者以行政法为主,后者以司法或诉讼法为主,行政法当属公法无疑,诉讼法虽基于私主体的请求而为或不为一定的行为,但一旦公主体受理私主体的请求,在性质上与行政法无实质差别,因此也应当属于公法。在一个国家的法律中,有一部分法律并非国家或国家授权之公主体强制性命令或要求私主体为或不为一定的行为,而是为私主体之间的行为设定规则。即使有法律设定规则,私主体间可以协商更改部分规则,只要私主体间相互同意,也允许私主体在一定情况下自行维护规则的有效性,如正当防卫或紧急避险等。只有在私主体无法维系此类法律规则的有效性时,通过私主体的请求,国家或国家授权的公主体才介入此类法律规则的解释与适用中。国家或国家授权的公主体可以制定此类约束私主体的规则,也可以在具体的案件中确认约束私主体间的规则可以得到公主体的保护。从这个角度来说,似乎所有的法律都为公法,只是有的公法直接约束公主体或约束公主体与私主体之间的关系,有的公法是在私主体无法维系相互间规则的有效性时才介入治理。然两种类型的法律还是具有不同的特点,前者必然表现为国家或国家授权的主体介入,而后者则不一定,只有在私主体有请求时,国家或国家授权的主体才会介入,如果没有请求,则私主体完全可以约定的规则约束相互间的关系。既然两者在外在特征上有实质上的差别,区分公私法当属必要。

从公私法外在特征分析,划分公私法有两个关键点,一为法律主体,一为法律关系的内容。只要有一方法律主体为国家或国家授权的公主体,且国家或国家授权的公主体单方面的意思表示即可确定法律关系者(实表现为权力与服从关系),即为公法;反之,法律主体中没有任何一方为国家或国家授权的公主体,或虽有此类主体但不能单方面以意思表示确定法律效力者即为私法。这就意味着,国家或国家授权的主体可以受私法的约束,只要其缺乏单方面意思表示确定法律效力的能力;私主体间虽有单方面意思表示确定法律效力的能力,然而无论如何约束他们的规则不可能是公法。依此种标准,可以解释大多数公私法现象。行政法既为公主体间关系的法律,也为公主体与私主体间关系的法律,当属公法;宪法既规定公主体的构建的规则,也规定公主体与私主体间的关系,也属公法;刑法虽主要规定的私主体间禁止性的行为,然现代社会刑法的实施基本上由公主体直接实施,应当也属于公法;诉讼法是公主体在私主体无法维护相互间自由关系时进行治理的依据,私主体虽在一定程度上可以选择是否诉讼或诉讼方式,然只要有一方私主体选择了诉讼,公主体必以强制性方式进行治理,因此也属于公法。

法律主体结合法律关系的划分标准虽然能够解释大多数公私法现象,然而有一些法律的公私法性质还存在疑问。比如国际公法,法律主体至少有一方为国家或国家授权的公主体,然任何国家或国家授权的公主体都不存在单方面意思表示确定法律效力的能力,必须以自愿协商的方式达成协议之后,才能确定约束相互规则的法律效力。这与公法的基本特征是不符合的,却与私法的特征相吻合。但是,全世界都公认国际公法属于公法,几乎没有人会把国际公法当做私法。宪法也是如此。宪法中固然有公主体的构建规则及职权规则,也有与私主体间关系的规则,而且这些规则构成了宪法的主要部分。但是,宪法还有公民权利的规则。权利规则虽然主要是约束公主体的,是公主体的义务,然其也可能是约束私主体间关系的,私主体可以自由协商的方式处分权利。既然如此,宪法的公法性也就不那么纯粹了。除上述问题之外,现代社会的法律还发展出了一些新特征或新趋势,加剧了上述划分标准在理论与实践中的困难性,致使一些理论家提出废除公私法划分的观点。在传统的公法中,如行政法、刑法和诉讼法,公主体是不能与私主体进行相互协商以变通适用法律的,公主体间也需要严格遵守约束相互间关系的法律。然在现代社会中,公主体与私主体相互协商变通适用法律的状况屡见不鲜,如美国的辩诉交易、中国的行政合同等皆属于此类型。不仅没有受到人们的批判,反而获得许多人的赞同。在传统的私法中,如民商法,则出现了私主体不得相互协商变通适用某些法律条款的情形,在某些情况下,公主体可以对私主体间相互协商的规则进行强制性干预,并不需要任何一方私主体的请求。因此,法律主体与法律关系相结合之公私法划分标准虽有助于分辨大多数公私法现象,然此种形式标准,还是具有从法律内部来划分的弊端,无法看清公私法划分之实质,以致总有一些公私法现象无法涵括在标准之内。完全辩清公私法,还得从法律之外来寻求补充性标准。

(2)实质标准。

形式标准虽然解释了既存公私法现象的一般规律,但是却未能解释公私法现象存在的社会原因。从既存的法律来观察,虽然可以划分为公法与私法,然而此种划分是否为法律必存之规律却未可知。从即存的法律是不可能获得这种认识的。虽然"存在的即合理的"是一种可能的解释,然而公私法划分为什么是合理的,此种划分是否在任何类型的社会中必然存在,却不得而知。只有从法律之外的社会事实中才有可能获得正确的认识。公共服务观念可以为此提供一个合理而科学的解释。公共服务观念认为,法律在任何类型的社会中都是存在的,从历史发展的角度来说,人类社会曾经经历了一段完全依靠自治的阶段,在自治的社会中,也存在维护社会基本秩序的规则。如果将法律定义为"使人们的行为服从规则治理的活动",那么这些基本规则也可以称为法律。这种法律完全依赖于社会自治,是典型意义上的私法,大多是不成文的,法律的服从主要依赖于禁忌、宗教、巫术、道德和社会习惯等社会制度。虽然私法可能很大程度上就来自于这些社会制度,然而私法还是与这些社会制度存在社会功能上的差别。私法主要是用来维护社会秩序的,而其他社会制度除可以保证私法实现其社会功能之外,还具有神秘体验、通灵和价值感受等社会功能。公法的出现也是基于相应的社会功能。一般认为,当依赖于禁忌、宗教和道德等社会制度已无法维系私法的有效性时,公法就出现了。公法的社会功能必定是在部分程度上替代原有社会制度维系私法有效性的社会功能。从这个意义上来说,私法必定先于公法出现,公法出现的原因必定在于服务于私法治理。公法的出现并非是一蹴而就,是在与私法长期的互动中逐渐发展而来的。公法的出现在很大程度上改变了私法的内容与形式,使私法摆脱了自发发展演化模式,进入了自主创造选择的模式。此种自主创造选择以社会实存的私法规则为前提,人类理性不过是对其进行精选提炼而已。公法的出现使法律治理具有了有组织实施暴力的特点,这限制了人们部分的自然权利,然而为种限制对于私法治理是必不可少的,缺乏这种强制性压力,我们无法想象私法治理社会如何可能。公法的出现还有促进全新私法规则出现,这是人类在意识到私法自发发展盲目性和局限性的前提下,努力运用公法治理进行修正的结果,其目的是为了更好地保证私法治理的有效性。公法出现之后,历史上那些残酷的专制统治似乎反驳了公法治理服务于私法自治的观点。实际上并非如此。在人类社会发展的每一特定历史阶段,公法治理服务于私法自治都应当与特定的历史条件相适应,不存在超脱于社会历史条件的抽象的公法治理模式,从现代社会的观念看来是不合理的公法治理制度,在当时的历史条件下也许是合理的(比如一个国家在面临着其他国家的侵略时,实行一定暴力的公法治理也许是有利于社会稳定与延续的)。马克思也曾经说过,奴隶制因适应了人类社会发展的社会历史条件而具有一定的历史合理性。

运用上述观念,我们就可以从实质方面来分析公私法现象,摆脱了从形式方面划分公私法的逻辑困难。一个主体之所以是公主体是因为其本身不是存在的目的,它是为其他主体服务而存在的,一种法律关系之所以是公法律关系是因为其本身并非存在的目的,它是为其他法律关系服务而存在的。一个主体之所以是私主体,一种法律关系之所以是私法律关系,是因为其本身就是存在目的,其不服务于其他主体或法律关系。虽然有些私主体或私法律关系可能服务于其他主体或法律关系,但不是强制性的,它可能是私主体基于道德考虑或其他方面的考虑而服务于其他主体,抑或是通过相互协商使相互间的法律关系具有服务于其他法律关系的性质。然而公主体和公法律关系服务于私主体或私法律关系是强制性的,此种强制性来自于社会功能的需要,并非形式意义上的强制性。当公主体和公法律关系失去了服务于私主体和私法律关系的社会功能时,也就失去了存在于社会的价值。

据此,宪法的公法性并不在于宪法是关于公主体构建的法律、公主体与私主体基本关系的法律以及私主体间基本关系的法律,其公法性在于,公主体组建的必要性、确立公主体与私主体基本关系的必要性以及确立私主体间基本关系的必要性是为私主体和私法律关系提供服务。如果在一个国家中并不存任何私主体和私法律关系,那么宪法也将会失去其存在的价值。这样就可以解释宪法中关于私主体间基本关系的法律为何也是公法性的,因为通过清晰地界定私主体间的基本关系,是有利于私主体和私法律关系的。行政法的公法性在于行政主体和行政法律关系本身并非存在的目的,它是为私主体和私法律关系的存在服务的,当行政主体失去了服务于私主体和私法律关系的性质时,约束他们的法律性质也会发生变化而可能具有私法性,如行政主体也可能成为市场交易的主体。当行政主体具有服务于私主体或私法律关系的性质时,行政主体既可以采用相互协商的方式,也可以采用单方意思表示的方式来确定法律效力,甚至可以委托其他私主体进行意思表示,这并不会影响其公法性。刑法的公法性甚为明显,刑法的大部分条款为禁止私主体为或不为一定的行为,似乎为私法,实为公法。刑法是在私主体或私法律关系自治无效时,由公主体替代进行治理而制定出来的,刑法是为私主体或私法律关系更好地发挥其社会功能而存在的。部分刑法虽然是对危害公主体和公法律关系行为的禁止,然此种禁止并不能说明刑法不具有服务于私主体和私法律关系的特征,它是为了更好地服务私主体和私法律关系而禁止私主体和私法律关系危害到其治理活动的有效性。诉讼法的公法性与刑法类似,是在私主体和私法律关系自治无效时由公主体替代进行治理而制定的。无论公主体在诉讼过程中采用何种诉讼方式,只要其拥有服务于私主体和私法律关系的性质,那么就可以认定其公法性。公法"私法化"和私法"公法化"现象同样可以运用公共服务的观念加以解释。公法"私法化"变化的只是公主体和公法律关系的外在表现形式,与一般的私主体和私法律关系具有更多的相似性,然而其服务于私主体和私法律关系的性质却未发生变化,其表现形式之所以会发生变化,是为更好地适应社会发展的需要,更好地为私主体和私法律关系服务。私法"公法化"则是私主体和私法律关系随着社会结构复杂性程度加剧,自治无效性越来越严重的情况下,公法治理替代私法自治的程度不断加深的表现。

2.公共服务论内在标准

公共服务论的外在标准只解决了公私法划分的形式问题,未解决公私法的内容问题,也就是说,私法的内容应当是什么,公法的内容又应当是什么,公法如何对待私法等问题,依赖公共服务论的外在标准并不能提供正确的解释。要正确解释这一问题,我们必须要探讨公共服务论的内在标准。

首先,公共服务论内在标准是一种实践性的标准,并不强调所有国家公私法基本内容应当是一致的。在人类社会历史上,每一个民族或国家都是在与特定环境进行复杂互动过程中发展而来的,特定民族或国家既是适应环境的主体,其也在努力地改造环境,以更好地保证社会延续。这里的环境是一个非常复杂的范畴,既可以指特定民族或国家生存的自然环境,也可以指特定民族或国家与其他民族或国家相互间的生存斗争关系。特定民族或国家在适应环境和改造环境的过程中,逐渐地形成了该民族或国家特定的社会制度或文化。因此,可以想象地是,在一个民族或国家刚起源时,约束社会成员行为,维系基本社会秩序的私法与该民族或国家需要适应的环境存在密不可分的关系,甚至可以说,私法就是适应或改造环境的直接结果。由此发展而来的私法,可能包含了这个民族或国家适应和改造环境长期经验和智慧的积累,它可能超越了任何个人的理性所能达到的高度,许多在现代人看来不可理喻的私法,可能包含了使社会整体得以延续的真理。虽然每个民族或国家的私法自治都会面临着可能无效的问题,然而无效的具体内容,对于不同民族或国家来说必定是不同的。可以料想地是,公法治理服务于私法自治的内容必定也是不同的,不同民族或国家的人们对于公法治理方式的接受性也是不同的。这就可以说明,为什么有些国家的公法治理包含了大量的宗教因素,而另一些国家的公法治理中则可能只包含了家庭伦理观念就可以达到同样的社会效果。由此可以判断,虽然私法先于公法出现是一个必然的社会规律,但是私法的具体内容,以及公法如何服务于私法却并不具有普遍性,这是一个实践问题,每个民族或国家都会面临着不同的私法自治无效性问题,以及私主体对于公法治理接受性的问题,这需要这个民族或国家在长期的实践中,以试错的方式不断地调整公私法的基本内容,以更好地维系社会秩序的稳定,保证社会整体的延续。

其次,公共服务论内在标准也是一种价值标准,并不认同实践是盲目的和无方向性的观点。作为人类社会主体的人,虽然受到了现实世界的许多制约,必须在现实社会中挣扎,然而人是一种有理性的动物,挣扎于现实世界中不意味着对理想世界不抱有强烈的希望。可以这样说,人类的身体虽生活于现实的世界,但是精神或灵魂却存在于理想的世界之中。正是这种向往理想生活的特征,激发了人类社会创造美好文明的巨大动力,保证了人类社会对现实社会进行持续改进的强烈愿望。公法的源起与人们对于私法自治社会的现状不满有必然的联系,公法的出现正是人类社会对私法自治不足以解决问题而进行法律改革的结果,改革的结果改善了私法自治存在的问题,使公法治理在任何国家中出现。因为只有经过了公法治理的社会,才能更好地适应和改造环境,也才能更好地在与其他民族或国家的生存竞争中保持优势。公法治理未介入私法自治的社会,只可能出现在以下情形,即这个民族或国家能够很好地适应环境,并且其他民族或国家公法的发展不对其生存构成严重威胁,比如太平洋某小岛的原始部落。否则,就会在与其他民族或国家的生存竞争中灭绝。因此,公私法划分的公共服务标准必定是价值性的,即公法治理的介入能够改善原处于私法自治中每一个社会成员的生存状况,也能够改善社会整体的发展状况。社会是发展变化的,每一个不同的历史阶段面临的环境与生存竞争问题并不相同,因而由公共服务标准所决定的公私法划分也不是固定的,公法与私法的基本关系处于复杂的互动过程中,公法与私法的内容与形式都有可能发生巨大的变化。但是,永远不变的是,公法治理必定要更好地服务于私法自治,能够改善每一个私主体和社会整体的福利水平。否则,因公法治理福利受损的私主体就可能分裂社会,因公法治理而使整体福利水平受损的社会将失去竞争力,可能会被其他民族或国家取而代之。

## 第二节　公私法性质与公共服务

前节已从总体上探讨了公共服务观念作为公私法划分之标准的必然性和可行性,然而对于公法如何服务于私法,或者说公法治理如何服务于私法自治,尚存有疑问。世界各国的私法虽千差万别,然而需要私法治理的问题却是相似的,一为财产,一为人身。这就决定了世界各国的私法具有某些共通性。作为服务于私法或私法自治的公法或公法治理,可能也存若干与私法相通的性质,也可能存在与私法不同的性质,性质上的同和异也许对于公法的公共服务性有决定性作用。通过对公法与私法在性质上同和异的研究,有助于深化对于公私法划分必然性和可行性的理解。

### 一、公私法的共性与公共服务

以往认为,法律既然可以划分为公法与私法,那么两者间必无共通的性质或特征。此类看法实属"贴标签"的方法,以"标签"所标示的特征作为其所代表之对象的全部特征,忽略"标签"标示特征之外对象所具有的其他特征。然科学研究中"贴标签"的方法又属必要,无法避免,唯有如此人们才能在"标签"的标示之下互相理解,传递信息。既然"标签"无法避免,那么在研究过程中注意"标签"标示特征之外对象所具有的特征,仔细地加以辨别,研究其中的道理,对于研究结论的可靠性当属必要。法律虽被贴上"公法"与"私法"两块标签,理论家亦给这两类法律规定了若干识别的关键特征,这对于强调公法与私法具有不同社会功能而言当属必要,然忽略公法与私法的共通性却可能无法正确理解公法的实质精神为何。

### (一)法律关系逻辑结构上的共性

私法关系逻辑结构上最为关键的特征是交互性,也就是私主体间权利与义务的相互性,一方的权利是另一方或其他方的义务,反之另一方或其他方的权利也是这一方的义务。私法关系逻辑结构上的这种特征,实是自治社会的本质反应,人们只能以自愿性相互协商的方式行事,一方想通过另一方或其他方的协助实现自己行为的目的,己方也必须付出一定的代价方可,否则人们是不会愿意协助己方行事的。英美法系中使用的"对价"概念很好地描述了这种私法现象,作为一个私法上概念,一方如果想从对方获得利益,己方必须付出对方愿意接受的等价利益。此种权利义务的交互性,当为全世界所有国家私法在逻辑上的特征,差别可能仅在于作为对等交换之"对价"的具体内容。处于不同文化之下的人们,对于构成"对价"对象之主观感受性存在较大差别,一个国家的公民视为宝贝的对象,在另一个国家可能被视为草芥。

部分主张公私法划分的理论家认为,公法与私法具有完全不同的逻辑结构,公法律关系不具有交互性,只具有单向性。这种认识,实是以公法关系就是权力服从关系为前提或基础的。不仅无法解释国际公法中存在的相互协商性和权利义务的交互性,对于公法的社会功能也存在误解。在既存的公法关系中,确实存在公主体相对于私主体的权力与服从关系,公主体的意思表示相对于私主体而言具有优越性,然此种权力与服从关系或优越性的意思表示只在私主体未遵守公法要求时才启动,在私主体尊重公法时,则权力与服从关系并未体现出来。这与私主体间相互尊重私法,只有在私法被违反时才施以公法上的强制是同样的道理。公法关系也不尽是单向性的,公主体只享有权力或权利,私主体只负有义务。首先,公主体所享有的权力或权利是有限度的,并不能随心所欲的行使。公主体权力或权利的限度实际上就是私主体所享有的权利,公主体必须尊重私主体的权利。其次,公主体行使权力或权利的方式也是受限制的,公主体并不能随意地以任何一种方式来行使权力或权利,必须遵守法定的程序来行使。最后,公主体所享有的权力或权利亦对私主体负有一定的义务,并非是不存在任何不对等情况。公主体可以命令私主体为或不为一定的行为,比如公主体可以向私主体征税,私主体必须服从公主体的命令或请求,然而这不意味着公主体不负有任何义务,公主体征税受税额的限制,亦受征税方式或程序的限制。除此之外,公主体实际上还对私主体负有义务,那就是保证所征税款能够服务于私主体的生活,使私主体的生活能够得到改进,改进的程度至少要好于公主体未征收税款之前的社会状态。因此,即使只从既存公法之现象来观察,公法也与私法一样,法律关系逻辑结构具有交互性,即权利与义务关系的相互性。

霍菲尔德从另一个角度论述了公法与私法权利义务逻辑结构上的共通性。霍菲尔德认为,无论是公法上的权利义务关系,还是私法上的权利义务关系,都可以通过"法律的最小公分母"构建而成。在他的观念中,权利与义务的关系可以划分为对立与对应关系两种基本类型,对应关系为一方的权利就是另一方的义务,对立关系为一方的权利是以己方的一定义务为前提的。以此为基础,权利可以划分为"请求权"、"自由权"、"强制权"和"豁免权"四项,与每一项权利相应的义务都包括"对立义务"和"对应义务"两种,总共是十六组权利义务关系,此十六组权利义务关系既为"法律的最小公分母",无论是公法上的权利义务关系,还是私法上的权利义务关系,都可以通过法律的最小公分母进行排列组合而成。① 比如,物权法律关系为私法律关系,它包括了在

---

① 参见霍菲尔德著:《基本法律概念》,张书友编译,中国法制出版社 2009 年版。

权利被人侵犯时请求他人不予侵犯的权利,他人有服从的义务,权利人自己也不得向他人提出过分的权利主张。权利人可以自由地行使其权利,他人不得随意干涉,权利人也有不得滥用权利的义务。权利人遭受正在进行的侵犯时,有采用强制手段实施正当防卫的权利,他人有服从的义务,权利人也有不得滥用权利的义务。权利人的物权也有非经正当程序不得被剥夺的权利,他人有不予侵犯的义务,权利人也有服从正当程序剥夺其权利的义务;警察治安权为公法律关系,包括了请求他人服从的权利,他人有服从的义务,警察也有不随意请求的义务。警察行使治安权有一定的自由裁量权,他人不得干涉,警察也有不得滥用的义务。警察有在一定条件下行使强制手段的权利,他人必须服从,警察也必须遵守行政强制权义务的限制。警察必须尊重享有豁免权的权利人,有不剥夺其权利的义务,豁免权人也有在一定条件服从被剥夺权利的义务。在霍菲尔德看来,公法与私法在法律关系的逻辑结构上是完全共通的,差别仅仅在于每一种法律关系所拥有的法律最小公分母的种类与数量,私法律关系更多的包含要求权与自由权,而公法律关系则更多的包含强制权与豁免权,但是无论如何,每一种权利都至少包含了对立与对应两种基本的法律义务,这是法律关系逻辑结构必然要求的。

　　私法关系中权利义务的相互性很容易获得人们的理解与赞同,然而公法关系中权利义务的相互性却一直未获得充分的解释。公共服务的观念可以很好地解释公法关系中权利义务间的相互性。公法治理的事项基本上为私法自治无能或无效的领域,比如私法自治无力解决人们人身与财产安全问题,就需要刑法等公法的存在;无力解决政治、经济和文化秩序问题,就需要宪法和行政法等公法;无力解决公主体与私主体间或私主体间的纠纷,就需要诉讼法等公法。为保证公法治理的有效性,赋予公主体相应的强制性权力当属必要。然而公主体的公法治理并非公法存在的终极目的,服务于私法自治才是终极目的,如公主体的强制性权力不受任何限制,不承担任何责任,公法治理的终极目的实无实现之可能性。为保证公主体之公法治理对于私法自治的服务性,也为有效实现公法治理之社会功能,公主体承担相应的义务是理所当然的事情。由此观之,公法关系中权利义务的相互性与私法关系中权利义务的相互性存在的理由有重大差别,私法权利义务关系的相互性是尊重私主体自主决策的必然要求,体现的是私主体意志自由之精神,而公法权利义务关系的相

互性是为补私法自治之不足,或为服务于私法自治而必然存在之特性。前者
权利义务的相互性注重私主体间的相互协商,尊重私主体个人自主之决策,而
后者权利义务的相互性更注重法定性,由公法明确规定,以相互协商之方式予
以变更的可能性甚低。公法权利义务关系的这种法定性,为公法之公共服务
性的必然要求。权利义务关系法定降低了公主体与私主体间讨价还价变更相
互间关系的可能性,可以保证公主体平等地对待治理范围内所有私主体,说明
了公法治理并非为特定私主体的利益而存在,而是为所有私主体的利益或社
会整体的利益而存在。

**(二)法律范畴上的共性**

公法与私法不仅在法律关系的逻辑结构上具有共通性,在一些基本的法
律范畴上也有共通性,下文将简要述之。

1.物权

物权的范畴源自于私法,在大陆法系中为私主体直接支配物的权利,在英
美法系中为私主体对财产自由支配的权利。私法一般规范物权取得的行为、
物权变动及灭失的行为以及物权公示公信行为等,看似是对物直接支配的权
利,实际上为对与物有关之行为的法律要求。私法通过规范与物相关之行为,
可以达到约束私主体行为,协调私主体间利益关系,保障社会秩序稳定与和谐
的目的,当为私法律关系中最为重要和关键的法律范畴。部分理论家反对公
法律关系中存在物权范畴。耶利内克认为,"那认为领土本身由国家直接支
配,因而国家对之具有物权的主张是错误的。无论任何场合,国家不经人民转
介,绝不能对领土加以支配,对某物之直接的法律上的支配,由于予该物以物
理的影响而表现,那就是所有权。但对领土的支配是公法的,不是所有权,而
是命令权,而命令只能施于人类。所有物之服从的命令权只有采用国家命令
人予物影响的方式才有可能。予物影响的本身,或常与法律上无关系;又或依
只加以私法的评价的行为,即依所有权及占有权之行使;或因依物权而生之私
法的限制才能实现,在紧急的场合,国家亦可以正当地去分割他人的所有权,
但在此场合所实行的行为,和私人同样行为无异。当土地征收时,国家将私权
征收而移转于他人,但那公法只是转移命令,而不是所有权的事实上的转移。
故此,所谓本质上具有与私法上的所有权不同之性质的'公法上的所有权',
事实上并不存在。即自行政法意义上看来,承认所谓公法上的物权制度亦是

全无理由的。"①

　　否认公法上存有物权范畴的观点,如果以私有制为前提条件,则确实有一定的合理性。公主体确实不能依私法上物权的基本概念实现取得物权、变动或消灭物权等法律效果,必须以法律强制性规定的方式取得物权、变动或消灭物权以达到与私法相同的法律效果。在以私有制为前提的条件下,如果以此来否认国家对领土的主权等同于私法上物权的概念,那么无疑此种否认是有道理的。然此种观点以公私法划分的完美形态作为基础,置公私法划分的社会功能于不顾,既无法全面解释公私法划分的实际形态,也无助于理解公法与私法划分的理论与实践意义。

　　首先,在一个即使完全私有制的国家中,也不可能实现所有物的私有化,领海和内水无论如何不可能成为私主体私有的对象,而只能成为公主体所有的对象。公主体对此物享有排他性权利,体现为两个方面,一为排除他国等公主体及所辖之私主体的权利,一为排除本国内任何私主体专有的权利。作为享有此物之抽象的公主体,其物权上的属性与私主体并无实质差别。然公主体之所以享有此物之排他性权利,与私主体所享有的物权排他性还是存在目的上的区别。私主体对物专属权的享有,既为实现私主体自身之最大利益,亦为达到物尽其用的社会效果。公主体对物专属权的享有,却并非为实现自身之最大利益,而是此物不宜由私主体专属,私主体既无能力对此物专享权利,如由其享有权利也会对社会整体利益产生负面影响或影响每一私主体的利益。由公主体专享此物,既可以排除任何私主体专享此物,亦可排除他国公主体专享此物,可以更好地保障本国私主体更好地享有除此物之外的其他物之专属权,促进社会整体利益的增加,或增进每私主体的利益。由此,不仅私主体无能力专享的物必须由公主体专享,其他私主体有能力专享的物,如果由公主体专享能够更好地增进社会整体利益或每一私主体的利益,那由公主体专享亦有正当性的理由。如作为公用事实的财产,像道路、桥梁和其他公用设施,此等财产明显可以增进社会整体或每一私主体的利益,然由私主体专享此物却可能损害社会整体利益进而间接影响每一私主体的利益,而由公主体专享此物却可以明显改善私主体专享所带来的负面影响,此时由公主体享有此

---

　　① 　参见陈新明著:《公法学札记》,法律出版社 2010 年版。

物的专属权当属正当。

其次,不仅私主体所享有的完全物权,公主体有享有的必然性和可行性,对于私主体所享有的限制物权,公主体同样有享有的必然性与可行性。在私法的物权范畴中,私主体间对物权的享有可予以分割,由所有权人享有完全物权,由他物权人享有使用权或担保物权。此等分割与物的专属权的私法目的一致,既为保证权利人实现自身最大利益,亦为保证达到物尽其用的社会效果。公主体也有享有他物权的实际可能性,如公主体基于国家安全的需要,可以临时征用私主体所专享的物件,此等征用为对私主体完全物权的限制,亦是公主体在私主体专属物上的使用权。此种使用权,与物权中的地役权并无实质区别,都既为对完全物权的限制,亦为权利人所专属之物的使用权。再如公主体亦可以规定私主体所享有的某些物件在未清偿国家税款或其他债务时不得处分,或虽可处分但公主体享有优先受偿权。这与私法上担保物权的优先受偿权并无实质差别。但是,公法上的他物权与私法上的他物权在目的上存在本质的差别。公法上的他物权,具有明显的公共服务的性质,虽然其构成了对私主体所享有的完全物权的限制,然此种限制能够明显改善社会整体的利益,亦能间接的增进每一私主体包括物权受限主体的利益。因此,公主体享有他物权绝非不可能的事情,只要其享有他物权符合公共服务的观念,那么其享有他物权就是正当的。

2.债权

在大陆法系的私法范畴中,债权主要是一种请求权,相对于物权而言,债权的债务人是特定的,而物权的义务人一般是不特定的。当物权已经遭受实际或可能的侵犯时,物权人可以向实际侵害人或可能侵害人提出损害赔偿或停止侵害的请求,此时物权转换为债权。除此之外,私主体间的相互承诺亦是债权的主要来源之一,只要私主体间的承诺符合私法上的要求,债权人即享有请求债务人为或不为一定行为的权利。一般认为,公主体所享有的执法权力,虽与债权人的请求权类似,但存在本质上的差别。公主体的执法行为,虽然主要也是请求私主体为或不为一定的行为,这一点与债权行为类似,但是公主体可以在请求未得到遵守之际直接强制执行,以保证其请求的行为获得服从。私主体的债权,虽享有请求债务人为或不为一定行为的权利,但是此种权利一般并不能以直接强制的方式实现,除非是正当防卫或紧密避险,而只能请求法院以司法的方式来实现其请求的效果。另外,私法上的债权是可以放弃的,而公法上的请求权是公主体依法律而当为,实无放弃的权利,如若放弃请求,则可能构成刑法上之渎职。因此,此种观念认为公法上不存有债权的可能性。

认为公法上没有债权范畴的观点,是一种形式主义的观念,未从公共服务的角度考虑公私法范畴的共通性。即使完全从形式上考量,上述观念亦不全面,只考虑到了公主体对于私主体的请求权,未考虑到私主体也有请求公主体的权利,比如公务员对公主体支付工资的请求权、请求支付退休金和医疗费的权利以及请求差旅费报销的权利,等等。此等权利私主体并不可能直接强制执行公主体而获得保障,亦须如私主体一样请求其他公主体以诉讼或其他方式解决。另外,公主体间也有相互发生请求的可能性,此类请求公主体可能也没有直接强制执行的权利,而须与私主体一样请求其他公主体以诉讼或其他方式解决。如果从公共服务的角度来观察这一问题,则公法上不仅具有债权范畴的可能性,而且也有发展债权范畴的必要性。公主体以直接强制的方式以来保证其请求的服从性,固是服务于私法自治所必然要求的,然而这不意味着公主体的每一种请求都必须以直接强制的方式实现,公主体以直接强制保证请求服从性有可能损害社会整体的利益或使每一私主体的利益状况变得更差,而如果以私法上债权请求的方式来实现则可能改进这一点,那么在这种情况下,公法采用私法上债权的范畴不仅是可能的,而且从公法的公共服务性来说也是必要的。比如,公主体对于税费的征收、土地的征用公用财产的保护等事项,如果公主体采用直接强制的方式来实现其请求,那么可能导致公主体滥用权利,危害到社会整体的利益,也可能间接危害到每一私主体的利益。而如果允许公主体采用诉讼或其他方式来实现其请求,则有可能既限制了公主体滥用权力的可能性,也保证了私主体对其请求的服从性。

3.成员权

在传统私法的理念中,财产权与人身权是私法的两块基石,物权和债权都属于财产权的范畴。无论何种权利,传统私法都坚持权利的专属性和个人性,对于权利的社会性则基本不予考虑。在现代私法中,私权的社会性是一个最新的发展趋势。在传统私法的理念下,拥有财产权的资本家享有对于企业的所有权,工人通过雇佣合同出卖劳动力,换回劳动报酬。资本家对企业的所有权具有排他性,即使是作为企业一员的工人也是如此。然而,在现代社会资本家对企业专享的所有权可能变成一个严重的社会问题,资本家不谨慎的经营行为可能导致企业破产,这将严重影响工人的利益,进而影响整个社会的利益。在这种条件下,私法逐渐发展出允许工人代表机构——工会参与企业的经营管理,或对企业的经营管理进行监督,以保证企业的健康发展。私法上的这种权利以往被认为是公法上专属的一种权利,源自于民主的政治制度。公法上的成员权与公共服务的观念是相契合的。公法治理的目的在于服务于私法自治,是为所有私主体服务,而非为特定私主体服务。公法治理必定会影响所有私主体的利益,而非部分私主体的利益。只有所有私主体对于公法治理的参与,才能保证公法治理的公正性和有效性。

私权利的社会化,也即是私权利中发展成员权的倾向。根据公共服务观念,私权利的社会化是可以得到完满解释的。在公共服务理论中,公法治理只有在私法自治无能力或不便时才出现的,公法治理本身不是目的,服务于私法自治才是目的。如果私法自治能够解决问题,那么公法治理实属多余。私权利中成员权的发展,部分替代了公法治理的社会功能,保障了社会整体利益的改进。此种替代有利于节省公法治理所耗费社会成本,却可能收到公法治理同等的社会效果。因此,公私法在成员权范畴上的共通性体现了公法的公共服务性。

## 二、公私法的殊性与公共服务

公私法都是法律,具有一定的共通性是必然的,然而由此并不能推出公私法划分不必要的结论。公私法划分由法律不同的社会功能决定,公私法的形式与逻辑结构上的差异都与此相关。公私法在形式或逻辑结构上的差异,无法完全区分公私法,总有一些公私法现象不在形式或逻辑的范围之内,这可能会影响人们对于公私法划分的认识。如果从法律的外在方面,主要是法律的社会功能来分析,则完全区分公私法不仅是可能的,而且还有助于加深人们对公私法的认识,并有助于公私法形式或逻辑结构的改进,以更好地实现公私法的社会功能。

### (一)法律关系逻辑结构上的差异

公私法律关系都具有权利义务交互性的逻辑结构,这是公私法在法律关系逻辑结构上的共通性,然而公私法的具体法律关系结构却存在重大差异。

　　在私法律关系中,最为普遍的一种关系是作为法律主体的私主体都是独立的,互不拥有隶属关系,私主体为了自身的利益而与其他私主体发生相互关系,只有在相互都能实现自身利益的前提下才能维系私主体间的法律关系。在公法律关系中,最普遍的关系当属作为团体的公主体与作为团体成员的私主体或作为团体成员其他公主体间的关系,公主体与私主体以及公主体之间都具有一定的隶属关系。公主体具有国家人格,私主体是国家人格中的成员,公主体中还有代表公主体行为的其他公主体,在他们之间的关系中,私主体拥有自身独立的利益要求,同时又是公主体的成员,代表公主体行为的其他公主体既是公主体的构成部分,他们之间也存在权利义务关系。公私法逻辑结构上的差异是由公私法不同的社会功能决定的。私法的社会功能就在于保障私主体自由地实现其认定的最大利益,为此须设定约束私主体相互间关系的法律,清晰划定各自可以自由活动的范围,为私主体可以自由创造属于自己的最大财富提供保障。因此,私法的权利义务关系侧重于界定各私主体确获法律保障的领域,规定每一私主体独立且平等的法律地位,不要求私主体为其他私主体的利益而单方面的承担义务,强调权利与义务的相关性和交互性。公法的社会功能在于公共服务性,主要是补私法自治之不足,只有在私法自治无效或无能直接或间接影响到每一私主体在私法界定的范围内实现其最大利益时,公法治理才能介入,以弥补私法自治无效或无能给每一私主体所带来的利害损害。由此,公法的权利义务关系并不保障公主体独立的利益,除非此种利益为公主体运行所必需。公主体的利益唯有代表了所有私主体的利益,此种利益才是正当的。因此,在公法的逻辑结构上,公主体与私主体以及公主体间的权利义务关系不如私法逻辑结构一般具有强烈的独立且平等的特征,他们之间虽有一定的独立性,但那是公法治理方便的需要,而非为公主体的利益所设,在更多的意义上,他们之间独立的法律关系是相对的,公主体并非为自身的最大利益而行为,公主体是为所有私主体的利益而行为,与公主体相对的私主体却是为自身的最大利益而行为。公主体间相互的关系也非为各自最大利益而行为,而是为所有私主体利益而行为,此等状况所要求之权利义务关系,与私主体相互间各自身最大利益之权利义务关系,其独立性实不可同日而语。

　　然而私法律关系中亦存在与公法律关系中权利义务相对性的逻辑结构,公法律关系中也存在如私法律关系权利义务独立性的逻辑结构,这可能构成对上述结论的反驳。为此,仍需进行补充性解释。在私法律关系中也存在私人团体人格,私团体人格与作为成员的私主体间也存在权利义务关系,比如劳动合同关系、法人代表与法人间的关系等,他们间的权利义务关系也存在一定程度的相对性,私主体需要从私人格体获得报酬以实现自身的最大利益,私主体同时也是私人格体的成员,私人格体代表与私人格体在实现自身最大利益上是一致的,差别在于私人格体代表的职务行为代表私人格体,而私主体不具备这种性质。私法律关系中权利义务关系的这种相对性,只能说明形式化或逻辑上的划分标准并不能解释全部的公私法现象。如果运用社会功能的观念则可以正确解释此种现象。在私团人格体的法律关系中,私人格体与私主体及私人格体代表存在权利义务的相对性,但是,与公人格体权利义务的相对性存在实质上的差别,在公人格体法律关系中,公人格体没有自身的利益,除维系自身运行之外,其所有的利益全在于实现或保障所有私主体的利益,而有私人格体法律关系中,私人格体是有自身利益的,不仅有自身利益最大化的要求,而且此种最大化的要求还有可能危及私主体或私人格体代表的最大利益的实现,他们间的利益虽然存在一荣俱荣、一损俱损的一致性,但是相互冲突还是主要的表现。由此,权利义务关系的独立性还必然会是私人格体法律关系的必然要求。

　　国家与国家之间的权利义务关系,属于公法调整的范围。在此种法律关系中,公主体与公主体间是相互独立的,互相没有隶属关系,各自也是为了其自身的最大利益而行为,与私主体间的法律关系在形式或逻辑结构上完全一致,似乎可以否认公私法之间的划分的必要性。此种现象的出现同样属于形式化或逻辑标准无法涵盖所有公私法划分现象的问题。如果从社会功能的角度来看待这种现象,则可以获得正确的理解。在国际公法中,公主体虽是实现自身最大利益的主体,这一点与私主体是类似的,然而公主体的最大利益却并非专属于公主体的利益,而是属于公法所辖范围之内所有私主体的利益,这一点与私人格体与其他私人格体相互协商获取最大利益时存在重大差别,私人格体所获取的最大利益,不仅是其自身所要求的利益,而且只在部分程度上是作为其成员的私主体的利益。由此,公主体在国际公法中的权利义务关系虽具有独立性,但是由于其公共服务的性质未发生变化,其公法的性质并未因其形式或逻辑结构上的特征与私法相似而改变。这再次证明,公共服务的实质标准对于公私法划分的重要意义。

### （二）意思表示上的差异

私法上的意思表示在物权与债权上有不同的要求。在债的关系中,债法律关系主体一般是特定的,权利义务关系具有相对性,不对债法律关系主体之外的其他主体产生权利义务关系的影响,只对债法律关系主体产生权利义务方面的影响。因此,债法律关系主体的意思表示一般具有自愿性、协商性、秘密性和可自由处分性等不具有公开和公信的特征,债法律主体即可以对相互间意思表示的内容保密,亦可以公开,但此等公开并不会产生公信的法律效果,也不会使债法律主体产生承担法律责任的法律后果。在物的关系中,物法律关系主体必有一方是特定的,此特定主体可以自由占有、使用、收益或处分特定物,然此等占有、使用、收益或处分须得不被其他主体干扰方可发挥物之最大效用,其他主体亦须借助于一些可识别的信号来判断物之归属以免对物权人的物权行为形成干扰。可以预见,在此等情况下,物权人的意思表示必须具有公开性,而且此等公开还须使社会其他主体产生足以信赖的法律效果,使得依此种信赖而行为的法律主体不会因此而受到损害。根据物的自然性质及发挥最大效用的要求不同,物权法上意思表示的公示公信力一般分别通过占有(动产)和登记(不动产)行为来实现。债权与物权法律关系虽存在公示公信力方面的差异,然而各私主体的意思表示还是处于对等的状况,就债权法律关系而言,如各方的意思表示无法达成一致,则债权债务关系无法形成,任何一方没有强制另一方遵从自己意思表示的能力。从物权法律关系来看,物权主体的意思表示虽有公示公信的效力,但是除非是物权正在遭受不法侵害或危险,否则物权主体也只能请求其他私主体尊重其意思表示,而非强迫其服从的能力或权力,也就是说,物权人与其他义务人还是处于同等地法律地位上。从另一个角度来说,在债权和物权法律关系中,正是由于任何一方的意思表示都没有优于另一方的能力,在发生债权和物权纠纷之后,除非是各私主体自愿协商并对争议表示认可,那么只有通过公法治理的途径才能最终确认谁的意思表示具有优先性。

公法上的意思表示根据治理机构的不同,大致可以分为立法、执法和司法三种公法行为的意思表示。立法是制定法律的活动,不同国家立法体制上有重大差异,相应的立法主体意思表示的形式也有所不同,有的国家以单一的成文法作为意思表示的主要形式,有的则可能以判例作为意思表示的主要形式。执法属于执行法律的活动,也就是将法律赋予执法机构的职能落实到具体社会事实的过程。司法则属于适用法律解决具体争议的活动。执法和司法活动都涉及对于事实与法律两个层面的意思表示,首先是对法律的解释与理解,其次是对于事实的认识与确定。相对于私法律关系的意思表示而言,公法律关系的意思表示具有先天性的公示公信力,只要是具有法定人格的主体按法定程序作出的意思表示,就被视为是有法律效力的意思表示,无须受法律约束主体的同意或支持,即使公主体作出的意思表示是错误的也有拘束力,也是有法律效力的意思表示,如果要撤销此种意思表示的法律效力,仍须通过公主体相应的意思表示才有可能。从这一点上来说,公主体的意思表示明显具有优于私主体意思表示的能力,两者的意思表示处于不平等的状态之中,这当属公法与私法意思表示差异的一种普遍状况。

公法意思表示的先定性和公信力既是公法区别于私法的关键特征,也是公法公共服务性的直接体现。私法的优势在于意思表示的平等性,此等意思表示可以促进私主体以相互协商的方式从事各项社会行为,既尊重了私主体的自主选择权,也是促进社会创新及发展的重要动力。然而私法意思表示的优势亦是其劣势,各主体的意思表示处于平等的地位,一旦发生争议则各意思表示处于混乱状态无法形成统一的意思表示,明显不利于社会秩序的稳定与和谐。公法的意思表示以其先定力和公信力,可以为私主体的行为提供稳定之预期,于私主体意思表示发生争议时及时提供确定性之意思表示的服务,虽然公法的意思表示也有发生错误之可能性,但是只要此等错误具有先定力和公信力,其也能实现为私主体行为提供稳定预期之可能性,也可以提供唯一确定性之意思表示的现实意义,何况还可以通过其他公法行为纠正发生错误的公法意思表示。由此观之,公法意思表示的先定性和公信力实为私法意思表示服务的,目的是解决私法意思表示之无效或无能的状况。但是,值得注意的是,公法意思表示的先定性和公信力的具体表现方式存在较大的差异,并不存在统一普遍性的模式。这点同样可以从公法的公共服务性获得解释。公共服务观念认为,公法治理应当以最好的方式为私法自治提供服务,一个基本的判断标准是能够改进社会整体的利益或每一私主体的利益同时又不损害任一私主体的利益。这种判断标准,是一个历史的和实践性的概念,只有注重一个国家特定社会历史条件,并在此条件下进行持续不断地实践,才能在试错中发现最佳的服务方式。由此,公法意思表示的先定力和公信力在不同国家有不同的表现形式当属正常。

**(三)法律实施上的差异**

无论公法私法,法律规范之行为要获得普遍服从,强制性当属必须,然公私法于此点差异甚大。

就法律规定当为或不为的行为已经被违反而言,公私法都须通过一定的制裁,使行为人承担一定程度的否定性后果,才能避免此行为再次被违反,也可警示其他人不要违反此等法律。从历史发展的角度来看,法律制裁并非法律必须的构成要件,在国家法未形成之前,并没有明确的法律制裁,法律更多地是依赖人们的道德或宗教信念,甚至依赖于害怕被社会群体抛弃的内心情感而获得服从。很明显,缺乏制裁的法律在效力方面会受到明显的影响,被侵犯的可能性非常高。对于公法上违反义务的行为,公主体可以通过自身被赋予的强制力实施制裁,私主体则不具这种能力,必须通过申请公主体保护的手段,才能间接的实施法律强制。比如,损害赔偿是私法中最主要的法律制裁手段,从内容上来说,损害赔偿并非私法所独有,公法中亦有此种制裁手段,然两者的区别在于,私主体只有通过向法院诉讼或其他公法治理方式才能获得损害赔偿,而公主体则可以直接通过强制获得此等损害赔偿。再如,限制人身自由是公法主要的法律制裁手段之一,从法律内容上来看,私法一般缺乏此种制裁能力,私法义务被严重违反时,只能求助于公法来实施此等强制。另外,罚金是公私法可能都存在的一种法律制裁措施,私法中特定情况下私主体亦有实施直接强制之可能性,然而其还是与公法存在重大差别,私法中能够实施的罚金,一般以私主体预先承诺作为前提条件,如无此等承诺,则不能实施,而公法的实施的罚金,无须私主体同意为前提条件,可直接单方实施。

还有另外一种情况,公私法都有可能规定人们必须为或不为一定的行为,即义务之履行,如此等义务不履行,则法律预期的社会效果将无法实现。公法于此种情况采取的措施相当简单而直接,可以通过直接的强制手段保证人们服从公法所确定之义务,然私法则无这种可能性,私主体必须通过公法治理,或者向法院诉讼,或者通过行政机关实现私法对义务的要求。与此相关的是另一种区别,公法对于人们义务的要求,公主体不得放弃,放弃即为渎职,而私法对于义务的要求,完全取决于私主体的意思表示,私主体可以结合自身的实际情况,决定放弃与否,即使诉至法院,私主体亦有放弃的权利,公法治理机构须得尊重私主体的自愿选择,公法治理机构唯一应当做的,只是保证私主体是在完全自愿的情况下放弃此等要求义务履行的权利,免受其他主体非正当性或强制性压迫。

公私法在违反义务时的法律制裁与不履行义务的强制措施上的差别,是由公私法不同的社会功能造成的。私法注重保护私主体的意志自由,此等自由包括私主体对于自身最大利益的个别性考虑,由私主体个人来决定当是最佳的治理方式,只有自己才是自己最佳利益的决定者,公主体的替代决策,不仅会使私主体丧失自主决策、自负其责的动力,公主体亦无此能力保证每一私主体能够实现其认为的最佳利益。然而,私法的这种自主性亦是私法自治的缺陷所在,私主体个人最佳利益的判断必然与其他私主体发生冲突,如允许私主体采取自力救济的方式来实现其自身的最大利益,自是难以避免个人偏见的影响,亦难以获得其他私主体的服从。公法的强制性手段或措施,一般作为是作为社会整体利益的保障者,或私主体利益之争的第三方出现,不包含公主体自身的利益在内,相对于私主体而言,具有不可替代的公正性方面的优势,亦容易获得私主体的普遍性服从。因此,公法在法律制裁或强制措施上的优势实是公法治理服务于私法自治所必然要求的手段或措施,是实现公法社会功能所必不可少的一种制度配置。

## 第三节　公私法的关系与公共服务

历来主张公私法划分的一些理论家,与主张法律一体论的理论家一样,偏好于从法律形式或逻辑上来确定公私法的范围,反对法律一体论的理由也是形式上或逻辑上的。此种形式化或逻辑化划分公私法的理论主张,偏向于将某些实体法全部纳入公法或私法中,比如一般将宪法、行政法、刑法和诉讼法归入公法之中,而将民商法归入私法的范畴。此种理解实属以公私法的某些特征作为"标签",而将在整体上具有这些特征的部门法律归入公法或私法之中。然而实际上,部门法本身也是一个复杂的法律结合体,包含了各种各样形态各异的法律条款,并非所有法律条款都具有公私法"标签"所标示的特征,这为公私法划分的反对者或怀疑者留下了反驳的证据或口实,也留下了公私法划分意义何在的疑问。事实上公私法虽可以进行划分,然两者都属于法律,虽具有不同社会功能,但各自社会功能的发挥还需公私法间的相互配合或相互作用,因此,公私法之间相互渗透的现象应当是常态,法律必然划分为公法与私法,但任一部门法律都可能是公私法混杂的,纯粹的公法或私法,两者之间没有任何渗透的现象当属罕见。从既存之法律现象来观察,公法与私法的相互渗透状态至少有以下几种情况:第一,在一个法律关系中,既有公法上的关系亦有私法上的关系;第二,公法行为构成私法关系产生、变动与消灭的原因;第三,公法具有私法的标准特征,即有私法化的倾向;第四,公私法相互转换,公法可以转换为私法,私法亦可以转换为公法;第五,私法具有公法的标准特征,即公法化的私法。

### 一、公私法混合与公共服务

私法所规范的无非是财产与人身两项,在公法未出现之前的社会中,财产与人身关系俱由私法进行调整。然正如前述,私法调整的财产关系与人身关系存在若干无效之可能性,于是公法治理的介入具备了正当性基础。持公私法划分观念的理论家认为,公法治理的社会功能既然在于补私法自治之不足,那么公法只应当对私法自治的财产关系与人身关系提供帮助,而不能够由公主体直接替代私主体进行财产方面的管理与经营,亦不能替代私主体为与人身有关的行为,此举实乃是越俎代庖,有违公法治理之基本社会功能。此种观点仍是一种形式化的公私法划分标准理论,与社会实际情况不符,也不符合公共服务观念的公私法划分标准理论。

从社会实际情况来看,公主体直接经营和管理财产事项并非罕见,在许多国家中,作为公主体的政府或公共团体都直接经营和管理某些与财产有关的事项,甚至在些国家中,作为公主体的政府或公共团体直接经营和管理的与财产有关的事项相对于私主体而言,占据的比例比较大,甚至超过了私主体经营和管理财产事项的规模。对于规范公主体直接经营和管理财产事项的法律,其法律关系具有双重性,作为直接经营和管理财产事项的主体,其与私主体一样要受私法关系的支配,在与其他私主体从事与财产有关的事项时,当尊重私法关系中意思表示对等的要求,无强制私主体服从其意思表示之能力。作为公主体,其直接经营和管理财产事项并非为自身最大利益的实现,而是为补私法自治于财产经营管理方面之不足,因而其直接和经营财产事项的行为当受到公法规范的治理,保证其服务于私法自治的终极目的。对于此种法律关系,如果一概而论,认为其不属于私法律关系,就属于公法律关系,或者干脆否认此种法律关系非公私法律关系中的任何一种,那么这是一种典型的形式主义理论,具有以理论框架强行阉割社会事实的方法论倾向。

公主体替代私主体为一定人身行为的情况也是存在的。在传统的家庭法和亲属法中,父母或其他亲属负有抚养子女的私法义务,而成年子女则负有赡养父母的义务,夫妻之间也有相互扶养的义务。此等义务在传统的私法观念中似乎全是私主体得亲力亲为的事项。然随着社会的发展,近现代的国家中普遍出现了公主体替代私主体为此类人身行为的情形,在父母抚养子女不利于子女成长时,公主体得介入子女的抚养当中,一些国家设立了儿童福利机构,以替代父母完成此类抚养子女之责任;在赡养父母成为子女的沉重负担,以致于子女无力承担起这一责任时,一些国家设立了养老基金或养老机构,以解决子女无力赡养父母的问题;夫妻之间相互抚养的义务与责任,本属私主体完全自主的事项,然夫妻之间亦存在家庭发生重大变故之可能性,夫妻之一方可能遭到对方的遗弃或者一方无力完全负担另一方医疗和看护之费用,一些国家可能以公法的形式干预此类情况,甚至由公主体替代夫妻之一方抚养的责任,设立专门的机构解决此问题。在此类法律关系中,公主体与私主体间的关系首先是私法性质的,公主体必须得尊重私主体的意思表示,不能以优势的意思表示强行要求私主体为此类行为,其次此类法律关系也具有公法性质,公主体的替代治理行为必须得遵守公法的规定,受公法规范的约束,在违反公法规范时,也得承受公法上的法律责任。

除上述两类情况之外,一些国家还出现了允许公务员或国家提供薪酬的人员为向国家请求支付工资或报酬,可以向民事法院诉讼的规定。当然,并非所有国家都允许公务员或国家提供薪酬的人员向国家提供民事诉讼。但是,此等事项的出现,反映了公私法混杂的复杂态势,并非能够以一种形式主义的公私法划分标准完美解决。为解决上述问题,终须还回到公共服务观念的实质性公私法划分标准上来。公共服务观念支持公法治理的介入是为补私法自治之足的观点,然而却认为,不能形式化的理解这一标准,世界上并不存在一种统一而具有普遍性的公法治理模式,不同的国家中,在不同的历史条件下,公法治理的形式也应当有所不同,这是一种实践性的过程,须得具体问题具体分析。只要在公法治理的实践中坚持了公法治理是为了更好地为私法自治服务的观念,公法治理可以采取灵活的方式,关键是能够实现持续改进私法自治,也即是能够从整体上改进社会利益,增进每一私主体的利益。由此,公主体直接经营和管理财产事项是可能的,公主体替代私主体为一定的人身行为也是可能的,在某些国家允许公务员或其他国家提供薪酬的人员提起民事诉讼也未尝不可,只要是在特定国家特定的历史条件下,公法治理的方式能够持续改进社会整体利益或每一私主体的利益,这种治理方式就具有正当性,就是应当获得允许的,公法治理实践获得的治理方式并不受形式化公私法划分标准的限制。

### 二、以公法为原因的私法与公共服务

私法上的法律关系,就其发生的原因来看,以私主体的自主意愿行为为基本原则,根据私主体自由的意思表示,私主体可以形成、变动和消灭相应的私法律关系。然此等状况,并非普遍而无例外的事实,公主体的公法行为亦可以成为私法律关系产生、变动及消灭的原因。从各国公私法律实践的情况来看,一般以公法行为作为私法律关系产生、变动及消灭之原因的事项有两类,一是民事司法行为,一是行政行为。

私法上一般确认各私法主体法律地位上的平等性,亦允许各私主体自由地表达其真实的意思表示,并允许私主体自愿的履行相互承诺的义务。如果私主体都是道德上高尚之人,且具备完全之理性,则私法自治的社会必定会出现,承诺都得到了信守,私主体间无任何意思表示模糊所带来之争议,此等社会将是完全自由和谐的理想社会。然而,此乃是一种理想,而非现实社会之真实情况。在真实的社会中,私主体在事实上并不平等,拥有更多社会权力(政治、经济和社会权利)的私主体可能会以非正式方式胁迫弱势私主体,影响其真实的意思表示;私主体为生存之需要,于道德上的要求完全不予考量的情况实是再正常不过的事情,承诺在无强制性压力时,可能根本就不会获得私主体的信守;私主体间的意思表示发生误解,甚至故意地曲解的可能性也是法律实践中的常态。为此,公法治理须充当私法自治监督者的角色,以确保私法自治

的有效性。从既存之法律现象来观察,在民法、商法和破产法等私法大量存在公法治理介入的条款。如限制民事行为人的宣告、宣告死亡和失踪、破产宣告及清算和收养关系等诸如此类的问题,公主体的公法行为并不产生公法上的法律效果,既不会产生公法上法律制裁之后果,亦非运用公主体之强制力来实现其意思表示,此等公法行为产生的法律效果是私法性质的,公法机构宣告的限制民事行为人、死亡人、失踪人和破产财产清算人,具有相应的私主体的法律资格,可以为自由的意思表示,与其他私主体在私法上是平等的。

除司法行为可作为私法行为原因的情况之外,行政行为亦有作为私法行为原因的可能性。在近现代社会中,私法上的财产权观念已经远远超出了实物的范畴,扩展到了知识产权和诸多特许权之中。在传统的私法中,物可以凭据占有和登记而取得公示公信的效果,以保证物权的排他性与专属性,进而保证物权人之最大利益和创造社会财富的动力。在近现代社会中,知识产权和许多特许权不能根据占有和登记而获得传统物权的法律效果,在一定意义上这两类权利正是要通过允许权利人之外的主体占有使用才能保证权利人之最大利益,如以传统物权之排他与专属性来处理此类财产权问题,则难以保证权利人最大利益之实现。如果行政机关以行政特许行为授予此等财产以特别的公示和公信力,禁止其他私主体从占有使用其特许权利中牟利,当可以实现传统私法对于物权之排他性与专属性的保障。由此,行政机关虽实施的是具有公法性质的行政行为,然此等行为产生的法律效果却是私法性质的,行政行为亦就构成了私法行为的原因。

司法行为和行政行为成为私法行为原因的法律事实,正可确证公法之精神在于公共服务性。无论是司法行为对于民事主体相应民事资格的宣告,还是行政行为对于知识产权和特许权的确认,无不体现着公法治理补私法自治之不足的精神。为着更好地实现私法自治,避免私法自治之无能或无效,保障社会整体利益和每一私主体利益的改进,以司法行为和行政行为介入此两类私法行为,可以有效地改善私法在若干民事主体资格确认上的无能,也可以改善社会新发展出的财产权的保护状态,无论是民事主体资格的确认,还是对新财产状态的行政确认,都是有利于社会整体利益增进的,而且也可以间接地改善每一个私主体的利益。试想,如果公法治理不对若干民事主体资格进行确认,则社会中可能有部分财产处于无主的状态,这将引发社会纠纷,使法律失去定纷止争的社会功能,最终将损害每一个私主体的利益。如果公法治理不对新状态财产进行行政确认,则社会财富的增长将受到限制,人们以创新的方式创造财富的动力也会受到抑制,人类社会将失去许多对新财产需求上的体验和满足,最终受到损害的是社会整体的利益。因此,司法和行政行为作为私法行为原因等法律事实的出现,反映了公法治理随私法自治而发展,不断适应私法自治新要求的特点,这恰是公法之公共服务性的最佳体现。

### 三、公法作为私法行为的要件与公共服务

除上述公法行为作为私法行为原因的情况之外,尚存在公法行为为私法行为有效性之构成要件的情况,就既存之公私法现象来观察,大致有登记、认可、公证和确认等行为。

私法上之财产关系和人身关系的形成、变动和消灭本以私主体自由之意思表示而为之,这以私主体的意思表示真实为前提条件,仅凭私主体自身的意思表示实无法保证其真实性,也无法获得与之发生私法关系相对人的信任,然社会运转又需要依赖于私法关系的形成、变动与消灭,私法自治自身无法完全解决此等诚实信任问题。假若以私主体意思表示的核心要素为公法行为所取代,公法治理机构以中立第三方的身份,参与私主体意思表示的部分过程,使公法行为成为私法行为有效性的若干必备要件,则可以利用公法行为之公示公信力的优势,解决私法自治之无能或无效性问题。由此,世界各国均对某些私法行为的生效根据规定了以若干公法行为作为必备要件,如出生、死亡、户籍、婚姻、收养和名称登记等私法行为,此种社会事实一旦发生变化,将会对相关私主体的财产和人身关系产生必然的影响,如无公法治理的介入,此等社会事实将容易成为私法上欺诈的主要来源,实无利于社会整体利益的实现或增进。如果由公主体采用注册登记的形式,将这些变体的社会事实登记在册,并以此作为私法行为发生法律效力的要件,那么这将提升此种私法行为公示公信力;私人团体人格原是私法自发创设,具有承担有限责任、鼓励社会创新和增加社会竞争力等多种优势,但私人团体人格若无公法治理介入,其公示公信力既难以保证,也容易成为欺诈的原因之一。对此种情况,如果采取由公主体设定资格条件并负责审查认定,唯有达到认可条件的私人团体人格才成为私法上适格的主体,则可以保证私人团体人格的真实性,避免欺诈等不利于社会

整体利益行为的发生。此外,私法上的债权关系一般具有相对性,如债法律关系主体分别与不同私主体达成债权债务关系,则难于保证某些债权债务人的预期利益,这将有损于私法之基本秩序,不利于私法的安定性。如果公法治理能够预先确定某些债权债务关系具有优先性,并具有相当于物权法律关系之公示公信力,则一债多人的情况有望获得解决。

公法行为参与私法行为,并作为其生效要件的现象,说明以"贴标签"的方式将某些民商法法律全部归入到私法范畴中的错误,公法与私法的关系是非常复杂的,具有很强的互动性,而这种互动性正是公私法不同的社会功能所造成的。公法治理是为私法自治服务的,为更好地提供服务,公法治理必然得参与到私法自治的过程中,上述公主体的登记、认可、公证和确认行为都是公法治理参与私法自治的不同方式,公法治理的介入可以有效提升私主体意思表示的真实性和诚信度,这对于降低私法自治的道德风险,提高私法自治的有效性非常有益,同时这可以增进社会整体利益和每一私主体的利益。然而,过多的登记、认可、公主和确认行为也有可能有损于私法自治的有效性。对于这个问题,公共服务观念认为,此乃公法治理介入私法自治的实践性问题,必须结合特定国家的社会历史条件,以不断试错的方式,才能在公法治理的实践中持续改进公法治理介入私法自治的方式和程度,世界上并不存在统一的治理方式或模式。需要注意的是,在探索公法治理最佳方式的过程中,须得坚持的一点是,判断一种公法治理方式或模式是否恰当的标准只能是社会整体利益是否得以增进,或每一私主体的利益是否得以改进。

## 四、公法私法化与公共服务

在近现代国家的公法中,公法行为不仅可以作为私法行为的原因,可以成为私法行为有效性的构成要件,甚至还可以直接采用私法的基本范畴实现公法之社会功能。

私法上的财产关系特别注重物的流转性,这与物尽其用的社会功能是相符合的。为实现此等社会功能,私法上首先需界定权利,此为流转的前提,其次需保障私主体基于自愿的权利转移,此为物尽其用的必然要求。公法上亦存在财产关系,虽然公法上的财产关系是为私法上财产关系服务的,公主体一般也不享有此财产关系带来的利益,而是为社会整体利益的增进服务,然为了更好地服务于私法财产关系,公法上的财产关系亦需具备权利清晰和流转自由的条件,唯有如此才能保障公共财产使用的效率,使公共财产如私产一般能够物尽其用。既如此,公法上的财产关系使用如私法上的物权、债权和合同自由等范畴当是合理的,只要此等使用能够保障公法的公共服务性目的之实现。除流转之外,公法上的财产在流转过程中所可能发生的债权债务关系,比如扣押、连带债务、保证债务、担保物权、代位清偿、时效、债务利息甚至无因管理、不当得利和侵权等适用于私法上财产关系的范畴均可应用于公法上的财产关系,这一点不仅可运用公法之公共服务观念进行合理解释,近现代国家的公法治理实践也以事实证明了公法治理发展新趋势的合理性。

　　不仅私法上保障物之流转性的范畴可适用于公法上的财产关系,私法上的一般规范或原则亦可以适用于公法律关系。私法律关系中最重要的三个范畴无非为法律主体、法律客体和法律行为,除此之外还有一些补充性的范畴,如期间和时效等。法律主体和客体实为清晰界定权利形成的关键范畴,权利一般要归属于某人,才属真正意义上的权利,权利也必定是对于某种外在的对象所享有的权利,如无此两种范畴,清晰界定权利的范畴当属不可能之事情。法律行为则属于权利变动的主要原因,只有发生变动,权利才能实现其最佳的价值。然权利变动是非常复杂的,为此私法上发展出了意思表示、代理、委托、无效、撤销和条件等基本的法律行为范畴,此等范畴经过了长期的社会实践,具有适用于权利变动的合理性。公法上既存在财产关系,公法上的财产虽不为公主体自身之最大利益服务,而为私主体利益和社会整体利益的增进服务,然无论如何两者在物尽其用上是共通的,公法上的财产也必须实现物尽其用的社会效果,只有如此才能保证社会整体利益的增进。私法上的这些范畴经过了长期社会实践的检验,对于保证物尽其用有不可替代的优势,公法上的财产关系借鉴并发展这些范畴不仅具有合理性,也与公共服务的观念相契合。

　　还存在另一种公法私法化的现象,此种行为从性质和过程上看似为公法行为,从性质上来说,此种行为并非为某主体特有之利益服务,而为社会整体利益服务,从过程上来说,此种行为的实现或有效性,须借助于国家强制力来保障,甚至可以直接运用国家强制力实现其法律效果,然而此等公法行为实行完毕的法律效果却是私法性质的。如征税行为,税收的公共服务性自不存有疑问,公主体的征税行为也当属公法行为无疑,然征税的结果是私主体的财产转移至公主体名下,此既为公主体的财产,此种财产虽为公共财产,但征税行为完成之后,亦为有主财产,当可适用物权法的一般原理。征收土地、罚款处罚和没收财产等行为亦都属于公法行为,其发生的法律效果与征税行为当属相同。公主体为实施法律强制措施而采取扣押财产等强制手段,于特定条件下,被扣押财产亦可以转化为公主体名下之公共财产。当然,也存在公共财产在废弃不用时可以私法上的方式进行流转而转为私主体之私产的可能性。无论如何,公法与私法是可以存在互动的,只要此种互动保证了公法的公共服务性,并能够保证物尽其用,任何方式的转换当属正当。

### 五、私法公法化与公共服务

在自由放任主义的古典时代,私法的核心精神是个人自由,这其中既包含了所有权不受公法限制、契约完全基于权利人意思自治的自由,又包含了权利人无须承担社会责任意思。此等自由,对于资本主义经济快速发展的作用已无须多述,西方经济学既以此为基础建构而成。然此种个人主义的观点,在近现代社会中却遭到了越来越多的挑战。首先,所有权不受公法上的限制,完全根据个人的意志自由来行使,会带来一些严重的社会问题。在某些情况下,如果对私主体的所有权进行征收,可能会改进社会整体的利益,同时通过充分、及时和有效地补偿也不会损害被征收所有权人的利益,而如果所有权人的所有权不受公法限制,公法必须尊重其个人意志,则社会整体利益改进的可能性会受到严重影响,甚至基本上不可能进行。如果必须以协商的方式来征收个人所有权,则所有权人可能漫天要价,置社会整体利益于不顾。然公法对所有权进行必要的限制,只要此种限制符合公共服务观念的要求,此种限制当属正当。

根据西方经济学的基本理论,契约自由是确保经济资源配置效率的法律前提,在传统私法的观念中,契约自由并非完全不受法律限制,无论如何契约自由也必须受到相互间自由的限制,也就是说,某私主体的契约自由不能侵犯其他私主体的契约自由,如果某私主体以欺诈、胁迫和重大误解等方式与其他私主体达成合同,则不能以契约自由为由否认法律对其行为的限制。即使私法上对于契约自由有某些限制,此种限制亦只是个人主义的,局限于私主体间不得相互侵犯各自的契约自由。然随着社会的发展,经济生活的日趋复杂,私主体的契约自由受公法限制的必要性出现了,世界各国的实践中也确实出现了若干对于契约自由进行公法限制的情况。如为维护社会善良风俗的必要而对某些私法行为(黄色出版物、性服务业和器官交易等)进行限制,还有为维护社会基本秩序的需要进行限制的情况(如禁止买卖枪支弹药和管制刀具等),更为明显的情况是,国家垄断某些行业的市场交易,不允许其他私主体在其中从事交易(比如各种类型的专卖经营)。公法对于上述各种私主体契约自由的限制,都体现为被私法自治之不足的特性,如善良风俗无法获得维系,则维护社会秩序之基本规则的有效性将大大削弱,而如果不禁止某些物件的自由交易,则将会严重社会秩序的稳定。国家虽然垄断了某些行为的市场交易,但一般情况下,国家垄断的行为都属于对民生有重大影响同时又极易形成自然垄断的行业,如果放任契约自由,则社会整体利益的改进将无法获得保障。

在传统的私法观念和西方经济学理论中,都假设私权利人是自利的理性经济人,只对自身的最大利益感兴趣,对于社会整体利益则不予考虑。在他们看来,只要保证了个人充分的自由,在"看不见的手"的作用,社会整体利益将会自动实现,无须公法进行任何类型或形式的干预。然近现代社会的实践已经证明,私主体所经营的企业如果只注重自身利益的最大化,不负担相应的社会责任,那么社会整体利益的增进并不会自动发生,反而经常出现有损于社会整体利益的状况,此乃是所谓"市场失灵"的状况。这些行业一般集中于能源、交通和通信等公用事业领域。如果只注重此类型行业在私法上的自由,则可能出现两种情况,一是由于行业的自然性质导致收益不明显而出现供给不足,一是行业的自然性质导致容易出现自然垄断而导致供给效率下降。无论是这些基础性行业供给不足还是供给效率下降,都有损于社会整体利益和改进。如果以公法治理限制此等行业部分经济自由,使其在自负其责的前提下承担一定的社会责任,则可以保证此等行业的经济效率,同时又能够极大改善社会整体利益之状况。如果公法治理能够在促进社会整体利益持续改进的同时而不会损害每一私主体的利益,那么公法治理对于此等行业在社会责任承担方面的限制当属正当。

# 第三章　政治制度与公共服务

本章将阐述公共服务与政治制度的关系。一个国家的政治制度主要包含两个方面的内容，一是公民权利，一是政治权力。两者具有一定的相关性，存在着此消彼长的关系，两者中何为基础是一个必须要回答且影响深远的问题。本章将通过考察公民权利与政治权力的若干理论流派，分析公共服务理念作为政治制度理论基础的可能性、可行性和必要性。

## 第一节　公民权利理论的考察与批判

公民权利理论渊远流长，在西方社会有几千年的历史。在西方法学思想史上，大致存在着两大理论流派，一是自然法学的公民权利观，一是实证法学的公民权利观。

### 一、自然法学的公民权利观

自然法学在西方社会拥有悠久的传统，自古希腊始就可见大量的论述。柏拉图的"理念论"首次提出了一种体系化的自然法理论，而后古罗马时期的西塞罗以自然法理论解释了基督教教义的精神。文艺复兴时期之后，在倡导"理性"的基础上，自然法学得到了全面的复兴，出现了众多的流派。对西方社会政治制度产生重要影响的自然法学，源自于洛克和孟得斯鸠，美国宪法的架构就是以这两位的自然法理论为基础，而后又深刻地影响了欧洲大陆其他西方国家的公法制度。

洛克认为，在由公法治理的政治社会出现之前，人类社会曾经处于"自然状态"之中。处于"自然状态"中的人们，享有源自于上帝的神圣"自然权利"，这种权利除非经过人们的同意,是绝对不能被剥夺的。处于"自然状态"的人们实行私法自治,由于自治的不便或无能,他们达成了"社会契约",以解决自治的不便或无能所带来的社会问题。在"社会契约"中,人们可能会交出一部分本属于自己的不可被剥夺的自然权利,未交出的自然权利则属于政治社会中的"公民自由",是公法治理所绝对不能干涉或剥夺的自然权利。由于每一个人在"自然状态"中的自然权利都是平等的,不愿意放弃天赋的自然权利,并期待更多的自由,因此社会成员都希望享有最大范围和均等的自由,公法治理只能在社会成员自治不便或无能的范围之内。在公法的治理下,公民所享有的最大范围均等自由的具体判断标准是,自由只能因为自由的缘故才应当受到限制。意思是说,当一个社会成员行使自己的自由必然影响或侵犯其他社会成员所享有的均等自由时,这个社会成员的自由才应当受到公法的治理。①

洛克的"自然权利论"通过美国宪法的实践,对西方社会乃至世界都产生了重要影响。但是,洛克对"自然权利"的论证并非完美,该理论存在一些显而易见的问题。首先,自然权利是一种毫无根据的假设,它与基督教教义中"上帝必然是存在"的观念在方法论上并无实质区别,甚至在确定性上还不如基督教教义。在基督教教义中,可以将一些极其偶然的事件说成是"神迹"以证明上帝的存在,而自然权利却不能依据任何实在的事实加以证明。其次,社会契约的观念也不太真实。理论家们在历史事实中找不到任何的实例来证明社会契约的存在,对于社会契约达成理由——社会成员自治的不便或无能也带有强烈的假想成分。20世纪著名的哲学家罗尔斯意识到了这个问题,他以一种新的论证方式修正了这一点。他认为,并不需要假设"人存在自然权利"也能够证明公民最大范围的均等自由是正确的,自然权利是一个无用的假设,根据科学方法论的"剃刀原则",这个假设是多余的;另外,他认为,并不需要从历史事实中来证明社会契约观念的正确性,只需要从人是理性且可以毫无偏见地作出决策这一点就可以逻辑地推出同样的结论。因此,在他看来,只要人能够消除自己的偏见并且能够理性的思考,那么就必然会得出在公法治理中公民应当享有最大范围均等自由的结论。

① 参见[英]洛克著:《政府论》(下篇),叶启芳、瞿菊农译,商务印书馆2008年版。

## 二、实证法学的公民权利

如果说 18 世纪是自然法学占主流的世纪,那么 19 世纪则是实证法学全面颠覆自然法学的世纪。19 世纪主流的法学流派是历史法学和社会法学,两者都强烈地反对从先验的道德原则出发来论证公民权利的观点,都极力支持从社会发展的历史事实或既存的社会事实中寻找公民权利的理论基础。

历史法学一般从否认自然法学真实的历史基础开始论证,认为所有的社会契约论都存在一个致命的缺陷,即缺乏真实的历史事实作为理论上的支撑。"自然状态"以及公民与政府间达成的"社会契约",在历史上都找不到相应的证据,这两个观念都源自于理论家的假想。真实的社会状态不可能如社会契约论者所认定的那样,存在着自然状态与政治社会之间明确的划分。人类社会由自然状态向政治社会演化,是一个历史的过程,是一个逐渐演化的过程。在这个过程中,每个国家的延续都需要经过残酷的生存竞争,为了保证社会的延续,每个民族国家都会形成自己特有的政治法律文化,公民权利就是其中内容之一。世界上根本不存在先验的自然权利,只存在适应社会历史发展需要的公民权利。历史法学存在着唯心与唯物主义的不同流派。唯心主义历史法学的代表人物是萨维尼。萨维尼认为,法律的内容与一个民族的语言可以类比,不同民族的语言并没有价值上的优劣之别,仅仅是这个民族适应自然与社会环境的结果。法律也是如此,法律是一个民族在长期历史演变中以集体记忆的方式存在并发展变化的。语言是一个民族在长期的社会生活中逐渐发展出来的,并非源自于某个天才人物的创造,或从某个先验的原则中推论出来的。法律也是如此,法律是一个民族在长期的社会生活中集体创造出来的。它保留在这个民族集体的记忆中,成为这个民族宝贵的精神财富,法律并不能通过天才人物的构想而创造出来,也不可能从某些先验的原则推论出来。①概括而言,历史法学派一般认为,公民的政治权利并非源自天赋的"自然权利",而是源自于一个民族的政治法律传统。英国法学家梅因认为,公民权利发展演化是一个历史的过程,并非从先验的道德观念中推论出来的。梅因通过对西方社会法律制度的考察,得出了"从身份到契约"的判断,即在早期的

---

① 参见[德]萨维尼著:《历史法学派的基本思想》,郑永流译,法律出版社 2009 年版。

西方社会中,决定公民权利的因素是由公法决定的社会身份或地位,有相应地位或身份的阶层才有相应的权利,直到资本主义生产方式出现之后,以平等观念为基础的契约精神才开始成为法律的基础,并直接影响到了人们对于公民权利的观念与政治实践。[1]

社会法学一般从既定的社会事实中寻找公民权利的理论基础。法国著名法学家狄骥认为,社会连带关系是公民权利的理论基础,"社会职能"可以替代"公民权利"的观念。在狄骥看来,社会连带关系不是道德义务,而是一个永恒不变的事实,即人们必须生活在社会中,必然具有社会连带关系。这种关系包括:(1)同求的连带关系,即人们有共同需要,只能通过共同生活才能满足这种需要;(2)分工的连带关系,即人们有不同的能力和需要,必须通过相互交换服务才能满足这些需要。社会连带关系是一切社会规范的基础。社会规范分三种,即经济规范、道德规范和法律规范。其中法律规范是最高的,违反这种规范就要遭到有组织的强力制裁。这种规范的整体就是客观法。国家制定和执行的是实在法。客观法高于实在法,实在法以客观法为生效条件,并以实现客观法为目的。只要有人类社会,就有客观法。他还认为,国家来源于强者和弱者的分化,统治者与被统治者在政治上的分化。但客观法对强者与弱者、统治者与被统治者一律适用。国家本身受客观法限制,并以实现客观法为唯一目的。因此,国家实施根据社会连带关系而应当做的事情,公民也是如此,国家的职能在于提供公共服务,公民的社会职能在于实现同求和分工的连带关系,在公民社会职能范围之内的事情,也就是公民权利。[2]

### 三、公民权利理论之批判

无论是洛克还是罗尔斯,他们对于"自然权利"和"公民自由"的论证都带有强烈的先验和理想的气质,他们提出了一个值得人类社会去追求的价值目标,并从人性的角度进行了严密地论证。应当说,这种论证方式具备了科学方法论的标准特征,从一个设定的前提出发,将可能有相互影响的因素隔离以测试设定的前提的因果关系。在罗尔斯的理论中,设定的前提是,人具有判断自

①　参见[英]梅因著:《古代法》,沈景一译,商务印书馆 2010 年版。
②　参见[法]狄骥著:《法律与国家》,冷静译,中国法制出版社 2010 年版。

己最佳利益的理性,也就是说,人在特定条件下一定能够作出最符合自己利益的决策。为测试"人是理性的"这一前提与"公民自由"之间的因果关系,罗尔斯纯化了作出决策的条件。首先是用"无知之幕"屏蔽了人可能具有的偏见,然后假设先在的社会结构对于个人决策的过程是没有影响的。从罗尔斯纯化的条件来看,他的方法论具有典型的个人主义色彩,即认为是个人的活动形成了社会结构,而非社会结构对个人的决策活动具有决定性的影响。自然科学性质的方法论确实在很大程度上保证了自然科学的成功,但是将这一方法应用于社会科学却不能保证成功。在罗尔斯的理论中,有两个难以解决的困难。首先,对于人性的假设是武断的。人性具有多样性,理性只是人性的一种表现,人可能还具有"政治性"、"社会性"和"情感性"等多种人性,人性中的任何一种表现都可能是本质性的,并没有一种理论能够保证人性的本质特征一定是理性的。其次,理性与公民自由之间的因果关系也难以确证。在自然科学中,科学家可以通过设计试验,反复测试结论的正确性,而罗尔斯的结论是无法通过"社会实验"来证明的。因此,这种结论只具有价值或规范上的意义,不具有事实或实践上的意义。最后,其个人主义的方法论也是值得怀疑。个人与社会的关系非常复杂,如果抽象地回答是个人的活动决定了社会结构,还是社会结构先在地决定个人的行动,那么就会进入"先有鸡还是先有蛋"的二难困境。如果不从历史起源而从社会现实的角度来考证这个问题,那么对于个人与社会关系的下述看法是比较合理的,即个人与社会相互影响,个人的行动可以影响社会结构,社会结构也可以在很大程度上先在地决定个人行动。从个人行动与社会结构改变的程度和速度来看,个人行动受社会结构影响而改变的程度和速度更快,也更容易为人们所察觉。

洛克和罗尔斯理论最合理之处,在于其提出了一种公法治理在政治领域值得人们努力追求的价值目标——公民最大范围的均等自由。但是,从事实或实践层面来看,它对于公法实践的指导意义并不明显。首先,知道什么是好的或善的并不等于行为本身是好的或善的。苏格拉底认为,人的恶行是因为人的无知,如果一个人知道什么是善的与恶的,一个人是绝不会作恶的。苏格拉底的观点并不具有代表性,亚里士多德就认为这种观点缺乏实践性。亚里士多德认为,人关于善恶的知识是属于理智德性,人实际怎么做属于实践德性,而一个人的实践德性并不是由其理智德性决定的,而是由一个人实际行为的善恶决定的。① 在现实生活中,许多人知道什么行为是善的和恶的,但是受情感或欲望的支配,或者是受社会结构的支配,却不得不做或主动选择去做自己所认为是恶的行为,这是一件再正常不过的事情。因此,即使人们认可罗尔斯的结论是正确的,那也不能保证人们必定会去实践它。其次,公民最大范围的均等自由的实现缺乏可操作性。最大范围的均等自由是一个边界模糊的概念,在不同的国家或同一国家不同的历史阶段,人们对于最大范围均等自由的接受标准存在相当大的差异;最大范围的自由与均等的自由之间可能存在冲突。在个人主义方法论下,只有假设每个人对于最大范围的自由的观念是相同的,才有可能得出最大范围的均等自由的结论。但是,这一假设不仅与社会事实不符,也不符合个人主义方法论注重社会个体多样化的本质特征。因而,只有认定每一个人所持有的最大范围自由的观念是不同的才是合理的。由于每一个人最大范围的自由观念不同,这可能会出现一个人所要求的最大范围的自由,却是另一个人所反对的,甚至有可能出现一个人所要求的最大范围的自由与另一个人所要求的最大范围的自由相互冲突的情况。即使使用"自由只能由于自由的原因才能受到限制"的标准来判断也无济于事,这样也许可以实现个体所认可的最大范围的自由,但是这种最大范围的自由却必然是不均等的。

历史法学从民族的文化传统,社会学法学从既存在社会事实找到了公民权利的理论基础。应当说,实证主义法学的最大优势在于,将公民权利观念建立在实在社会事实的基础上,可以从可观察到的事实中寻找坚实的基础。但是,实证主义法学的最大问题在于,将既存的事实承认为合理的,带有"存在既合理"的理论倾向。这与历史或社会法学所宣称的"价值无涉"方法论相去甚远。当历史或社会法学以某些历史或社会事实作为公民权利的理论基础时,他们也就承认了这些历史或社会事实作为公民权利理论的正当性,也就承认由这些事实所决定的公民权利的范围是合理的,这就包含了为既存的公民权利进行辩护的倾向,这是一种隐含的包含有价值判断的法学理论。它可能为公民权利观念带来一些负面影响,最重要的是,它可能使生活于特定社会中的人们丧失对于改善其权利状况的信心或期望,因为既存的历史或社会事实

① 参见[英]罗素著:《西方哲学史》,何兆武、李约瑟译,商务印书馆 2008 年版。

在理论上被认为是合理的,任何出于个人道德信念的改进都可能因为不符合这些历史或社会事实而被认为是不合理。因此,萨维尼的"民族精神",狄骥的"同求和分工的社会需要",就是一个民族国家公民所享有之公民权利的前提或基础,任何超越于这一前提的公民权利改进都被认为是不合理的。除此之外,无论是历史事实还是社会事实,都存在多种解读的可能性,历史法学和社会学法学将某些历史事实或社会事实认定为决定公民权利正当性的基础,不考虑其他历史或社会事实对公民权利可能产生的影响,是一种毫无理由的武断。如果说自然法学有从单一人性或先验观念出发论证公民权利正当性的倾向,那么历史或社会法学实际上是另一种意义上的自然法学,差别在于历史或社会法学将单一性的基础建立在某种历史或社会事实上。这种论证方式的最大好处可能是理论上的,它可以保证历史或社会法学在理论体系上的完整性或圆满性。然而,历史或社会事实永远是复杂多变的,任何从单一角度所进行的概括或解释都有可能阉割事实,使历史或社会事实适应理论家所认定的理论框架或体系。如果仅仅作为一种理论取向,那么这也未尝不可,但是如果以这种理论来指导公民权利的法律实践,那么就可能会带来严重的问题。因为单一的理论体系可能根本就无法解释所有的社会实践,强行解释并不会增加社会实践的效果,可能反而会妨碍积极社会效果的出现。实际上,当萨维尼用"民族精神"来解释公民权利时,马克思却从经济生产方式中找到了公民权利的理论基础,即公民权利的内容是由特定社会的经济基础决定的。如果将萨维尼的理论仅仅作为一种解释社会实践的理论,那么这也许可以改进人们对于公民权利的理解,但是如果以这种理论作为指导社会实践的理论,那么就有可能忽视经济基础对于公民权利的影响,造成这种理论的无效。社会学法学也是如此,社会连带关系无疑是型构社会结构的一种非常重要的关系,但却不能由此推论出这是唯一的社会关系,实际上马克思所认定的由私有制决定的不同社会阶层之间的社会关系,也是一种非常重要的关系,在马克思看来,这种社会关系还是直接影响社会发展的关键性的社会关系(即阶级斗争)。

## 第二节　政治权力理论的考察与批判

自然法学与实证法学不仅在公民权利理论上各执一词,在政治权力理论上也存在不同的看法。

### 一、自然法学的政治权力观

韦伯认为，"权力意味着在一种社会关系内，自己的意志即使遇到反对也能贯彻的任何机会，而不管这些机会建立在什么基础之上。"①通俗地说，权力就是一个人或一些人拥有使另一个人或一些人做某些事的能力——这些事如果不是他们要求去做，就没有人去做。从这个角度来说，权力不仅人类社会中是无处不在的，即使在自然界也是存在的。从这个定义来看，在一个特定的社会中，警察所拥有的权力与黑社会所拥有的权力是没有区别的。这说明权力都具有一些共同的特征，即某些人的意志必定会获得其他人的服从，其他人必须要服从某些人的意志，否则就可能受到惩罚。一种权力意志企图达到的社会状态，可以通过权力运行而得以实现。

处于原初状态中的人类社会，权力的分配完全依赖于体力或战斗力的大小，这可能会带来严重的社会问题。自然法学一般认为，通过"社会契约"的方式，人们承诺放弃本属于任何人的权力，将此权力授予一个公共组织，由这个公共组织来代替人们行使权力，以实现社会有效的社会治理，公共组织通过授权所获得的这种权力就是政治权力。它与社会自发形成的，没有获得受治理者授权或同意的，而完全依赖体力或战斗力优势的社会权力有着实质的区别。就政治权力的来源，自然法论者们的观点各异。霍布斯认为，在一个没有共同权力使大家慑服的状态，人们便处在所谓"战争状态"下，这是"每个人对每个人的战争"。因此，在他看来，政治权力是一种保卫社会安全的权力，没有这种权力的存在，社会安全将无法获得保障。② 洛克的观点与霍布斯存在明显的区别。洛克认为，处于原初状态中的人类社会，是一种完备无缺的自然状态，人们在自然法的范围内，按照他们认为合适的办法，决定他们的行动和处理他们的财产和人身，无需得到任何的人许可或听命于任何人的意志。这种自然状态固然美好，但是却可能会给人们带来诸多不便，主要的不便在于，人们之间难以分辨各自财产或人身权利的界限以致容易发生纠纷，也容易遭

---

① ［德］马克斯·韦伯著：《经济与社会》，林荣远译，商务印书馆2004年版，第345页。
② 参见［英］霍布斯著：《利维坦》，黎思复、黎廷弼译，商务印书馆1985年版。

到其他人或民族的侵犯而无法保证财产和人身的安全。如果能够获得人们的一致同意,授权组建一个公共机构(即政府),由政府来保护人们的财产与人身安全,清晰界定人们间财产与人身权利的界限,那么这将使人们摆脱财产与人身不安全和不确定的状态,非常有利于社会的稳定与和谐。① 概括而言,自然法论者对于政治权力的态度一般站在维护公民权利的立场上,认为政治权力是一种恶(卢梭甚至认为,政治权力是"万恶之源"),但又是一种必要的恶,它对于维护公民权利不仅是有利的,而且也是必须的。

既然如此,政治权力的本质是从属性的,从属于公民的自然权利。霍布斯和洛克都没有涉及政治权力的实践性问题,另一个著名的自然法论者孟德斯鸠意识到了这个问题。他认为,虽然政治权力来源于人民的同意和授权,但是获得政治权力的政府或统治者却与人民处于权力不对等的状态,人民在交出权力之后缺乏制约政府的手段和能力,政府的权力极易处于不受控制的状态之中。"权力导致腐败,绝对的权力导致绝对的腐败"。为了达到控制和制约政治权力的目的,必须以权力来制约权力,也就是将政治权力分成不同的部分,使其形成相互制约的关系,任何一种政治权力都有可能受到其他政治权力的审查,并有可能被其他政治权力控制。通过这种权力之间的相互制约,公民权利就可以获得充分的保障,就不容易受到来自政治权力的侵犯。②

## 二、实证法学的政治权力观

实证法学基本上可以区分为逻辑实证法学与社会实证法学两大流派。逻辑实证法学也被称为法律实证主义,采用价值中立的论证方法,意图将法律的基础完全建立在可观察的社会事实之上,不包含任何价值上的判断。法律实证主义对于政治权力的看法相对简单,一般从社会功能的角度探讨政治权力对于社会治理的必要性。哈特认为,在只有私法规则的自治型社会中,在缺乏公法治理的情况下,社会治理会出现三个难以解决的问题。首先,法律的发展具有滞后性,适应不了社会发展的需要。这就需要立法机构及立法规则。其次,法律缺乏强制性压力而存在道德风险。这就需要执法机构及执法规则。

---

① 参见[英]洛克著:《政府论》(下篇),叶启芳、瞿菊农译,商务印书馆 2008 年版。
② 参见[法]孟得斯鸠著:《论法的精神》,张雁深译,商务印书馆 1995 年版。

最后,法律缺乏统一的解释而导致法律难以适用。这就需要司法机构及司法规则。从社会治理的功能来说,一个社会的稳定与和谐,必须拥有这三种政治权力的机构。对于三种机构政治权力来源及其正当性问题,以及三大机构之间的其他关系,则不是法学研究的问题,而属于社会学或政治学研究的问题。① 由此可见,法律实证主义的政治权力观是消解了政治权力的问题,虽解释了政治权力的必要性,却缺乏足够的实用性,难以产生指导社会治理实践的效果。

马克思主义人政治权力观是社会实证法学的经典代表,不仅在理论上具有科学性,对整个世界的政治法律实践也产生了重要的影响。马克思历史唯物主义的一个核心观点是,家庭与私有制不是从来就有的,是人类社会在社会分工的基础上发展到一定阶段的产物。由于私有制的出现,以生产资料占有为基础的社会分层出现了,占有生产资料的统治阶级为了维护占有的稳定性而建立了国家、军队和警察等暴力工具,公法就是这些暴力工具的规范形式,它充当了统治阶级压迫和剥削被统治阶级的功能。因此,公法就是统治阶级与被统治阶级之间阶级斗争的产物,公法具有明显的压迫性与强制性。为保证压迫与剥削的稳定性,统治阶级借用一系列神圣的观念来掩盖公法治理阶级斗争的本质。在人类社会的历史上,统治阶级首先借用的意识形态就是宗教,通过对人们信仰的控制,宣扬"君权神授"的观念,来保证被统治阶级对公法治理的服从。恩格斯指出,"事情很清楚,自发的宗教,如黑人对偶像的膜拜或雅利安人共有的原始宗教,在它产生的时候,并没有欺骗的成分,但在以后的发展中,很快地免不了有僧侣们的欺诈。至于人为的宗教,虽然充满着虔诚的狂热,但在其创立的时候便少不了欺骗和伪造历史,而基督教,正如鲍威尔在批判新约时所提出的,也一开始就在这方面表现出了可观的成绩。"②这段话,一方面区分了自发的宗教与人为的宗教,使人们对宗教的类别有了进一步的认识;另一方面明确告诉人们,除了早期自发的宗教之外,任何宗教都具有欺骗性,特别是人为的宗教,欺骗性是其主要特点。到了资本主义社会,统治阶级开始宣扬公民自由与自然权利的观念,为资本主义的经济自由提供理

① 参见哈特著:《法律的概念》,张文显译,中国大百科全书出版社1995年版。
② 《马克思恩格斯全集》第19卷,人民出版社1976年版,第327—328页。

论依据,为资产阶级反抗封建阶级提供思想武器。在资产阶级走上历史舞台掌握政权之后,作为资本主义国家公法治理基础的公民权利观念就以一种极其隐蔽的方式掩盖资产阶级与无产阶级之间阶级斗争的实质。资本主义国家实施代议制民主和有限政府等公法制度,看起来是为了维护"主权在民"和"公民自由"等神圣的自然权利,而实际上由于议会操纵在资产阶级手中,议会通过的法律虽具有"民主"之名,但却无"民主"之实,法律控制下的政府看起来确实维护了"公民权利",实际上维护的是有产阶级的消极自由,对于无产者来说,这种消极自由毫无意义,无产者需要的是生存与发展的积极自由。马克思主义承认资本主义制度在一定历史阶段的合理性,它能够促进社会生产力的极大提高。但是,当社会生产力水平发展到一定程度时,私有制与社会化大生产之间的矛盾必然会导致资本主义制度的灭亡。人类社会的最终形态是社会生产力水平极高,以公有制为基础的共产主义社会。在共产主义社会中,由于消灭了财产私有制,也就消灭了阶级之间的差异,作为阶级斗争工具的公法也会失去其作用而归于消灭,社会共同体能够依凭社会成员极高的道德水平实现社会的公共治理。

马克思主义深刻批判了资本主义公法制度的核心精神——"公民自由"与"自然权利",指出美好的"公民自由"与"自然权利",在资本主义的公法制度下,极有可能演化为有产者阶层专享的自由与权利。马克思主义对无产阶级革命实践产生了重要的影响,在马克思主义理论的指导下,无产阶级与资产阶级进行了旷日持久的斗争,以改善无产者生活条件为主要目的的福利国家的出现,在很大程度上要归功于此。如果说古典理论家或罗尔斯的理论具有先验和理想的气质,那么马克思主义则更多地从经验和现实的层面来看待公法的基础。马克思主义揭示了"自然权利"和"公民自由"理念的非现实性和虚假性,认为阶级斗争才是公法的本质属性。马克思主义并不否认公法维护社会秩序的社会功能,只是在阶级社会中,公法阶级斗争的属性是本质性和主导性的,维护社会秩序的属性则是附属性的。对于消灭了阶级的共产主义社会,在满足了物质极其丰富和道德水平极高的条件后,公法维护社会秩序的功能也会消失,公法将失去其存在的基础。对于还未达到共产主义社会所需要条件的社会主义初级阶段,公法维护社会秩序的功能还是必要的。由于受制于当时的社会历史条件,马克思主义对公法治理如何维护社会主义初级阶段的社会秩序,以及采取何种方式来维护这种社会秩序等问题只有一些简单地论证。马克思认为,"把行政、司法和国家教育方面的一切职位交给普选出的人担任",同时人民有权随时撤换这些代表;"为了防止国家和国家机关由社会公仆变成社会主人",必须彻底清除"国家等级制,以随时可以署名的勤务员来代替骑在人民头上作威作福的老爷们,以真正的负责制来代替虚伪的负责制。"①马克思仅仅提出了防止公法治理演变成对人民进行暴力统治的一些具体措施,对公法治理应当按照何种目的或标准来实施则没有进行详细的论证。

### 三、政治权力理论之批判

自然法学政治权力观一般认为,公民权利是一种神圣的自然权利,政治权力源自于公民权利。公民权利的"自然权利"属性,决定了除公民通过"社会契约"让渡权利之外,任何公法治理不能随意处分公民权利。由于政治权力源自于公民权利,来自于公民的授权,因此政治权力是受限制的,除非获得公民明确的授权,否则政府就不享有相应的政治权力。但是,由于政治权力具有强制性,天然就具有滥用的趋势或可能性,公民的自然权利在让渡出来组建政府之后,极有可能遭到政治权力的侵犯而无法获得保障。为此,必须要实行分权制,将政治权力分割成不同的部分,以形成相互制约的关系,以此保障公民权利不受侵犯。

自然法学政治权力观最诱人之处在于,将公民权利视为一种天赋的自然权利,在道德上天然优于政治权力,政治权力必然从属于公民权利。这种理论为政治权力的社会治理提供了一个美好的图景,如果能够获得人们的信服,其治理社会的效果可能会非常好。但是,自然法学政治权力观却混淆了一个至关重要的概念。康德认为,权利可以区分为主观性权利和客观性权利两类。主观性权利属于"应然"的范畴,是人们主观上认为应当享有的权利,具有理想的性质,或者纯粹属于价值的范畴。这一类权利一般是人们根据一些先验的道德原则,以符合逻辑的方式推论而来的,不考虑社会结构的制约性影响;客观性权利属于"实然"的范畴,是人们在社会生活中实际所享有的权利,是基于社会现实的权利。这一类权利一般考虑社会结构性因素对于人们所可能

---

① 《马克思恩格斯全集》第 19 卷,人民出版社 1976 年版,第 96 页。

享有权利的制约性影响,将人们实际上能够做到的行为视为人们的权利,而不将人们想象中能够做到的行为视为人们的权利。如果使用另一种表达方式,那么权利本身可以区分为规范和事实两种情况,规范性权利规定人们应当享有的权利,事实性权利决定人们实际上享有的权利。自然法学政治权力观实际上是一种规范性的权力观,将理想中的或处于"应然"状态中的政治权力当做社会治理实际需要的政治权力。这是一种教条主义的社会治理态度,提出这种观点的自然法论者一般都隐藏了他们所处的特定社会历史条件,将公民的自然权利视为不受社会结构性因素限制的绝对真理。事实上,西方社会很多国家之所以能够根据自然法学政治权力观进行社会治理,很大程度上是由西方社会特有的社会历史条件决定的,比如拥有良好的宗教信仰、市场经济体制的经济基础以及倡导个人独立精神的人生态度,等等。如果将自然法学的政治权力观视为放之四海皆准的真理,实施这种政治权力观的国家如果不考虑该社会特定社会历史条件的制约性影响,那么可能会给这个国家带来灾难性的影响。

实证法学的政治权力观是一种客观性的权力观。一般从社会事实中提取某些因素作为政治权力的决定性因素,并以此建构政治权力的法学理论。马克思主义抓住了社会事实中"经济基础"这一核心要素,提出了政治权力源自于经济上强权的观点;马克斯·韦伯从民族社会的"民族精神"中找到了政治权力的基础;当代法律实证主义者则从社会功能的角度,站在逻辑实证主义的立场上,提出了政治权力服务于社会治理的结论。相对于自然法学的政治权力观,实证法学的政治权力观虽然很现实,不那么可爱,也没有多少吸引力,但是其结论的可信程度却很高,至少它从某些社会事实层面反映了政治权力实际运行的规律。但是,实证法学还是存在两个方面的问题。首先,这种理论过于注重理论体系的逻辑完满性,以至于存在以偏概全的情况。社会事实本身是复杂多变的,可以从多个不同视角进行解读,实证法学以特定社会事实作为政治权力的理论基础,往往是以论者们的"偏见"为前提。比如,在一条河流上有一座桥梁,绝大多数人都认为是河流在流动,而桥梁是不动的,然而这只是人们习惯上的解读视角而已,如果换另一种视角,将河流视为不动的,而将桥梁视为是移动的,在理论上也是完全可能的。实证法学采取其所认定的某些特定社会事实作为政治权力的理论基础,忽视其他社会事实作为理论基础的可能性,也否认对这些社会事实进行其他解读的可能性,这是一种绝对化的思维方式,忽视了存在其他解读方式的可能性。其次,这种理论以价值无涉的方法论为指导,不将政治权力的运行视为实践性问题,缺乏对特定国家政治权力改善的价值考量。实证法学大多采取科学化的立场,意图发现并解释政治权力来源及运行的一般规律,不注重政治权力运行的实践问题,也不注重政治权力运行的价值考量。这种理论立场问题在于,可能会忽视社会制度参与者的主观能动性,忽视他们改善社会治理状况的良好愿望,以及这种愿望对于人的行为的促进作用。

## 第三节　作为政治制度精神的公共服务

自然法学和实证法学对政治制度精神的阐释,或偏向于规范层面,或偏向于事实层面,基本否认规范与事实相结合的可能性。本书所倡导的公共服务理念,主张规范与事实、理念与实践有机结合,可以很好地弥补自然法学和实证法学对政治制度精神解释的缺陷。本节将探讨公共服务理念作为政治制度精神的可能性和可行性,并通过对公民权利与政治权力具体制度的解释,来证明公共服务理念作为政治制度精神的合理性。

### 一、公民权利与政治权力的公共服务论

#### (一)公民权利的公共服务论

相对于自然法学的公民权利观,公共服务论拥有更好的实践性,可以很好地弥补自然法学公民权利观在实践层面的缺陷,并能够保留自然法学公民权利观在价值层面上的吸引力。公共服务论承认,公法治理介入的正当性在于社会成员自治的不便或无能,这一点与自然法学公民权利观保持了一致。但是,公共服务论优势在于,并不需要假设"自然权利"的存在,也无需借用"无知之幕"的论证方式。公共服务论认为,公民最大范围的均等自由必然受制于社会结构和特定历史阶段公民的接受程度,最大范围的自由不是个人最大范围自由的简单累加,而是社会整体最大范围的自由(社会是结构性的,一部分人的自由可能需要借助于其他人的其他自由才能实现,这些自由的最大范围是不能通过简单的算术加法确定的,而只能通过几何算法来确定);均等也

是相对的,只有当两个人的自由类型一致时,均等自由的比较才有意义。如果一个人的自由需要借助于其他人的其他自由才能实现,那么这两类不同的自由就不能被要求是均等的。公共服务论借用了帕累托最优的范畴,一般认为,如果社会整体自由在能够得到改进的同时而不损害任一部分人的自由,那么公法治理还未达到最佳状态,直到社会整体自由的改进必然以损害任一部分人的自由为代价为止。公共服务与自然法学的公民权利论在这一点上存在较大的区别。在个人主义方法论的支配下,自然法学公民权利观并不能为最大范围的均等自由提供一个可以在公法实践中进行判断的可操作标准——世界上并不存在这样一个普适性的标准。但是,公共服务论却承认社会结构和公民的接受程度对最大范围均等自由的现实限制性,强调从一个国家特定的社会历史条件出发来考量社会整体的最大范围的均等自由。这种观念具有很强的可操作性,因为只要判断社会整体自由的改进是否必然以降低任一部分人的自由为代价,就可以断定公民权利的公法治理是否已经达到最佳。

相对于历史和社会法学的公民权利观而言,公共服务论拥有更好的价值考量方面的优势。历史和社会法学公共权利观以某些特定的历史或社会事实作为公民权利范围及正当性的基础,拥有较好的实践性基础,也更符合公民权利的现实状况。但是,历史和社会法学的公民权利观却将"存在的"视为"合理的",否认人类社会对于公民权利状况改善的可能性,看似价值无涉,实质上包含了维护既存社会公民权利状况的价值判断。公共服务论认为,公民权利并非源自于先验的价值观念,或是缺乏历史事实支持的社会契约,而是在社会发展过程中,从自治型社会向政治型社会缓慢演变的过程中,伴随着人类社会努力改善自身权利状况的主观努力而逐渐生发形成的,它与每一个民族国家的特定社会历史条件相关。在这一点上,公共服务论与历史或社会法学等实证主义的公民权利观相类似。但是,公共服务论并不否认人类社会的主观努力,即不断改善公民权利状况的主观努力对于现存之公民权利状况的决定性影响,即使这种主观努力可能会受到诸多历史或社会事实的制约。也就是说,公共服务论具有明显的价值取向,具有实践性的特点,也具有理想性的特点。理想性体现在,一个国家的公法治理应当努力改善公民的权利状况,只要这种改善能够增进社会整体的权利状况,同时又不会损害任一部分社会群体的权利状况,那么公法治理的这种改善就不仅是正当的,而且也是必须的;实践性体现在,每一个民族国家所面临的自然与社会环境或社会历史条件存在较大的差异,公法治理对公民权利的改善必然要受制于这些前提的限制或制约,公法治理只可能在不断试错的过程中,提出改善公民权利的方案,并在治理实践中检验,才能够发现适合于特定民族国家的最佳治理方案。不仅如此,此处所言的"最好",也仅仅具有暂时的性质,当社会历史条件发生变化时,为实现更佳的公民权利状况,公法治理也应当随之调整。

### (二)政治权力的公共服务论

政治权力的公共服务论融合了事实与规范两个层面的政治权力理论,既保留了实证法学基于社会事实建构政治权力观的合理成分,也具有自然法学良好的价值取向基础,同时还注重社会治理实践,对现实的社会治理有较好的指导意义。

首先,公共服务论坚持了自然法学政治权力从属于公民权利的观点,但是却采取了一种实践性的、非形而上的理论态度。公共服务论认为,自治状态的原初社会先于公法治理的政治社会而存在,这是历史事实,并非理论上的构想。依赖于私法自治的原初社会,由于面临着生存压力、来自于其他社会的资源竞争以及自治性法律的缺陷等原因,必然存在着一些无法通过自治解决的问题,这些问题的存在危及着社会存亡与种族延续。只有通过公法治理的介入,才能解决这些问题,才能弥补自治的不足与缺陷。公法治理有效性的关键在于,赋予公法治理机构以社会治理的公共权力(或政治权力)。从这个意义来说,公共服务论与自然法学政治权力观保持了一致性,即政治权力服务于公民权利。但是,对政治权力如何服务于公民权利,两者却存在本质的区别。自然法学政治权力观是一种形而上学的观点,认为处于原初社会中的人们通过社会契约的方式,组建政府并授予政府相应的政治权力,而公民们则放弃部分自然权利。社会契约论是不真实的,在历史上找不到相应的证据证明,如果从现有的观念来推论,社会全体成员能够达成社会契约的可能性也非常小。虽然罗尔斯也承认,社会契约观念在历史上可能是不真实的,但是他认为,这并非探讨政治权力正当性问题的关键——在一个假设的情境下,通过对人类理性的认识,也可以合乎逻辑地得出政治权力服务于公民权利的结论,以及政治权力服务于公民权利的具体方式。自然法学的政治权力观明显是非实证的,很容易为既存的社会历史事实所证伪。古典自然法论者所坚持的政治权力权限与治理方式与现代自然法学论者的明显区别,也说明了这一点。公共服务论则认为,政治权力的形成与治理方式等问题,并非是一蹴而就的事情,它是在长期的社会治理实践过程中产生并发展而来的,与特定社会的自然与社会条件存在着复杂的互动关系,我们并不能从中得出一种具有普适性的政治权力治理模式,只可能发现适应于特定社会的具体治理模式。相对于自然法学政治权力观,公共服务论具有明显的实践优势,它并不采取教条主义的态度来对待政治权力的社会治理活动,而是强调应当从社会结构性或事实性因素出发来探讨政治权力最好地服务于公民权利的方式,并以一种实践性的或试错性的态度来对待政治权力社会治理的改进问题,既保留了自然法学政治权力观在价值上的吸引力,又能够以符合社会现实要求的方式来对待政治权力的社会治理方式问题,从而可以维护政治权力治理社会的有效性。

其次,公共服务论坚持了实证法学从社会结构性因素或社会事实的角度来探讨政治权力的特点,但是却融合了一定程度的价值判断,否认"事实即合理"的理论取向。公共服务论承认,实证法学从社会结构性因素或社会事实的角度探讨政治权力的合理性,但是却不认可实证法学"决定论"的方法论态度,即不认可将某些社会结构性因素或社会事实作为政治权力必然如此的决定因素,否认政治权力社会治理改善可能性的观点。实证法学一般采取价值无涉的立场,将研究者作为政治权力运行的外在观察者,概括政治权力运行的一般规律,忽视政治权力实践者对待这一点的内在态度。这样造成的直接后果是,政治权力的实践者被视为某些社会结构性因素或社会事实决定下的"机械反应者",按照研究者们所发现的规律实践政治权力,进行社会治理。这种理论态度是非实践性的,也忽视了作为政治权力运行内在体验者改善政治权力运行状况的主观能动性,以及由此可能带来的政治权力运行状况的变化。公共服务论首先承认,社会结构性因素或社会事实对于政治权力社会治理的制约性影响,但是并不将这种制约性影响当做一种人类无法通过努力予以改变的必然规律,而是承认,人类社会可以通过设定价值目标,并在实践中不断地试错来找到最佳的政治权力治理模式。公共服务论认为,如果一种政治权力的运行能够不断地改善公民权利状况,而又不以损害任一部分公民权利状况为代价,那么政治权力社会治理还有改善的余地,直到此种改善必然以损害任一部分公民权利或整体上的公民权利为止。这种理论态度是实践性的,并不承认在世界上存在具有普遍适用性的政治权力运行模式,只存在最适合于特定社会、特定历史条件的政治权力运行模式;发现这种最佳模式的过程也是实践性的,并不能从先验或经验的某些因素中逻辑地推出,只有经过不断的建构、实践和检验,才能找到;已经发现的模式也不是永远正确和永远处于最佳状态,社会的发展以及其他不可预料状况的出现都有可能打破既有的最佳状态,这就需要人们时刻保持着不断改进政治权力运行状况的实践性态度,而非僵化地死守已经不适应社会发展需要的陈规。

**二、具体公民权利与政治权力制度的公共服务解释**

我们将沿着上面讨论的内容,对公共服务论在政治制度中的具体运用进行讨论,以期更为深入地阐述公共服务论的内涵。仍旧沿用上文的区分,将公共服务解释区分为公民权利和政治权力两个方面。

**(一)具体公民权利的公共服务解释**

公民权利涵盖的范围非常宽泛,生命权、自由权以及财产权是公民权利中最具代表性的权利。自由与财产是公民实现自我解放的基础,而生命是公民能够享有一切其他权利的前提。

1.生命权

生命权是自然法学所认定的最重要的自然权利之一。洛克认为,生命权是天赋的自然权利,每一个公民都天然的享有。公民达成"社会契约"组建政府的首要目的,就在于保护公民生命权的安全,免受来自于社会其他成员或其他国家公民的危害。洛克认为,在公民达成社会契约时,他们承诺交出的自然权利中,不包含生命权,也就是说,公民绝对不会把自然赋予的生命权交出,政府无权力决定人的生死。如果是这样,公民达成社会契约的目的——保护公民的生命权——就可能无法实现。自然法学的公民权利观可以合乎逻辑地推出以下一些公法制度:首先,政府应当建立保护公民生命安全的警察和军队,以对抗其他国家可能的军事侵略以及维护国内的社会治安;其次,政府在维护国内社会治安时,不能以公法治理的方式剥夺公民的生命权(比如判处并执行死刑)。在社会契约中,公民们并没有将生命权交出,因而政府并没有获得授权去剥夺公民的生命权;最后,禁止政府以残酷的手段虐待公民。对于危害社会治安的公民,政府必须尊重公民的生命权,不能剥夺他们的生命权,也不能以残酷的方式虐待他们。在社会契约中,只有公民的人身自由可以被合法限制,政府不享有剥夺公民生命权或残酷虐待公民的权力。

自然法学公民权利观支持的生命权观念对世界各国的公法制度产生了重要的影响,《世界人权宣言》和《公民权利与政治权利国际公约》等国际人权公约的许多条款都体现了这种理念,比如《世界人权宣言》的第一条和第二条:

第一条  人人生而自由,在尊严和权利上一律平等。他们赋有良心和理性,并应以兄弟关系的精神对待。

第二条  人人有资格享有本宣言所载的一切权利和自由,不分种族、肤色、性别、语言、宗教、政治或其他见解、国籍或社会出身、财产、出生或其他身份等任何区别。

并不得因一人所属的国家或领土的政治的、行政的或国际的地位之不同而有所区别,无论该领土是独立领土、托管领土、非自治领土或者处于其他主权受限制的情况之下。

在《公民权利与政治权利国际公约》第六条和第七条中,要求各缔约国慎重对待死刑等剥夺公民生命权的刑罚方式,明确反对各缔约国有虐待其公民的权利:

第六条  一、人人有固有的生命权。这个权利应受法律保护。不得任意剥夺任何人的生命。

二、在未废除死刑的国家,判处死刑只能是作为对最严重罪行的惩罚……

四、任何被判处死刑的人应有权要求赦免或减刑。对一切判处死刑的案件均得给予大赦、特赦或减刑。

五、对十八岁以下的人所犯的罪,不得判处死刑;对孕妇不得执行死刑。

第七条  任何人均不得加以酷刑或施以残忍的、不人道的或侮辱性的待遇或刑罚。

以"人人有固有的生命权"作为理由,要求世界各国废除死刑,或不得施加酷刑、残忍的、不人道的或侮辱性的刑罚,无疑在道德上非常有吸引力,但是这一要求却忽略了公法治理的现实性与实践性。在原初社会中,"人人有固有的生命权",可能仅仅流于空谈。在原初社会中,由于缺乏政府保障,每个人的生命都有可能遭到其他人的侵犯或虐待,每一个人的生命都可能无法得到确定的保障。在人们的生命无法获得充分确定的保障时,从价值上谈论人人有固有的生命权就显得极其苍白无力。人类由自治的原初社会进入到公法治理的政治社会,并非基于道德上要保障"人人有固有的生命权"的观念,而是基于政府的公法治理能够在事实上更好地保障每一个人的生命不受侵犯,也就是说,通过政府的公法治理,政治社会相对于自治的原初社会而言,能够在事实上更好地保障每一个社会成员的生命,而非每一个社会成员都享有天赋的生命权。既然公法治理是出于更好保障社会成员生命不受侵犯或虐待的社会需要,那么公法治理明显地受制于特定的社会历史条件,不可能存在全世界普遍适用的统一的公法治理模式——这种模式能够最大程度的保障每一特定社会中人们的生命不受侵犯或虐待;只可能存在适应于特定社会特定时期的最好的公法治理模式——这种模式能够在特定的社会历史条件下实现社会成员生命权的最优保障。因此,公共服务论认为,世界各国在公法治理过程中,对待死刑的态度应当结合各国的国情,以可以持续改进社会成员生命权保障水平的实践性态度来对待死刑问题,如果能够在整体上提高全社会生命权保障的水平,同时又能够降低死刑的数量或残酷程度,那么公法治理就是可以继续改进的。一个国家不可能仅仅依据道德上的原则,即"人人固有生命权",就可以在公法治理过程中放弃死刑,如果这样做,那么可能的结局是,所有社会成员的生命保障水平都可能显著下降,这显然是人们所不愿意看到的。

2.自由权

在自然法学的观念中,一般认为,自由权是免于受到强制的消极性权利,而非实现自我的积极性权利。在这个意义上,自然法学所支持的自由权大致包括,公民的良心、思想和信仰免受强制的权利、公民表达意见免受强制的权利或公民人身自由免受强制的权利等。根据自然法学的观点,这些自由权利是自然所赋予的,处于原初社会中的人们固有的权利,当人们达成社会契约组建政府或国家时,人们只交出了部分的自由权,这些自由权局限于这样一种范围,即"自由只是因为自由的缘故"才应当受到限制。也就是说,当人们在行使自由权时,公法治理不仅不应当干预,而且还应当保障人们享有这种权利。公法治理可强制干预的情况,局限于人们行使自由权侵犯了其他人的自由权的情况。公法治理一般不能主动介入到人们自由的行动中,只有在人们自由的行动相互间发生冲突时,公法治理才有介入的正当性,否则公法治理就应当放任人们自由行动。其次,当公法治理介入到人们自由行动时,公法治理对人们自由的强制或限制应当尽量减少,只要公法治理对人们自由的强制或限制能够保证人们相互间行动自由不相互冲突,公法治理对人们自由的强制或限制才存在改进的余地,只到这种改进必然会引发人们行动自由发生冲突为止。

实际上,免于受到强制的消极权利,以及"自由只能因为自由才能受到限制"的观念,是一种抽象意义上的自由权,是以抽象的人性假设为前提推论出来的自由权,缺乏社会事实或实践的基础。在政治社会出现之前,处于原初社会中的人们根本不可能享有真正的消极自由权。每一个社会成员都面临着生存竞争的压力,在资源有限的情况下,社会成员有满足生存需要的共同要求,社会成员间必然会出现相互合作或冲突的情况。在相互合作的条件下,每一个社会成员都必须分担相应的社会职能,承担一定的社会责任,才能保证整个社会竞争力,任何一种社会职能的缺失,都有可能导致整个社会灭亡。即使在原初社会中,每一社会成员实际上都处于与其他社会成员相互结成的网络关系中,任何想仅仅依赖于自己的力量就能够满足自己需要的个人主义观念都是不合实际的幻想,没有人能够脱离社会结构的限制而享有完全"免于强制的自由"。只有与其他社会成员合作,相互间保持行为认同,借助于其他社会成员的配合,每一个社会成员才能够最大程度的实现不受"强制的自由"。因此,公共服务论认为,公民所享有的自由权,不是一种抽象的个人权利,而是基于社会合作与冲突基础上所能够实际享有的社会权利。在没有公法治理的原初社会中,每一个社会成员仅在理论上享有不受任何强制的自由权,由于缺乏公法治理的保障,每一个社会成员在事实上是无法享有不受强制的自由权。公法治理的介入,必定能够在事实上提高人们在原初社会中所享有的不受强制的自由权,否则公法治理就缺乏治理的正当性。但是,通过公法治理提高人们事实上不受强制的自由权,恰恰又是以限制人们部分自由权利的方式实现的,这两者存在此消彼长的辩证关系——公法治理限制人们部分的自由权利,可能从整体上增加了人们的不受干预的自由权。我们认为,只要能够从整体上增进人们不受干预的自由权利,而同时增进的自由权利又足以抵消公法治理对于人们自由权利的限制,那么公法治理还存在可以改进的空间,直到增进的自由权利与限制的自由权利达到平衡为止。平衡的达成是一个动态的过程,在不同的社会历史条件下,不同民族或国家的公法治理所维护的平衡状态是不同的。不仅如此,平衡状态并非处于永恒稳定的状态,随着社会的发展,平衡状态有可能被打破,要再次实现平衡将一个非常复杂的社会实践过程。

3.财产权

在自然法学公民权利观中,私有财产权也是一种天赋自然权利,即使在原初社会中,也存在这种权利。有些自然法论者从动植物的生长状态中找到了依据。他们认为,动植物在生长的过程中,都需要占有一定的空间,以获得阳光和营养,动物一般都有很强的领地意识,以维护自己的生存安全。处于原初状态中的人类,与动植物,尤其是动物有很大的相似性,人类天生就有领地意识,想占有一定的空间和生活资料,以满足生存发展的需要。这种观念可能构成了私有财产权思想来源,也可能是政治社会中私有财产制的理论来源。

将私有财产权视为人类的一种自然权利,认为私有财产神圣不可侵犯的自然法观念,遭到了许多理论家的批判。卢梭认为,将私有财产权视为一项自然权利是没有道理的,私有财产权并非是人类的一项天赋权利。人类社会自有了私有制之后,才出现了与私有财产有关的犯罪或其他罪恶之事。尽管没有私有制,人类社会就不可能充分利用人类自利的动机来发展社会生产,创造更多的社会财富,创造人类的其他文明。也许在未来的某一天,人类社会将会实现公有制取代私有制,所有的财产归社会全体共享,同时又能够保证每一个社会成员拥有创造社会财富的动力。① 除卢梭之外,还有许多空想社会主义者,从私有制给社会所带来的罪恶方面,对私有制进行了全面的道德批判。他们倡导,在一个假想的、中等适度大小而又资源丰富的国家里,能够实行公有制,实现人人平等的美好社会。

公共服务论认为,在人类社会处于原初状态时,人类也许拥有自然法论者所宣称的私有财产权,但是这种权利在事实上是不受保障的,就如同动物的领地随时都有可能遭到其他动物的侵占一般。在原初社会中,每一个社会成员都需要一定的空间和生活资料来维持生存,但一个社会成员对这些外在物质占有的事实,并不能说明他们有占有的自然权利。在原初社会中,弱肉强食是标准法则,谁拥有更强的事实性权力,谁就可能拥有更多的物质财富,但是只

① 参见卢梭著:《论人与人之间不平等的起因和基础》,李平沤译,商务印书馆2007年版。

要事实性权力消失,物质财富就会流动到其他人的手上。公法治理介入的目的,就是要保证每一个人在事实上能够稳定地占有外在的物质财富,而不是仅仅依据每一个社会成员所拥有的事实性权力来决定物质财富的归属。公法治理介入的结果,可以明显改善原初社会中财富状况,使得人们不再担心自己所创造的财富为其他人强夺,有利于维护人们基于自利动机创造财富的信心与欲望,可以从根本上改善人们对私有财产的享有状况。人们对私有财产的稳定占有反过来又可以进一步改善社会整体的财富水平。但是,并不能由此推出,私有财产是神圣不可侵犯的,私有财产制是永恒的社会制度。社会是发展的,随着社会分工越来越复杂,财产的私有状态也会逐渐具有社会化的倾向,维护私有财产的安全不仅是所有权人的责任,也是社会其他人的责任,因为参与私有财产运转与维护的人依赖于此而生活。随着社会化程度越来越高,财产公有制可能逐渐具有存在的正当性和合理性,只要财产公有制能够改善社会整体的财富状况,同时又不会损害社会成员个体现有的生存状况,那么公有制就有存在的空间。当然,这样一种过程,并不能够通过预先设定好方案实施,必须通过不断地社会实践,通过不断地试错,才能在实践中发现不同所有制对社会财富最佳改善的可能性,只要在实践的过程中,坚持不损害任何群体的生存状况,同时能够在整体上改善社会整体的财富水平,那么这种所有制方案就是合理的,就是可以接受的。

**(二)政治权力制度的公共服务解释**

政治权力制度主要包括政治权力配置制度和政治权力运行制度。我们认为,公共服务论可以完美解释政治权力配置与运行制度。

1.政治权力配置制度

"三权分立"是政治权力配置制度中最具影响力的一种制度,最早见于孟得斯鸠的论述。孟得斯鸠在考察英国的政治制度时提出,英国实行立法权与行政权分离的体制很好地保障了英国公民的权利。三权分立最早的实践者是美国。在全世界第一部分成文宪法——美国宪法中,将政治权力划分立法权、行政权和司法权,并设计了三种权力之间相互分立、相互制约的关系。随后有许多西方国家模仿了美国的宪政体制,也采用了三权分立的体制,只是在三种权力的具体关系安排上有所不同。孟得斯鸠认为,一个国家不能寄希望于公民权利制约政治权力,只有通过政治权力的相互制约,才能控制政治权力,使其不至于随意侵犯公民权利。在三种权力中,立法权一般采取代议制,由全民选举议员,议员代表民众在议会上发表意见,表决法律。从理论上来看,这是"人民主权"原则的体现,是公民权利先于并优于政治权力的制度表达;行政权由政府行使,政府的所有行为都必须经法律授权,否则就视为违法。政府首长一般由全民公选,政府内阁成员可能由政府首长提名,由议会表决通过。一般情况下,议会享有监督政府行政的权力,如果发现政府有违法行为,可以启动调查或质询程序,以制约政府行政权的行使;司法权一般由法院行使,法院可以通过司法程序否决政府行政行为的法律效力,最高法院或宪法法院还享有依据宪法宣布议会制定的法律违宪的权力。法院享有的司法权完全独立于议会和政府,但是法官的任免却受议会和政府首长的制约,等等。

自然法论者认为,这种制度设计,可以保证政治权力体现"人民主权"的基本原则,强化公民权利优于政治权力的价值属性,也可以使三种政治权力之间形成相互制约的关系,有效保护公民权利不受政治权力的侵犯。随着西方社会在全球的殖民过程,政治权力的这种制度配置方式也传播到世界各地,引起了许多非西方国家的效仿。然而,成功者并不多,取得成功的国家一般都存在,原有社会文化基础较弱的特征,比如澳大利亚、新西兰和加拿大等国家。而在有深厚社会文化基础或已经形成政治传统的国家,如印度、非洲一些国家以及南美的一些国家等,成功率的却不高。这说明一个国家的政治权力配置制度的有效性明显地受制于这个国家特定的社会历史条件或社会结构性因素,自然法论者一般将西方国家特有的社会历史条件作为其理论的当然前提,认为由此前提推论出的结论具有普遍适用性。西方国家之外的其他国家效仿失败的事实说明,自然法论者的观念是错误的。在西方国家内部,不同国家政治权力配置制度的差异也能够证明这一点。在美国的政治权力配置体制中,立法权并不享有绝对至上的权利,公民权利原则才有享有至上性,联邦最高法院可以依据这一原则否决议会所制定的法律。在英国实行的是"议会至上"的体制,议会所享有的立法权是最高的政治权力,法律来源于这种权力,立法权是不受法律限制,法院没有否决议会所制定法律的权力。在英国的政治权力配置体制中,还保留了君主的部分权力。在法国和德国,由于深受卢梭政治理论的影响,一般强调"人民主权"原则的至上性,强调"公意"在国家治理过程中的至上地位,议会制定的法律享有至上性,法院只有适用法律的权力,没有创造法律的权力。

这说明,即使在自然法学的发源地——西方国家,政治权力配置的制度也是经过复杂的社会实践,以不断试错的方式逐渐发展而来的,它并非源自于某个天才人物的设计,它是在长期的社会治理中,融合整个民族经验和智慧的结果。在这个过程中,人们首先坚持的,是公民权利优于政治权力的观点。只有在坚持了这一点的前提下,政治权力配置制度的改进才有积极的意义,否则就有可能堕落为部分阶层谋私利的暴力工具或手段,最终必定会被这个社会所抛弃。历史上出现的无数反抗战争就是最明确的证据。其次,人们必定是按照改善整个社会公民权利状况,而又同时不损害任一公民权利的价值观念,来设计或调整政治权力的配置制度。这是一个实践的过程,世界上并不存在具有普遍适用性的统一模式,不同国家必须结合该国的"国情"来探索最适合于该国的政治权力配置制度。不同国家公民权利保护状况的差异并不能证伪这一点,只能证明不同国家的社会历史条件存在差异,特定国家只能在这些条件的限制下提出最佳的政治权力配置方案,并努力实现公民权利的最佳保护状况。美国宪法在制定过程中,尽管以洛克和孟得斯鸠的观念作为直接的理论依据,实际上制宪过程中各种社会势力之间的博弈才是关键因素。比如参众两院人数的分配,以及表决事项的权力配置,总统的权力与职责等制度,都是经过长期的讨论,在征求社会各界意见的前提下才制定出来的。除此之外,还经过了各州议会的表决程序,最后才成为立国的宪法。美国社会在建国之初所进行社会治理并不顺畅,出现了"马伯里诉约翰逊"这样的政治权力争议,说明仅仅依据自然法的美好理念,不可能实现公民权利良好保护。只有经过不断的社会治理实践,并在社会治理实践过程中不断总结经验,才有可能发现最适合于一个国家的政治权力配置制度。

2.政治权力运行制度

在西方国家"三权分立"的体制中,每一种权力的运行也有相应的制度要求。就立法权而言,议员的选举一般采取直接选举制;表决法律或主要官员任免时,一般采用多数决定制,提出法律议案或主要官员任免方案的人,有义务到议会接受议员的质询与调查,议员的表决权是平等的,每一议员都可以发表自己的政见;相对而言,行政权的运行更受关注,受法律限制也多。一般情况下,行政权的运行遵循"法治"的原则,即只有在有法律授权的情况下,才能实施相应的社会治理,否则就只能任由社会自治,政府应当做到"法无明文授权不得为",对于公民而言,则是"法无明文禁止可以为"。政府作出的任何一项行为,如果有法律授权则可以为,如果没有法律授权,则政府必须提请议会表决,只有在议会表决通过并将政府的建议变成法律之后,政府才能有所作为。就司法权而言,一般要遵循"正当程序",诸如,未经审判不得剥夺公民的人身、自由与财产权利、不告不理、事实与法律审理分离、言词证据优先、诉讼当事人地位对等、公开审判和审判结果基于审判过程等程序。在英美法系国家,"正当程序"不仅适用于司法权,行政权的运行也须遵循,否则将可能导致行政行为被司法权否决的后果。

上述西方国家的政治权力运行制度的世界影响非常大,许多国际条约都采用了这些制度,比如《世界人权宣言》、《公民权利与政治权利国际公约》、《日内瓦公约》以及《罗马国际刑事法院规约》等。与政治权力配置制度相同,自然法论者坚持认为,政权权力运行制度是任何国家保障公民权利必不可少的。这种观点具有一定的合理性,公民权利确实容易遭到政治权力的侵犯,如果不加以严格限制,公民权利很可能会仅仅存在于宪法的文本之中。但是,也应当注意的是,公民权利不仅仅是一种规范性的主观权利,它也是一种客观性的权利,即一个国家公民实际能够享有的权利。客观性的公民权利,受制于法律的规定,也受制于社会事实性因素。法律的规定决定公民权利的特定范围,社会事实性因素决定公民实际能够享有的权利。对政治权力运行进行严格的限制,确实能够在一定程度上提高公民实际享有的权利状况,因为可以尽量避免政治权力对公民权利的侵害。但是,有可能侵害公民权利的不仅仅来自政治权力,也可能来自于公民间相互的侵害。不管是公共服务论,还是自然法学的政治权力观,都承认在原初社会中,公法治理介入的原因在于私法自治无法或无能力解决公民间相互侵犯权利的问题。在原初社会中,公民权利仅仅是一种主观上的权利,公民基本上不享有客观性权利——没有任何稳定的保障,随时都有可能遭到其他公民的侵犯。在一个注重政治权力运行限制的国家,公民权利源自于政治权力侵害的可能性比较低,源自于公民相互间侵犯的可能性却非常高。原因可能是,对于政治权力过于严格且僵化的法律限制,可能会限制政治权力维护社会安全和提供社会服务的能力,影响政治权力运行的效率,导致社会阶层分化明显,犯罪率居高不下。美国社会的权利状况就是一个明显的证据(见美国人权状况白皮书)。由此观之,自然法学支持的政治权力运行制度,具有形而上学的特征,以形式理性的态度对待政治权力的运行问题,不注重政权权力运行的实质合理性,这可能带来社会整体公民权利状况难以改善的问题。

公共服务论支持的政治权力运行制度,在价值上坚持公民权利先于政治权力,在方法论上坚持公民的客观权利先于主观权利,在社会治理层面上坚持从辩证的和实践性的视角来看待公民权利的保障,在具体制度层面上坚持形式合理性与实质合理性相结合的原则。公共服务论认为,持续改善公民的客观性权利是任何国家政治权力运行必须坚持的基本原则,任何政治权力运行制度都应当服从这一原则,无论是具有何种合理性的制度,只要能够持续改善社会整体的公民权利状况,同时又不损害任何部分公民的权利状况,那么这种政治权力运行制度就还具有改善的空间。对政治权力运行的限制并不是越严格越好,只要公民权利的状况在特定的社会历史条件下得到了持续的改善,而同时又没有损害任何公民的权利状况,那么这种政治权力运行的限制就是正确的,就存在可以持续改进的空间。世界上并不存在能够普遍适用于所有国家的政治权力运行制度——只要实施这种制度就能够保证公民的客观权利状况达到最佳。只有在注意一个国家特定社会历史条件的前提下,通过社会治理的持续实践,才能发现最适合于一个国家的政治权力运行制度。

# 第四章　经济制度与公共服务

本章的主要目的在于考证公共服务论的三大原则,尤其是第三原则在经济领域的正确性。经济领域的公法治理,可以从事实与规范两个层面来考虑。在事实层面,主要涉及公法治理经济领域的效率问题;在规范层面,主要涉及经济利益的分配问题。规范层面和事实层面的公法治理具有一定的相关性,比如坚持经济利益的平等分配,可能会影响经济运行的效率。对于效率问题,主要存在市场自由与政府管制两种观点,对于经济利益的分配问题,主要存在平等分配、功利主义和规范主义三种观点。下文将论证公共服务论适用于经济领域公法治理的可行性和优越性。

## 第一节　经济运行制度的考察与批判

经济运行制度的核心问题是效率,即何种制度才能使资源配置的效用达到最大化。古典经济自由主义者倡导放任自由的经济制度,凯恩斯主义倡导政府对经济运行的宏观调控,调整市场机制的盲目性,新经济自由主义者重新回到了古典经济自由主义的传统,但在方法论上有诸多创新。迄今为止,对于何种经济运行制度是最具效率的还未有定论。

### 一、古典经济自由主义

对于经济领域的效率问题,在 20 世纪 30 年代以前,大部分西方国家信奉的是亚当·斯密"看不见的手"的市场机制理论。斯密认为,"每一个人……既不打算促进公共利益,也不知道自己是在什么程度上促进哪种利益……他所盘算的也只有自己的利益。在这种场合下,像在其他许多场合一样,他受着一只看不见的手的指导,去尽力达到一个并非他本意想要达到的目的。也并不因为事非出于本意,就对社会有害。他追求自己的利益,往往使他能比在真正出于本意的情况下更有效的促进了社会的利益。"①"看不见的手"实际上就是指市场机制。在市场机制下,虽然每个人可能都只考虑自己的利益,并不在乎社会利益,但是通过个人利益之间的自由交换,不仅能够保证个人创造财富的持久而强烈的动力,而且必然会在事实上极大地促进社会利益的显著增加,允许经济上的个人自由是非常有效率的。斯密认为,公法的治理不应当涉及经济领域,而应当限制在政治领域,充当"守夜人"的角色,在经济领域的主要任务是维护经济领域的自治或者是公民的经济自由。概括而言,政府的职责主要包括:第一,提供国防服务,保护社会不受其他独立社会的侵犯;第二,提供社会治安服务,保护社会上的每个人不受其他人的侵犯;第三,提供必要的司法服务,以裁决人们之间的纷争。虽然在斯密之后,理论家们对政府职责的看法有所改变,但是对于市场竞争的有效性却从未怀疑。萨伊认为,政府的责任只在于为经济发展创造一个安定、安全、公平和有利的环境,为此政府需要:保护财产不受侵犯;建设和维护必要的公共工程;促进知识的传播或公共化;维护公平的市场竞争环境等。② 穆勒认为,政府的主要职责在于:保护公民人身和财产安全、制定规则限制垄断、铸造货币和规定度量标准、提供公共设施、主办教育、保护儿童和失去劳动能力的人等。③

斯密对于市场机制与资源配置效率关系的解释比较简单。在斯密看来,追求自身利益的个体在经济上是理性的,会根据市场价格的变化选择作出自利的行为,一般都会从事那些相对于别人具有优势的行为(李嘉图提出了绝对优势与比较优势的范畴),这不仅会使所有市场参与者都从自愿交易中获益,也会使利用既定资源生产出来的产品价值最大化。因此,公法治理如果放任社会成员在经济领域的自由,能够有效的促进社会利益的快速增长。斯密对于自由与竞争的论述是抽象和模糊的,"只是含糊和松散的陈述,而不是定

----

① [英]亚当·斯密著:《国民财富的性质与原因的研究》,郭大力、王亚男译,商务印书馆2008年版,第89页。

② [法]萨伊著:《政治经济学概论》,陈福生、陈振骅译,商务印书馆1997年版,第169页。

③ 参见[英]穆勒著:《政治经济学原理及其在社会哲学上的若干应用》(上卷),赵荣潜、桑炳彦、朱泱译,商务印书馆1991年版。

义明确的分析和小心地构造模型"①。马歇尔首次提出了经济自由与效率关系的理论模型,他使用边际成本与边际收益的均衡关系来解释自由竞争与经济资源配置效率的关系,使得市场机制与效率的关系获得了严格和精确的科学解释。在这个理论模型中,有几个重要的理论设定:第一,社会个体都会对价格作出合乎经济理性的反映,即需求弹性较大的商品对价格的反映比较敏感,需求弹性较小的商品对于价格反映不明显,人们对于商品的需求或供给表现为边际递减的趋势;第二,社会个体对于信息的掌握是充分的,即社会个体能够完全获悉市场走向的充分信息,以引导自己作出合于理性的判断。在这种前提下,消费者与生产者能够通过市场机制作用(自由与相互竞争),自动达到生产与消费的均衡,同时也就达到了市场配置经济资源的最优化。在这种情况下,任何形式公法治理的介入,都是在替代消费者或生产者作出经济上的决策,理性程度必然不如消费者或生产者自己作出的决策,因为只有"自己才是自己利益的最佳决策者"。不仅如此,公法治理的介入还会打破消费者与生产者通过自由竞争所形成的均衡关系,从而降低经济资源配置的效率。

客观地说,古典经济自由主义理论确实对资本主义社会的发展产生了重要的作用。但是,20世纪30年代席卷全世界的经济危机,使人们开始对自由竞争的市场机制产生怀疑,其结果是,诞生了著名的凯恩斯主义和福利经济学。人们开始相信市场不是万能,市场也存在失灵的情况,具体表现为:

第一,公共品供给不足。一般情况下,私人物品具有排他性与竞争性的特点。所谓排他性,就是拥有私人物品的产权人能够完全独自享用该物品,并能够有效地排除其他人对该物品的占有和使用;所谓竞争性,是指随着占有或使用某种物品的消费者增加,边际成本也随之增加,也就是说,在生产方面需要不断地追加资源投入才能满足增加的需求,随着消费的增加,会引起被消费的物品在质量与数量上的损耗。而公共品就是不具有或具有程度很低的排他性和竞争性的物品。私人物品的排他性保证了私人物品的产权清晰,而竞争性则保证了生产者或消费者会根据价格指数作出理性的决策。由于公共品不具有排他性与竞争性,生产者在提供公共品时可能无法排除"搭便车"的消费者而丧失相应的收益,因此在市场机制的作用下,没有生产者愿意提供公共

① J.Vickers,"Concepts of Competition",*Oxford Economic Papers*,v47,pp.1-23.

品——每一个生产者都是理性的经济人,不会提供不合乎自身利益的产品,从而导致公共品供给的严重不足。

第二,外部性效应。市场机制配置经济资源理论以个人主义方法论为基础,一般设定,个人之间的相互交易只会对市场价格产生影响,不会对其他人或社会产生影响。实际上,这一设定很容易被证伪。在市场中,个人之间的相互交易可能使其他与交易无关的人受益或受损,而受益的人不用为此支付成本,受损的人则无法获得补偿。前者为正外部效应,后者为负外部效应。因此可以说,生产者提供公共品的行为具有正外部效应,受益者众多,但为此支付成本者却少。市场中更多的是负外部效应,比如经济自由所带来的环境问题,等等。

第三,市场垄断。市场机制配置经济资源一般都假设,市场竞争是完全充分的,市场价格是完全自由竞争的外在表现,任何人都无法控制市场价格,生产要素和社会资源可以在不同行业间无成本的自由流动。这一假设与市场运行的实际情况不符。并非所有的市场交易都是完全竞争的,有些交易行为由于其自身的特点,不可能在市场中形成完全竞争的态势。经济资源也不可能无成本的自由流动。另外,市场信息也不是完全的,总是处于不充分和不对称的状态。这些因素的存在,将导致自由竞争的终结,形成市场垄断。

第四,市场中存在逆向选择和道德风险。市场机制配置经济资源的理论一般设定,与交易相关的所有信息是完全且充分的,消费者知道产品的质量与价格信息,生产者知道消费者的需求信息,可以很容易地形成产品的市场均衡价格。在现实的市场中,这种设定是不可能的。不仅消费者与生产者所获得的信息不可能是完全的,消费者与生产者之间的信息也是不对称的。信息处于优势的一方,可能会利用自己的信息优势,对处于劣势的一方进行欺诈,形成"劣币驱逐良币"的效应,降低市场运行效率和经济发展水平。[①] 信息不对称可能形成欺诈,一般包括两种情况,一是逆向选择,即一方市场主体由于无法观察到他方的重要信息,而按正常产品价格交易,最终导致市场中正常产品被劣质产品所淘汰,最后市场中只剩下劣质产品的情况;二是道德风险,是指

---

① 张维迎、柯荣住:《诉讼过程中的逆向选择及其解释——以契约纠纷的基层法院判决书为例的经验研究》,《中国社会科学》2002 年第 2 期。

在市场交易中,由于一方无法监督另一方的行为,另一方可能故意采取不谨慎或不道德的行为损害对方利益的行为。

第五,贫富严重不均。市场机制配置经济资源,必然会出现"马太效应"。"马太效应"是指在市场交易中,由于个人能力与机遇的差异,部分人可能在激烈的市场竞争中变得越来越贫穷,而部分人变得越来越富裕的现象。市场竞争越是自由,贫富悬殊就可能越大,马太效应也就越明显。"马太效应"被认为是市场机制必然的副产品,参与市场交易的主体,为避免坠入贫穷行列,可以依据此种信息来调整自己的市场行为,促进市场均衡价格的形成。也就是说,在市场机制下,个人的成功与失败,贫穷与富裕完全是由个人的能力与命运决定的,与社会体制无关,也与政府无关(因为政府只负责维护市场经济秩序和财产安全)。不仅如此,个人的失败与贫穷还被认为是一种有益的信息,可以帮助其他市场主体避免进入同样的境地,这正是市场机制运转的原理。

## 二、凯恩斯主义与福利经济学

20世纪30年代发生的世界性经济危机,使人们深刻认识到市场失灵的事实,以及市场失灵所带来的严重社会后果。这为凯恩斯主义的兴起提供了前提条件。在凯恩斯主义的支持下,美国实施了著名的"罗斯福新政"。凯恩斯主义主要关注经济总量供给与需求的平衡,认为市场只能解决市场微观主体之间供需求平衡,对市场总供需的不平衡状态无能为力。经济危机周期性发生的根本原因就在于市场的盲目性,市场无法自动实现总供需之间的平衡。凯恩斯认为,通过控制市场上流通的货币数量,可以调控市场的规模,在市场过热时通过货币与财政手段缩减通货数量,抑制经济泡沫的发生,在市场供需不足时,增加通货数量,刺激经济增长,最终达到稳定市场,避免经济危机周期性发生的目的。市场稳定和经济平稳增长与就业机会呈现出正相关关系,就业机会的增加,将同步增加消费者的消费能力,消费者消费能力的提高又可以促进生产的发展,促进市场规模进一步扩大。在政府的宏观调控下,市场增长与就业增长将呈现出良性循环状态。因此,根据凯恩斯主义,市场还是以社会成员自治为主,公法治理主要限于经济的宏观调控,政府在经济领域能够做的事情主要是,控制货币流通的数量与规模,促进经济总量供需的总体平衡,避免经济危机的发生。在微观经济领域,凯恩斯主义还是保留了古典经济学的基本观点,认为社会成员自治,即市场自由才是最有效率的经济资源配置手段。

凯恩斯主义主要针对宏观经济运行规律,不关注资源配置的正当性问题,也没有为市场的外部性、逆向选择与垄断等问题提供解决方案。福利经济学为此提供了部分解答。福利经济学认为,市场机制所不能解决的外部性、逆向选择与垄断等问题,为公法治理介入市场提供了正当性,政府有责任以最有效率的方式解决市场机制所不能解决的问题。马歇尔运用边际效用递减规律,首先阐明了公共品提供效率的标准。他认为,如果社会成员愿意牺牲私人产品的边际效用,与政府提供的公共品的边际成本能够达到平衡时,公共品提供效率就达到最佳了。也就是说,市场提供私人产品的效率是边际递减的,当市场规模扩张到一定的程度时,市场将变得无效率,这时就需要由政府来替代市场提供公共品,但是政府提供公共品是有成本的,此种成本也具有边际递减的性质,当政府提供公共品的边际成本与市场提供私人产品的边际成本达到均衡时,政府提供公共品的效率就达到了最优状态。① 意大利经济学家帕累托从另一个角度阐明了公共品提供的效率标准。他认为,当公共品提供的增加必然以损害私人产品提供的效率为代价时,公共品提供的效率就达到了最优状态,也就是说,如果当公共品提供增加,并没有损害私人产品的提供时,那么公共品提供的效率还没有达到最佳状态。

凯恩斯主义与福利经济学成长为 20 世纪主流的经济学理论,深刻地影响了世界各国经济治理方式。在这些理论的支持下,西方资本主义国家广泛运用反垄断法和反不正当竞争法等公法,治理市场的垄断和道德风险问题,运用货币与财政手段控制经济危机的发生,制定社会保障和公用事业法律,解决市场的外部性问题。应当说,这些理论与实践的发展,在一定程度上化解了马克思所预言的资本主义社会的根本矛盾,即社会化大生产与私有制之间的矛盾。马克思主义认为,资本主义社会的根本矛盾蕴涵在资本主义的经济制度之中,私有制强调社会成员自治,尽管是一种非常有效率的生产方式,但是,随着社会分工越来越细,经济发展水平越来越高,以私有制为基础的社会成员自治,

① 参见[英]马歇尔著:《经济学原理》,陈良璧译,商务印书馆 2010 年版。

将不能适应社会化大生产的需要,经济危机的发生是必然且不可避免的。只有消灭以私有制,实施公有制,以公法治理替代私法自治才能解决这一根本矛盾。凯恩斯主义和福利经济学在没有触动资本主义经济制度基础的前提下,提出了宏观调控等应对经济危机的解决方案,部分程度上消解了市场机制带来的负面问题,使资本主义国家的经济在经历了 20 世纪 30 年代的经济危机之后,又快速发展了近一百年,期间虽也曾发生过多次经济危机,但是强度与规模都降低了很多。

### 三、新经济自由主义

新经济自由主义强烈反对凯恩斯主义,在主要观点上回到了古典经济主义的立场上,反对公法治理大量介入经济领域。哈耶克是新经济自由主义的代表人物。他从知识学的角度,重新阐述了亚当·斯密的经济理论,反对政府介入经济领域。哈耶克认为,人类的知识可以分为规律性知识与个别性知识,人类所能掌握的只可能是规律性知识,不可能完全掌握个别性的知识,个别性知识只可能分散性地掌握在个人手中。在经济领域中,只有个人才真正知道自己的效用或需求是什么,只有个人才能以效用最大化的方式满足自己的需求。政府不可能掌握这些分散性知识,也没有能力治理这些领域,只有将这些领域交给市场,通过个人间的信息交流,在市场"看不见的手"的支配下,才能实现经济资源的最优配置。人们能够掌握市场运作的一般规律,即供需平衡的规律,但是知道这一点,并不意味着政府有能力可以操纵市场运行规律,因为政府无法完全掌握所有市场参与者的个体效用或需求。市场的外部性以及其他影响效率的因素,并不是市场机制的问题,市场正是通过这些负面性的因素,提醒市场参与者努力规避市场风险,使市场恢复到正常状态。如果政府不能容忍这些负面事情发生,采取强制手段进行干预,那么市场机制的提醒功能就不会再发挥作用,市场参与者将变得不再谨慎,参与市场的行为将不再理性,这会从根本上破坏市场自发的调节机制。如果政府试图调整已被政府破坏的市场机制,那么将会进入恶性循环,市场最终将完全依赖政府的公法治理,市场机制最终会消失,政府将完全取代市场。实践已经证明,完全由政府治理的经济是无效率的。原因在于,政府无法完全掌握分散性地掌握在个人手中的个别性知识,即个体的效用与需求,也会带来权力寻租和治理成本高昂的问题,这些因素会极大地削弱政府治理的效率——因为在大部分公法治理是多余的前提下,政府并不是生产性单位,对经济总量的生产无贡献,但是其治理活动却要消耗大量的经济资源。①

新制度经济学派创始人科斯从社会成本的角度,得出了与古典经济自由主义相同的结论。科斯认为,自由市场制度与政府治理经济的制度其实有共通点,古典经济自由主义设定的前提是虚假的。在古典经济自由主义理论中,一般都假定,社会成员完全掌握了充分的市场信息,获得信息是不需要消耗成本的,解决相互之间的争议也不需要消耗社会成本。科斯认为,这种设定是古典经济学理论的主要错误所在,在真实的市场中,信息不仅不可能是完全的,获得完全信息既是一件非常困难的事情,也是需要消耗大量成本的。社会成员之间发生争议之后,解决纷争也需要消耗大量的社会成本。社会成本的存在,在很大程度上将会抑制社会成员市场行为的理性程度,使市场机制配置经济资源的效率受到影响。但是,这并不意味着政府治理就是有效率的,政府有组织的公法治理,也面临着信息不完全和社会成本高昂的问题。决定经济领域治理效率的,是公法治理与社会自治在社会成本上的差别。只有公法治理消耗的社会成本低于社会自治的成本时,公法治理才可能是有效率的。在社会成本相同的情况下,相对于社会自治,公法治理也是无效率的——因为政府治理是非生产性的,社会自治却是生产性的,对经济总量的生产有贡献,而政府治理却是纯消耗性的。② 因此,科斯并不完全反对政府治理经济,他只是认为,在市场机制与政府的公法治理之间,应当要考虑社会成本的消耗,这才是决定经济领域治理效率的关键所在。

## 四、主流经济运行制度之批判

上述经济运行制度与效率关系的研究,都具有自然科学方法论的核心特征。首先,每种理论都设定一些公理性的原则,以此作为理论体系演绎的出发点。一般都设定,个人是经济理性的,每个人都会努力地去获取利益避免损

---

① 参见[英]哈耶克著:《法律、立法与自由》,邓正来译,中国大百科全书出版社 2000 年版。

② 参见[美]米德玛编:《科斯经济学:法与经济学和新制度经济学》,罗君丽等译,格致出版社 2010 年版。

失,不受情感或其他因素的影响。就如同植物具有趋光性、动物具有本能一样,无论它们周围的条件发生何种变化,它们的本性一定会表现出来,只是表现的方式不同而已。其次,为了推理的方便,一般都纯化或简化理论演绎的条件。古典经济自由主义一般设定,个人作出经济决策时所获得的信息是完全的,且交易各方所掌握的信息是对称的,除了对政府的道德水平表示怀疑之外,设定市场交易中的任何一方都具有同等程度的道德水平。不仅如此,任何主观效用都可以换算成以价格衡量的固定数目。因此,市场能够在个人相互竞争的情况下,自动实现有效率的资源配置,自动在市场价格的支配下达到供需平衡。凯恩斯主义和福利经济学一般假定,政府能够完全掌握社会总体经济运行的信息,以及公共品与私产品的边际替换率。新自由主义者哈耶克假定,政府没有能力掌握市场信息,市场信息分别性地由个人掌握,在充分竞争的市场上,由个人分别性掌握的信息可以在市场上以价格的形式完全且充分地表现出来。新制度经济学代表人物科斯假定,经济制度在运行过程中的交易费用或成本是可以预先获知的,经济运行制度的效率由此决定。最后,使理论体系普遍化,强行解释处于不同社会历史条件下的经济现象。理论家们在简化的条件下演绎出的理论,都有使理论体系化、普遍化的倾向,认为不同国家为达到经济运行的最佳效率,都应当尽量限制政府对经济的公法治理——因为政府掌握的信息不可能是完全的,政府滥用权力干预经济的道德风险相当高,政府治理经济领域缺乏竞争性的压力,许多决策都是非经济理性的,等等。

自然科学方法论运用于经济运行制度与效率关系的研究,存在一些逻辑上难以逾越的困难。首先,自然科学研究的对象是"物自体",研究行为本身不会对"物自体"产生影响,并表现出不同的属性。即使有影响,通过比对实验,也能够在很大程度上排除。经济运行制度与效率关系的研究对象是人的经济行为,人可能具有经济学家所设定的经济理性,但现实中的人性是非常复杂的,经济理性不仅会受到研究者研究行为的影响,而且还会受到情感或文化甚至本能冲动的影响,使得人的经济行为脱离经济学家所设定的理性范围。在经济学家看来是非理性的,对于行为人来说却可能是理性的。因此,人的经济理性并不同于植物的趋光性或动物的本能,无论条件如何改变,本性还是会表现出来。人的经济理性是本能性的,但更多的是社会性或文化性的。人可能是一种趋利避害的动物,努力地寻求对自己有利的东西,避免使自己受到危害,这一点人与动植物可能并无多大的差别。但是,人也是一种社会性动物,而且社会性是人性中更为本质的特征,在不同的社会结构或文化条件下,人们对于什么东西对自己有利或有害的观念有很大的差别,经济学家也许可以判断人都有趋利避害的倾向,但是却绝对不可能认定,在同一情况下,全世界所有的人都会表现出相同的行为倾向。在有些国家的文化中,人们对荣誉或名誉的关注远远超过对经济利益的关注,而在另一些国家的文化中则可能正好相反。在中国传统文化中,赤裸裸地谈论金钱交易被认为是不礼貌的行为,这可能会影响交易双方的市场选择。只有当金钱交易与人情结合起来,市场交易才进行得更为顺畅,并且可能取得更为长期的合作效果。在西方文化中,人们对市场交易与情感生活区分得非常清楚,"生意就是生意",情感对市场交易的影响比较小。人社会性的差别说明,在理论设定人性的固定倾向,实践中必定会失真,人是实践性动物,会随时调整自己的行为以适应实践的需要。在上述理论中,人被视为是一台有固定反应的机器,在真实的市场中,人是一个实践着的努力在特定社会中寻求更好生活的,有理性、有情感和有欲望的复杂动物,绝对不会对同样的刺激产生同样的行为反应,其必然表现出多样化的行为状态。

理论家们在推理过程中的设定也存在一些困难。自然科学研究的设定——某些因素不会对推理过程产生影响,并不是武断的,而是有充分的经验基础。自然科学研究并不随意假设某些因素不是关键性的,不会对结论产生实质性影响。只有在经过大量的试验或长期的观察之后,自然科学才会获得关于这一点的大致认识,并且能够在随后的试验设计中,将某些因素予以排除,并通过实验检验判断的正确性。上述经济运行制度与效率关系的理论在推理过程的设定与此有较大的区别。他们设定,个人作出经济决策的信息是完全且对等的,个人不会利用信息优势进行逆向选择,欺诈信息处于弱势的一方,任何效用都可以换算成固定数量的货币值,政府的道德水平必然劣于个人等。这些假定不仅不能反映个人在市场中真实的人性,而且认为这些设定对最终结论不会产生本质影响,也是非常武断的。相比于自然科学,严重缺乏经验数据的支持。事实上,个人在市场中面临的最为困难的问题,恰恰就是经济决策信息的缺乏,个人之间信息的不对称。个人之间信息完全对称几乎不可能,在缺乏强制性压力的情况下,个人作出损人利己行为的道德风险相当高,政府的道德水平并不必然低于个人,反而是,由于政府行为经常处于公开状态,受民众监督,因而可能比个人的道德水平更高。政府提供公共品的行为也可能是竞争性的,只是竞争的方式与私产品有别。在推论过程中,设定这些因素不会对其最终结论产生影响必然是武断的,由此推出的结论,必然不是市场中人们真实行为的反映。在真实的市场中,人们时时刻刻地受到这些因素的影响,人们不断地耗费大量的精力或费用才能应对这些因素的影响,这可以说是市场机制的一部分,而且还是非常重要的一部分,人们只有不断参与市场交易的实践,才能最大限度地降低这些因素的影响。抛开这些因素,就不可能产生市场机制配置资源效率的正确认识。从这个角度说,上述理论无法对人们的经济行为作出如同自然科学一般精准的判断,也无法就市场总体走向准确无误的预测。人们的经济行为更多的是一种实践行为,作出经济决策的过程,实际上就是在不断处理被上述理论视为无关的因素。

将上述理论普遍化,并不能增加解释经济现象的能力,以政治或军事上的霸权强迫其他国家接受这种理论,不会达到预期的效果,而且有可能会引发其他严重的社会问题。自然科学理论的普遍化是自然科学理论为"真"的标准,自然科学理论的"真",不受国家政治体制与文化条件影响,在任何的国家中,在任何时间内,为"真"的自然科学理论必然是"真"。自然科学理论的"真",可通过重复性的试验来检验。上述理论不可能达到如自然科学的普遍化程度,其必然会受到一个国家政治体制和文化条件的影响,在一个国家表现为"真"的经济学理论,在另一个国家并不必然表现为"真"。即使在一个国家经过实践检验为"真"的理论,也不可能在另一个国家通过可重复性试验来确定其为"真"。因为不同国家对于理论的检验不可能在受控的条件下进行,不同国家的政治体制与文化条件的差异,也使得在一个国家检验为"真"的理论,在另一个国家却并不必然表现为"真"。如果一个国家不顾这些事实的存在,运用政治的或军事的强势地位,迫使其他国家接受在某些国家检验为"真"的理论,那么有效率的经济资源配置可能并不会出现,反而可能会由于观念冲突而引发战争或其他社会纷争,导致经济资源配置完全无效率。

## 第二节　利益分配制度的考察与批判

利益分配制度涉及的主要问题是公平,何种利益分配制度是公平的,是本节考察与批判的主要内容。

### 一、功利主义利益分配观

对于利益分配制度的公平问题,古典经济自由主义一般坚持个人主义的功利观,认为利益分配隶属于效率问题,解决了效率问题也就解决了分配问题。或者说,如果经济资源配置是有效率的,那么利益分配也就是公平的。个人主义功利观一般包含以下基本观念:首先,个人的最大幸福是唯一真实的幸福,社会的整体幸福不过是个人幸福简单算术累加的最大数,并不存在单独的社会整体幸福,或者说社会整体幸福由社会全体成员幸福的总和决定。边沁认为,人被置于两个最高的主人——幸福与痛苦——之下,除了趋乐避苦,并无选择。① 在边沁看来,人受自利动机的支配,人的本性是趋乐避苦,追求个人的最大幸福,尽量避免痛苦不仅符合其本性,也是非常正当的行为。至于社会的整体幸福,边沁认为,政府只要保障每一个人都能够努力地实现其自身的最大幸福,就保障了社会整体幸福的最大化。边沁模仿物理学的论证方式,讨论了决定个人幸福的各项因素,如影响因素的远近、强度和持续性等对幸福感的影响等。因此,在边泌看来,功利主义实际上是一种相当于物理学的,用来解释人的行为的科学理论。

在边际效用学派出现后,边沁的个人主义功利观逐渐演变成古典经济自由主义的哲学基础。在边际效用理论中,个人幸福由个人效用的满足程度替代,个人效用的满足程度由有相应支付能力的个人需求来衡量。也就是说,个人的幸福程度最终演化成人们对某种商品愿意支付的且有能力支付的价格。根据边际效用理论,某类商品对于个人效用的满足程度(或个人幸福感的增加)呈现出边际递减的趋势,而消耗的金钱对于个人效用的减少呈现出递增趋势(或边际成本递增),当边际成本等于边际效用时,个人的效用满足程度

---

① 参见[英]边沁著:《人性论》,关文运译,商务印书馆1980年版。

最高(或个人的幸福感最高)。由于边际成本和边际效用都属于个人的主观感受,其他人不可能作出比本人更好地满足自己效用的判断,可以推断,边际主义理论必定支持完全的经济自由。唯有如此,才能保证每一个社会成员能够作出符合自己要求的,最大效用满足程度(或最大幸福感)的判断,保证社会在整体上实现"最大多数人的最大幸福"。只有社会成员完全自主地作出经济决策,才能保证每一个社会成员都有机会实现自身的最大幸福。这一点与市场机制配置经济资源的原理是相通的,在经济自由不受政府干预的情况下,在市场这只"看不见的手"的作用下,经济资源将流向使用效率最高的部门或个人。由此观之,在古典经济自由主义中,经济资源配置的效率与利益分配的公平其实是一个问题的两个方面。在经济完全自由的情况下,通过市场供需平衡规律的作用,经济资源最有效率的方式流动,作为经济资源自由流动的结果,在市场中获得相应经济资源的人,被认为有正当理由占有并享有这些经济资源。也就是说,通过市场机制作用分配利益被认为是公平的。在一个经济完全自由的市场中,人们之间必然存在地区、能力和机遇上的差别,这可能会最终影响利益分配的最终结果。也就是说,地区、能力和机遇占据优势的社会成员可能获得更多的利益,处于劣势的社会成员则获得较少的利益。在个人主义的功利观看来,这种利益分配的结果是公平的,它体现了利益按个人能力或运气分配的价值观,符合功利主义的基本观念。它利用了人们的自利动机,可以鼓励每个人努力地创造财富,贫穷被认为是个人懒惰或经济决策不够谨慎的结果,与社会体制无关。贫穷不仅是必然存在的,而且也具有存在的正当性——贫穷的存在可以不断提醒人们要努力且谨慎地创造财富,不能有任何松懈。

个人主义的功利观所支持的经济资源分配方式,可能会导致"马太效应"的出现,即"富者愈富,贫者愈贫"的现象。"马太效应"可以说是经市场机制的必然产物。富者在完成原始财富的积累之后,在市场上的竞争能力明显优于贫者,凭借这种优势,富者积累的财富将越来越多,贫者则正好相反。许多个人主义功利观的批评者认为,"马太效应"是利益分配极度不公平的表现,它使富者过度的享有社会财富,贫者则在为基本生活条件的满足而挣扎。在一个依赖相互合作、自由竞争的社会中,这是利益分配是不正当的;不仅如此,有很大一部分富者并不是因自身的能力或机遇优势而成为富者,而是由于家庭的缘故而享有竞争优势,这加剧了功利主义分配制度的不正当性。功利主义者并不赞同这些批评意见,他们认为,这些批评意见误解了个人主义功利观的观点。根据边际主义理论,个人效用的满足并不是想象中的,而是受个人支付能力限制的满足。在没有个人支付能力的限制时,个人效用满足可以说是永无止境,不可能有完全满足的情况出现。如果一个人缺乏相应的支付能力,但却总想满足自己的需要时,这个人在经济上就是不理性的。如果需求的满足没有支付能力的限制,在明显缺乏支付能力时也可以获得满足,那么就会进一步降低人的理性程度,使人完全失去创造财富的动力。由于受支付能力限制的效用满足是正当的,无论是富者还是贫者,只要是在自身支付能力的限制内作出相应的经济决策,那么社会还是处在"最大多数人的最大幸福"的状态,即使出现"马太效应"也是如此。富者后代通过继承所占据市场竞争优势,也不能成为反对的理由——因为积累了初始财富的人将财富交由后代继续经营,是人的本性之一,也人是创造财富的主要动力之一,某种意义上也是个人效用最大化的一种表现形式。如果一个在创造财富时就知道,财富最终可能会被充公,那么他可能就不会有创造巨额财富的动力,无限度消耗财富才是合乎理性的选择。这对于整个社会来说并无益处。

功利主义一般认为,首先,政府的公法治理的主要任务,是为市场机制的运行提供保障性服务——主要是保障私有财产占有的稳定与安全。也就是说,要维护私有财产制度的稳定性,要通过公法治理来保证私有产权者对私有产权占有的安全。其次,公法应当保障完全的契约自由,不允许任何人以暴力或其他非正式强制影响契约自由。公法治理保障了这一点,就可以保障经济资源在社会中的自由流动,决定利益分配的就只有人们的能力与机遇等个人因素。最后,公法治理应当提供司法服务,为人们提供解决争议的服务,维护社会秩序的稳定。除此之外,政府的公法治理不应当干涉由市场机制决定的经济资源分配。也就是说,市场机制决定的经济资源分配是正当的或公平的,政府的公法治理如果对这种结果予以保障,那么政府的公法治理也是正当的,如果加以干预,那么政府的公法治理就是不正当的。

## 二、规范主义利益分配观

功利主义利益分配观有一个重要的假设,即个人的努力与机遇,在经济自由的市场中,是获得相应财富的主要原因。也就是说,功利主义利益分配观将社会设定为全体社会成员的简单集合,社会不具有任何结构性因素,社会制度也不对个人的成功产生决定性影响。任何人只要充分运用自己的能力,再加上良好的机遇就可能获得相应的财富。在原初社会中,功利主义假定的社会状态是可能存在的。在那样社会中,每个人都要依赖自己的能力与机遇来采集或猎取所需的生活资料。但是,随着社会的发展,社会分工出现了,决定社会合作体系的社会制度也产生了,任何一种物质财富的创造,都需要依赖于社会中不同部分人群的协作劳动,任何社会成员仅凭自己的努力仅能创造极少的财富。在社会合作的体系中,社会成员创造财富的过程有两种不同的表现形式:第一,损人利己型,即部分社会成员获得的财富是以牺牲其他社会成员的财富为代价的;第二,利人利己型,即部分社会成员获得的财富既可以增加自己的财富,也可以增加其他人的财富。第一种情况下,根据功利主义的观点,利己部分的财富虽然以损害其他人的财富为代价,但是只要受损害的人是少数,并且增加的财富能够最大限度地多于损失的财富,那就符合"最大多数人的最大幸福"的原则。在第二情况下,根据功利主义的观点,只要每个人都能够最大限度的增加自己的财富,就可以认为符合"最大多数人的最大幸福"的原则。功利主义认为,牺牲少数人的少数财富也许正当或公平的,财富分配不均也许公平的,只要这是自由竞争的自然结果。政府不应当对此加以干涉。规范主义者否认功利主义观点的正当性,他们认为,人类社会应当从一些先验的原则中来寻找公平的利益分配制度。

　　当代著名哲学家罗尔斯认为,公平是社会制度的首要价值,就如同"真理"是科学的首要价值一般。功利主义经济运行制度也许是有效率的,但是一种允许牺牲少数人利益的制度绝不可能是公平的。为此,罗尔斯提出了"作为公平的正义"的利益分配观。罗尔斯认为,市场机制在经济资源配置方面确实非常有效率,但是在利益分配方面,市场机制却不具有足够的正当性。在自由市场中,人们凭借出生就享有的优势而获得的财富优势不具有伦理上的正当性,即所谓初始优势,主要是指个人在出生时自己无法决定的一切因素,包括天赋、家庭、性别、种族、地区和教育等因素。这些因素对于每个人来说都是极其偶然的,个人凭借这些偶然性因素所获得的利益分配,在伦理上并不具有正当性。社会是一个合作的体系,只有通过合作的方式才能创造财富,一部分社会成员因偶然因素处于竞争的优势地位,可以由此获得更多的财富,甚至以损害另一部分社会成员的财富为代价,是不公平的。如果人们都受"无知之幕"的影响,只有理性决策的能力,对于个人所处的社会地位不知情,没有任何主观上的"偏见",那么任何人都会同意,所有的社会财富应当平等分配。因为在"无知之幕"下,任何人都不知道自己的社会地位、个人能力以及机遇,作为一个理性的人,人们必然会选择最能保障自身基本利益的分配方案,即平等分配。罗尔斯也认识到,平等分配尽管在伦理上是正当的,但是却可能会带来经济资源配置无效率的问题。为此,他提出了一种比较温和的观点,部分程度上修正了功利主义的分配观。功利主义分配观的基本原则是"最大多数人的最大利益",少数利益在为最大多数人的最大利益服务时是可以被牺牲的。罗尔斯认为,根据公平的正义观,少数利益的牺牲不具有正当性。不仅牺牲少数利益是不正当的,而且社会应当努力提高少数利益群体的利益水平。也就是说,罗尔斯不赞同以损人利己的方式来实现"最大多数人的最大利益",实现"最大多数人的最大利益"首先要以保障少数人的少数利益为前提,只有在少数人的少数利益最大化的前提下,实施"最大多数人的最大利益"的原则才是正当的。概括而言,"作为公平的正义"的利益分配观在总体上支持功利主义分配观。因为这是资本主义经济生产方式有效率的根本原因,规范主义者不可能否认这一点。规范主义者关注的是市场机制中处于弱势地位的群体,认为牺牲他们的利益,来实现"最大多数人的最大利益"在伦理上是不正当的,政府应当首先保障这部分人利益最大化,使他们免受在竞争优势者的损害。也就是说,规范主义者赞成政府介入经济资源的分配过程,但是这种介入并不是全方位的,仅仅关注最少受益者利益的最大化分配。

### 三、马克思主义利益分配观

如果说罗尔斯是从抽象的角度揭示了功利主义分配观的非正义性,那么马克思主义则从资本的角度揭示了资本主义生产方式下社会财富分配的秘密。在《资本论》中,马克思提出,资本本身并不能创造社会财富,只有与劳动结合在一起才能创造财富,决定财富创造的终极因素并不是资本而是劳动。在劳动创造的价值中,除了一部分分配给工人以维系他们基本的生存条件之外,剩余价值则被分配给掌握资本家。在市场机制中,契约自由是基本精神。

在资本家与工人的雇佣契约中,由于工人相互之间对于就业机会的竞争,远大于资本家之间雇佣工人的竞争,而且资本家之间的信息联络比工人要方便得多,因此在工资份额的谈判中,工人相对于资本家总是处于劣势,无法获得更多的剩余价值。工人只可能获得维系基本生存条件的财富,大部分剩余价值被资本家拿走了。马克思也认为,资本主义生产方式是非常有效率的,生产力水平远远超过了封建主义生产方式。在资本主义生产方式中,社会的整体财富得到了前所未有的增加。然而,在对社会整体财富进行分配的过程中,资本家能够利用资本的优势,以秘密的方式对工人进行剥削,霸占大部分社会财富,工人只能获得维系基本生存条件的社会财富。资本主义生产方式是极有效率的,但是分配社会财富的方式却是不正当的,创造社会财富的工人没有获得与其劳动相对称的社会财富,而无创造社会财富能力的资本家却获得了大多数的社会财富。为达到利益分配公平,马克思认为,只有彻底消灭资本主义经济制度才有可能。首先,可以加强工人阶级的联合,以成立工会和进行罢工等方式,提高分配剩余价值的谈判能力,提高工人阶级的生活水平,改善工作与生存条件。当资本主义发展到不能解决社会化大生产与私有制之间的根本矛盾时,可以发动无产阶级革命,由无产阶级掌握政权,由国家来控制资本,消灭私有制,实行公有制,以国家资本来组织生产,在全体社会成员之间平等分配创造的社会财富。

马克思揭示的资本剥削工人剩余价值的秘密,深刻地影响了世界的发展历程。马克思和恩格斯的倡导并领导了数次无产阶级的革命,动摇了资产阶级的统治,也使得资本主义理论家开始反思,资本主义生产下的社会财富分配是否正当或公平的问题。自 20 世纪以来,无产阶级革命对资本主义国家公法治理的影响开始日渐显现,资本主义国家的公法开始介入社会财富的再分配过程中,通过一系列公法治理,不仅提高了工人阶级的社会福利水平,比如失业救济与保险、医疗保险和养老保险等,同时也调节了社会财富分配极度不平等的状况,改善了资产阶级与无产阶级之间的阶级矛盾。

### 四、主流利益分配观之批判

#### (一)功利主义分配观

功利主义分配观与古典经济自由主义相似,都具有自然科学方法论上的特点。首先,功利主义分配观在方法论上属于个人主义。个人先于社会而存在,只有个人的功利最大化,才有社会整体功利的最大化。个人主义的假设只为研究的方便而提出的,与事实上的个人与社会的关系不符。从社会起源的角度而言,个人确实可能是先于社会而出现,但是一旦形成相应的社会结构或制度,个人与社会就处于相互作用的互动关系之中。个人的经济决策受社会结构的影响,而个人的经济决策也会对社会结构产生影响。相较之下,个人受社会的影响明显高于社会受个人影响的程度。在真实的情况下,个人作出的对自己最为有利的经济决策能否取得成功,不仅依赖个人的能力与机遇,在很大程度上也依赖于特定的社会结构。与其说是一个人的能力或机遇造就了其在经济上的成功,还不如说是特定的社会结构造就了其在经济上的成功。社会结构并不是从来就有的,它是一个国家经过长期的社会实践逐渐形成的。由于每一个国家在历史上所面临的情况存在各不相同,这种不同不仅体现在地理、气候或环境等自然因素上,也体现在战争、征服与宗教等社会因素上,每一个国家的社会结构正是在应对这些不同的历史情况时逐渐发展而来的,是历史上各种复杂因素共同作用的结果,不是人力所能控制的。人们可以按照自己的理想去改善国家的社会结构,但是我们绝对不能认为,只有依赖于特定社会结构才有可能获得的经济上的成功,并且经济上的成功者在伦理上也是正当的。我们只能说,在一定的历史条件下,某种社会结构对于经济分配的限制,必须符合特定国家生存与发展的需要。

其次,功利主义将个人效用的计算简化为经济利益的衡量也不符合真实情况。功利主义者认为,个人在作出经济决策时,影响其作出最佳决策的因素只有经济利益,情感或其他因素基本没有影响,即使有影响,也被认为是非理性的影响,是应当在决策过程中予以排除的。功利主义的这种设定是为推理方便而提出的,与个人实际作出决策的过程严重不符。事实上,人性是复杂的,个人功利的计算也是复杂的。在真实的社会中,个人作出经济决策的过程中,不可避免地要受到情感或其他因素的影响,经济利益并不是唯一的决定因素,在有些经济决策中情感或其他因素甚至是主要的决定因素。人具有社会性,除了经济利益的需要外,还需要过属于人的生活,才能感受到作为人存在的价值。这就决定了人在作出经济决策时,必定要考虑人际关系的和谐或情感上的支持等因素,这些因素很难用经济上的利益来衡量或计算。另外,即使只计算经济上的利益,也难以确保个人作出的经济决策就是功利最大化的。一个在眼前看来是利益最大化的行为,从长期来看也许是利益最小化的;一个从表面上来看是利益最大化的行为,实际上却可能隐藏着比利益更大的灾难。如果个人在功利计算时,只考虑眼前的或表面上的利益最大化,那么其计算出的功利可能并不是利益最大化的功利。也就是说,功利主义分配观是在假设个人能够获得完全信息的情况下,作出经济决策的,这明显与实际情况不符。可以这样说,个人不断地努力获取真实信息以帮助其决策才是真实的决策过程。如果一个人确实获得了个人经济利益的最大化,但是却以损害整个社会的价值观为代价,或者是对整个社会的长远发展有巨大的伤害,那么在功利主义者看来,至少对于个人而言在伦理上是正当的。实际上就社会而言却得不偿失。社会价值观被破坏之后,社会会逐渐失去凝聚力,人的生活会逐渐失去价值支撑,整个社会可能会逐渐坠入极其原始的状态,人与人之间退化为"狼与狼的关系";危及整个社会的长远发展,最终受害的还是社会整体,可能在与其他国家或民族的竞争中趋于灭亡。

最后,将个人功利的最大化等同于个人支付能力范围内的效用最大化,也许能够解释市场机制配置经济资源的效率问题,但绝对不能证明市场机制分配利益的公平性或正当性。市场机制配置经济资源的效率问题是一个事实问题,即在一个社会中如何以最有效的方式利用经济资源,效率并不是市场机制的终极目的,确保社会合作体系能够共享市场机制所带来的社会财富才是终极目的,唯有如此,市场机制的效率问题才有意义。如果市场机制的效率问题只是为了使社会合作体系中的一部分人享有更多的社会财富,那么其他人就没有理由继续保持合作,以维护市场机制的效率。以经济自由为前提,以个人能力或机遇为获得社会财富的条件,来为市场机制效率的正当性辩护也是无用的。正如上文所述,个人能力或机遇是极其偶然的因素,一个人因为偶然因素所获得的优势地位并不具有伦理上的正当性。另外,个人能力或机遇还取决于特定的社会历史条件,只有在市场机制下,特定的个人能力或机遇才可能成为决定利益分配的关键因素,如果是在注重世袭身份与地位的封建时代,个人能力与机遇并不能成为决定利益分配的关键因素,家庭出身才是最重要的因素。在不同的社会体制下,决定利益分配的因素各不相同。一个人并不能因为偶然具有与社会结构相符合的决定利益分配的要素,就可以证明其获得社会财富是公平的或正当的。功利主义的分配观将功利最大化等同于个人支付能力范围内的效用最大化,实际上就是注重个人理性的最优化。在现实的社会中,人的理性除受制于文化传统与教育,还具有天赋上的差别,在实际决策的过程中差异性非常大。理性处于优势的人利益分配也相应多一些,可以起到鼓励创造社会财富的作用。但是将大部分社会财富完全分配给他们却缺乏正当性,社会是一个相互合作的体系,缺少其中任何一个部分,社会运作都可能停滞不前。只有理性处于优势者与劣势者共同分享市场机制效率所带来的社会财富,才能保证社会合作体系的良好运转,而这对社会中任何一部分人都是有利的。

### (二)规范主义利益分配观

罗尔斯的"作为公平的正义"的分配观,从方法论上来说,也是个人主义的。但是,他并不赞同功利主义将效率等同于公平问题的观点。他从先验的角度出发,利用"无知之幕",论证了功利主义分配观的基本原则"最大多数人的最大幸福"不具有正当性,提出了一种比较温和的观点,即在注重市场机制效率的同时,要遵从"最少受益者的最大利益"的原则来分配社会财富,要求人们关注市场机制配置经济资源效率的起点公平的问题。只有在起点公平的前提下,市场机制配置经济资源的效率才有正当性。总体而言,罗尔斯的观点具有调和受益最多的资产阶级与受益最少的工人阶级之间利益冲突的倾向,在方法论上坚持先验的和抽象的论证方法,在社会财富的分配上站在了支持社会弱势群体的立场上,具有针对美国社会利益分配弊病的现实性。因此,在这个意义上,罗尔斯的理论注定是无法普遍化的。罗尔斯的最大贡献在于,证明了根据"最少受益者的最大利益"原则来分配利益的正当性。但是,这种观点缺乏可操作性,也无法在所有国家得以实施并获得赞同。首先,现实社会的复杂性远远超过了罗尔斯假定的程度。罗尔斯设定的最少受益者的范畴,在现实社会中根本没办法确定。最少受益者是相对的,同时也是变化的,当政府在改善最少受益者的利益时,也许原来的中间阶层或其他阶层会偶然地成为最少受益者,这个社会可能永远存在最少受益者,这使得罗尔斯的利益分配方案完全无法发挥作用。罗尔斯在理论上的设定,是其方法论上采用个人主义的必然结果,只考虑个人可能作出的理性决策,不考虑特定社会结构对于个人决策的限定作用。其次,最少受益者和最大利益都是缺乏可操作性的范畴。

最少受益者既是流动性的，又界限不明。在罗尔斯的观念中，最少受益者是有明确指定的，他参照的社会模型是美国社会。在美国社会中最少受益者一般是有色人种和其他少数族裔。但是，在其他国家，最少受益者可能并不能如美国社会这般容易确定，最少受益者的概念明显受制于一个国家特定的历史条件。最大利益是一个更模糊的概念。如果根据最少受益者本身的支付能力来确定最大利益，那么这与功利主义的分配观并无实质差别。如果根据最少受益者的愿望利益来确定，那么这可能是无止境的，同时又是极不理性的。最后，罗尔斯在假定市场机制有效率的前提下，确定了"最少受益者的最大利益"分配原则的正当性，没有考虑到不同国家特定社会历史条件可能产生的特殊影响。

**（三）马克思主义利益分配观**

马克思对资本主义社会生产方式的分析，正确而深刻地揭示了劳动创造社会财富的真理，发现了资本家利用资本获取社会财富分配优势的秘密。马克思认为，资本家占有由劳动创造的大部分社会财富是完全不正当的，只有由创造社会财富的工人阶级平等占有才是正当的。这体现了马克思主义按劳分配的原则，也体现了人类一直在追求的公平分配的理想。但是，马克思也认识到，特定社会历史条件（主要是生产力发展水平）对生产方式及社会财富的分配有限制性作用。在当时的历史条件下，资本主义的生产方式（主要是私有制和契约自由）解放了处于封建制度束缚下的社会生产力，资本主义的生产方式是适应当时的社会生产力发展水平的。也就是说，私有制保障的私人资本与契约自由制度保障的雇佣自由相结合的生产方式，促进了社会生产力的快速发展，在当时的社会历史条件下有一定的合理性。在资本主义的生产方式对社会生产力的发展未产生束缚性作用之前，改变资本主义生产方式，以求得社会财富更为公平的分配不符合社会发展的基本规律。只有当资本主义生产方式的内在矛盾（主要是私有制与社会化大生产之间的矛盾）发展到阻碍社会生产力进一步发展时，资本主义生产方式必然会被社会主义或共产主义制度所取代，私有制失去了存在的价值，取而代之的是公有制。国家资本取代私人资本成为经济活动的支配因素，社会财富在全体公民间平等分配。马克思为社会财富平等分配所设定的主要限制性条件是，社会化大生产高度发达，只有实行公有制，并以国家资本组织生产，才能适应社会生产力的发展水平。

马克思对于社会主义的初级阶段(公有制为主体,多种所有制并存,社会生产力水平不太发达社会)的社会财富分配问题论述不详。作为一种理想,马克思的社会财富平等分配的观念是值得我们去追求的,但是作为一种现实,我们还需要在马克思主义理论的指导下,发展适应中国国情的社会财富分配制度。

## 第三节　作为经济制度精神的公共服务

### 一、经济运行与利益分配的公共服务论

#### (一)经济运行制度的公共服务论

公共服务论对经济运行制度与效率关系的处理是动态性和实践性的,并不偏执于公法治理或市场自治。我们认为,在经济运行治理过程中,信息不完全与不对称,不仅是社会成员在经济活动中经常面临的问题,也是政府治理必须要解决的问题,两者都无法在信息完全且对称的情况下作出经济行为决策。社会成员与政府都有道德上失范的可能性,社会成员的道德风险并不必然优于政府,反之也是如此。以社会成员自治为主的市场机制存在外部性,可能导致公共品提供不足,可能导致经济总量失衡而出现经济危机,也可能导致垄断;政府的公法治理有可能出现"政府失灵",比如权力寻租导致治理成本高昂,产权不清导致"公地悲剧",官僚机构组织复杂而庞大导致公共品提供极度无效率等。在这两者之间,并无一方必然优于另一方的正当理由。我们唯一能够作出的判断是,政府的公法治理与市场的社会成员自治是相互依赖的关系,社会成员自治的成功依赖于政府的公法治理,政府的公法治理本身并不是目的,更好地保障社会成员自治才是最终目的。对于市场自治依赖公法治理的程度,或者是公法治理介入市场自治的程度到底应当达到何种标准才能保证经济资源配置的最佳效率,并不能作出一种具有普遍性和绝对性的判断,因为在不真实的人性假设前提下,通过假设影响经济行为决策的因素不存在,而推断出的结论并不能作为判断公法治理与市场自治程度的普遍标准。这样得出的结论只具有在理论上提高人们对于市场与政府关系认识的作用,指导经济运行治理实践的意义却不太明显。

公共服务论认为,公法治理介入市场自治的程度,以及此种程度与资源配置效率的关系,是一个实践性的问题。也就是说,在这个世界上并没有预先存

在的、先验的、普遍性的关系模式,能够保证公法治理、市场自治与效率达到和谐的状态。因为社会科学与自然科学存在实质性区别,自然科学毫无疑问具有这种可能性,甚至可以说,正是这种可能性,自然科学才能称为科学,而社会科学则不具有这种可能性,人不仅仅是被科学研究的对象,人也是具有主观意识的理性动物,能够主动地创造属于自己的文化。人是社会性的,而社会也是人创造的,任何关于人的科学,都无法摆脱社会结构的限制,这使得任何社会科学都受制于特定的社会历史条件。公法治理与市场自治程度的划分标准,只有通过长期的社会实践,在不断地试错之后,才能找到适合于特定社会历史条件的划分标准。也就是说,公法治理与市场自治程度的划分标准在"试错"中成长,只有在经历了许多错误之后,人们才有可能认识到,能够产生最佳效率的标准是什么。即使找到了这种标准,也不具有可以适用于全世界的普遍性,只可能暂时地适用某个特定的国家,当这个国家所面临的社会历史条件发生变化之后,公法治理与市场自治程度的划分标准也会随之发生变化,否则就有可能跟不上社会发展的步伐,导致经济资源配置的无效率。因此,从这个角度来说,公法治理与市场自治程度的划分标准是动态性,不是一成不变的永恒标准。

公法治理与市场自治程度划分标准的动态性与实践性,并不意味着标准是盲目性的。公法治理与市场自治之间的关系虽然是动态性的和实践性的,但是,公法治理对市场自治的服务性却是始终不变的。也就是说,在经济运行治理实践中,始终要坚持的一点是,公法治理本身不是最终目的,公法治理是在市场自治无能或不便时才有存在的正当性,公法治理应当服务于市场自治。如果对于经济运行的治理,市场自治比公法治理更有效率,公法治理就应当保障市场的充分自治。如果市场自治缺乏效率,而公法治理更有效率,公法治理就应当替代市场自治,在市场自治与公法治理同等有效时,市场自治应当优先。因为公法治理需要使用有组织强制,消耗更多的社会资源,使人们的经济自由受到更多的限制。公法治理的服务性不是一成不变的,而是具有动态改进性。也就是说,当一种公法治理与市场自治关系的模式比另一种模式更有效率时,那么公法治理模式就应当被改进。具体而言,如果公法治理经济运行能够提高公共品配置的效率,而同时又不会损害市场自治的效率时,那么这种公法治理的模式还有继续改进的空间,只到提高公共品配置效率必然以损害市场自治效率时为止。

### (二)利益分配制度的公共服务论

社会是一个相互合作的体系,在这个合作体系中,功利主义的分配观坚持以能力或机遇等偶然因素作为分配正当性或公平性的决定因素,规范主义坚持以某种形式的平等作为分配正当性或公平性的决定因素。功利主义分配观认定政府对分配公平性的公法治理会引发新的问题:首先,政府的公法治理没有能力处理由个人能力或机遇等偶然因素决定的经济资源分配。政府的公法治理在处理分配公平性问题时,只能进行事后处理,也就是只有等到社会成员的能力或机遇已经决定了利益分配时才能进行处理,在此之前政府缺乏识别的能力。能力或机遇既是偶然的,那么必然也就是不确定的,当政府在事后处理某些因能力或机遇而导致的分配不公时,其他的因能力或机遇所导致的分配不公也会不确定性地出现,政府将疲于奔命,不断地挣扎于这些事务的处理之中,消耗大量的社会资源,但是社会分配不公的局面却并不会有很大的改善。其次,政府公法治理的介入可能会引发新的分配不公。政府的公法治理将会形成庞大的治理机构,由于政府本身是非生产的,这会消耗大量的社会资源,使可分配的社会财富变得更少。最后,由于政府公法治理的强制性,政府机构也存在权力寻租或滥用权力的可能性,这不仅将打破由能力或机遇等偶然因素决定分配的格局,而且权力可能将主导一切利益的分配,政府机构可能会成为利益分配格局中最大的受益者,也就是说,社会财富的非生产者将占有这个社会的绝大部分财富。

罗尔斯认同功利主义分配观对政府公法治理的质疑,但是,他所提出的"最少受益者的最大利益"原则,实际上是赞同政府公法治理介入利益分配领域的,并且认为,只有政府介入到最少受益者的利益分配,公法治理才具有正当性。然而,正如上文所述,罗尔斯的观念缺乏实践性和可操作性,对于政府的公法治理没有实际的指导价值。马克思倡导在社会化大生产极度发达条件下社会财富平等分配的观念。也就是说,在社会化大生产高度发达的条件下,政府的公法治理全面取代市场自治,实行"按需分配"才具有正当性。在理想的社会中,能力或机遇等偶然因素不再是决定社会财富分配的决定因素,每个人的能力都将得到最充分的发挥,机遇也不再是个人性的,而是社会性的,能力只是分配社会生产角色的依据,每一个社会生产者都拥有同等的重要性和价值。但是,值得注意的是,马克思的平等分配观是有限定条件的,是作为一种理想社会的分配观提出的,对于现实社会财富分配的针对性不强。

公共服务论融合了上述分配观的优势,并具有很强的实践性和可操作性。公共服务论首先承认,市场分配观具有很大的盲目性,由能力或机遇等偶然因素决定的利益分配不具有正当性或公平性。其次,政府的公法治理确实存在能力上的局限性,以及权力寻租和滥用权力的可能性,可能引发新的社会财富分配不公。承认这两点,意味着公共服务论并不否认市场机制与政府公法治理对于社会财富分配具有正当性,公共服务论强调的,政府公法治理与市场机制在决定社会财富分配上达到均衡状态,既能够保证市场机制的效率,又能够保证社会全体成员能够共享社会发展的成果。公共服务论是实践性的,也就是说,公共服务论并不承认在政府公法治理与市场机制之间存在一条固定的分界线,能够有效决定利益分配的公平性。只有经过不断地试错,才能发现政府公法治理与市场机制在决定分配公平上的均衡点。试错不意味着政的公法治理是盲目的,政府公法治理始终坚持一个总的方向,即公共服务性。也就是说,政府公法治理为市场机制的分配公平性服务,它侧重消除的是市场机制分配的盲目性,政府公法治理的最低底线是不损害任何一方即存的合法利益,在保证最低底线的前提下,如果政府公法治理既能够促进社会财富在总体上的增加,又能够进一步促进社会财富分配的公平性,那么政府公法治理的方式还存有继续改进的余地,直到政府公法治理的改进将损害社会财富在整体上的增加以及扩大社会财富分配不公平时为止。

公共服务论与罗尔斯的正义观也是相容的,但是更具包容性,解释力、实践性和可操作性也更强。在罗尔斯的观念中,最少受益者和最大利益的观念缺乏限定性标准,公共服务论则明确将不损害任何一方的合法利益和社会整体财富的增加与公平性的改进,作为确定最少受益者和最大利益的限定性标准,提高了政府公法治理的实践性和可操作性。在罗尔斯公平分配观中,只要求公法对最少受益者的最大利益进行治理,对于社会其他阶层的利益是否受损或受益缺乏关注,公共服务论不仅考虑了最少受益者的最大利益,也考虑了社会其他阶层,并明确提出公法治理对于社会财富分配公平性的治理,不能以损害任何一方的合法利益为代价,并以社会整体财富的增加和公平性的可持续改进作为公法治理可继续改进的标准。

公共服务论与马克思的平等分配观也是相容的。马克思的平等分配观有几个重要的前提条件,即社会化大生产高度发达,私有制与社会化大生产之间出现不可调和的矛盾,只有公有制才能适应社会化大生产的要求,等等。只有在达到这些条件之后,马克思的社会财富平等分配观才有实现的可能性。公共服务论认为,在社会整体财富可以持续增加,公平性可以持续改进的同时,如果没有损害任何社会成员的利益,那么政府公法治理还有继续改进的余地。马克思的平等分配马是公共服务论的终极目标,受公共服务论支配的公法治理,只要在治理实践中,不断地坚持公共服务基本理念,就有可能实现马克思所设想的社会财富平等分配的终极公平状态。相比于马克思的平等分配观,公共服务论具有现实性、过程性和可操作性。马克思的平等分配观是对未来社会财富分配的一种理想,而公共服务论则强调现实社会的可改进性,这种可改进性不是终局性的,而是持续性的,有不断向理想靠近的可能性。这种可改进性也是具有可操作性的,它强调一个国家从特定的社会历史条件出发,经过不断地试错来发现通往理想的道路,而非设想一个理想的社会必然会来临。

**二、经济运行与利益分配具体制度的公共服务解释**

**(一)经济运行具体制度的公共服务解释**

根据公共服务论的基本精神,在市场失灵是公法治理介入的正当性的理由。公法治理的介入也可能存在"政府失灵"的情况,我们认为,在市场失灵与政府失灵之间并不存在固定的判断标准,只有通过不断地实践与试错,才能在一个特定的国家确定最佳的判断标准。

首先,在公共品的提供方面,政府公法治理的介入只有在市场提供的公共品足以影响到市场机制效率时才是正当的。一般认为,最为基本的公共品是安全服务,包括国防、社会治安和解决纠纷的司法服务等;除此之外,还有普通的公共品,包括能源、交通、通信、教育、医疗与卫生等。基本公共品对市场自治的作用自不待言,普通公共品的作用则争议较大。在市场自治时,由于公共品提供存在前期投入大,效益回收慢,或者由于正外部性效应大,导致"搭便车"的人太多而明显不可能收回投资等问题,社会成员可能没有动力或者能力提供此类公共品,导致公共品供给不足。而这些公共品对于市场机制的效率是极其重要的。能源、交通和通信构成市场机制效率的限制性条件。根据地理经济学的看法,如果能源、交通和通信得到极大改善,那么市场配置经济资源的效率也会得到几何级数的提高;教育对于市场机制配置资源的效率也是非常重要的。在市场机制下,一项产品如果没有创新,由于广泛存在的市场竞争压力,容易导致向有生产成本优势的地区转移,导致这些地区出现经济发展停滞的状况。如果通过教育提高人的创新能力,那么即使一项产品因生产成本处于劣势而转移至其他地区,也会由于不断有新的产品出现而保证该地区经济的持续发展,同时又能够极大地扩展人们新的需求,提高人们的生活质量;医疗与卫生对于市场机制配置资源效率的影响是间接性的。处于自治状态下的人,一般都需要储备大量的金钱,以备将来发生健康问题时的不时之需。这种大量储蓄的行为,可能导致产品需求不足,进而导致供给减少,就业状况恶化,加深了人们对于未来状况不确定性的担忧,而这又会促使人们储备更多的金钱,最终会进入一个恶性循环,导致经济发展停滞。如果社会提供的医疗与卫生等公共品充足,并且人们有充分的消费能力,那么人们将把大部分的收入用来消费,这将扩大市场需求,进而提高市场供给,使市场进入良性发展的通道。这些公共品虽然对于市场配置资源的效率有重大影响,但是市场自治却不一定能够使公共品提供达到满足市场需要的程度。反之,政府公法治理很容易达到满足市场需要的程度,但是政府提供公共品很容易出现过度提供或者效率低下的情况。因此,我们才需要在实践中通过试错,来判断政府提供公共品的程度及效率。如果政府提供公共品的程度扩张或效率提高时,没有损害市场配置资源的效率,那么政府提供公共品的程度还可以继续扩张,效率还有待提高,直到可能会损害市场配置资源的效率为止。

其次,对于市场机制的负外部性效应,政府的公法治理可以使外部效应全部内在化。市场机制的负外部性效应,实际上就是指社会成员在相互交易的过程中,没有把所有的生产成本列入产品价格中,使部分生产成本由社会全体成员来承担的效应,比如有的企业在生产过程中,对环境产生了污染,但是却没有把环境治理的成本计算在产品成本中,导致环境治理的成本由全社会来承担。政府的公法治理,可以通过多种治理手段,比如强制性手段、征税或征收补偿费等方式,使生产者将负外部性效应内部化。政府提供的此类公共服务,应当保持在恰当的程度。如果提供的公共服务程度不够,会导致市场的外部性效应继续存在,进而影响市场机制的效率。如果政府提供的公共服务不均匀,就会使市场处于不正当竞争的状态,进而影响公法治理的公信力;如果政府提供的公共服务过度,由于公法治理需要消耗大量的社会成本,使得市场可供配置的经济资源减少,从而也会间接影响市场机制的效率。但是,我们并不能找到一个固定不变的标准,来判断公法治理到底应当涉入到何种程度,我们只能大致地判断,当公法治理涉入的程度加深时,如果市场机制的效率还在提高,那么公法治理还未达到合适的程度,只到公法治理涉入的程度加深到市场机制的效率受损为止。毫无疑问,这是一个实践性和动态性的标准。

再次,对于市场的自然垄断和信息不对称而造成的道德风险,政府公法治理应当提供恰当的市场监管公共服务。自由竞争是市场机制发挥资源配置效率的重要因素,通过社会成员在市场中的自由竞争,产品的供给与需求能够自动达到平衡。但是,如果在市场处于寡头竞争的状态,由于寡头之间联合的成本较低,信息沟通比较方便,比较容易联合起来而形成垄断。一旦形成垄断,产品的供给者就可以随意控制产品的供需平衡点,为自己创造超额的生产利润。不仅如此,垄断者还可以利用自己的优势地位,排斥其他竞争者。在垄断已形成的情况下,不仅产品的需求者必须花费更多的金钱才能获得相同的需求,而且垄断者也会失去继续提高产品生产质量,以及创造新产品的动力。这将严重影响市场机制配置资源的效率。政府公法治理如果能够对市场自然垄断进行监管,防止市场出现自然垄断,那么就可以继续维持市场的自由竞争,保证市场机制的效率。但是,市场机制对垄断也具有天然的部分程度的免疫力。也就是说,即使寡头能够相互联合而形成垄断,由于寡头之间的利益博弈,这种垄断可能并不能够长久维持,在寡头们发生利益冲突之后,市场可能又会回到相互竞争的状态。因此,在这种情况下,要固定公法治理市场自然垄断的程度或方式是不可能的,只有在治理实践中,通过比较公法治理所带来的市场机制效率的增减效果才能确定,即如果公法治理市场自然垄断提高了市场机制的效率,那么公法治理的程度或方式还未达到最佳,直到公法治理的程度或方式的改进达到损害市场机制效率为止。

信息不对称是真实市场的常态。在缺乏公法治理的情况下,拥有信息优势的一方,可能会利用其优势欺诈处于劣势的一方,受欺诈方利益受损的事实会降低人们对市场诚信度的预期,拥有信息优势的一方为了获取超额利润,会进一步降低市场的诚信度,如此循环,最终可能导致市场中充斥着伪劣商品,好的商品都可能会最终退出市场,这就是所谓"逆向选择"或"劣币驱逐良币"的效应。这种效应的出现不仅会降低市场配置资源的效率,而且对于经济的快速发展与人们生活质量提高的打击是毁灭性的。公法必须进行治理,提供市场监管的公共服务。值得注意的是,真实市场中信息不对称的情况是非常复杂的。从交易主体来看,有可能是卖方优于买方(这种情况比较多),也有可能是买方优于卖方(比较保险合同);从交易过程来看,有些信息不对称是市场必然具有的属性(比如对于市场供给与需求信息的掌握程度差别),有些信息不对称则是交易工具的不完善导致的(比如计量工具不准确);从信息获得方式来看,有些信息不对称是市场主体获取利润的主要方式(比如对于商业秘密的掌握),有些信息不对称则可以通过市场主体的经验来获取(比如辨别一般商品的质量与价格),有些信息不对称则是由于市场主体蓄意欺诈而制造的(提供假冒伪劣商品)等。总而言之,信息不对称可以概括为两种情况,一种是市场必然具有的信息不对称,这对市场机制的效率一般影响不大;另一种是非市场必然具有的信息不对称,这对市场机制的效率有严重的负面影响。公法只应当对非市场必然具有的信息不对称进行治理,提供市场监管的公共服务。公法治理的程度、范围与方式同样是一个实践的过程,需要根据其对市场机制效率的影响来判断。

最后,对于市场不能解决的经济总量平衡的问题,公法应当提供恰当的宏观经济调控的公共服务。在市场机制的作用下,市场对经济总量供需平衡的反应具有滞后性,或"市场惯性"。也就是说,当市场上的经济总量已经达到供过于求或供不应求的状态时,作为供求平衡具体反映指标的市场价格需要经过很长一段时间才能传导至所有的市场参与者。在价格信息未全面传播之前,未获得价格信息的市场主体还是根据以前的价格信息进行决策,这可能会导致超量供给或供给不足。当"市场惯性"足够大,以致市场难以自动调整至正常范围时,市场就会长期处于超量供给或供给严重不足的状态,导致经济危机的周期性发生。经济危机对市场机制效率的打击是毁灭性的,无论是超量供给还是供给不足,都会导致经济资源的无效率使用。市场机制的这种弱点为公法治理介入经济总量宏观调控提供了正当性,公法治理可以借助货币、财政或其他政策来减弱"市场惯性",使市场自发性调控经济总量的作用在正常范围内摆动。但是,公法治理与市场自发调控面临着同样的难题,即难以准确掌握经济总量供求的信息。在市场自发调控的情况下,市场供求信息的传播具有滞后性,在传播过程中还会失真。在公法治理的情况下,政府所获得的市场供求信息也可能是不准确和失真的,政府释放的经济调控信息,也有可能被市场误解而导致调控无效。因此,当市场自发调控出现问题时,如果政府的公法治理介入调控,也有可能使问题变得越发严重。在这一问题上,并不存在一种绝对正确的公法治理调控模式,只存在实践性的标准,即坚持公共服务论,通过不断试错的方式,发现一个国家最佳的公法治理调控方式。只要公法治理的宏观调控能够提高市场机制的效率,那么公法治理的宏观调控方式还可以继续改进,直至其降低市场机制效率为止。

### (二)利益分配具体制度的公共服务解释

功利主义认为,公法治理不应当涉及社会财富分配公平方面的问题,政府公法治理不仅无能力解决社会财富分配公平的问题,还会增加新的社会不公平;规范主义认为政府公法治理应当介入社会财富的分配问题,规范主义者对政府公法治理介入程度所持观点差异较大。我们认为,政府公法治理与市场机制决定分配都存在一定的局限性。市场存在盲目性,公法治理则有可能得不偿失。但是,不能否认公共服务论的公法治理有持续改进社会财富分配公平的可能性,通过不断地试错,我们有可能找到通往社会财富分配公平的正确之路。

首先,对于社会中的贫困阶层,以及由贫困所带来的疾病问题,公共服务论认为,政府公法治理应当保障社会贫困阶层达到最低生存与健康标准。功利主义分配观认为,社会贫困阶层的出现是由于社会成员的懒惰或机遇不佳导致的,这是市场机制分配社会财富必然会出现的现象,公法不应当介入对贫困问题的治理,公法的治理,可能并不能消灭贫困现象,反而会使社会其他阶层失去谨慎面对市场的压力,以及创造社会财富的动力。公法治理需要消耗大量的社会财富,这得不偿失。功利主义是一种典型的个人主义,将社会财富视为完全个人能力的结果,没有考虑社会的结构性因素。社会是一个合作体系,没有社会阶层间的相互合作,仅凭个人能力是不可能创造社会财富的。即使能够创造社会财富,如果社会贫困阶层不合作,那么也不可能稳定的占有社会财富。在一个生而平等且相互合作的社会中,政府公法治理存在的必要性在于,应对社会成员自治所不能解决的问题。贫困会给社会成员带来的生存和健康危机,仅仅依靠社会成员的同情与仁慈不能解决这些问题。罗尔斯认为,社会中的贫困阶层是社会中的最少受益者,公法应当从确保他们利益最大化的角度进行治理。公共服务论认为,这种观念缺乏实际的可操作性。将社会中的贫困阶层认定为最少受益者问题不大,但是将他们的利益最大化却是一个不具有操作性。公共服务论认为,政府对贫困问题的公法治理应当区分为两种情况,一是最低限度公共服务,一是与社会总体发展水平相适应的公共服务。最低限度的公共服务,这是政府公法治理必然要解决的问题。政府公法治理应当采取一切可能的措施解决社会中贫困阶层的基本生存与健康问题,否则政府公法治理将失去存在的价值。对于与社会总体发展水平相适应的公共服务,政府公法治理应当在不损害其他社会阶层合法利益的前提下,根据社会总体财富与公平的可持续改进性来决定政府公法治理的程度。也就是说,如果政府对于贫困问题的公法治理,在没有损害其他社会阶层合法利益的同时,还增加了社会总体财富,那么政府对于贫困问题的公法治理还有改进的余地,直到损害其他社会阶层的合法利益,同时也降低了社会总体财富时为止。

其次,对于社会保障问题,公共服务论认为,政府公法治理应当介入并提供最好的社会保障服务。功利主义分配观认为,社会成员遭遇的失业、养老、伤害和疾病等问题,是市场机制下经济自由的必然体现。一个人所遭遇的这些问题,虽然从伦理上来看,是人类的道德情感所不能容忍的,但却是人类社会所无能为力的事情。这些情事的出现,在市场经济社会中,能够为每一个理性的社会成员提供如何行动的信息,个人可以从其他人悲惨的境遇中学习到如何避免遭受同样境遇的知识。当人类社会缺乏这些使人担忧的负面信息时,人们也就会逐渐失去对于恶劣生存环境的警觉性,行为将变得越来越不谨慎,美好而值得追求的生活也会失去存在的意义。在这种情况下,一旦人类社会遭遇到巨大的灾难,长期处于优越生活的人们将对此毫无抵抗的能力,人类社会将在顷刻间倾覆。另外,相对于人类的欲望,能够满足人类社会生存与发展需要的资源总是处于稀缺状态,如果为社会弱势群体提供社会保障服务,那么首先会减弱社会强势阶层创造物质财富的动力,其次也会提高社会弱势群体对更多社会保障的期待,最终会导致整个社的经济发展停滞甚至倒退,社会整体生存水平将受到严重影响。政府公法治理的介入还可能引发新的不公平。社会保障制度的目的无非是调整社会经济资源的分配不公,缩小社会贫富悬殊,为贫困阶层提供基本的生存资源。政府提供的社会保障服务,必须以强制性的方式向社会成员征税,被征收的财富是社会成员通过合法劳动获得的。在社会保障制度所保障的人群中,可能有相当一部分人是由于本身的懒惰而成为社会弱势群体的,他们可以说是社会的寄生虫。这样就有可能出现,政府以公法治理的形式,强迫勤奋劳动的人为懒惰人的生存而劳动的状况,这是极为不公平的。政府提供社会保障服务需要耗费一定数量的社会财富,如果政府公法治理的权力失去了控制(这一点在政府权力缺乏制约的国家可能会相当严重),那么政府提供社会保障服务消耗的社会财富可能会使社会经济发展失去动力,这将在整体上降低社会的生存水平,这是另外一种社会不公,而这种社会不公恰恰是由人们美好的道德情感,也就是使社会弱势群体享受更多社会资源的道德情感所引发的。

功利主义分配观对社会保障制度的看法有一定的合理性。但是其理论前提却有问题。功利主义分配观具有明显的个人主义倾向。假设社会由没有相互合作关系的个人构成。事实上,社会是一个相互合作的体系,在社会合作体系中,社会成员既存在相互竞争的关系,也存在相互共生的关系。社会中人们相互竞争与共生的关系就是所谓的社会结构。一个特定国家特定时期的社会结构,是一个国家不断适应社会与自然环境的产物,它既是历史性的,也是偶然性的。一个人在特定社会结构中最终所处的位置,虽然包含了个人天赋、努力与机遇的因素,但不可否认的是,特定社会结构才是决定性的因素。因此,罗尔斯认为,当人们不知道自己身处何种特定社会结构,也不知道自己的天赋与能力时,没有人愿意成为社会中处于弱势的阶层。没有人有正当的理由来否认社会中弱势群体生存与发展的权利,政府提供社会保障服务绝对有道德上的正当理由。抱怨富裕阶层为懒惰的社会弱势群体劳动的理由,不能否认政府提供社会保障服务的正当性。我们确实不能否认,在接受社会保障服务的群体中的确存在"搭便车"的人,不是由于能力或机遇不济而是由于懒惰而成为社会弱势群体的人,但是这仅仅是政府公法治理的能力问题,而非否认社会保障制度道德正当性的理由。如果政府公法治理的能力能够保证准确识别"搭便车"的人,那么否认社会保障服务正当性的理由也就不成立了。

公共服务论能够很好地解决政府公法治理社会保障的能力问题。公共服务论是实践性的，不承认存在一个固定的标准，可以保证政府公法治理能够永久性地提供恰当的社会保障服务。只有在特定社会的历史条件下，经过不断地试错，才能找到最佳治理方式。公共服务论也是价值性的，认为社会弱势群体与社会其他阶层的经济利益都应当受到保障，不支持损害社会其他阶层的经济利益来为社会弱势群体提供社会保障的治理方式，实现两者的共赢才是正确的。公共服务论也具有可操作性，认为如果政府提供社会保障的服务没有损害社会其他阶层的合法利益，也没有损害社会整体利益，那么政府提供的社会保障服务还有改进的余地，直到会损害社会其他阶层的利益和社会整体利益时为止。而这恰恰是一个需要在政府公法治理的实践中经过不断试错才能最终确定的标准。

最后，对于社会财富的再分配问题，公共服务论认为，政府公法治理应当介入，促使社会成员的共同富裕。功利主义分配观认为，私有财产权神圣不可侵犯是资本主义社会的制度根基，契约自由是资本主义经济有效率的制度保证。唯有如此，才能充分利用人们自利的动机，创造大量的社会财富，同时确保每个人都得其所应得。这里的应得是指，凭借社会成员的能力与机遇而应当获得的受法律所保障的社会财富。在市场机制下，社会财富的分配必然体现出地区、职业和人群的差异，这种差异不是政府公法治理介入的正当理由，而是市场机制发挥作用的保证，这些差异实际上是市场中比较优势的一种表现形式。在市场中，人们受自利动机的驱使，必然会很快地使比较优势趋向于平衡，社会财富分配的不平等状态很快就会被打破，政府公法治理根本没有必要介入到社会财富的再分配过程，市场机制具有自发调节的能力。当一种分配不公被市场机制调整而趋于平衡之后，新的分配不公又会出现，市场将自发地将其调整至平衡状态，如此循环，永不停息。政府公法治理的介入将打破市场自发调节社会财富的机制，使比较优势信息不能再发挥资源合理配置的功能，新的分配格局将在政府的主导下形成。在市场机制下，人们的贫穷与富裕是由天赋、才能或机遇决定，人们除了抱怨上帝的不公之外，并没有其他正当理由来抱怨自己的处境。但在政府公法治理介入的情况下，人们在社会中的境遇在很大程度上由政府行为决定，利益受损的人将抱怨政府的不公，获得利益的人还想从政府公法治理行为中获得更多的利益，如果无法获得满足，也可能会抱怨政府的不公。

　　功利主义分配观体现了人们对市场自发调节社会财富分配的信心,有一定的合理性,但是却存在虚设前提的缺陷。市场自发调节机制能够发挥作用的关键在于,人们对比较优势的信息掌握,以及平衡比较优势所需要的交易费用不存在。如果比较优势的信息掌握是不完全的,平衡比较优势的交易费用也比较高,那么市场自发调节社会财富的机制就有可能失效,"富者愈富,贫者愈贫"的社会态势就不可能为市场机制所改善。政府公法治理的介入与市场自发调节机制都存在信息不完全和交易费用高昂的问题,政府在调节社会财富分配格局时确实有可能与市场机制一样出现失效的状况。一旦政府调节失效,引发的道德问题比市场机制更为严重。在市场机制下,人们只能抱怨无形的上帝,而在公法治理模式下,人们却可以抱怨有形而实在的政府。既然市场与政府对于社会财富的分配调节都有可能失效,那么就没有一种机制必然优于另一种的理由。但是,人们却有道德上的理由要求政府公法治理介入社会财富的再分配过程。在实践中完善人格是人性的一种必然趋向,完全放任本性是对自己极不负责的一种道德态度。同样的,政府公法治理努力地在社会实践中完善社会财富分配的格局,使社会财富分配更为公平是政府公法治理的一项不可推卸的责任,完全放任市场机制扩大社会财富分配不公的状态在道德上是不可接受的。个人不能因为能力缺乏而放弃对人格完善的追求,政府也不能因为缺乏对社会财富调节的能力而放弃对社会共同富裕目标的追求。

　　如果政府公法治理能够以公共服务论为指导,那么政府调节社会财富的公法治理是可以接受的。公共服务论认为,不存在固定的标准,可以用来判断政府公法治理调节社会财富再分配的正当性。政府只有在社会实践中通过不断地试错,才能发现公法治理调节社会财富的最佳方式。在试错的过程中,政府公法治理应当要坚持是,不能以损害任何部分社会群体的利益为代价来推进社会财富的分配公平,而应当在不损害任何一方利益的前提下来改善分配不公的状况。如果一种政府公法治理调节社会财富分配的模式,在不损害一方利益的前提下能够提高另一方或整个社会的利益,那么这种社会财富分配的模式还有可以改进的余地,直到必然损害一部分社会群体的利益或整个社会的利益时为止。政府公法治理社会财富分配模式的这种判断标准是实践性的,只有在实践中才能发现,同时也是动态性的,在一个特定的社会中,并不存在永恒的、能够一劳永逸地解决社会财富分配不公的公法治理模式。

# 第五章 社会制度与公共服务

本章主要考察公共服务论在社会制度方面的适用性。社会制度一般可以区分为两个方面,一是社会管理制度,涉及社会如何治理的问题;二是社会公平制度,涉及社会地位的平等问题。支撑社会管理制度的理论主要有:法律实证主义、自然法学和社会学法学;支撑社会公平制度的理论主要有:功能主义、冲突主义和规范主义。本章通过考察和批判上述理论,阐明了公共服务论作为社会管理与社会公平制度精神的可能性和可行性,以及相对于其他理论的优越性。

## 第一节 社会管理制度的考察与批判

### 一、法律实证主义的社会管理观

法律实证主义的代表人物哈特认为,在完全自治的社会中,如果从外在方面来看,社会中存在一种关于如何行为的规则,从内在方面来看,受规则约束的人们承认规则对自己有约束作用,那么该社会就存在约束社会成员的规则。但是在完自治的社会中,虽然可能存在规则,但是却存在三个难以克服的困难:首先,规则有滞后性,跟不上社会发展的步伐。其次,规则存在模糊性,人们对规则的理解难免存在争议。最后,规则缺乏强制性,人们缺乏严格遵守规则的压力。因此,公法治理必须介入自治社会,公法治理的正当性就在于能够有效地解决公民自治所不能解决的三个问题。为此,必须依据公法的规定,组建立法机构、执法机构与司法机构,由这些机构来制定、修改和实施自治社会的规则,预防纠纷的发生或者解决实际发生的纠纷。在哈特的观念中,公法属于第二性的规则(构成性规则),约束社会成员的规则属于第一性规则(调整性规则），第二性规则涉及公法治理机构的组建以及治理方式等问题，第一性规则涉及公民自治的问题，第二性规则明显具有服务于第一性规则的性质，也就是说，公法治理是为公民自治服务的，公法治理的主要功能就是解决公民自治过程中的纠纷或争议。除此之外，第二性规则还有形成功能，即在只有第一性规则的自治社会中，第一性规则并不能被称为"法律"，只有第二性规则加入并与第一性规则形成有机联系，真正意义上的"法律"才出现。或者说，公法治理的介入使自治社会发生了质的变化，由一个完全自治的社会变成了一个有特定法域的政治社会。但是，公法治理解决社会纠纷的功能才是主要功能，型构"法律"的功能只有理论上的意义，实践中并无解决纠纷的作用。① 一般认为，公法治理解决社会纠纷，必须具备以下三个条件。

首先，必须存在立法规则，以组建立法机构，并由立法机构制定或认可相应的法律规则。公民自治社会容易产生纠纷的主要原因之一在于，人们对于约定俗成的规则缺乏统一的认识和理解，人们按照各自对约定俗成规则的理解，来指导自己的行为。立法机构的存在，可以将约定俗成的规则明确化，以成文的形式颁布，有利于人们形成对规则的统一认识与理解。另外，约定俗成的规则变化相对比较缓慢，难以适应社会事实发展的新变化，这是公法自治社会容易产生纠纷的另一个重要原因。立法机构的存在，可以根据发展变化了的社会事实及时颁布新的法律规则，以适应社会事实发展的新需求，及时排除因规则不适应社会事实而产生的社会纠纷与争议。

其次，必须存在执法规则，以组建执法机构，并由执法机构来维护社会秩序的稳定与和谐，维护公民人身与财产的安全。在完全自治的社会中，霍布斯认为，人与人之间是"狼"的关系，人们为了生存随时可能发生战争或争斗，即"生存竞争"，人们的人身与财产处于不确定和不安全的状态，人们除了要花费大量的精力来获取基本生活资料以外，还需要时刻担心其他人对自己人身与财产所可能带来的危害。执法机构的存在，可以为处于自治状态的人们消除对人身与财产安全的担忧。执法机构通过有组织地实施强制力，在人们违法时剥夺或限制人身或财产权利，可以促使人们遵守相应的法律规则，维护社会秩序的稳定，保护人们人身与财产的安全。

---

① 参见［英］哈特著：《法律的概念》，张文显译，中国大百科全书出版社 1995 年版。

　　最后,必须存在司法规则,以组建司法机构,并由司法机构根据相应的法律规则来裁决纠纷,维护社会的稳定与和谐。一般情况下,法律规则具有普遍性,可以适用于同类型的诸多社会事实。为达到能够涵摄尽量多社会事实的目的,法律规则的文字表达必须尽量抽象——忽略大量特殊性社会事实为代价。尽管如此,法律规则的文字表达还是难以避免无法涵摄所有社会事实的问题。也就是说"法律漏洞"是必然存在的。在社会成员之间发生的纠纷或争议是具体性和个别性的,每一个案件都有一定的特殊性。普遍性的法律规则适应于具体案件时存在多种可能性,既可能存在数个法律规则可以同时适用某个案件的情况,也可能存在没有合适的法律规则适用于特定案件的情况,还有可能存在法律规则适用于特定案件存在疑问的情况。如果公民之间通过相互协商来解决彼此之间的纠纷或争议,那么解决的可能性是非常低的。司法机构的存在,为发生争议的当事人提供了独立居中的第三方,对当事人之间纠纷或争议采取中立的态度来判断应当适用的法律规则,促使当事人站在"旁观者"的角度来考虑发生纠纷或争议的事实与规则,保证当事人以更为理性的态度来看待发生的争议以及最终的解决方案,促进纠纷或争议的和谐解决。

　　法律实证主义者站在形式主义的立场上,使用社会功能主义的立场,提出了法律是一种"规则体系"的观点。公法与私法的区别也就是第一性规则与第二性规则的区别。私法主要是公民自治的规则,属于第一性规则,公法是第二性规则,公法的任务即为解决私法自治所遭遇的难题。从社会功能的角度来说,公法必须具备三种功能,即立法、执法与司法功能,公法的规则体系也相应地由三个部分构成,即立法规则、执法规则和司法规则。公法具备法律身份的决定因素,取决于公法本身获得的普遍服从性,也取决于公法对于私法的保障与服务是否获得了社会的普遍服从。法律实证主义极力否认,公法只有包含了道德的或伦理的因素才具备法律的身份,才能有效地解决自治社会中存在的纠纷与争议。相反,法律实证主义想确认,公法的法律身份与道德或伦理的因素无关,只要满足了解决自治社会纠纷与争议的基本功能,能够有效地解决社会的纠纷与争议,就具备了法律的身份,即使公法可能与人们的道德观念不符。因此,法律实证主义关于纠纷解决的基本观点可以概括为:只要公法具备了立法、执法和司法三大规则,并组建了相应的机构,这些机构的公法治理获得了人们的普遍服从,那么公法就具备了法律的身份,就能够履行纠纷解决的社会功能。

## 二、自然法学的社会管理观

自然法学在西方社会拥有古老的传统,从古希腊时期柏拉图的理想国、斯多葛学派的自然理性,到古罗马时期西塞罗的自然法高于人定法的观念,以及欧洲中世纪的神法观念都是以自然法作为法律的核心精神。根据梅因的观点,如果西方社会的法律没有自然法传统,那么也就不可能有现代西方社会法律的发达,甚至西方社会的发展方向都有可能改变。但是,真正具有强大社会影响力的自然法观念是在启蒙时代提出的。作为一种反对宗教与封建贵族统治的政治思想,作为一种强大的思想武器,自然法观念动摇了宗教观念对人们思想的束缚。作为一种政治意识形态,自然法观念为资本主义社会的发展提供了制度建设的思想基础。

在古典的自然法学中,有几个重要而关键的理念。就立法方面而言,法律应当保障人们的"天赋权利"不受公法治理的侵犯,尽力扩大人们在社会生活中的自由,自由只能因为自由的缘故才能受到公法治理。也就是说,只有在一个社会成员的自由必须以侵犯其他人的自由为代价时,公法治理的介入才是正当的。公法治理所保障的自由是一种消极自由,而非积极自由。也就是说,公法只能对人们所不当为的行为进行治理,不能涉及可以为也可以不为的行为。对于只有通过提高自身能力才能获得的社会自由,属于公民自治范围内的事项,公法治理不能干涉。就执法和司法方面而言,执法机构的执法行为和司法机构的司法行为应当受"自然正义"原则的限制。第一,要保证受执法或司法行为影响的人们能够参与执法与司法的过程;第二,应当保证执法或司法机构在解决纠纷或争议的过程中保持中立;第三,应当保证受执法或司法行为影响的人们有对等的机会参与执法或司法过程;第四,应当保证执法或司法行为以合理的方式解决纠纷或争议;第五,应当保证执法或司法行为在合理的时间内解决纠纷。从古典自然法学的理念中,公法治理解决纠纷或争议的有效性由公法治理的品质决定,或者是由公法治理的价值属性决定。公法必须保证公民最大范围的社会自由,公法治理必须受一系列"自然正义"原则的限制。只有在公法治理满足了这些基本价值要求之后,公法治理解决社会纠纷的活动才具有正当性。有正当性的公法治理活动才可能是有效的,因为只有人们在道德上接受公法治理,才能对公法治理解决纠纷或争议的活动形成稳定而长久的服从。

古典自然法学重视公法治理解决纠纷或争议的价值因素,尊重社会纠纷或争议当事人的人格,观点非常有吸引力,不仅吸引了众多怀有崇高社会理想的理论家对其进行详细的论证,也对美国等一些西方资本主义国家公法治理的体制产生了实质影响。但是,古典自然法学的方法论基础是非常薄弱的。首先,公法治理应当保障公民最大范围的社会自由是一种无实证基础的假设。公民最大范围的社会自由来源于"天赋人权"以及通过"社会契约"部分让渡权利的假设,公法治理的范围仅仅局限于"社会契约"中已经让渡的公民权利,对于公民没有让渡的权利,公法治理没有正当性。众所周知,这是一种纯粹假想的社会状态,真实的情况是,完全自治的社会演变成一个受公法治理的政治社会,经历了漫长的历史过程。在这个历史过程中,公民们不可能达成所谓的"社会契约"。即使先民们有能力达成这样的契约,后来的人们也没有必须遵守这些契约的必然性和正当性。其次,以公法治理应当具备的品质来论证公法治理解决纠纷或争议的有效性存在逻辑困难。公法治理应当具备的品质属于道德或价值问题,而公法治理解决社会纠纷或争议的有效性属于事实问题,认定公法治理只要具备了某些品质就能够保证公法治理解决社会纠纷或争议的有效性,实际上就是规范证明事实的论证逻辑,这不仅在理论上存在不可逾越的逻辑困难,在实践中这种结论也难以成立。

20世纪的新自然法学尝试着解决上述困难。理论家们借用社会科学最新的研究成果,试图证明古典自然法学关于公法治理的观点是正确的。德沃金借用了哲学诠释学或解释学的最新理论,提出了对法律进行"整体性阐释"的论证方法。根据德沃金的观点,法律规则的意义不能够仅仅从法律规则文字的字面意义来理解。文字是人们传情达意的工具,意义表达受语境的控制或影响,在文字的字面意义中不可能体现这种控制或影响。当人们脱离特定的语境来理解文字的字面意义时,每个人都会根据自己长期生活的环境所型构的语境作为背景知识,或者说每个人都是根据自己的"前理解"或"偏见"来理解,这就不可避免的会对法律规则的意义产生不同的认识。加达默尔认为,一个民族或国家的文字就是这个民族或国家历史文化传统的表现,只有站在这个民族或国家文化传统的立场上才能正确理解这个民族或国家文字的意义,对于个人来说,一个人的生活经历或所处的生活环境可以决定其对某些语言意义的正确理解。① 以此为基础,德沃金提出了新自然法学的基本观点,在部分程度上复兴了古典自然法学的传统。根据德沃金的观点,公法治理机构在立法、执法和司法过程中,总是以特定国家的文化传统为前提,制定相应的法律规则,并在法律适用的过程中,以传统的道德观念作为解释法律规则的"前理解"或"生活形式"。一个国家法律传承的过程就如同不同的人在续写一个剧本,后面续写的人总是在理解了前人所写下剧本的中心思想和人物性格特征之后,才能根据剧情发展的需要写下新的剧本,这样就可以保证新旧剧本在精神上的统一性,尽管故事情节可能存在较大的差异。也就是说,虽然社会在发展,一个国家面临的时代任务有差别,但公法精神却在社会演变的过程中保持不变,公法精神与这个民族或国家一贯的道德传统紧密相关,或者说就是这个民族或国家文化传统的具体体现。在德沃金看来,西方社会的道德传统就是尊重个人权利,保障公民最大范围自由的传统。因此,公法治理应当"认真对待权利",在"法律的帝国"中,作为"国王"的法官应当努力保障人们的道德权利,通过"自由法律"的治理来保障人们最大范围的社会自由,实现社会平等的"至高美德"。②

新自然法学的另一个代表人物富勒从公法治理维护社会秩序最低要求的角度,提出了另一种观点。富勒认为,法律实证主义的法律观不足以实现解决社会纠纷或争议的功能。根据法律实证主义的观点,只要设置了立法、执法与司法机构,这些机构获得了社会的普遍服从,那么公法就获得了法律的身份。公法治理是否能够有效地解决社会纠纷或争议是一个治理策略或手段问题,与公法的法律身份无关。公法只要具备了解决社会纠纷或争议的基本设置,就有解决社会纠纷或争议的可能性。在富勒看来,法律实证主义者的观点只具有形式上的意义,无实质上的意义。因为公法的基本功能是,"使人们的行为服从规则的治理"。如果公法设置的治理机构不满足以下基本条件,那么公法治理是不可能实现基本功能的。这些条件为:其一,法律必须具有一般

① 参见[德]伽达默尔著:《真理与方法》,洪汉鼎译,商务印书馆2007年版。
② 参见何勤华著:《西方法学史》,中国政法大学出版社1996年版。

性。适用于一般的人,不能针对特殊阶层制定针对性的法律;其二,法律必须颁布。唯有如此,法律才有使人们服从的可能性;其三,法律不溯及过往。人们没有遵守事后法的可能性;其四,法律必须清晰。唯有如此,才能保证法律对人们行为的引导是正确的;其五,法律具有可行性。不应当规定人们需要经过巨大努力才能做到的事情;其六,法律具有稳定性。稳定的法律才能对人们服从的预期形成稳定的指导;其七,法律不应当自相矛盾。自相矛盾的法律没有服从的可能性;其八,官方行动与法律一致。唯有如此,人们才有服从法律的治理而非人的治理的可能性。① 据此可以推论,公法即使设置了法律实证主义者认定的公法治理机构,并由这些机构来履行治理社会的功能,如果不能满足上述基本的道德要求,那么社会必定是不稳定的,可能会在短时期内崩溃。这就如同在一个暴君统治的国家中,如果暴君随意使用不符合基本道德要求的公法来治理社会,并利用公法治理的强制性手段来保证法律的实施,那么暴君的统治必定是不稳定的,必定会被这个社会的人们所抛弃。

尽管新自然法学采用了不同的论证方法,但是理论倾向却未发生大的变化,还是坚持了古典自然法学的一贯精神,即寄希望于对公民权利与自由的强调,强化公法治理的道德或价值属性,以公法治理的正当性来保证公法治理解决社会纠纷或争议的有效性。公法治理的正当性在于,维护公民权利不受侵犯,尽量扩大公民自由的范围。公法治理具体措施的设计与实施应当以正当性为基础。在公法治理过程中,一般存在两大制度,一是控制公法治理机构权力的制度设置,二是保证公民平等参与公法治理过程的制度设置。对于控权制度,又包含了以权力制约权力的分权制和以权利制约权力的监督制两种制度设置。对于平等参与制度,主要通过正当程序制度来体现。在美国,程序的正当性也被称为“程序正义”。通过分权与监督,可以有效降低公法治理机构滥用权力的可能性,可以有效提高依法实施治理的可能性。通过设置正当的程序,公法治理解决纠纷可以保证公法治理过程的民主性、参与性和平等性,保证纠纷或争议的顺利解决。

① 参见[美]富勒著:《法律的道德性》,郑戈译,商务印书馆 2005 年版。

### 三、社会学法学的社会管理观

法律实证主义将法律形式视为规范性事实,并对此进行科学化研究,将法律结论的科学性定位于法律形式。法律实证主义针对社会纠纷或争议的解决问题,同样采取了形式主义的立场,认为只要公法设置了具有不同功能的治理机构,那么通过公法治理解决社会纠纷或争议的可能性就具备了,公法也由此获得了法律的身份。自然法学从法律应当具备的价值属性出发,强调法律规范应当包含特定的价值或道德内容。就公法治理而言,必须满足尊重公民权利与保障公民自由的价值要求,否则公法既有可能丧失法律的身份,也有可能失去有效治理社会,解决社会纠纷或争议的能力。相对于这两者而言,社会学法学站在一个更为实证的立场上,既不将法律形式作为研究对象,也不太关注法律所应当具备的价值或道德属性,而是将与人们生活形式相关的法律规则(埃希利称为"活法")作为其研究对象,不局限于特定社会中的人们应当遵守的行为规则,也包括人们实际遵守的行为规则。社会学法学不是形式主义的,不将法律形式视为一种事实,而是实质性的,将法律参与人们生活的实际过程视为一种事实。美国著名法学庞德认为,社会学法学的主要任务有六项:其一是研究法律制度和理论的实际社会效果,而非仅仅研究规范体系的概念;其二是结合社会学研究与法学研究为立法做准备;其三是研究使法律规则对人们发生实际约束力的手段;其四是应当对法律史进行社会学研究,而非仅仅研究规范自身的演变;其五是研究具体案件公正合理地解决过程;其六是研究使法律目的更加有效实现的方法或手段。① 社会学法学注重社会实际效果的研究方法,与马克思主义法律理论的研究方法有相似之处,具有相当强烈的科学色彩,对社会实际问题的解决更有针对性和实效性。

庞德认为,法律是实现社会控制的手段。社会需要法律的控制,是因为社会中存在复杂的利益冲突。利益是指"人们,个别地或通过集团、联合或关系,企求满足的一种要求、愿望或期待;因而利益也就是通过政治组织社会的武力对人类关系进行调整和对人们的行为加以安排时所必须考虑到的东西。"② 也就是说,一个外在的东西(比如物质)如果没有人感受到对自己的价

---

① 参见[美]庞德著:《法理学》,邓正来译,中国政法大学出版社 2004 年版。
② 沈宗灵著:《现代西方法理学》,北京大学出版社 2000 年版,第 290—291 页。

值,那么这个外在的东西也就对这个人没有利益。同一个外在的东西,不同的人感受到的价值感也有所不同,因而这个外在的东西对不同的人显现出不同的利益。根据利益感受的不同,利益可以大致区分为个人利益、公共利益和社会利益。个人利益是指由个人提出的主张、要求或期待,公共利益是指由一个国家作为法律主体提出的主张、要求或期待,而社会利益则是指维护社会正常秩序和活动所提出的主张、要求或期待。社会中的利益冲突就表现为个人利益、集体利益和社会利益之间以及它们相互之间复杂的利益关系。法律的主要作用就在于通过清晰地界定各种利益之间的范围,避免利益之间的冲突,通过公法治理来保障人们能够稳定享有属于自己的利益。当发生利益冲突时,通过公法治理来调整人们之间的利益关系。对于法律通过调整利益关系来解决社会纠纷或争议的方式,庞德提出了"社会工程"的构想。庞德解释说,工程是指一个过程、一个活动,而不仅仅是一些知识或固定的建筑体系,以便命名数学公式和力学法则通过使用工具在固定不变的方式下实现。人们对一个工程师才能的判断,是以工程质量来衡量他是否胜任所从事的工作,而不是根据他的工作是否符合传统的理想模式来判断。把法比做社会工程,意味着要像对待工程师那样衡量立法者、法官和法学家的工作。社会工程法学要研究秩序,而不是去争论法的性质;要考虑利益、主张和要求,而不是仅仅考虑法定权利;要考虑人们所要保障和满足的东西,而不是仅仅考虑人们企图用来保障和满足这些东西的制度——好像这些制度是为了自己而存在的;要考虑人们面前要做的事做到什么程度,而不是仅仅考虑怎样去做它;要考虑一种体制如何活动,而不是仅仅考虑它是否有条不紊或完美无缺;要根据法律秩序——法律主体的活动,而不是根据法律——经验和制度来考虑;要注意考虑调整各种关系或调和、协调各种不同的主张和要求的活动,而不是调整、调和、协调本身。总之,"我们越是清楚地认识到我们正在做什么和为什么这样做,则我们的社会工程将越有效"。[①] 作为社会工程,公法治理的目的是尽可能合理地建构社会结构,以有效地控制由于人的本性而不可避免出现的社会矛盾和冲突,以最小的阻力和耗浪费最大限度地满足人们的利益诉求。这涉及利益平等问题。

---

① 参见[美]庞德著:《通过法律的社会控制》,沈宗灵译,商务印书馆1984年版。

　　利益平衡或权衡必然涉及价值问题,即按照何种方式来平衡或权衡利益关系才是最合理的,或能够最有效的解决利益冲突的问题。庞德认为,从法学理论的历史来看,公法平衡或权衡利益的价值来源有三个,其一是,特定的权威。这种权威可能是卡里斯玛型或个人魅力型权威(韦伯),也可能是经济的权威(马克思),当然还有可能是传统型的权威或法理型权威(韦伯)。权威对价值的影响源于权威的影响力;其二是,人类的理性。价值源于人类理性的观念在西方社会的理论传统中有非常悠久的历史,各种流派的自然法就是典型代表;其三是,人类治理社会的经验。在社会治理过程中,人们会发现何种价值是最好的,是值得人类社会去追求的。在三种价值来源中,庞德认为经验最佳的,也最符合“社会工程”的治理观念。庞德通过自己思想发展的历程,认为可以“通过经验来发现并通过理性来发展调整关系和安排行为的各种方式,使其在最少的阻碍和浪费的情况下给予整个利益方案以最大的效果”。①经验具有“工程的价值”,人们可以从中找到一定消除或减少阻碍和浪费以实现最大社会利益的道路,这条道路就是承认个人自我精神的社会合作——庞德称之为文明的合作。

　　如果说马克思和韦伯的社会学法学分别解释了社会事实与法律之间的因果关系,那么庞德的社会学法学则明确地说明了法律是实现社会控制的一种手段或技术,前者注重法律理论的科学性,后者注重法律的技术性。马克思认为,是经济基础决定了法律的内容。在私有制的前提下,社会根据生产资料的占有分化为统治阶级与被统治阶级,法律就是统治阶级对被统治阶级进行暴力统治的工具。作为阶级统治工具的法律主要是公法,公法治理主要是实现统治阶级的意志。韦伯认为,是社会意识决定了法律的内容。社会意识对法律制度的形成有决定性的影响。在韦伯看来,新教伦理或清教徒的信仰决定了资本主义制度的形成。公法治理注重形式理性,注重公民权利与自由的保护与新教伦理观念密不可分;在中国,儒家思想决定了中国传统法律制度的形成,即家庭伦理观念构成了公法的主要内容。庞德的社会学法学注重公法治理的技术性,强调公法治理应当从经验中获得的价值认识,并以此为依据合理地平衡或权衡利益之间的冲突,达到合理建构“社会工程”的目的。这种理论

---

①　参见[美]庞德著:《通过法律的社会控制》,沈宗灵译,商务印书馆1984年版。

深化了人们对于社会学法学的认识,使人们认识到,社会学法学不仅能够在实证的基础上合理地解释公法治理活动,而且也能够为公法治理活动提供技术上的支持。

### 四、主流社会管理观之批判

法律实证主义和自然法学的社会管理观,都采用了个人主义的方法论,都是西方资本主义社会主流意识形态——自由主义观念下的产物。

法律实证主义承认自治社会的优先性,通过对自治社会规则的探讨,得出了第一性规则治理自治社会不便的结论。在法律实证主义者看来,第一性规则表现为两个方面,一是个人行为表现出常规性或规律性,即个人按照一定的行为模式来行为,这是规则的外在方面,具有社会事实的性质,可以通过观察而获得相应的认识;二是个人对行为常规性或规律性的接受,这种接受是规范性的,也就是说个人认为自己应当受常规性或规律性的指导。第一性规则的内容与社会中的道德规范有很大部分是相容的。如果第一性规则能够很好地治理社会,那么第二性规则就没有存在的必要性。但是,正是由于第一性规则治理社会存在的问题,第二性规则才有介入第一性规则治理活动的必要性和正当性。第二性规则介入第一性规则导致了第一性规则发生了质的变化,使第一性规则与道德规范产生了实质性差别,第一性规则具有了法律的身份,尽管在内容上与道德规范保持很大程度的一致性。从第二性规则只有在第一性规则无法解决自治社会难题时才有介入的正当性来判断,法律实证主义是一种典型的自由主义理论,与强调个人自由与权利的自由主义一脉相承。从个人对规则接受的角度来看,法律实证主义也是一种个人主义——只强调个人接受对规则身份确认的重要性,不考察个人接受的社会原因。从社会治理的过程来看,法律实证主义的理论前提有一定的虚假性。首先,自治社会的不便,绝对不限于规则满足不了社会发展的需要,以及对规则的理解或认识存在差异。事实上,如果公法治理不制定一些新的第一性规则,而仅仅是承认社会自发形成的第一性规则,那么有一些社会问题可能永远也无法解决,成为影响社会不稳定或社会发展的决定性因素。实证主义者也许会说,公法治理介入的社会管理也没有能力解决这些社会问题,因为政府有意识地社会管理活动,只能解决眼前所面临的问题,对于可能产生的长远影响并不清楚,也许将来会出现这种情况,即现在政府社会管理活动所面临的问题恰恰是以前政府进行社会管理活动的直接结果,而如果政府放弃以前的社会管理活动,那么现在的政府将不需要进行社会管理活动。也就是说,虽然政府可能有能力解决目前面临的社会问题,但是政府的社会管理活动却可能使这些社会问题变得越来越严重,因为政府对社会管理活动的长期结果缺乏确定性认识,使政府的社会管理活动介入公民自治社会的程度越来越深,而管理社会的能力却越来越弱,最终导致公民自由的完全丧失和社会的解体。这种说法是不可接受的。政府的社会管理活动确实存在无能力的可能性,但是,自治社会的自发性也存在盲目性和无能性的问题,寄希望于通过社会的自发性发展,以战争、动乱、瘟疫、贫穷或其他事件的周期性爆发来解决社会问题,相对于政府公法治理而言是更加难以令人接受的,因为这对个人的自由与权利而言是一场更大的灾难。其次,个人对规则的接受,绝对不是凭空而来的,而是受制于一个民族或国家特定的社会历史条件,或者说是受制于一个民族或国家特定的社会结构。一个民族或国家特定社会结构的形成,经历了漫长的演变过程,是这个民族或国家无数代人长期共同生活的结果。任何个人都不是抽象的存在,而是社会性的存在,一个人的品质和道德观念的形成不是先验的和抽象的,而是社会性的,是由先在的社会结构决定的。人是社会性的人,虽然一个民族或国家的社会结构也在发生缓慢的变化,但是相对于个人的一生来说,这种变化缓慢得可以忽略不计。这就意味着个人对规则的接受,绝不是先验和抽象性的,它与一个民族或国家的社会历史条件紧密相关。西方资本主义社会所推崇的,政府社会管理应当尽量扩大个人自由与权利的观念,也只有西方资本主义社会才有接受的可能性,在不具有这种传统或社会历史条件的民族或国家中,并不一定能够接受这种社会管理的观念。

自然法学与法律实证主义在法律应当包含什么的观点上存在较大差别。自然法学强调个人自由与权利的绝对优先性,为了保障这一道德目标的实现,自然法学对政府公法治理提出了相当高的道德要求。自然法学反对政府公法治理活动过分介入社会管理过程,认为只有这样才能最大程度上保障个人的权利与自由。为达到这一目标,自然法学认为,政府社会管理活动应当"认真对待权利",在制定的法律中,应当尊重公民自治社会的传统道德规范,公法治理活动应当满足基本的道德要求;公法治理机构在执法法律或适用法律进行社会管理过程中,应当遵守"程序正义"或"正当程序"的要求,努力保障公民个人自由与权利不受公法治理机构的任意侵犯。自然法学与法律实证主义一样面临着同样的理论困境。除此之外,自然法学还面临着另外两个难题。其一是自然法学以政府公法治理的规范性来证明社会管理活动的有效性,缺乏理论与实践根据。规范上的正确性并不能保证实践中的有效性,这是一个基本的社会常识,就如同一有良好德性的人并不能保证一定能够达到预定目标一样。如果政府公法治理缺乏相应的手段或能力,那么政府公法治理就不能保证社会管理的有效性;其二是自然法学将政府公法治理进行社会管理活动的道德要求普遍化,同样缺乏理论与实践根据。人们的道德观念是一种地方性知识,与人们的生活形式密不可分,或者说人们的道德观念与人们的生活形式是相互交织在一起的,一种道德观念的善恶必须站在特定的生活形式下来理解和认识,并不存在普遍适用性的抽象道德观念。即使存在,这种道德观念也会因为脱离具体的生活实践而毫无实践价值。亚里士多德认为,人们的道德生活是实践性的。这就意味着,先在的社会条件构成了人们道德生活的前提或限制性条件,人们只能在特定社会生活条件下实践相应的道德观,也只能在特定社会生活条件下来谈论道德观念的善恶。自然法学将公法治理所应当遵守的道德要求普遍化,是一种个人主义的方法论,将所有个体视为抽象的个体,不受特定社会生活条件的限制。这样的个体在真实社会中是不存在的,只存在于理论家的假想中。但是,我们必须承认,自然法学对政府公法治理提出的道德要求,具有一定的理论价值,其考察了美好人类社会的理念形态,为政府公法治理活动提供了目标或前进的方向,其缺少的是实践性。

社会学法学的观点具有一定的合理性。从方法论上来说,社会学法学摆脱了个人主义的影响,考虑了个人利益、公共利益与社会利益之间的复杂性,认可了维护公共利益和社会利益的安全对于政府公法治理的基础性地位。社会法学具有实证性和科学性的特点,从政府社会管理的社会效果来衡量公法治理的优劣性,摆脱了单纯从法律形式和价值来考察公法治理优劣的观念,使得社会学法学的公法治理观念有很强的针对性和实践性。社会学法学的主要缺陷在于对公法治理的价值目标缺乏考虑,虽然强调政府公法治理应当像社会工程一样注重实际效果,但是,对于什么样的实际效果才是应当追求的效果,采取了经验主义的立场,认可从社会实践中获取之价值观的正当性。经验的价值观可能在短期内有好的社会效果,但是由于对政府公法治理的持续改进性,以及社会管理的最终效果缺乏评价标准,使政府公法治理活动过分注重眼前的社会效果,不注重社会长远的发展规划。另外,经验的价值观包含了以损害社会某部分群体利益为代价来达到相应社会效果的观念。根据这种观念,如果某部分群体的利益被牺牲了,但是预先设定的社会效果却达到了,那么社会管理活动就被认为是正当的,政府公法治理也是可以被接受的。社会管理活动过分注重现实价值,忽略远大价值目标的指引,将会导致政府公法治理活动长期挣扎于现实社会效果的泥潭中难以自拔。而忽略少部分群体利益来达到相应社会效果的社会管理活动,从"人生而平等"和"社会是一个相互合作体系"的价值理念来看,也是难以接受的。

## 第二节　社会公平制度的考察与批判

### 一、功能主义的社会公平观

功能主义社会公平观受进化论的影响,以生存竞争和社会选择作为理论核心。功能主义社会公平观的基本观点是,社会不平等不仅是不可避免的,而且事实上对社会的正常运转也是必不可少的。也就是说,社会分层是社会在演化过程中的必然现象,就如同自然界存在不同物种一样。自然界的不同物种是通过长期的生存竞争,在适应自然条件的前提下进化形成的。社会分层也是通过不同社会层级之间的相互竞争,在适应自然与社会条件的前提下发展而来的。自然界的物种与自然条件形成了高度和谐的关系,处于一种复杂的生态关系之中,尽管物种之间存在相互制约与平衡的关系,一类物种可能处于食物链的顶端,而另一类物种处于食物链的底端,但是物种之间又是相互依赖的关系,各自履行着不同的功能,共同维护着自然界的稳定与和谐。社会的各层级与此类似,社会各层级存在复杂的相互适应的关系,一个层级可能处于社会的顶层,而另一个层级可能处于社会的底层,但社会阶层之间是相互依赖的关系,分别履行着不同的社会功能,共同维系着社会稳定与和谐。具体而言,在一个社会中存在着不同的职位,每种职位对能力都有不同的要求,使有相应能力的人占有相应的职位对于该职位的正常运转来说是至关重要的,如果占据该职位的人能力不足,其社会后果将是灾难性的。在社会所有的职位中,有一些职位对于社会的存在与延续至关重要,如果履行该职位的人能力不足,那么社会就有可能崩溃或解体,而另一些职位却没那么重要,即使履行这些职位的人能力不足,那也不会造成社会的重大灾难,它影响的仅仅是社会个体生存的质量。比如,一个政治家职位所需要的能力条件是非常高的,而一个垃圾工却没有过多的能力要求,如果一个缺乏相应能力的人当上了政治家,那么这个民族或国家可能会面临重大的灾难,而如果一个人不擅长清理垃圾,那么其影响的也仅仅是人们不能够享有清洁的生活环境而已。

　　不同社会职位所要求的能力,部分是天赋的,但大多数需要经过后天的教育与努力才能获得。获得社会顶层职位可能需要人们经过长期的教育,并经过社会实践才能获得相应的能力,为此人们要耗费大量的资源和精力;而处于社会底层的职位可能只需要人们经过简单的培训就可以获得相应的能力。如果两种职位在社会中是完全平等的,那么社会将依赖什么去激励人们获得更强的能力来满足相应职位的要求呢? 只有赋予对能力要求更高的社会职位以更多的财富、声望或权力,才能引导人们付出大量的金钱和精力来获得适应相应职位要求的能力。这样就必然会导致社会阶层之间的不平等,但是这种不平等能够保证让有相应能力的人占据相应的职位,每一个人都将从每一种社会职位功能的良好发挥中获得收益,社会整体将从这种不平等中获益。

　　因此,在功能主义者看来,公法不仅没有必要对社会不公平现象进行治理,而且也没有能力对此进行治理。首先,如果公法对此现象进行治理,强行将具有不同能力要求的职位分配相同的财富、声望和权力,借此保证社会公平,那么就可能出现这种状况,即对能力要求高且需要付出巨大努力的职位大量空缺,而对能力要求低且付出较少的职位则人满为患。公法的这种治理活动,虽然保证了人们在职位待遇、声望和权力上的公平性,但是却形成了另外一种不公平,即对付出了巨大努力或成本而获得相应职位能力且承担了更多社会责任的人不公平。也就是说,公法的治理活动虽然解决了一种社会公平问题,但是却引发了其他社会不公,两者相抵,社会的公平状况可能不会得到改善,但是公法治理耗费了大量的社会资源。其次,社会中职位的重要程度及所需要的能力,是通过社会竞争自发形成的,随着人类社会的发展,社会职位及相应的能力需求也会发生相应的变化。在一个特定社会的某个时期,职位对能力要求的高低,取决于社会竞争的状态,人为决定职位对能力的需求程度可能会引发人力资源配置无效。也就是说,当社会中某些职位对能力要求较高时,社会自然会通过财富、声望与权力来引导更多的人通过努力来获得相应的能力,以满足社会职位的需求。社会根据财富、声望和权力对社会分层是社会自发解决不同职位能力需求的内在机制。如果政府通过公法治理强行实现社会层级之间的平等,那么可能出现的结果是,许多职位可能没有人供职,另一些职位人满为患。为解决这一问题,政府需要在社会层级的财富、声望和权力平等的前提下,通过公法治理保证有人愿意供职于能力相对要求较高的职位,政府公法治理除了使用暴力强迫人们供职之外并没有其他好办法。众所周知,纯粹依赖暴力的公法治理是不可能长久延续的。

## 二、冲突主义的社会公平观

功能主义强调高社会职位将获得更多的财富、声望和权力,因为这些社会职位对维系社会合作体系而言更重要。冲突主义否认功能主义观点的合理性,他们认为,不是因为社会职位更重要才需要获得更多的财富、声望和权力,而是因为社会资源稀缺,人们为了在竞争中获取更多的社会资源,并保持这种占垄断地位,才需要更多的财富、声望或权力。那么通过何种手段来获得并保持社会的不平等状态呢?冲突主义者一般认为,是权力决定了这种状态的存在。

一般认为,马克思主义阶级斗争观奠定了冲突主义社会公平观的理论基础。马克思认为,私有制的出现导致了社会按照占有生产资料多少而区分为有产和无产阶级。有产阶级为了保证生产资料占有的稳定性,并能够维持剥削无产阶级而获得更多社会资源社会地位,需要组建政府、军队和警察等暴力工具,并借助于这些暴力工具所带来的权力优势,继续维持社会既存的社会阶级结构,使财富、声望或权力向有产阶级集中,进一步保证有产阶级维持社会分层的权力。社会不平等不是社会平稳运行所必不可少的,它是优势阶层对弱势阶层进行剥削的结果。优势阶层决定哪些群体将占据哪些职位以及将获得多少财富、声望或权力。也就是说,社会不平等不是激励人们努力工作或学习以获得相应职位能力的必要条件,而是赤裸裸的阶级斗争的结果。马克思主义社会分层的标准依赖于社会资源的占有状况,这一点遭到了许多冲突主义理论家的反对。后续的冲突主义者依据多种标准进行社会分层,丰富了马克思主义的社会冲突论。在这些冲突主义者看来,不仅经济基础,而且性别、年龄、民族和种族甚至地区和文化等都可以构成社会分层的决定性因素。这些社会分层的形成,都有相应的社会优势权力在支持,比如男性与女性的社会分层,在大多数社会中,男性所拥有的财富、声望或权力都明显高于女性,这说明男性的社会权力远大于女性。男性拥有的优势性社会权力,保证了男性阶层所拥有的财富、声望和权力远高于女性。冲突主义者虽然扩展了马克思的阶级斗争观,但是并未改变马克思主义的基本观点。也就是说,社会中的不平等是社会中权力存在优劣的外在表现,它可能是公法正式确认的,也可能是社会自发形成的。社会中的优势权力阶层为维持优势地位,必然会利用优势性权力来保护其在财富、声望或权力上的优势地位。

因此,在冲突主义者看来,只要掌握社会优势权力的阶层控制着公法治理机构,那么社会不平等的状况就是不可能改善。公法治理机构不过是掌握着社会优势权力阶层手中的暴力工具,它不可能按照社会弱势群体的要求来调整社会财富、声望或权力的分配不公。只有消灭维系社会权力不平等的制度,才可能达到社会基本公平的状态。马克思认为,只有通过无产阶级革命,彻底打破资产阶级的公法治理工具,并在此基础上实行公有制,保证人们在经济权力上的平等,才有可能保证各社会阶层在财富、声望或权力上公平。部分冲突主义者则认为,政府公法治理可以通过强制性的方式来消除社会权力的优劣差别,比如由性别差异所导致的社会分层,可以通过强制性的公法治理,提高妇女的社会性权力,削弱男性的社会性权力,保证男女阶层在财富、声望或权力分配上的公平性。

### 三、规范主义的社会公平观

功能主义和冲突主义都从社会事实的角度来探讨社会公平问题,规范主义则另辟蹊径,从人类社会应当如何的价值观念来探讨社会公平问题。规范主义者一般承认,社会中不同职位对不同能力的要求对社会功能的实现具有重要作用,社会中的不同职位应当要由具有相应能力的人来供职,唯有如此,才能保证社会合作体系的顺利运转。影响公民个人获得相应职位能力的,除了社会因素之外,天赋也是一个重要的因素。影响能力获得的社会因素,与一个人出生的家庭、性别、民族、种族和教育等密切相关,一个出生在良好经济基础和社会关系家庭的人,天然就享有获得更高能力的机会;在一个男性拥有更多优势权力的社会,一个男性自然就比女性有获得更多提高能力的机会;在社会分工非常复杂,注重职位专业技能的现代社会,接受更多的教育意味着有可能获得更多的能力,从而可能获得更高的社会职位。天赋也是影响职位能力获得的重要因素,在同等条件下,拥有更多天赋的人肯定能够获得更多的职位能力。规范主义者要求的基本公平是职位开放的机会公平,也就是说,职位只对履行职务所需要的能力提出相应的要求,其他任何与能力无关的因素都不能成为职位不向其开放的理由。考虑到社会中的财富、声望与权力的分配和职位分配紧密相关,职位机会公平的开放能够保证最适合这个职位的人在这个职位上供职,这些人也可以因此而享有职位所带来的社会阶层优势。

然而,罗尔斯却认为,注重机会公平的职位开放仅仅只是完成了社会公平的第一步,机会公平的职位开放只是确保了拥有适当能力的人能够在相应的职位上供职,但是却没有解决起点公平的问题。也就是说,由于社会因素及天赋因素的作用,人们在社会中获得职位能力的机会是不平等的,拥有更好家庭出身、享有更多教育的人获得相应职位能力的机会明显高于其他人,这种起点上的不平等在实质上影响了机会公平职位开放的社会效果,它实现了使拥有适当能力的人获得相应职位的社会公平,但是也可能使机会公平变得不公平。因为起点更高的人获得职位能力的机会更多,通过代际之间的传递,在起点上处于劣势的人在未来社会职位竞争中,境况也许会变得越来越糟糕,最终社会高端职位全部为优势人群所占据。罗尔斯认为,起点上的不公平在道德上无正当性可言。社会是一个合作的体系,而非个人之间的简单结合,任何社会职位的社会功能的发挥都有赖于其他社会职位的配合,任何一个拥有相应职位的人仅凭一己之力不能保证职位社会功能的实现。虽然不同职位要求不同能力,通过社会竞争,在机会公平的前提下,能够保证社会职位发挥相应的社会功能,但是如果在社会竞争中处于劣势的人不履行相应的社会职能,那么社会职位发挥相应社会功能的效率就会大受影响。因此,社会是一个共同体,处于社会底层的人并没有天然的道德劣势,一定要接受社会财富、声望与权力的分配不公。除此之外,罗尔斯利用了"无知之幕"的概念,进一步证明了起点不公平所导致的社会职位分配不公,在道德上并不具有正当性。罗尔斯假设,当一个人在社会中对自己的所处的社会地位和天赋才能不知情时,如果由他自己来选择社会职位的分配原则,作为一个理性的社会成员,他必定会选择起点公平的平等竞争原则,因为在对自身信息不知情的情况下,能够保证获取最大利益的选择才是理性的。社会中的人们之所以不支持起点公平原则,只是因为人们受到了自身社会地位或天赋才能等个人信息的影响,不可避免地带有认识上的"偏见"。

因此,政府公法治理应当对社会公平问题进行干预。公法治理干预的基本思路为:首先,要维持社会职位竞争的机会公平原则。在这一点上,规范主义者与自由主义保持了一致,反对由政府来决定社会职位的供给与需求,支持通过自由竞争的方式配置社会职位,政府公法治理没有必要也没有能力来干预社会职位的供需,不同社会职位所要求的能力水平也是如此。政府唯一需要治理的事项是,维护社会公平的竞争环境,保证社会职位能够向任何有相应能力的人开放,保证具有多种不同能力的人能够在不同社会职位之间自由流动,禁止任何社会群体对相应社会职位进行垄断,禁止社会职位设置歧视性的用人条件,禁止以强制性方式限制拥有不同职位能力的人在不同社会职位之间自由流动等。其次,要对起点不公平状态进行干预。对于社会因素决定的起点不公平,公法治理应当对性别、家庭出身、民族或种族、年龄与疾病以及教育等因素进行治理,努力消除这些社会因素对公平竞争社会职位的不利影响,防止性别歧视、民族或种族歧视、年龄与疾病歧视以及教育歧视等歧视的出现,极力营造起点公平的社会自由竞争的环境。

### 四、主流社会公平观之批判

功能主义社会公平观认定重要社会职位分配更多的社会财富、声望与权力可以引导社会职位的合理配置,使付出更多资源与时间的人承担更大的社会责任,同时也享有更多的社会财富、声望与权力。然而,功能主义社会公平观面临着一些理论与实践上的困难。首先,现代社会中有一些社会职位对于技术或能力并没有很高的要求,这些社会职位对于任何重要社会目标的实现也没有什么贡献,但是这些社会职位所拥有财富、声望与权力却非常高。著名体育运动员或文艺明星就是明显的例子。社会中的这种反例无法用功能主义社会公平观来解释,这构成了对功能主义社会公平观的证伪。与体育或文艺明星社会地位较高相反的是,有一些社会公共服务职位,比如警察、中小学教师以及社会工作者等,需要很高的专业技术水平和工作能力,对社会重要目标的实现有不可替代的作用,人们需要经过长期的学习或努力才能达到职位要求的能力水平,然而这些社会职位的社会地位却并不太高。这构成了功能主义社会公平观的另一个反例。其次,一些人获得社会职位所需求的能力并不是依靠努力的学习或工作,而是依靠天赋或继承。天赋是极其偶然的因素,一些人依靠自身独有的天赋能够轻而易举地获得社会职位所需求的能力,而另一些人经过长期的努力也不一定能够达到同样的能力水平,社会职位如果向有天赋的人倾斜,那么明显不符合功能主义的社会公平观。一个出生在良好家庭的人,家庭为其提供的良好基础能够保证其比其他人更容易获得社会职位所需求的能力,这也不符合功能主义的社会公平观。最后,即使功能主义的基本逻辑是合理的,那么它造成的社会后果在道德上也是难以接受的。我们可能承认医生等专业技术人员获得职位需要付出巨大的努力和大量的金钱,一般工人职位却可能只要简单的培训就可以胜任,那么前者获得更多的社会财富、声望与权力可能是合理的。但是,如果这种差距过大,使前者获得了社会大部分的财富、声望和权力,那么这也是不公平的。社会是一个相互合作的体系,一个人因为能力达不到社会顶层职位的要求而过上悲惨的生活在道德上是难以接受的。另外,随着社会财富、声望与权力分配的差距越来越大,也会限制处于社会底层的人获得社会职位能力的水平,使社会进行恶性循环的怪圈。也就是说,社会阶层的地位按能力水平来分配也许是一种公平,但由此带来的社会阶层地位的极大差异,却是另一种意义上的不公平。

冲突主义社会公平观意识到了功能主义的缺陷,认为社会职位的能力要求并不是决定社会阶层等级差异的关键性原因。决定社会阶层等级差异的原因恰恰相反,不是社会职位的能力要求而是社会权力。在某种特定的社会结构中,某些社会因素将保证社会中某些阶层获得优势的社会权力,凭借着优势的社会权力,可以保证这些社会阶层享有更多的社会财富、更高的社会声望和更大的社会权力。冲突主义社会公平观的合理之处在于,它看到了先在的社会结构性因素对社会阶层等级的决定性影响。但是,冲突主义社会公平观也存在一些理论和实践上的困难。首先,冲突主义完全否认社会职位的能力要求对社会阶层等级差异影响的观点是片面的,与社会的实际情况也不相符。在真实的社会中,无社会权力的群体经过自身努力向更高社会阶层流动的事实屡见不鲜,虽然在专制主义时代,由于社会身份的决定性影响,社会阶层之间的流动是非常少见的,但是在现代资本主义国家,随着身份制度的取消,社会阶层之间相互流动的情况很常见,这部分证明了社会职位的能力要求对社会阶层等级差异有决定性影响观点的正确性。对于是社会职位能力还是社会权力决定了社会阶层等级差异的问题,更正确的看法应当是辩证地看待这一问题。两者处于此消彼长的关系之中,一个社会阶层社会权力的增长可能会削弱社会职位能力对社会阶层等级差异的影响,而社会职位能力要求的增加有可能增加对社会阶层等级差异的影响,也有可能导致社会权力的扩大而削弱其影响。其次,冲突主义的公法治理观也有一定的片面性。在认识到功能主义社会公平观局限性的前提下,冲突主义社会公平观反对功能主义提出的,政府不干预社会自发形成的社会阶层等级差异的观点,提出政府公法治理应当对社会权力进行全面干预。如果是私有制决定了社会阶层的权力,那么就只有取消私有制实行公有制,才能从根本上消除权力的不公平。如果是政治身份或家庭出身等因素决定了社会权力的初始分配,那么就应当从根本上取消这些因素对于社会权力初始分配的作用。冲突主义公法治理观具有很强烈的理想气质,试图一劳永逸地解决社会公平问题,对社会的发展性和实践性关注不够。社会不是固定不变的,只要公法治理解决了影响社会公平的因素,就能够永远保持社会公平的状态。社会也不是简单的,当公法治理解决了影响社会公平的问题时,其他社会因素还会保持不变。实际上,社会公平是动态性的,当政府公法治理解决了部分影响社会公平的因素时,随着社会的发展,还有可能出现其他的影响因素,公法治理不可能永恒地一次性解决问题;社会公平也是实践性的,公法进行治理时,不可能根据固定的标准来调整社会权力的平等状态,只能以试错的方式,通过不断的公法社会治理实践,才能找到最适合的公法治理标准、措施和方法。最后,冲突主义的社会公平观还会引发人们对政府权力滥用,以及由此带来的对公民自由与权利侵犯的担忧。在功能主义看来,社会可以自发调节社会职位的供需状况及职位能力要求的水平,冲突主义则看到了社会权力对于社会等级差异的决定性影响。如果政府公法治理通过调整社会权力达到调整社会等级差异的目的,那么政府公法治理会成为一种最重要的社会正式性权力。如果不受控制,那么可能会成为社会等级差异最大化的正式来源——政府权力可以强制性的调整任何社会权力,任何其他社会权力相对于政府权力都没有优越性。因此,当人们寄希望于政府公法治理来达到社会公平的目的时,可能会带来更大、更严重的社会不公平。不仅如此,由于政府公法治理对社会权力不平等状况的判断具有随意性,公民的自由与权利将会受到严重的威胁。另外,即使政府通过公法治理解决了某些社会权力的不平等状况,也有可能会引发在治理之初未预料到的其他不平等状况。以此类推,政府公法治理可能会陷入无穷无尽的治理过程中,这既超出政府公法治理的能力,也可能会引发其他类型的社会不公平。

规范主义折中了功能主义和冲突主义的社会公平观,提出了基于社会合作的社会公平观。规范主义承认,通过社会自由竞争可以自动配置社会职位,公法治理也应当对社会权力造成的社会等级差异进行治理。相对而言,规范主义的观点比较温和,不那么极端,意图在两种针锋相对的观点中找到最适合社会现实的结论。但是,规范主义也存在一些难以解决的理论与实践问题。

首先,规范主义认可通过社会自由竞争实现社会职位的最优配置的观点,具有个人主义方法论的理论倾向,完全无视先在的社会结构与个人自由之间的辩证关系,设定个人选择社会职位的信息是完全且对称的。规范主义认为,社会中的每个人对职位供需状况以及不同职位能力要求的信息完全知情,也知道通过何种途径来获得相应的知识或能力,社会职位的提供者也能够完全识别个人是否具有社会职位所要求的能力,不仅如此,需要职位的人与提供职位的人掌握的信息是完全对称的。在这种前提下,社会能够以自发的方式协调社会职位与人们能力之间的配合。另外,规范主义也认为,决定个人进行选择的前理解或"偏见"是相同的,社会中的每个人都会认为某些职位是值得付出巨大努力并应当获得相应回报的。实际上,规范主义的这两个假设都有疑问。真实的情况是,社会职位的供需及能力要求信息是不完全的,需职者与供职者之间的信息也是不对称的,无论是谁,如果要获得尽量多的决策信息,就必然付出相应的信息成本,而这会阻止社会自发机制发挥正常的作用,导致社会职位的公平分配不能实现预期的社会效果。真实社会中经常出现的情况是,最有能力的人往往并不能获得最适合的社会职位,不具备相应职位能力而"滥竽充数"的人比比皆是,社会职位的高流动性使"滥竽充数"的人可以在不同社会职位间游走而不被淘汰。社会结构对自由选择的限制非常明显,生活于特定社会的人并不是生活在真空中,必然会受到相应社会历史文化条件的制约,个人也许可以自由选择,但是自由选择的动机却是社会性的,不可能凭空而来。个人在考虑社会职位的重要性时,能力要求可能是最重要的,但也不能忽视情感、伦理或其他因素的影响,在某些职位中也许情感或伦理因素才是最重要的。比如高层领导人在选拔助手时,也许会考虑能力因素,但是有时却可能将忠诚视为比能力更重要的因素。再如,在中国特有的社会结构中,进行人才选拔时,能力也许非常重要,但是人情或老乡观念有时会超越对能力的要求。社会结构性因素时刻制约着自发机制配置社会职位功能的发挥。因此,从这个角度来说,社会职位机会公平原则发挥作用并不需要公法的治理,公法只需要维护公平竞争的环境就可以保证机会公平,是一种远离社会真实状况的设想。

其次,规范主义对起点不公平进行公法治理的观点也是理想性的,缺乏实践性和可操作性。规范主义认为,由社会因素甚至天赋所决定的社会起点不平等在道德上缺乏正当性。但是,政府对社会中的起点不平等进行公法治理的必要性也令人生疑。有一些社会因素决定的起点不平等,对人们的社会生活具有非常重大的意义。比如,一个人因为家庭出身好而具有起点上的优势,这可能是这个家庭的长者长期努力奋斗的结果,如果公法治理强行要求不能对后代进行资助,那么人们就会失去努力奋斗的动力;天赋是社会具有创造性的原因之一,自然正是通过赋予人不同的天赋,使社会在面临发展障碍时,可以找到合适的解决办法。如果公法治理只要求拥有天赋的人承担更多的社会责任,却要维持其与其他人在社会地位上的平等,那么这会阻碍有天赋的人发挥能力。即使有一些社会因素对起点不平等的决定作用有公法治理的必要性,政府公法治理还是面临着一些难题。其一,政府公法治理可能缺乏准确的信息来判断何种社会因素决定了起点不平等。如果政府公法治理根据不准确的信息采取治理行动,结果可能变得更为糟糕。其次,政府公法治理的有效性也存有疑问。决定起点不平等的社会因素并不是固定不变的,而是发展变化的。这就意味着,当政府公法治理解决了一些决定起点不平等的社会因素之后,又会有新的社会因素出现,政府公法治理活动永远具有滞后性。结果可能是,政府公法治理耗费了大量的社会成本,但是社会的起点不平等状况却没有明显的改善,变化的可能是由一种起点不平等变成了另一种。如果政府公法不进行治理,那么社会的起点也是不平等的,与治理后的不平等在实质上并没有区别,但是政府公法治理活动却要耗费大量的社会成本。其三,政府公法治理介入社会起点不平等的调整中,还有使政府公法治理介入社会自治程度不断扩大的趋势。随着政府公法治理的事项越来越多,政府公法治理的能力也会受到严峻的挑战。在这种情况下,政府公法治理不仅不能有效解决起点不公平问题,而且还会干预社会自发调节起点不平等机制的运转。公民的自由与权利可能随着公法治理范围的扩大而受到越来越多的限制,但社会的整体平等状况可能却并没有得到改善。也就是说,政府公法治理不会使起点不平等的状况变好,反而会加剧这种状况,不仅如此,还会引发其他社会不平等状况的出现。

## 第三节　作为社会制度精神的公共服务

### 一、社会管理与社会公平的公共服务论

#### (一)社会管理公共服务论

社会管理公共服务论集功能、价值和技术于一体,相对于上述三种社会管理观有一定的优势。

公共服务论认为,自治社会相对于政治社会具有优先性,这一点与法律实证主义和自然法学保持了一致。但是,这种优先性并不是逻辑上的优先性,而是事实上的优先性。也就是说,公民自治社会相对于公法治理的政治社会的优先性并不是逻辑上的设定,而是从人类社会历史发展的角度考察可以确定的优先性。这就意味着,公法治理介入公民自治社会并不是一蹴而就的事情,而是在人类社会漫长的历史发展过程中,逐渐演化而成的。在生产方式极其落后,生产力发展水平极其低下的原始社会,社会的最简形态可能仅仅是一个家庭,随着生产方式的改进和生产力水平的提高,人类社会的形态逐渐由家庭发展成部落和部落联盟。私有制的出现,社会分工的发展,进一步促进了社会生产力的提高,人类社会的生存与发展条件得到了极大的改善。在以家庭为主的原始社会中,维护社会秩序的规则既是第一性和自治性的,也是少量而简单的,人类享有基本上不受规则制约的消极自由,但是由于生产方式落后,生产力水平低下,人类无法摆脱自然规律对生存与发展条件的限制,人类所能享有的积极自由非常有限。这意味着人类社会如果不牺牲一部分受自治社会规

则保障的消极自由,就不可能获得通过改造世界而不断改善自己生存与发展条件的积极自由,这是一对矛盾体,也是辩证法在自由观中的基本体现。我们认为,公法介入公民自治社会进行社会管理,正是这种自由观辩证法的具体表现。当私有制的出现,社会分工的发展,极大地促进了社会生产力发展水平时,人们所享有的消极自由与以家庭为主的原始社会相比,可能减少了,但是人们所享有的积极自由却远远超过了以家庭为主的原始社会。公法治理介入公民自治社会进行社会管理的原因必定是,公法治理将限制人们的消极自由,但是这种限制却必定是以改善人们生存与发展条件的积极自由为前提。因此,公共服务论虽然承认公民自治社会相对于公法治理的政治社会的优先性,但是公共服务论认为这种优先性不是逻辑上的,而是基于历史事实的优先性,是消极自由与积极自由此消彼长意义上的优先。公法治理机构的社会功能主要是社会管理,通过限制公民一定的消极自由来扩展积极自由。公法治理机构并不一定一开始就具备立法、执法与司法三种功能,将来也可能不止这三种功能,公法治理机构社会功能的发展,取决于生产方式的改进和社会生产力发展水平。也就是说,法对公民自治社会进行社会管理,必须具备三种不同社会功能的公法治理机构的观点是不正确的。这种观点完全基于对当代社会的认识,脱离了特定的历史语境。在原初社会早期的社会管理中,有些社会并不具备这三种拥有不同社会功能的公法治理机构,在将来的社会中,拥有这三种不同社会功能的公法治理机构也有可能会增加或减少。公法治理机构的增加或减少,代表着政府管理社会方式的改变,这种改变正是公共服务论在社会管理领域的具体体现。公法治理改善社会管理的方式,一般是在合理限制公民消极自由的前提下,持续改善公民的积极自由,提高公民的生存与发展水平,满足人类社会更高层次的自我实现的需要。在这一点上,公共服务论并非个人主义的。公共服务论承认,个人对公法治理限制消极自由,扩展积极自由的接受取决于特定的社会历史条件,或者说是取决于相应的文化传统和社会发展水平,不同地区不同时期的人们对公法治理的社会管理方式的接受性是不同的,只有通过不断地社会实践,才能发现人们可以接受的公法治理管理社会的最佳方式,而这个过程是永远不会停息的。

公共服务论也承认,政府公法治理进行社会管理活动应当符合基本的道德要求,这一点与自然法学保持了一致。但是,公共服务论认为,这种基本的道德要求与政府公法治理进行社会管理活动的有效性没有关系。只有在假设公法治理的任务仅仅以不侵犯公民个人的自由和权利时,这种道德要求才与社会管理活动的有效性有直接的相关性。在这种情况下,道德要求与有效性实际上是同一个问题,社会管理活动的道德要求是维护公民个人的自由与权利不受其随意的侵犯,社会管理活动的有效性是要求保证公民个人的自由与权利不受侵犯。自然法学的这种假设缺乏足够的理论和实践根据。首先,公民自由与权利受到侵犯的可能性并非仅仅来自于社会管理活动,公民之间也有相互侵犯自由与权利的可能性。在这种情况下,社会管理活动的道德要求并不能保证,在保护公民自由与权利不受其他公民侵犯时是有效的,对社会管理活动过分严格而僵硬的道德要求,可能反而是公民自由与权利受到侵犯的主要原因。其次,先验的假设公民的自由与权利仅仅包含不受侵犯的消极自由也是片面的。正如前文所述,自由是消极自由与积极自由辩证发展的产物,没有绝对的消极自由和积极自由,两者处于一种此消彼长的辩证关系之中。对社会管理活动提出严格的道德要求,确保公民的消极自由不受社会管理活动的侵犯,这不是一种辩证看待社会自由的理论态度,也不是一种针对社会发展现实的理论考量。从历史唯物主义的角度来看,社会管理活动肯定要严格遵守一定的道德要求,但是如果社会管理活动虽然限制了公民的消极自由,但是却极大地改善了公民的积极自由,而且这种对公民消极自由的限制又是合理的,能够为人们所接受,那么社会管理活动即使违反了一定的道德要求,也是可以接受的。严格拘泥于社会管理活动的道德要求,可能会使整个社会的发展停滞,失去活力,公民的积极自由得不到改善,在与其他社会的竞争中处于劣势而最终可能会被淘汰。最后,自然法学试图将其所认定的道德要求普遍化,也缺乏足够的理论和实践根据。道德对人们所提出的规范性要求,并不是抽象存在的,而是与人们特定的生活方式相适应的。道德上的规范性要求与人们特定的生活方式并不能截然分开,两者是一种互相定义的关系。人们生活的意义由道德上的规范性要求来界定,而道德上的规范性要求也必须适应人们社会生活的要求,两者永远处于一种互动的关系之中。从这个意义上来说,道德性的知识其实是一种地方性的知识,并不存脱离社会现实要求的具有普遍适用性的道德规范。自然法学对社会管理活动提出的道德要求,是在西方资本主义社会特定历史条件下提出的,它与西方资本主义社会的经济基

础、社会发展条件以及文化传统紧密相关,可以说,自然法学对社会管理活动
所提出的道德要求,是适应西方资本主义社会发展需要的产物,这种道德要求
并不具有普遍适用性,与西方资本主义国家的社会历史条件并不相同的民族
或国家,可能并不会认同这种社会管理活动的道德要求,他们需要的是与其本
身的社会历史条件相适应的道德观念。因此,公共服务论认为,虽然社会管理
活动必须遵守相应的道德要求,但是这种道德要求不是绝对的,是可以根据社
会管理活动的有效性进行改进的。改进的方式是,根据社会发展的历史条件
和水平,合理平衡公民的消极自由与积极自由之间的关系,如果限制消极自由
能够被公民接受,积极自由也可以得到持续改善,那么对公民消极自由的限制
还有继续改进的空间,直到积极自由的改善必然会损害到公民对消极自由程
度的接受为止。公共服务论也认为,社会管理活动的道德要求是地方性的,只
有通过不断的社会实践,才能发现各个民族或国家最适合其本身的道德要求。

公共服务论认可社会学法学注重社会管理社会效果的观点,但是公共服
务论并不赞同社会学法学关于社会效果的价值目标源自于"经验"的观点。
公共服务论认为,社会效果的价值目标源于社会实践的价值认识,是对社会管
理过程中遭遇的问题,结合社会文化传统与现实需要的考虑而形成的,具有很
强的针对性和现实性。从社会效果方面来看,由于能够在短期内协调好各利
益之间的冲突,所以至少能够在短期内保证社会管理活动的有效性。但是,根
据源于"经验"的价值认识来指导社会管理活动,可能是非常盲目的,随着社
会管理过程中出现新的问题,社会管理活动可能会出现只注重社会管理活动
短期有效性,忽略社会管理活动长期的有效性,以及社会管理活动持续改进的
可能性。康德曾经说过,"如果没有感性,则对象不会被给予;如果没有知性,
则对象不能被思考。没有内容的思想是空洞的;没有概念的直观是盲目
的。"①借用康德的范畴,我们也可以认为,源于经验的价值认识是不能被思考
的,是盲目的,纯粹抽象的价值认识由于缺少认识的对象则是空洞的。公共服
务论对社会管理社会效果价值目标的认识,融合了经验与抽象两种范畴,既内
容充实,又具有明确的方向性。公共服务论认为,社会管理活动不能损害个
人、公共和社会任何一方的利益。如果对一方利益的改善不会损害到其他各

---

① 赵敦华著:《西方哲学简史》,北京大学出版社 2001 年版,第 269 页。

方的利益,那么社会管理活动还有改进的余地,直到对其中一方利益的改进必然以损害其他各方的利益时为止。这种价值观念具有一定的抽象性和先验性,虽然没有提供具体的价值观念,但是可以保证社会管理活动能够朝一定的方向前进,这个方向是极其合理并且能够为人们所接受的。公共服务论也认为,人们对利益的观念源于经验。根据庞德的观点,利益无非是人们对某些东西提出的要求、愿望或请求。在一个特定的社会中,在一个特定的时期,人们对于某些东西提出的要求、愿望或请求肯定是经验性的,随着所处社会与时代的不同,存在很大的差别,这就需要公法治理机构在社会管理实践中去寻求和把握人们实际的要求、愿望或请求,不能根据某些国家所谓先进的道德经验来把握。利益与自由的观念是相容的。公民对人身、财产和情感不受侵犯之消极自由的要求、愿望或请求是一种利益,对能够极大改善生存与发展条件、改善情感生活水平之积极自由的愿望、要求或请求也是一种利益。公民能够在多大程度上放弃消极自由意义上的利益,以换取积极自由意义上的利益,完全是一个特定社会历史条件下凭经验才能发现或确定的问题,公共利益与社会利益与个人利益拥有同样的性质。

## (二)社会公平公共服务论

功能主义认为,社会职位的重要性程度与相应的能力要求、社会成员获得相应职位能力的难度与社会阶层等级差异之间存在正比例的关系,也就是说,能力、努力与社会地位之间是相称的。这种观点具有一定的合理性,也反映了一定的社会现实,真实的社会中确实存在这种相称关系,这也是激励许多人不断努力学习和工作的动机之一。然而,功能主义的方法论存在简单化的问题,只考虑了能力、努力与社会地位之间的相称关系,没有考虑到社会其他因素对这种相称关系的影响。能力、努力与社会地位之间也许存在单向度的正相关关系,即社会职位的重要性及能力要求是先在的,具有优先性,它决定了这个阶层所享有的高人一等的社会财富、声望和权力,唯有如此,社会成员才有动力努力学习或工作。但是,能力、努力与社会地位之间也许并不是绝对的正相关关系,有这样一种可能性,即在正相关的关系导致了社会阶层之间的等级差异之后,处于社会优势阶层的群体也许会利用这种优势性地位,来维护本阶层及其后代对于社会财富、声望和权力的垄断性地位,只在本阶层及其后代中选拔具有相应职位能力要求的人供职,在这种情况下,一个非特定阶层的人无论如何努力,也可能无法获得更高的社会职位,能力、努力与社会地位之间的相称关系被打破了,身份在这种相称关系中起到了重要的作用。除了身份之外,性别、年龄、疾病、民族、种族和家庭出身等社会因素都有可能能力、努力与社会地位之间的相称关系,成为决定社会阶层等级差异的关键原因。即使我们承认能力、努力与报酬的相称对于社会职位的配置来说是公平的,对于何种能力应得何种社会地位也是悬而未决的,这可能会引发另一种不公平。一般而言,人的天赋才能即使有差异,也不可能太大,后天的努力也许会扩大人们之间的能力差异,但是能力的差异相对于社会阶层之间在财富、声望和权力方面的差异来说,是绝对不相称的。一位顶级的体育或文娱明星、一位商界或政界领袖,与一位处在社会底层的普通人相比,他们之间的能力差异与社会阶层等级差异绝对不可能是相称的。这种不相称性可能是机遇不同造成的,但更多的是社会结构性因素造成的。这会在很大程度上削弱人们对于能力、努力与社会地位之间相称所带来的公平感。因此,功能主义反对政府公法治理的观点是没有根据的,社会不可能通过完全自治的方式就能够实现能力、努力与社会地位之间相称的公平。公共服务论承认,能力、努力与社会地位之间相称是公平合理的,认为它对于促进社会活力,保持社会机体健康,增强社会竞争力具有重要的作用。但是,只有公法以适当的方式进行治理才能维系这种公平,公法应当努力消除社会结构性因素对于公平的影响,应当努力维持能力与社会地位之间的适当比例。在一个既存的社会中,社会结构性因素相对于政府公法治理而言是先在性的,如果公法对这种社会结构性因素进行治理,势必会影响在社会结构性因素中处于优势群体的利益,考虑到他们所享有的优势社会权力,这可能会增加社会不稳定的因素,造成社会秩序的混乱,最终社会并不能从这种治理行为中获益。如果采取提高社会结构性因素中劣势群体的社会地位而同时也不损害优势群体利益的方法来治理,那么这符合公共服务论的要求,也能够有效地消除社会结构性因素对于能力、努力与社会地位之间不相称的影响,保证相称的公平性。对于能力与社会地位之间的不公平,公共服务论认为,应当同样采取不降低高社会地位阶层的社会财富、声望和权力的前提下,努力改善低社会地位阶层的社会财富、声望和权力。如果能够保证某一阶层利益不受损害的前提下,其他社会阶层的利益可以得到改进,那么公法对于能力、努力与社会地位之间相称公平的治理还有改进的空间,直到必须损害某一社会阶层的利益时为止。

　　冲突主义者看到了社会阶层不平等的另一种社会原因,认为经济、性别、年龄、民族或种族等社会因素形成的优势性社会权力支配了社会阶层之间的不平等,社会职位重要性、能力要求及人们的努力都不是决定性因素。政府公法治理唯有彻底消除社会权力的优劣差别,才能实现社会阶层之间的完全平等。公共服务论承认,冲突主义者对于社会优势性权力支配社会阶层等级差异观点的合理性,冲突主义者确实是从社会实际存在的事实出发来研究社会公平问题,具有很强的实证性。但是,冲突主义者对社会公平的理解似乎过于偏颇了,他们将社会公平理解为能力、努力与社会地位之间的完全相称,所有的社会职位之间不存在重要性差别,对能力没有特别强烈的要求,社会成员的努力与获得相应社会职位之间不存任何相称的关系。这种社会公平观极具理想气质,是人类社会自古以来就极力追求的一种社会公平观。然而,历史上任何类型的社会都从未真正实现过这种意义上的社会公平。在柏拉图理想国中,存在着统治者、护卫者与生产者三个阶层,社会职位根据三个阶层所拥有的不同德性来分配。为了达到社会阶层之间的公平,柏拉图为享有权力与声望的统治者和护卫者阶层设定了共产甚至共妻的制度,而允许生产者享有私产。即使如此,柏拉图还是认定这三个社会阶层有本质差别,统治者是金质阶层,护卫者是铜质阶层,生产者是铁质阶层,三个社会阶层之间不允许自由流动,也就是说,社会阶层之间不可能是完全平等的。① 在一些空想社会主义者的观念中,为实现社会完全公平,必须建立一个中等大小的国家,在这个国家中人们共同劳动,共同决策和管理,社会只有分工上的不同,没有社会阶层之间的差异。然而,要达到完全的社会公平,理论家们必须设定一系列前提条件才有可能。这些条件包括国家中等大小,与世隔绝与其他国家没有联系,不受传统文化观念的影响,经济上能够完全自给自足等。在现实的社会中,这些前提条件是根本不可能达到的。因此,完全的社会公平除了存在于理论家的观念中,在真实的社会中从未存在过。即使在理论家们所设定的理想国家中,也存在社会不公平问题。因为理论家们所考虑的仅仅是社会整体层面的公平,没有考虑到社会成员个体工作或学习的动机,理论家们永远不能保证社会成

① 参见柏拉图著:《理想国》,郭斌和、张竹明译,商务印书馆1986年版。

员个体的自发行为不会打破他们所设定的社会公平状态。这样看来,认定社会不公平的原因是事实性和实证性的观念是正确的,但是冲突主义者提供的解决方案却是规范性和理想性的,缺乏可操作性。公共服务论认为,社会必须维系能力、努力与社会地位之间相称意义上的公平性才是可取的,这样才能够保证社会成员个体有充分的学习或工作动机,社会发展才有足够的活力。政府公法治理所能够做的事情,就是要努力消除社会结构性因素对相称公平所造成的干扰,而非完全取消社会相称不公平,代之以社会阶层之间的完全公平。社会完全公平观念作为社会理想是合理的,但是政府公法治理缺乏相应的能力来达成这一目标。在真实的人类社会中,人们之间的自然禀赋或机遇不可能是完全相同的,当公法解决了一种影响社会公平的社会结构性因素后,其他完全无法预料的因素可能会层出不穷,政府公法治理疲于奔命,最后的结果可能是,政府公法治理解决不了任何问题。公共服务论认为,政府公法治理将维护社会公平的任务集中于努力消除影响社会相称公平的因素上,集中于社会弱势群体社会地位的提升上,不仅不会受到社会强势群体的激烈反对,而且还会受到社会弱势群体的极力支持。公共服务论强调,政府公法治理是一个动态性和实践性的过程,允许在社会治理的实践中犯错误,只要政府公法治理坚持了公共服务的价值取向,政府就可以通过试错的方式来发现最佳维护社会相称公平的公法治理方式。这种最佳公法治理方式并非是一成不变和永恒的,随着社会的发展变化,公法治理的方式也需要在公共服务价值观念的指导下保持持续创新的状态,以应对新的社会不公平状况。

规范主义者认为,社会自由竞争对社会职位的最优配置是至关重要且无可替代的,机会公平是社会自由竞争的必然要求。通过社会自由竞争所实现的社会职位配置,能够保证具有适当能力的人获得适当的社会职位,社会职位的重要程度及社会阶层等级差异,是社会自由竞争的自然结果,公法没有必要对社会自发形成的社会阶层等级差异进行治理,与社会自发配置机制相比,公法治理也缺乏治理的能力。社会不仅是发展变化的,也是非常复杂的,社会中各职位的供需及能力需求状况处于相互影响的状态,一种社会职位的变化,会引起社会中所有职位的连锁反应,对于这种连锁反应及社会后果,没有人能够完全的了解或掌握。如果政府公法对某一些社会职位的供需及能力要求进行治理,也许可以在短期内解决问题,但是却可能难以预料公法治理的长期影响。然而,有一种长期影响是可以预料的,那就是公法治理肯定会干扰社会自发配置机制,使这种机制无法发挥社会职位最优配置的作用。还有一种影响是可以预料的,随着公法治理可以决定任何一种社会职位的配置,公法治理职位会成为这个社会中最重要的一种职位,这种职位的重要性并不是通过社会自由竞争获得的,而是公法治理机构凭借其正式强制力广泛介入社会职位配置过程获得的。公法治理介入社会职位配置的最终后果可能是,政府将决定社会职位的重要程度及能力要求,政府职位是所有社会职位中最重要的。也就是说,人们可能最初是抱着一个良好的愿望,希望政府能够对社会职位配置进行调整,随着政府公法治理的全面介入,最终除政府职位之外每一种社会职位都可能丧失重要性,除非这种社会职位能够获得政府的支持,这会使社会中每一个阶层都必须仰仗政府生活,社会可能会进入受奴役的状态。人们由于无法忍受社会自由竞争所带来的社会职位配置上的差异而要求公法治理,以解决社会自发配置职位的不公平,但是人们可能没有预料到,政府公法治理的全面介入,虽然可以在短期内解决社会所面对的不公平状况,但是从长期来看,人们却会遭受新的社会职位分配不公,这种分配不公是公法治理本身所造成的,缺乏流动性,它比通过社会自发配置所造成的不公平更为严重。规范主义者虽然反对政府社会自由竞争配置社会职位机制进行治理,但是并不反对政府对社会起点不平等进行公法治理。也就是说,规范主义认为,所有社会成员应当在同一起跑线上自由竞争才是公平的。政府应当努力对影响起点不平等的社会因素进行治理,维护公平的自由竞争环境。

规范主义的社会管理观没有从发展和辩证的角度来看待社会公平问题,将社会视为是静止的,只要解决了社会起点不公平就可以一劳永逸地保证社会自由竞争的机会公平。实际上,机会公平式的自由竞争所造成的结果必然是下一轮的社会起点不公平。按照规范主义的逻辑,政府必须会对起点不平等进行公法治理。这样就会造成两种结果,其一是政府公法治理行为的终点会成为其治理的起点,社会起点不平等是政府公法治理的结果,这会使政府公法治理行为进入恶性循环之中;其二是人们也没有足够的动力来参与社会职位的自由竞争,因为在社会自由竞争中取得优势的群体将面临着政府公法治理。因此,规范主义试图融合功能主义与冲突主义社会公平的观点是有疑问的。公共服务论认为,机会公平原则对社会职位最优配置具有重要作用,但是却认为,政府公法应当对影响影响机会公平原则的社会结构性因素进行公法治理,而非对社会起点不平等进行公法治理,从发展与辩证的角度来说,社会中并没有绝对的起点或终点,社会中的各种结构性因素永远处于此消彼长的状态,政府公法治理不可能一劳永逸地解决所有问题。因此,公共服务论坚持社会职位的机会公平竞争原则,但是强调政府应当对影响机会公平竞争原则的社会结构性因素进行治理。公法治理的方式应当满足,在不损害社会结构中处于强势群体利益的前提下,努力改进处于社会弱势群体的社会地位或利益,只要这种改进的可能性还存在,那么公法治理的正当性也就存在。这种观念与社会起点不平等的治理观念并不相同,因为后者包含了以损害社会强势群体利益为代价来达到维护社会起点平等的可能性,而且后者还包含了一劳永逸地解决社会公平问题的观念。公共服务论不造成政府公法治理全面取代社会自由竞争配置社会职位,只是强调要消除影响社会自由竞争的结构性因素,政府公法治理并不需要全面介入社会职位的配置中。这种持续改进性的理论态度,以不损害任何社会阶层的利益或地位为前提,通过不断改进社会弱势群体的地位或利益来保障自由竞争,这不仅可以不断提高社会自由竞争的水平,使竞争在更高层次上进行而不会影响社会自由竞争的程度。这对于人类社会的健康发展,以及人类文明的进步都具有非常重要的意义。

## 二、社会管理与社会公平具体制度的公共服务解释

### (一)社会管理主体制度

在公民自治的社会中,社会实行自我管理,管理的主体具有自发性,被管理对象则为全体社会成员。在法律实证主义者看来,只有公法治理机构才能成为社会管理的主体,因为公法治理介入自治社会的原因在于自治社会的不便或无能,如果社会中的其他主体也能够成为社会管理活动的主体,那么公法治理介入自治社会的必要性就不具备了。很明显,法律实证主义具有形式主义的特点,没有预料到社会管理实践的复杂性,假想社会需要管理的行为是固定不变的,没有从社会发展的角度看待社会管理问题。公共服务论认为,公法治理介入自治社会进行社会管理是一个历史的过程,是随着社会发展的需要逐渐演化形成的,虽然在公法治理介入自治社会的初期,社会管理的主体必然是公法治理机构,但是也不能排除在公法治理机构已经成为社会管理的主体

之后,其他主体在公法治理机构的引导或协调下参与社会管理而成为社会管理活动的主体。社会管理活动主体的创新只要坚持了以下两点就可以满足公共服务论的要求:首先,只要其他主体进行的社会管理能够比公法治理机构更有效,那么其他主体进成为社会管理活动的主体就具有正当性。其次,如果其他主体所进行的社会管理比公法治理机构更有效,同时还能够在不损害任何一方利益前提下持续改善各方的利益,那么其他主体就必然可以替代公法治理机构而成为社会管理活动的主体。

**(二)纠纷解决制度**

解决社会纠纷是公法进行社会管理的主要功能之一。法律实证主义和自然法学认为,社会纠纷的解决,由立法机构制定法律为人们提供行为的标准或模式,执法机构执行法律维护社会秩序,司法机构适用法律解决具体发生的纠纷或争议。立法机构制定法律,应当尽量尊重公民自治社会通过自发方式形成的规范,才能保证公民最大范围的自由与权利,尽量避免由立法机构创制新的法律规范,防止立法机构制定干预自治社会运行的法律规范,侵犯公民的自由与权利;执法机构的执法活动,应当受"程序正义"的控制,避免执法机构滥用权力侵犯公民的自由与权利,同时还应当允许公民通过司法机构来判断执法机构执法行为的合法性,避免执法机构先入为主的理解法律;司法机构的司法活动,除了要遵守"正当程序"之外,还要保证司法机构的独立性,避免受到来自立法机构和执法机构的非正当影响,也要保证司法机构的被动性,只有当事人启动了司法程序之后,才允许司法机构介入社会纠纷解中,避免司法机构受先入为主观念的影响。

公共服务论认为,法律实证主义和自然法学具有形式主义的特点,没有从发展的、辩证的角度来看待社会纠纷的解决。立法机构制定的法律应当尽量维护公民最大范围的自由与权利,仅仅考虑到了公民的消极自由与权利,没有考虑到公民的积极自由与权利,以及积极自由与消极自由之间此消彼长的辩证关系。公共服务论认为,只要立法机构制定的法律没有减少公民的消极自由,或者虽然减少了消极自由但是却可以为人们接受,同时又能够极大地改善人们的积极自由,那么立法机构创制的与自发性则不一致的法律具有正当性。虽然法律实证主义者或自然法学者可能批评,立法机构的这一目标即使是可取的,立法机构也缺乏足够的能力保证可以达到这一立法目标。这种批评是自由主义的一贯论调,通过强调公法治理的无知或无能,否认公法治理机构实施社会管理的必要性和正当性。这种批评有一定的道理,但是却忽略了一个关键的问题,即社会自发治理同样可能是无知或无能的,公法治理可能出现的问题,公民自治也有可能出现。人类社会正是在不断的实践中,通过不断试错才发现了公法治理介入程度的恰当性,我们绝不能根据在某一特定社会中发现的公法治理标准来绝对化这种标准。对立法机构的立法活动而言,立法机构也许不可能一劳永逸地发现法律进行社会管理的永恒标准,但是通过立法机构的不断尝试与实践,最终可以找到最适合的立法标准。自由主义还有一种论调,认为在自治社会中,自发性规则虽然可能在短期内出现一些人们难以容忍的社会问题,但是只要立法机构不创制新规则干预社会自发的调节机制,那么自治社会最终会自发的解决这一问题。这是一种毫无根据的假设。假定社会中存在神秘的机制,能够以人们预料不到的方式自发解决人们难以容忍的社会问题。这种观点与柏拉图式的理论传统如出一辙,认为外在现实是不真实的和不确定的,唯有内在神秘理念才是真实和决定性的。实际上,人类的政治生活是实践性的,并不能通过神秘的、永恒的理念来解决社会治理过程中的问题,只有通过不断解决社会实际面临的问题,人们才能逐渐发现社会治理的最佳方式。因此,立法机构如果不创制新法律来解决社会所面临的问题,任由社会自发解决,那么不仅人们的道德观念在容忍社会问题存在的过程中会发生异化,而且立法机构也不会获得制定新法律治理社会的经验,人类社会的文明可能会永远停留依赖公民自治的原始阶段。

执法机构的执法行为应当受"程序正义"的控制,受司法机构司法行为的审查与监督的观点,公共服务论其正确性。但是却认为,这仅仅是执法行为解决社会纠纷的基础性条件,还有很大的改进余地。受"程序正义"和司法审查控制的执法行为,虽然能够在很大程度上保证公民的消极自由与权利不受侵犯,但是也容易演变成僵化的官僚形式主义行为,在社会管理过程中缺乏创造性和主动性,消极无为的对待执法过程中面临的社会问题,面对一些可能挑战人类社会基本价值观念的社会问题,只注重执法行为的严格性和形式性,忽略法律的根本目的或实质性价值,以形式主义的价值摧毁人类社会生活的基本价值。公共服务论认为,执法行为受"程序正义"和司法审查的控制是执法机构进行社会管理的基础,但是面对着复杂的社会形势,执法行为应当具有一定的灵活性,要根据公共服务观念进行相应的改进。如果在执法过程中,发现可以在不损害其中一方利益的前提下改善其他各方的利益,那么执法行为就应当可以突破"程序正义"的限制,司法审查也应当认定其具有正当性。一般情况下,执法行为应当满足"法无明文授权不得为"的基本原则,但是这并不是绝对的,如果立法活动并未及时授予执法机构相应的权利,那么也不意味着执法机构应当消极无为。如果执法机构采取适当的执法行为(或行政行为)能够改进一方利益而不损害其他各方的利益,那么执法行为就可以突破立法机构的授权。当然,这种突破性的执法行为也应当要符合"程序正义"的基本要求,同时不能放弃立法机构和司法机构对执法行为的事后审查。

　　司法机构的司法行为应当受"正当程序"的控制,以及应当保证司法行为的独立性和被动性的观点,公共服务论承认这种观点的正确性。但是却认为,仅仅具备这种条件不够的,司法行为同样存在可以改进的余地,也不能否认司法机构通过非司法行为解决社会纠纷的可能性和有效性。"正当程序"、司法独立性和被动性的司法理念并不是绝对的和抽象的,它们源自于西方社会长期的政治、经济和文化传统,在西方社会的这种历史传统中,具有很大的合理性,因为这是这些民族或国家经过长期社会实践发展而来的,具有较好的适应性。但是,这种理念并不能毫无差别而且同样有效地适用于其他民族或国家。西方国家长期受基督教文化的影响,对世俗法律怀有一种中国人无法想象的信仰,这可以保证当事人在发生纠纷时理性的站在法庭上争论法律与事实的是非问题,法官只需要仔细聆听他们的争论就可以判断谁是谁非。在中国的传统文化中,世俗的统治脱胎于家庭伦理,情感往往是决定法律如何解释的关键,人们对法官的要求如同子女对父母的要求一样,希望他们能够主动地为子女排忧解难。因此,公共服务论认为,"正当程序"和司法的独立性、被动性等司法理念是相对的,是可以改变的,只要司法行为在解决社会纠纷的过程中,能够实现增进一方利益的同时而不会损害其他各方的利益,那么突破这些司法理念就是正当的,因为司法行为解决社会纠纷的最终目的,是为增进而不是损害社会各方的利益。当然,承认司法行为的改进性,并不否认对司法行为进行监督的必要性,我们需要注意的是,不要仅仅因为司法行为违反了一般性的司法理念就否认司法行为的合理性和正当性。

### （三）社会安全制度

在古典自由主义的社会管理观中，社会安全仅仅包括国家安全与人身财产安全两个方面，政府社会管理职能局限于国防和社会治安。为此，政府应当根据公法的规定，组建军队和警察，根据"程序正义"的要求抵御外敌和打击罪犯，维护社会的稳定与安全。随着社会的发展，一些新的社会安全问题出现了，比如食品药品安全、生产经营安全、信息安全和自然灾害安全，等等，政府社会管理职能也随之扩张至这些领域。在法律实证主义和自然法学的观念中，社会安全的维护主要通过执法行为来维护。为了保证执法行为在维护社会安全的过程中不侵犯公民的自由与权利，立法机构制定的法律一般包含三个方面的内容，其一是为社会安全提供确定性的标准，比如为维护食品药品安全，法律规定在市场上销售的食品和药品必须达到的强制性标准；其二是赋予执法机构强制性权力，在法律规定的安全标准被突破时制止影响安全的行为，在法律规定的安全标准有被突破的可能时及时防止这种行为的发生；其三是保持"程序正义"规则和司法审查机制的有效性，防止执法机构在执法的过程中滥用权力侵犯公民的自由与权利。

公共服务论认可上述观点的合理性，认为如果要维护社会的安全，必须建立上述制度。但是，公共服务论认为，仅仅满足这些条件是不够的，这样不足以保证社会的安全。上述观点不仅具有简化社会复杂性的倾向，而且还具有形式法治的特点，将社会安全问题视为是在信息完全前提下可以简单地通过立法和执法就可以解决的问题。在这种信息完全的假设下，立法机构和执法机构只需要被动地立法和执法，就可以维护社会的安全。然而，在真实的社会中，社会安全问题是异常复杂的问题，不仅信息处于不完全不充分的状态，信息也处于不对称的状态。在这种情况下，立法行为并不一定能够制定出足以保证社会安全的法律，执法机构也不一定能够发现影响社会安全的所有行为。如果立法机构坚持形式化的立法标准，那么可能出现两种状况：其一是立法标准过高，虽足以维护社会安全，但可能过多限制公民的消极自由与权利，影响社会活力，在与其他社会的竞争中处于劣势；其二是立法标准过低，虽然扩大了公民的消极自由与权利，但是却可能影响社会的安全，从而影响公民享有的积极自由与权利。如果执法机构坚持形式化的执法标准，那么也有两种可能性：其一是不考虑社会安全问题的复杂性，完全依据法律文字含义执法维护社会安全,不论社会的实际状况如何;其二是在法律已经无法维护社会安全时,执法机构可能滥用权力,牺牲部分群体的利益来维护社会安全。总而言之,公共服务论认为,立法与执法的形式主义倾向虽有利于促进人们对社会安全的稳定预期,但是却无法完全应对社会复杂性所带来的社会安全问题,因为形式主义的倾向无法克服信息不完全不充分的限制,也无法克服信息不对称的限制,只有通过不断地试错,才能在社会实践中逐步克服这些限制。因此,公法治理维护社会安全应当在保持形式主义倾向的前提下,努力以实践性的态度来应对,才能有效地维护社会安全。实践性态度并不是盲目的,它坚持在不损害任何一方利益的前提下对其他各方利益进行改善的态度。具体而言,为维护社会安全就有可能要更多的限制一部分群体的消极自由与权利,如果能够以积极的自由与权利补偿被限制的消极自由与权利,至少使其不因为消极自由与权利受限而受到利益上的损失,能够增进整个社会的安全,也就是改善了所有人的利益,那么立法和执法行为还存在改进的余地,直到进一步改进将损害其中一方利益时为止。

### (四)人口管理制度

人口管理一般分为两个部分:一是人口的数量管理,二是人口的信息管理。对于人口的数量问题,马尔萨斯曾经有过一种悲观的看法。他认为,人类社会的贫穷与疾病是一种自然规律,是不可能通过公法治理或道德上的支持来解决的。在他看来,人口的繁殖速度是以几何比例增长的,如果没有自然或社会的任何限制,在食物或其他生存资源都充足前提下,经过 70—80 年的时间,人口的数量将增加一倍以上,而人类生存所需要的生活资源的增长是以算术比例增长的,生活资源的增长速度绝对赶不上人口数量的增长速度,即使科学技术的发展能够增加生活资源的供给数量,但是相对于人口数量的增长趋势来说是无济于事的。对于这种不对称的状态,马尔萨斯认为,自然和社会可以自发地调节使这两者趋向于平衡,在残酷而激烈的生存斗争中,自然通过疾病来降低人口的生存几率,而社会则通过贫穷和战争来降低人口的生存几率。如果政府通过公法治理来提高疾病治愈的水平,来资助贫穷的人获得相应的生活资源,那么就会打破自然和社会的这种自发调节人口数量与生活资源平衡的机制,最终会由于人口数量的不受控制而降低社会整体的利益水平。根据以上理论,马尔萨斯坚持了自由主义的观念,极力反对政府的公法治理对人口数量进行社会管理,坚信自然和社会可以自行解决这一问题,虽然解决的过程中包含了疾病和贫穷等在道德上难以接受的现象,但是人类社会正是因为具有这些负面的现象,道德上情感或价值才有存在的可能性,人们正是根据这些负面现象来调整自己的行为,使自己变得更为谨慎一些,使这个社会还可以保留这些美好的道德情感或价值。如果一个社会已经彻底解决了疾病与贫穷问题,那么人类社会美好的道德情感或价值都有可能会消失。

马尔萨斯的理论以两个假设为前提:其一是对于人类的繁殖问题政府的公法治理是无能为力的,公法不可能禁止人们不发生性行为和怀孕,即使能够禁止,也是以极大侵犯公民的自然权利或自由为代价的。其二是人类生存所需要的生活资源是不可能无穷增长的,因为生活资源的增长必然受制土地的产出能力,而土地的产出能力是不可能无限改进的。然而,马尔萨斯的这两个假设是不真实的,随着人类科技的进步,人类社会已经有能力解决这两个问题。避孕技术的发明,使得政府的公法治理变得有能力介入到人类繁殖的社会管理活动中,而基因技术的发展也使得人们对于土地的依赖程度大大降低。在这种情况下,政府的公法治理是可以介入到人类繁殖的社会管理活动中的,通过强制性的推行计划生育,公法治理可以控制社会人口的快速增长,而基因技术的发展能够为人类社会提供更多的生活资源,虽然政府的公法治理活动可能侵犯了公民的消极自由与权利,但是从社会整体来看,这种治理活动却可以提高公民的积极自由与权利,被侵犯的消极自由与权利可以由增长的积极自由与权利来弥补,两者相比较,政府的公法治理活动符合公共服务的改进性观念,即在没有损害任何一方利益的前提下,可以提高所有人所享有的社会利益。在这样的社会中,虽然还是可能存在疾病与贫穷,但是与不对人口数量进行管理的社会相比,人们受疾病和贫穷折磨的程度肯定要低得多,这说明在政府的公法治理下,社会整体的利益都得到了改善。这种改善也并没有消失人们同情的道德情感或价值。在这种社会中,还是保持了社会的竞争,社会资源的分配仍然是处于稀缺的状态,分配上的差异还是存在的,强者对于弱者的同情不可能改变,改变的只是强者和弱者都在一种更高的水平上享有社会的整体利益。

对于人口的信息管理,也就是通过户籍、身份证明和档案记录等措施来掌握公民在社会中的基本情况,为公法治理的社会管理活动提供信息支持。人口的信息由政府掌握涉及复杂的利益冲突问题,一方面个人想保有更多的隐私,极力扩大自己的消极自由与权利,另一方面政府的公法治理只有尽量多的掌握个人的基本信息才能更好地实施社会管理。自然法主义者一般情况下坚决反对政府持有过多的个人信息,反对政府对个人社会生活的所有方面进行信息监控。自然法主义者反对的理由还是自由主义式的,即担心政府的公法治理活动不受控制,一旦政府掌握了大量的个人信息,那么个人的消极自由与权利被政府公法治理侵犯的可能性将大大提高。然而,政府在打击犯罪维护社会治安过程中的不力表现,使自然法的观点受到了很大的挑战,注重社会效果的社会学法学的观念受到了重视,现代西方国家普遍接受政府的公法治理应当掌握已为法庭裁决之罪犯的基本信息,为政府打击犯罪维护社会安全提供帮助。但是,到目前为止,西方国家对于公民个人的其他信息是否应当为政府所掌握还未形成一致意见,在这个问题上,自然法学的观念还是占据着统治性的地位,认为公民的消极自由与权利优先政府的社会管理活动。不仅如此,自由主义者一般还认为,政府掌握这些人口信息不仅有可能导致政府滥用权力而至公民消极自由与权利的丧失,而且政府公法治理能力也不会由此而得到显著的提高。当政府寄希望于通过人口信息的全面掌握而增强社会安全的控制力时,这可能会诱发有犯罪意图的人提高犯罪能力,在犯罪过程中刻意掩盖这些基本信息,使政府的努力失去效用,但政府为收集并掌握公民基本信息却要消耗大量的社会资源,也就是说,政府为有效地进行社会管理而收集并掌握公民的基本信息虽消耗了大量的社会资源,但却不会收到任何改善的社会效果。同时,有犯罪意图的人还有可能制造假的基本信息,从而误导政府作出错误的判断,使无罪的人受到公法治理的追究,这又可能使政府陷入道德风险之中。

　　自然法的担忧有一定的道理,但是却不能成为政府通过公法治理掌握个人信息进行社会管理的理由。我们必须从辩证的角度来看待这一问题,政府掌握了公民的基本信息确实增加了政府滥用权力分割公民消极自由与权利的可能性,但是同时也增加了政府社会管理的能力,这既可能在更大程度上维护公民的消极自由与权利,也可能使政府能够更好为社会提供公共服务,以增进公民的积极自由与权利。断定政府掌握了公民的基本信息就一定会损害公民的消极自由与权利是毫无道理的,因为公法治理介入自治社会维护社会安全的主要原因之一,正在于公民自治社会没有能力掌握这些基本信息,而公法治理可以通过有组织的强制性力量来弥补公民自治社会能力的缺乏。也就是说,从公法治理介入公民自治社会的历史来看,由政府掌握公民的基本信息是一个必然的发展过程,否则政府将与公民自治社会一样缺乏社会管理的能力。当然,政府侵犯公民消极自由与权利的可能性确实是存在的,但是只要政府的公法治理坚持公共服务的观念,这种可能性是可以消解的。也就是说,政府的人口信息管理工作,应当尽量以不侵犯公民的消极自由与权利为代价,但是如果有侵犯的可能性,那么只要政府能够提供更多的积极自由与权利来弥补,并能够增进社会整体的自由与权利,那么政府的人口信息管理工作就是可以改进的,直到必然会损害到一方的利益为止。另外,那种认为政府的人口信息管理工作消耗了社会成本却无法获得相应社会效果的看法也是片面的。这种观点假设犯罪是天生的和必然的,是无法消除的,政府的人口信息管理工作必然会引发犯罪方法与手段的升级。这种假设没有看到,大量的犯罪可能正是社会结构的反映,比如侵财类犯罪的增加可能与社会财富的分配极其不公有关系。政府通过人口信息的管理工作,可以准确掌握犯罪的社会原因,通过积极的公法治理,为公民提供更多的积极自由与权利,这可能在很大程度上降低犯罪发生的比例,从而改进社会中每一个的积极自由与权利,由于公民之间侵犯消极自由与权利的可能性降低了,这也会在很大程度上改善公民的消极自由与权利的状况。

**(五)思想道德建设制度**

思想道德建设是指社会核心或主流价值观建设,一般情况下是指,通过社会管理确立人们对社会主流或核心价值观认同的活动。社会主流或核心价值观的形成,不仅对社会秩序的维护有重要作用,而且能够增进社会成员间的认同感,增进对生命意义的理解。在人类社会的历史上,宗教观念曾经是任何社会都存在过的主流或核心价值观,西方国家的基督教精神、印度的佛教观念和阿拉伯国家的伊斯兰教教义等都曾经作为核心价值观存在过,如果儒家思想也可以算做是一种宗教的话,那么儒家思想也曾经作为中国古代社会的核心价值观对中国社会产生过重大影响,这种影响直到现在也无法完全消除。在人类社会的历史上,宗教观念或意识形态曾经作为公法治理的有效工具,"宗教人民的鸦片"(马克思),表明宗教观念或意识形态对人们思想的奴役。由于宗教观念或意识形态具有保证治理有效性的作用,因此在历史上,宗教观念或意识形态都具有强制性和排他性,任何其他思想的挑战都被禁止,以保证它们的纯洁性和单一性。宗教观念或意识形态的强制性,虽然能够保证公法治理的有效性,但是对社会思想的禁锢是非常严重的。以残酷的惩罚来禁止其他思想的挑战既是不人道的,也极大地阻碍了真理的发现。文艺复兴之后,在一些启蒙思想家的反对下,西方社会逐步摆脱了宗教观念对人们思想的控制,"上帝"在公法治理中不再占有重要的地位。然而,尼采宣称,"上帝死了,但他还会回来",替代"上帝"的是启蒙思想家以宏大叙事方式表达的抽象权利观念,具有严重的形而上学倾向。启蒙思想家的形而上学观念作为一种新的意识形态或核心价值,为资产阶级取得政权提供了重要的思想武器,然而其抽象性和虚假性显而易见的。马克思从经济基础的角度批判了启蒙思想家观念的欺骗性,梅因和萨维尼从历史演化的进程批判了这种观念的非真实性,边沁则从人性的角度说明了决定价值正当性的不是抽象权利,而是实在的功利。经过19世纪末20世纪初无数理论家的批判,启蒙思想家们形而上学的核心价值观逐渐破产。维特根斯坦从逻辑哲学的角度直接证明了形而上学价值观的非真实性,他认为,"能够说的就一定能够说得清楚,说不清楚的应当保持沉默",①意思是事实性的东西总是可以解释清楚的,是可以为真的,而价值性的东西,属于神秘之域的东西,科学无法解释清楚,只可由个人来体验,却无法由科学来证明,对此科学应当保持沉默。至此,维特根斯坦开启社会核心价值观的新时代,即价值上的怀疑主义或价值多元的后现代主义思潮。在这个时代,形而上学的价值观虽然还存在,但是人们不再将其作为必须要服从的价值观,人们也许在表面上对形而上学价值观表达了尊重与服从,但并不是出于真正的信仰,而是出于社会交往的需要(比如想维护良好的人际关系)。在这个时代,各种价值观都被认为是合理的,没有一种价值观被认为必然优于另一种,甚至一些在大多数人看来难以接受的价值观,也有人坚持它的合理性和真理性。房龙认为,社会价值观的发展趋势体现了人类社会的进步,在以往的人类思想史中,人们不能够宽容地对待异己的价值观,在这个时代,各种价值观

---

①　[英]维特根斯坦著:《逻辑哲学论》,王平复译,中国社会科学出版社2009年版,第89页。

自由的融合与交流,不仅尊重了人们选择价值观的自由,也体现了人类社会对社会价值观越来越"宽容"的态度。①

　　在这种时代背景下,思想道德建设或社会核心价值观建构似乎显得不合时宜。人们担心思想道德建设会使人们重回思想不自由时代,人们会遭受愚昧观念的强制性奴役,错误思想得不到实践的检验,正确思想得不到实践的证明,人类社会笼罩着野蛮与残酷的阴霾。这种担心有一定的道理,毕竟人类社会经过了长期艰苦卓绝的斗争才取得了思想自由的权利,人类社会确实也经历过上述悲惨的历史境遇。但是,这不能成为否认社会核心价值观建设的理由。人类社会早期的公法治理需要借用宗教或意识形态来保证社会管理有效性的原因在于,公法的公共服务性还未成为公法治理的核心精神,公法治理活动虽然包含有一定的公共服务性,但是更多地是为了统治者自身的利益。在这种情况下,为了保证社会管理的有效性,借用宗教或意识形态等具有麻痹性的观念来宣扬公法治理的正当性,可以在很大程度上保证人们对公法治理的服从性。文艺复兴时期启蒙思想家最大的贡献在于,提供了足以与宗教观念或意识形态相抗衡的自然权利观念,对于打破借用宗教观念进行的专制统治具有重要的历史意义。然而,自然权利观念的抽象性和非现实性并不能保证人们的充分赞同,现实社会有太多的反例足以证明这些观念的虚假性。但是,我们不能因此放弃对社会核心价值观的建设。在缺乏社会核心价值观的民族或国家中,人们对于善恶、荣辱和美丑等基本价值的判断将失去一致性,社会将失去凝聚人心的力量,生活的意义将得不到社会的认同。如果思想道德建设工作能够在公共服务观念的支配下进行,那么思想道德建设工作将不会使人们重回思想受奴役的状态,同时也能够保证社会核心价值观凝聚社会人心的作用。首先,公共服务论倡导而非强制人们应当尊重的社会核心价值观。公共服务论相信,通过公法治理倡导社会核心价值观,可以在不损害社会成员任何一方利益的前提下,提高社会整体的福利水平。人们对幸福的感受除受制于基本的生存条件之外,更大部分是来自于社会成员的认同,社会核心价值观的存在将保证社会对基本价值认识的一致性,这将在很大程度上提高社会整体的幸福感受水平。由于公法治理并不强制推行社会核心价值观,这为公

---

① 　参见[美]房龙著:《宽容》,张蕾芳译,译林出版社 2009 年版。

民坚持个人认同的价值观提供了自由的空间,如果这种价值观能够获得社会的一致赞同,那么这种价值观就有成长为社会核心价值观的可能性,如果这种价值观无法获得社会的赞同,那么相信个人是无法长久坚持这种价值观的。通过这种方式,社会核心价值观不仅接受了社会实践的检验,也没有损害公民个人的思想自由,同时社会核心价值观还可以从公民个人思想自由的实践中获得发展的契机。其次,公共服务论倡导的社会核心价值观的现实性、实证性和目标性。公共服务论认为,社会核心价值观应当来源于社会的现实需要,而非来源于抽象的人性分析,社会核心价值观的建设必须考虑民族或国家特定的社会历史条件,不能仅从理想国家应当如何的观念中进行推论。通过这种方式获得的社会核心价值观,不会因为脱离现实社会的需要,也不会因为提出过高的道德要求,而损害部分群体的利益。公共服务论认同的社会核心价值观还具有理想性和目标性。如果一种社会核心价值观能够在不损害部分群体利益的前提下改善社会整体的利益水平,那么这种社会核心价值观还有改善的余地,直到其必然损害某部分群体的利益为止。公共服务论对社会核心价值观的这种要求是理想性的,也是社会核心价值观建设的终极目标,只有通过长期不懈的努力才有实现的可能性。

### (六)教育制度

教育是人类道德、科学、技术、知识储备、精神境界的传承和提升行为,是传递人类文明的行为,也是一种以某些主观意识形态去改变另一些主观意识形态的一种方法,是改变他人观念与思想的一种科学方法。教育是一种影响,一种积极的影响,一种对人类认识和改造客观世界及自身的积极影响。从整体上来说,教育的主要目的或功能有两个:一是提高人们认识和改造世界的能力,二是提高人们思想观念的水平。由于教育具有塑造人的行为与观念的重要功能,因而教育对一个民族或国家的政治、经济和文化生活有深远影响。通过教育,个人可以获得能力和思想上的提高,能够更好地适应社会需要。通过教育,社会职位对相应能力或思想观念的需求可以获得满足。因此,教育在决定社会职位的最优配置中起着至关重要的作用。

从历史发展的角度来看,教育经历了自我教育、家庭教育和有组织的学校教育三个阶段。现代社会中,一般情况下教育具有混合的形式,即自我、家庭和学校教育相结合,以有组织的学校教育为主。自进入有组织的学校教育以来,教育成了一种稀缺资源,教育不公平的问题也随之出现。在教育由私人提供的情况下,考虑到投入与产出的效率,一般只向有相应资格的人提供,不具备相应资格的人是无法享受教育。在教育由政府提供的情况下,受教育资源的限制,无法向所有的人均等提供,这意味着只有部分人才能享受到一定层次的公立教育。由于学校教育能够在很大程度上决定个人所能获得的能力,不具备能力的人可能就无法获得相应的社会职位,在社会自由竞争中就可能处于劣势,社会不公平的问题也随之出现。

根据功能主义的观点,政府公法不应当对教育活动进行治理,通过社会自由竞争能够实现教育资源的最优配置。根据这种观点,社会中的每个人都拥有不同的学习天赋,只有让每个人自己选择自己最擅长学习的东西,才能保证每个人都获得最恰当的教育,也就获得了相应社会职位所要求的能力。对于提供学校教育的私立组织来说,只有通过自由竞争,才能确立学校教育的规模,才能确立学校教育的内容,才能更好地满足社会职位对具有相应能力人的需求。政府公法没有必要也没有相应的能力对教育活动进行治理。因为个人的天赋如何,该接受何种教育,学校的规模以及应当提供的教育内容,都是政府在治理教育活动时所不可能获得的信息,只有通过社会自由竞争,通过社会个体之间的互动,上述信息才能有效地显现出来,为接受教育和提供教育的社会成员所获知。如果政府对此进行治理,就会因为掌握信息不充分而导致教育资源的配置不佳或错误,更为严重的是,还会严重干预社会自发调节教育资源最优配置的功能。功能主义教育观有一定的合理性,它注意到了教育活动中的个体性差异,以及教育与社会职位能力需求的相关性。也就是说,为所有的人提供同等的教育不符合教育的本质,也会造成教育资源的极大浪费。然而,功能主义教育观没有注意到社会结构对教育资源配置的重要作用。在学校教育由私立组织提供的情况下,学校招收学生的条件有两个:其一是经济条件,其二是思想条件。学校是自负盈亏的组织,必须考虑投入与产出的成本,学校必然对学生有一定经济能力的要求,否则学校将面临着无法持续的困难;有一些私立学校可能在经济上比较宽裕,但是学校对所招收学生的价值观或学习能力有特别要求,以培养与学校本身所持教育理念相吻合的学生,扩大学校在社会中的影响力。这些社会结构性因素的存在,使功能主义所持有的自由配置教育资源的目的无法实现。在这种条件下,只有具备相应经济能力的人才有可能接受学校教育,没有经济能力但具有相应学习天赋的人则不能接受学校教育,这就意味着教育资源的最优配置只在有一定经济能力的社会成员之间进行,这是极为不公平的。另外,私立学校所要求的价值认同条件也会扩大教育资源配置的不公平,会导致持有某种良好价值观的学生无法享受学校教育,也会放任社会中有经济实力的学校传播不利于社会发展的价值观。公共服务论承认功能主义观点的合理性部分,认为私立教育对于教育资源的最优配置有不可替代的作用,但是政府还是应当对私立教育进行一定方式的治理。政府治理主要侧重于消除社会结构性因素对自由竞争配置教育资源的影响,通过为经济困难的学生提供资助促进教育资源配置的公平,这不会损害经济上处于优势学生的利益。政府治理还应当禁止私立学校以某些社会难以容忍的价值观作为招收学生的标准,对于以可为社会接受的价值观作为招收学生标准的学校,政府治理应当为这些价值观提供界定的基本标准,这样才能够保证在不损害私立学校利益的前提下,促进整个社会的利益。

根据冲突主义的观点,教育由享有社会优势权力的阶层提供,而且也只对社会优势权力阶层提供,唯有如此,才能够保证社会优势权力阶层在社会财富、声望与权力上的垄断地位。为了剥削或利用处于社会底层的人们,社会优势权力阶层可能会为他们提供一些教育资源,但是是为了使他们更好地实现社会优势阶层的社会目的,即维护自己的优势社会地位。在社会优势阶层所提供的教育中,必然包含两项内容:其一是某些教育资源只对特定社会阶层开放,不具备相应身份的社会阶层不可能享受这种教育;其二是教育必然灌输社会优势阶层的价值观,只有接受这种价值观的人才有能获得相应的教育资源。当然,为了使社会底层的人们更好的接受价值观,以为了更好的选拔社会优势阶层所需要的人才,社会优势阶层教育也许会对处于社会底层的人部分开放。在这种社会中,如果要实现教育公平,政府治理要注重消除社会优势权力对教育的影响,应当要完全取消由社会优势阶层主办的私立教育,完全由政府来提供公立教育,只有这样才真正做到教育向所有社会成员开放,才能避免社会优势阶层特定价值观对社会的负面影响。卢梭的教育观正是对冲突主义教育观反思的结果。卢梭认为,社会结构性因素的存在,使教育成为社会优势阶层进行奴化的工具,在封建社会中,信仰教育教授的是基督教教义,伦理教育教授的是代表封建贵族的价值观。这种教育对于人性的摧残是极其严重的,它使人看不到理性的光芒、科学的精神和对社会发展的促进作用。为此,卢梭极力倡导自然教育,寄希望于乌托邦式的教育方式,让家庭教育代替学校或教会教育,在教育的过程中,尽量避免社会结构性因素对于学生的影响,努力培养学生基本的劳动生存技能,使学生将来可以不依赖于社会优势阶层而生活,成为独立自主的有独立思想的人。① 卢梭的教育观后来成为马克思主义教育观的理论来源之一,政府公法全面介入教育活动的治理,取消私立教育,以公立教育取而代之。但是,公立教育也存在一些问题,主要是教育资源的配置与社会职位的需求不相适应,教育资源配置缺乏效率等问题。公共服务论认为,政府对教育活动的公法治理应当在公立与私立教育之间维持合理的平衡,增进公立教育办学的自主性。私立学校具有配置教育资源的优越性,政府所应当做的,是为社会弱势群体提供经济上的帮助,使他们与社会强势群体能够在同一起跑线上竞争。政府应当禁止私立学校传播不利于社会和谐的思想价值观念,保证私立学校教育在意识形态方面的中立性。对于公立教育,公共服务观念认为,完全的私立教育虽然能够实现教育资源的最优配置,但是对于一些无利可图的基础性或公益性教育,私立学校供给的教育资源可能会供给不足,但是基础性或公益性教育对社会整体的发展是非常重要的,如果政府不提供此种类型的教育将严重制约整个民族或国家的发展。因此,公共服务观念认为,政府公法治理应当在私立教育供给不足时,努力地提供公立教育,这样可以保证私立教育配置教育资源的优势,同时也可以保证社会基础性或公益性教育发挥重要的社会功能,保障社会的整体利益不受损害。

根据规范主义的观点,教育资源的配置应当通过社会自发机制来调整,公法只需要对起点不平等进行治理。也就是说,如果私立学校在招收学生时使用歧视性的标准,比如民族、种族、性别或家庭出身等,那么政府应当对此进行治理,禁止任何歧视性的招生标准。如果私立学校的收费过高,导致很多具有学习天赋或能力却没有相应经济能力的人无法上学,那么政府应当采取合适的方式进行治理,对经济困难的学生进行补贴。规范主义教育观有一定的合理性,但也存在几个难以回避的问题。首先,规范主义认为仅凭私立教育就可以自发的配置教育资源,具有自由主义的理论倾向。实际上,受利益的趋使,

① 参见[法]卢梭著:《爱弥尔》,李平沤译,商务印书馆1976年版。

社会自发配置教育资源的机制总是会存在基础性或公益性教育资源供给不足的情况。受信息不充分和不对称的影响,私立教育也存在逆向选择的可能性,以谋利为目的,不注重教育质量,扰乱正常的教育秩序。另外,社会自发配置教育资源的机制还存在社会教育资源量供给与需求无法平衡的问题。其次,规范主义认为私立教育可以完全正确的传播社会认同的思想价值观也是有问题的,私立教育的举办者可能是持有社会无法认同的思想价值观的人,他们也许会利用举办私立教育的机会强行灌输社会无法认同的思想价值观,将学校视为宗教的场所。公共服务论认为,对于影响社会自由竞争配置教育资源的社会因素确有公法治理的必要性,但是却不是对起点不平等进行治理,而是对社会结构性因素进行治理。结构性因素的形成是历史性的,而非逻辑上的,政府治理应当是一种持续性的过程,而非一劳永逸的解决问题。对社会结构性因素,政府公法应当采取努力改进处于社会弱势地位群体的社会地位,而又同时不损害社会强势群体社会地位的方式来治理,通俗地说,就是"只做加法不做减法"。另外,社会自发配置教育资源机制存在的局限性也为政府公法治理教育资源配置提供了正当性理由。虽然政府公法治理存在政府失灵的可能性,但是考虑到公法治理的实践性,只要政府公法治理坚持了公共服务的观念,即在不损害一方利益的前提下改进其他各方或社会整体的利益,那么政府公法对社会自发配置教育资源的治理就会起到有益的作用。

### (七)职业制度

职业是参与社会分工,利用专门的知识和技能,为社会创造物质财富和精神财富,获取合理报酬,作为物质生活来源,并满足精神需求的工作。职业以社会分工为基础,强调利用专门的知识和技能,也与社会伦理相关,强调创造物质财富和精神财富,获得合理报酬,还与个人生活相关,强调物质生活来源,并设计满足精神生活。社会分工是职业分类的依据。在分工体系的每一个环节上,劳动对象、劳动工具以及劳动的支出形式都各有特殊性,这种特殊性决定了各种职业之间的区别。职业制度是指对职业的类型、职业所需要的专门知识和技能以职业报酬和社会地位等职业相关因素的规范性要求。一种职业制度将决定何种职业是社会所需要的,一种职业所需要的专门知识与技能的标准,以及不同职业的报酬与社会地位。从个人的角度来说,一个人所从事的职业对其社会地位的影响是至关重要的,而且也是无可替代的。人们一般从一个人所从事的职业来判断他在社会中的影响力及对社会发展的重要性程度。职业上的公平在很大程度上也就决定了最为基本的社会公平。

功能主义反对政府对职业问题进行治理,认为通过社会自发的竞争机制可以实现职业类型、职业所需要专门知识与技能及职位社会地位的自动配置。社会自发的竞争机制虽然可能造成社会职业在社会地位上的不公平,但是却保证了社会职业自由竞争的机会公平或形式公平。相对而言,职业的机会公平比实质公平更为可取,因为职业的机会公平可以做到职业向每一个人开放,使每一种职业都配置具有专门知识与技能的人,反过来,每一个具有专门知识与技能的人都可以找到最合适的职业。职业的实质公平虽然可能保证每一种职业的社会地位是平等的,但是由于每一种职业的工作特征存在差别,可能导致从事不同职业的群体分布不均。如果通过强制性的方式进行职业分配,也许有可能实现职业人群的分布均匀,但是却无法保证不愿意从事某些职业群体的工作动力。如果以过分强制性的方式进行治理,那么人类社会可能会重新进入奴隶社会,这是一种倒退,是任何一个有理性的人所不愿意看到的。冲突主义认为功能主义的职业观完全是一种假象,是一种社会自发调整职业问题的理想状态。真实的社会情况是,自由竞争的机会公平完全不可能实现,因为取得职业优势地位的群体享有优势的社会权力,他们会支配职业的基本问题,包括职业类型、向何种人开放职业、职业所需要的专门知识与技能和职业社会地位等。政府只有对这些社会优势权力进行治理,彻底取消他们的优势权力,由政府来决定职业类型、职业能力需求、职业地位以及不同职业的供需平衡,才有可能保证职业的实质公平,即每一种职业的社会地位是平等的,每一个人都能找到合适的职业。规范主义承认功能主义机会公平竞争原则的合理性,但是却认为那不是真正的机会公平原则,因为一些社会或自然因素的存在,人们并不处于同一起跑线上,这就如同成年人与未成年人赛跑或男人与女人决斗一样,虽然给予了他们公平的机会,但我们绝不会认为他们之间的竞争是公平的。因此,规范主义认为,政府应当对影响职业自由竞争的社会或自然因素进行治理,努力消除这些因素对于机会公平原则的影响,将职业的自由竞争维系在同一起跑线上。

公共服务论认为,上述三种职业观都有一定的片面性,未从发展的、实践的和辩证的角度来看待职业制度问题。功能主义职业观有一定的合理性,但是理想的成分比较多。在真实的社会中,关于职业的信息是不充分的,也是不对称的,这会限制社会自发调整职业配置的作用,使社会自发机制处于"失灵"的状态。冲突主义对于职业问题的分析是实证性的,有事实上的根据,有很强的针对性与现实性,确实反映了社会职业现实。然而冲突主义提供的治理方式却是理想性的和非实践性的。所有的职业由政府来决定,从业人群也由政府来分配,这是一项不可能完成的任务。即使能够完成,也不可能保证职业公平,因为政府治理本身也是一种职业,由于其享有极大的治理权力,必然会成为社会中最优势的一种职业。除此之外,所有的职业都由政府来分配,社会中的每个人都有丧失自由与权利的可能性,最终有可能成为政府的奴隶。规范主义承认功能主义自由竞争观点的合理性,因而其与功能主义存在同样的问题。除此之外,规范主义对于起点不平等进行公法治理的观点也值得商榷。天赋是自然所赠与的宝贵礼物,是人们在社会自由竞争中获得相应职位的重要基础,也是社会分工导致社会职业多样化的情况下人类社会适应社会发展需要的最好产物,这不应当成为政府公法治理的对象。政府公法对起点不平等进行的治理,逻辑起点是正确的,但是结论却是片面的,政府公法对职业不公平所进行的治理不可能有终局性,也不可能一次性全部解决,只有通过渐进的方式,通过不断的试错与实践,政府才能找到最合适的治理模式。在公共服务观念看来,保持职业的自由竞争是基础,唯有如此,才能保证职业与就业群体的平衡,实现职业的最优配置。但是对于影响职业自由竞争的信息不充分和不对称的问题,政府公法应当对此进行治理,发挥组织性优势,努力为就业市场提供最佳的职业信息服务,制定相关的职业要求标准。对于社会优势群体给职业配置所带来的不利影响,政府应当努力提高弱势群体的法律地位,以此平衡职业供需各方所享有的社会权力,以及由此带来的职业不公平。公法对于社会结构性因素的治理,应当遵循不损害强者社会地位而同时提高弱者社会地位治理原则,努力消除性别、年龄、疾病、民族和种族等因素对于职业公平竞争的影响。

### (八)卫生制度

卫生指个人和集体的生活卫生和生产卫生的总称。一般指为增进人体健康,预防疾病,改善和创造合乎生理、心理需求的生产环境、生活条件所采取的个人的和社会的卫生措施。这种意义上的卫生仅仅强调为预防疾病而应当采取的清洁或防范措施,未包括治疗疾病的医疗措施。实际上,世界卫生组织对于卫生的定义,包括了"健康"和"治疗"两个部分,也就是预防疾病的发生和对疾病的治疗。从历史发展的角度来看,疾病的预防和治疗首先都是个人性的,随着人类社会化程度的提高,人口的密集和流动性程度也越来越高,当一种疾病可以在人际传播时,疾病的预防与治疗也地逐渐地具有了公共性,政府必须对公共卫生活动进行治理,否则人类社会将面临严重的灾难。这一点也获得了世界各国政府和人民的一致赞同,世界卫生组织的成立就一个明证。政府必须提供维护公共卫生的服务,也构成了古典自由主义理论的一个反例,在古典自由主义者看来,政府公法只需对国防和治安问题进行治理就足以保证社会的稳定与和谐。

当一种疾病不具有传染性而不会成为一个公共卫生问题时,疾病的预防与治疗是个人性的。根据功能主义的观点,个人性的疾病预防与治疗应当由社会自发机制来调整。经济实力较强,社会地位较高的群体由于其支付能力也相应较强,因此其享受的社会医疗资源也较多,他们将获得更好的疾病预防与治疗。通过社会的自由竞争,医疗资源将实现最优配置,只要政府不对此进行治理,就能够保证医疗资源自动配置的机会公平。冲突主义认为,社会优势群体享有更多更高的医疗资源并非社会自由竞争的结果,而是社会优势群体利用其优势性社会权力强取的结果。如果要实现医疗资源配置的社会公平,政府必须对社会优势权力进行治理,取消医疗资源的社会自发配置,由政府来提供公共卫生服务,才能实现医疗资源配置真正的公平。规范主义承认功能主义观点的合理性,但是却认为,社会弱势群体因起点不平等而无法与社会强势群体处于同一起跑线,形式上机会公平的自由竞争,实质上却不是机会公平的。政府应当努力提高社会弱势群体的社会地位,或给予一定的经济援助来促进医疗资源配置的机会公平。

公共服务论认为,通过自由竞争配置医疗资源虽然有一定的合理性,也有存在的必要性,但是却可能产生极不人道的结果。生命与健康权平等是一种最为基本的价值观,自由竞争配置医疗资源可能导致社会弱势群体无法享受基本的卫生服务,而不得不忍受疾病的折磨。自由竞争配置医疗资源也可能因为信息不充分和不对称而导致公共性的医疗服务供给不足,无法避免医疗欺诈行为的出现。完全由政府来提供医疗服务也是不合理的,这虽然可以保证医疗资源分配的完全平等,但是由于政府也受信息不充分和不对称的限制,会造成医疗资源配置效率低下,降低社会整体所享受的医疗水平。通过治理起点不平等来保证自由竞争配置医疗资源机制的实现,除了与自由竞争配置医疗资源存在同样的问题之外,政府是不可能通过治理起点不平等而一劳永逸地解决医疗资源配置公平问题的。公共服务论认为,自由竞争配置医疗资源是合理的,公法治理所应当做的事情是保证自由竞争有一个公平的竞争环境,治理信息不充分和不对称所带来的问题。这种治理不会损害任何一方的利益,同时又能增进社会整体所享受的医疗服务水平。医疗资源完全由政府来配置虽然是不合理的,但是保障所有人基本的医疗权利在道德上却是正当的,通过征收医疗基金来为全民提供最为基本的医疗服务可以实现另一种社会公平,即所谓代际公平。医疗基金一般由正在工作的社会成员缴纳,需要医疗服务最多的群体却是退休的社会成员,以此类推。这种治理虽然看起来损害了正在工作群体的利益,然而由于这些人在退休之后也可以享受下一代缴纳的医疗基金,因此从长期来看,其利益并未受损,社会整体所享受的医疗服务水平却得到了提高,符合公共服务观念的三大原则。公共服务论认为,治理起点不平等虽可以在一定程度上保证医疗资源配置的形式与实质公平,然而对起点不平等进行治理却是片面的,政府治理必须在形式公平与实质公平以及代际公平之间保持平衡才是辩证和符合实际情况的,只有坚持不损害任何一方的利益同时增加其他各方或社会整体利益作为治理的基本原则,通过不断的试错与实践,才能找到医疗资源配置最合适的治理方式。

对于公共卫生,即预防和治疗的疾病具有传染性或能够提高社会整体预防或治疗疾病水平的预防和治疗活动,必须由政府治理。实践证明自治是不能解决公共卫生问题的。公共卫生问题虽然必须由政府来治理,但是治理方式的选择却可以是多样化的。可以通过政府强制性的方式来治理,比如爆发大规模传染病时;也可以通过政府以协商性的方式来治理,比如公共卫生服务机构的选择等。对于公法治理方式的选择,我们应当始终坚持公共服务观念的基本原则,如果一种治理方式能够在不损害任何一方利益的前提下增进其他各方的利益或社会整体的利益,那么这种政府治理的方式还存在改进的余地,直到必然损害其中任何一方或社会整体利益时为止。

### （九）科学与文化制度

一般而言,科学是一种运用范畴、定理、定律等思维形式反映现实世界各种现象本质规律的知识体系。文化是人类生活的反映,活动的记录,历史的沉积,是人们对生活的需要和要求、理想和愿望,是人们的高级精神生活;是人们认识自然,思考自己,是人精神得以承托的框架,包含了一定的思想和理论;是人们对伦理、道德和秩序的认定与遵循,是人们生活生存的方式方法与准则。思想和理论是文化的核心、灵魂,没有思想和理论的文化是不存在的。任何一种文化都包含有一种思想和理论,生存的方式和方法。科学与文化的关系非常密切,科学内生于文化之中,不同的文化类型下会产生不同的科学思维方式。现代科学的知识范式与西方国家的文化类型密不可分,中国传统文化类型下很难产生现代科学的知识范式。作为探讨现实世界本质规律的知识体系,科学在现代社会具有重要的作用,它不仅是一个国家或民族综合实力的体现,也是一个国家或民族在世界范围的竞争中保持优势的决定性力量。文化对于增进人们之间的认同感,维系一种国家或民族的凝聚力有不可替代的作用。

功能主义一般认为,文化是一个国家或民族长期积累的结果,是传统的产物。一个国家或民族在认识世界和改造世界的过程中适应自然和社会发展的过程中积累的理论与思想观念,文化就是一个国家或民族公民的生活方式,是人们对于世界意义及生存意义的思考。科学是人们为满足理解自然与社会的好奇心而由个人自由探索发展起来的知识体系,与特定社会的文化密切相关。政府不应当对此进行治理,而应当任由其自由发展。唯有如此,才能既保证科学与文化的活力,同时也才能保证社会公民共享科学与文化成果。冲突主义一般认为,文化是社会中占优势阶层意识形态的具体反映,体现的是社会优势阶层的意志,社会弱势阶层处于被强迫或愚弄的状态,只要社会阶层存在优劣之间的差别,处于不同社会阶层的人们就不可能公平共享文化成果。科学是社会优势阶层极力支持的一种知识体系,凭借科学知识体系,社会优势阶层不仅可以保持整个国家或民族的竞争优势,也可以加强对社会弱势阶层的统治。规范主义承认功能主义对科学和文化不干涉观点的合理性,但是认为,自发积累的文化成果不一定能够实现人们对于文化成果共享的社会公平,相反,文化累积的结果可能是对社会阶层的某些歧视性偏见,这些偏见的存在是影响社会公平的重要因素。政府应当对此进行治理,以消除偏见,确保社会公平。

公共服务论认为,功能主义的观念虽然有一定的合理性,但是考虑到文化变迁的缓慢性及盲目性,公法对此进行治理还是有必要性的。文化既可能是一个国家或民族发展的促进性因素,也可能是阻碍性因素。当一个国家或民族需要在世界范围内保持竞争优势时,具有滞后性和盲目性的文化可能就是一种阻碍因素。政府应当以倡导而非以强制的方式来发展新的文化,只有这样才能既不损害坚持旧有文化支持者的利益,又能够保证社会文化积极向上发展的方向性,增进社会整体的利益。冲突主义观念确实反映了一定的社会现实,社会文化在某种意义就是强者的文化,然而完全以政府倡导的文化作为社会文化也是不现实的,如果这样做,社会将失去文化的多样性,人们将失去探索自然与社会生活意义的机会,当国家或民族面临灾难时也可能会缺少文化上的支持。政府只应当对负面文化进行治理,维护社会积极向上文化的自由探索。对于科学的发展,功能主义的观点也是有道理的,但是现代科学的研究与发展,早已不是个人探索就能取得极大突破与发展的时代,在不同国家或民族激烈的发展竞争中,拥有更多经济支持的科学研究将能够保证这个国家或民族在竞争中的优势地位。因此,政府除应当保证社会自发进行科学研究的自主性之外,对于社会供给不足的基础性科学研究应当提供必要的服务,通过促进基础性科学研究的进步来保证应用性科学成果的繁荣,只有这样才能保证社会整体都能够公平共享科学所带来的社会大发展的成果。

**(十)公用事业制度**

公用事业是指以社会成员共享为基本特征的,服务于社会生产、流通和居民生活的各项事业的总称。从现代社会的发展来看,公用事业主要包括:环境卫生、安全事业,如垃圾清除、污水处理、防洪、消防等;交通运输事业和公共旅客运输事业,如地下铁道、电车、公共汽车、出租汽车、停车场、索道、道路、桥梁等;公共生活事业,如自来水、电力、煤气、热力的生产、分配和供应等;以及其他公共日常服务,如文化体育场所、娱乐场所、公园、房屋修缮、邮政通讯、火葬场、墓地等。公用事业与一般性生产企业有所不同,主要表现在:公用事业以提供劳务为主,很少或几乎不生产有形产品;公用事业服务面广,几乎对一定范围内所有团体、组织和居民提供服务;公用事业投资大、回收期长,有的还向用户(或居民)提供无偿服务;公用事业能给整个地区及用户带来经济效益、社会效益和环境效益。从经济学的角度来说,公用事业就是相对于私人产品的公共品,因其具有外部性、基础性和必要性而必须由公法来治理。

一般而言,公用事业的供给方式有两种,一是完全由政府供给,一是完全由私人投资供给。功能主义赞同由私人投资供给,认为只有通过自由竞争,才能保证公用事业配置的最优化。冲突主义一般赞同完全同政府供给,只有如此,才能消除社会优势阶层对公用事业资源的垄断性占用,保证社会公平分享公用事业资源。规范主义在大体上支持功能主义的观点,但是其考虑到了社会阶层之间起点的不平等问题,认为政府公法应当为社会弱势阶层提供一定的帮助,以保证社会公平分享公用事业资源。公共服务论认为,上述观念都具有一定的片面性,没有考虑到公用事业供给的信息不充分和不对称的问题,以及公用事业供给的外部性问题。政府公法应当以一种灵活的和实践性的态度治理公用事业问题,做到公用事业供给的效率与实质公平之间的平衡,以不损害任何一方的利益为前提,努力改进其他各方的利益和社会整体利益作为治理公用事业的指导方针,以一种不断试错的和实践性的态度来发现政府治理公用事业的最佳方式。

# 第六章　法治文明与公共服务

　　文明是指人类所创造的财富的总和,一般可以区分为物质文明和精神文明两大类。物质文明是人类改造自然的物质成果,一般表现为人类物质生产的进步和物质生活的改善;精神文明是人类改造客观世界和主观世界过程中所取得的精神成果的总和,体现为人类智慧的增长和道德的进步。精神文明的具体表现形式为科学文化与道德观念。科学文化包括社会的文化、知识和智慧状况,以及教育、科学、文化、艺术等各项事业的发展规模与水平;道德观念包括社会的政治思想、道德水平、社会风尚和人们的价值观、世界观以及组织性、纪律性等状况。在辩证唯物主义的观念中,物质文明是精神文明的基础,起决定性作用,精神文明是物质文明发展的思想保证、精神动力,为物质文明的发展提供智力支持、法律和政治保障。总而言之,文明是一种相对的社会状态,是人类社会发展到一定阶段之后的状态,在此之前的人类社会一般被称为野蛮社会。但是,人们对于人类进入文明社会的标志,也就是文明社会与野蛮社会的分界点却存在诸多争议,有人认为是文字的出现,也有人认为是城市的诞生导致了文明与野蛮的分离。现代西方资本主义社会一般认为,现代科学技术的产生与发展,以及文艺复兴后诸多政治法律观念的产生,是人类摆脱野蛮,进入文明社会的开始。

　　法治文明是精神文明的一种特殊类型,广义上而言,法治文明实质上也是政治文明的一种,是政治文明中的高级形态。历史唯物主义认为,国家的出现是人类社会进入文明时代的开始。自国家出现之后,人类社会先后经历了奴隶社会、封建社会、资本主义社会和社会主义社会四个政治文明阶段。在未来的社会中,人类社会还有可能进入人类政治文明的最高阶段——共产主义社会。资本主义社会政治文明的主要表现形态就是法治文明,相对于奴隶社会与封建社会的专制统治而言,具有较高的先进性和极大的优势。在资本主义社会中,法治文明主要表现为两个方面,一是注重政治权力的控制,二是注重政治权力实施的价值理念。前者表现为法治文明的形式性,后者表现为法治文明的实质性。伴随着市场经济体制的建立与科学技术水平的快速发展,资本主义国家的物质生产和生活水平都得到了显著改善。物质文明的进步奠定了资本主义社会法治文明发展的基础,资本主义社会法治文明的发展也促进和保障了资本主义社会物质文明的进一步提高。这说明资本主义社会的法治文明确实是一种优于专制社会的政治文明形态。

新中国成立以后,民主和法制建设一度有过长足的发展,但由于对法治文明与社会主义社会的关系存在误解,导致了"法律虚无主义"观念的滋生传播,最终酿成十年"文革"的历史性悲剧,留下了惨痛的回忆和深刻的教训。邓小平同志在反思"文革"时指出,"我们这个国家有几千年封建社会的历史,缺乏社会主义的民主和社会主义的法制。现在我们要认真建立社会主义的民主和社会主义的法制。只有这样,才能解决问题。"以江泽民同志为核心的中国共产党第三代领导集体顺应历史潮流,高举邓小平理论伟大旗帜,高度重视社会主义法治,坚决反对人治。在 1989 年 9 月,江泽民在中外记者招待会上郑重宣布:"我们绝不能以党代政,也绝不能以党代法。这也是新闻界讲的人治还是法治的问题,我想我们一定要遵循法治的方针。"江泽民在党的十五大报告中指出,"依法治国,是党领导人民治理国家的基本方略,是发展社会主义市场经济的客观需要,是社会文明进步的重要标志,是国家长治久安的重要保障。"并且"法制建设同精神文明建设必须紧密结合,同步推进"。

现在我们已经认识到,法治文明不是资本主义社会特有的产物,与资本主义制度也没有必然的因果关系,社会主义社会也需要法治文明,只要法治文明能够为人民谋取更多的福利,能够提高国家与民族在全世界的竞争力。但是,我们也要认识到,资本主义国家的法治文明建立在其特定的文化基础之上,具有一定的局限性,社会主义社会的法治文明不能照搬照抄资本主义国家法治的现成模式,只有立基于中国特有的国情,结合现代社会新的社会治理理念和技术,才能发展出适用于中国社会的法治文明。本章第一节将研究西方资本主义国家法治文明的形式性与实质性,探讨其优越于专制政治的基本特征;第二节将分析西方资本主义国家法治文明与其特定文化的契合性,探讨西方资本主义国家法治文明模式在中国实施的困难之处;第三节将结合中国的国情,以公共服务理念为依据,分析西方资本主义国家法治文明的形式性与实质性在中国实施的可能性,以及社会主义法治理念与公共服务视野下的法治文明的契合性。

## 第一节　法治文明的基本观念考察

从政治学的角度而言,法律是使人们的行为服从规则治理的活动,法律不仅仅是一种由权威机构所发布的规范性文件,也不仅仅是影响人们生活和处理纠纷所适用的规范,法律是一种综合性的活动,包括制定或认可规范,通过规范调整人们的社会关系,适用规范处理人们之间的争议,它的最高目标是促进人们的行为能够服从规则的治理。为实现法律的最高目标,法律应当是法律的良好形式、实质性价值以及实施的社会基础等关键内容的结合体。

为了保证人们的行为能够长期稳定的服从规则的治理,法律本身应当具备良好的形式,如不得规定溯及既往的行为、不得要求人们做不到的事情以及不得要求人们做自相矛盾的事情等;法律也应当体现人类社会的良好价值,如应当保障人们的自由、治理过程应当民主化以及应当体现人类理性的要求等;法律还应当符合社会发展的要求,实现文化与价值多元、促进对法律的信仰以及适应城市文明发展的要求等。总而言之,法律是一种综合性的活动,终极目标就是保证人们的行为能够长期稳定的服从规则的治理,法律的这种综合性治理活动也就是一般所谓的"法治"。

### 一、法治文明的形式性

形式法治主要是探讨法律作为国家统治工具的有效性问题,对于此问题的回答首先当以各国家统治工具间的比较作为研究的始点,才能全面的了解形式法治的真实含义。

#### (一)形式法治的基本范畴

1.法治与人治

法治是一个外来词,转译为中文则为"法律的治理或统治"或"法律之治",而非"使用法律来治理",或者是"通过法律来治理"。"法律之治"虽然也包含了通过或使用法律来治理的意思,但是,除了这种工具性治理观念之外,"法律之治"还包含了"法律至上"、"是法律的统治而非人的统治"的观念。

法治最为核心的观念是"法律至上"和"法律的统治而非人的统治"。在法治的国家中,法律拥有至高无上的地位,任何人没有超越法律的权力,所有的争议都在法律的统治之下解决,即使国家的最高统治者也要服从法律。而法治中所包含的工具性观念,即通过或使用法律来治理国家和社会,是一个次要的观念,在任何社会中,都需要使用法律来治理。

法治的实行最终还是需要通过人来实施,那么法治与人治有何关系呢?人治相对于法治来说有两个最为重要的区别,一是治理对象的区别。法治的对象包括所有的人,即包括统治者,也包括被统治者,都要接受法律的治理;人治的对象主要是被统治者,为了更好地统治,统治者内部也是次要的治理对象,一般情况下,最高统治者不受法律的治理,但是,最高统治者会使用法律来治理被统治者或统治集团内的其他成员。二是最终权威的区别。法治社会中,法律拥有最高的权威,没有超越法律的之上的权力;在人治社会中,最终权威是最高统治者,它是某个人或者是某个集体,法律仅仅是最高统治者治理社会的一个手段,根据最高统治者的意愿,它也可以使用除法律之外的其他手段来治理社会,法律仅仅是其治理社会的一个工具,其本身不受法律的治理。

2.法制与礼

法制,全称是法律制度,英文表述为 Law institute or Law system,是一个不包含价值判断的纯粹描述性词语,表达的是一个国家或地区存在的能够被称为"法律"的制度。根据不同的标准,法律制度的范围也有所区别,现代中国所使用的法律制度概念是在西方社会法治意义上而言的,并且这种意义也影响了对中国历史上各种制度的看法。

在现代法律制度的意义上,中国古代社会能够被称之为法律制度的,不仅包括刑事法律(这是中国古代社会最为发达的法律制度),也包括皇帝的各种命令和官僚制度,而且日常行为中"礼"也是一种法律制度。但是,在中国传统的文化中,礼不是一种法律制度,而是道德具体化的外在表现形式,守礼就是守道德,是对人性要求更高的一种制度。只有刑律才是真正的法律制度,当刑律被违反之后,行为人要遭受刑罚制裁,这才是标准意义上的法律制度。但是,根据现代关于法律制度的识别标准,由于中国古代社会的礼有"出礼则入刑"的做法,实际上礼也是一种法律制度,不过被包裹上了温情的外衣,一旦这件外衣被撕破,法律强制的本性就暴露无遗。

当然,法制与礼也存在区别。现代法律制度一般都禁止人们从事某种行为,只在极少数情况下,才要求人们主动做某种行为;而中国古代社会的礼绝大多数是要求人们主动去做礼所要求的行为,而不是纯粹禁止做某种行为。换句话说,现代法制要求人们不做坏人就可以了,而礼则要求人们不仅不能做坏人,还必须成为一个好人。

但是无论如何,不管是法制,还是礼,都与法治没有必然的关系,与人治也是如此。法制发达的国家,可能与法治无缘,而法治国家也不一定有非常发达的法制。在人治国家中,可能有发达的法制,也可能没有,可能有完善的礼制,也可能没有,这完全取决于最高统治者的意愿。之所以如此,是因为法治的核心观念是法律至上,是法律的治理而非人的治理,达不到这一点,也就不能谈法治,即使这个国家有非常发达的法制,也是如此;而人治则完全取决于最高统治者的意愿,如果它愿意,发达的法制或礼制都是可能的。

3.西方传统社会语境下的法治与人治

西方社会拥有法治与人治争论的古老传统,通过了解法治与人治在源头上的争论,可以有助于理解西方社会的法治观与中国所认定的法治观的区别。

柏拉图认为,法律存在一些无法避免的缺陷,主要有三个方面:第一是法律要求保持足够的稳定,而社会事实却不按照人类的预期发展,法律总是存在滞后性;第二是法律总是要使用语言文字来表达,而语言文字却不是一个完美的工具,总有些社会事实是语言文字所不能涵括的,于是法律在适用时总是会存在漏洞;第三,法律是抽象的,普遍的,而社会事实总是具体的,如何将抽象普遍性的法律涵摄具体的社会事实,还是需要人来理解和解释,而每个人理解和解释的法律肯定不一样,这也会妨碍正义的实现。柏柏图认为正义是每一个都应当其所应得,而法律具有上述一些无法克服的缺陷,因此绝对不能保证正义的实现。柏拉图认为,只有社会中的人各自履行自己职业中的美德,正义就一定会实现。统治者应当具备智慧的美德,士兵应当具备勇敢的品质,生产者应当具备节制的品质,这样每个人各司其职、各守其位,社会的正义就实现了。在芸芸众生中,只有哲学家才能控制住自己的理性,不受激情与欲望的控制,才能掌握世界的真理。因此,唯有哲学家为王,才能保证社会正义的实现。相应的,在政治体制上,柏拉图主张君主专制,唯有君主专制才能实现哲学王的意图。①

亚里士多德承认,法律确实存在如柏拉图所言的诸多缺陷,这些缺陷无法避免。但是,哲学王统治也存在一些局限性:第一,哲学王也许具有高超的智慧,但是,只要他是一个人,就必然具有人性上的一些弱点,按亚里士多德的说法,就是必然有兽性的存在,在没有任何对哲学王进行约束与制约的情形下,将一个国家的治理交由某一个哲学王,是一件非常危险的事情;第二,哲学王也许有高超的智慧,但是,理性本身可以分纯粹理性与实践理性的,哲学王所具备的理性是纯粹理性,而政治统治却是需要实践智慧的,在政治生活中,"三个臭皮匠抵一个诸葛亮"是绝对的真理。相比之下,法治的局限性要少于哲学王统治的局限性,法治优于人治。因为法律是理性的表征物,法律不易受激情与欲望的影响;法律是实践理性的,它来源于人们生活的实践积累,它超出了任何人所能预想的范围,哲学王也是如此;另外,君主专制制度,比较容易腐败,因为人们只要让一个人腐败就可以了,而法治推行的是多数人的寡头政治或民主政治体制,是多数人的统治,腐败的难度要远远大于君主专制制度。

4.中国传统社会语境下的法治与人治

在中国传统文化中,两千多年前就有所谓"儒法之争",这也被视为是中国最早的法治与人治的争论,通过了解儒家与法家对于此问题的看法,可以帮助我们理解中西方之间对于法治与人治问题上的差异。

儒家对道德与法的评价有重大不同。孔子说:"道之以政,齐之以刑,民免无耻;道之以德,齐之以礼,有耻且格。"②儒家将法律等同于刑法,如果政府以法施政,由于法律的要求很低,民众的道德水准难免会不高;而德与礼的要求高,推行德礼治国,能够提高民众的道德水准,成为有一个有良好羞耻感和人格健全的人。儒家强调德礼在社会中的核心地位,统治者与被统治者都应当以此为行为准则。作为统治者,在施政的过程中,要行仁政,要以身作则,对被统治者来说,统治者应当以道德教化为主,在教化无效的情况下,才实施严

① 参见柏拉图著:《理想国》,郭斌和、张竹明译,商务印书馆2002年版。
② 《论语·为政》。

厉的法律制裁。法律起辅助的作用,或仅仅是作为道德教化过程中的威胁而存在的。从这个角度来说,儒家是要求人们都要成为好人,是典型的理想主义者。

法家对法律与礼的看法与儒家不同。他们认为:"法者,编著之图籍,设之于官府,而布之于百姓者也。"①这里法律是指成文的法律。对于治理国家,他们认为:"夫圣人治国,不恃人为吾善也,而用其不得为也。恃人之为吾善也,境内不什数;用人不得为非,一国可使齐。为治者,用众而舍寡,故不务德务法。"②意思是圣人治国,不是要使人人都自觉行善,而应当着眼于使大众不能作恶,只要民众不作恶,天下就太平了。在对统治者与被统治者的要求上,法家与儒家也不一致。法家认为君主统治国家依靠的是法律,以及运用法律手段,再结合"以法为本,垂法而治,刑无等级、一继于法"的执法理念,就足以统治这个国家,对被统治者来说,只要其服从法律即可,如果不服从,则通过严酷的刑罚来威吓,达到使服从的效果。因此,法家并不需要统治者应当"为政以德,譬如北辰,居于北,而众星拱之"③。从这个意义上而言,法家是现实主义者,持人性恶的观点。

中国传统社会语境下的法治与人治之争,与西方社会最大的区别在于,中国的法治在于如何治民,如何使民众更好的服从法律治理,至于如何治理统治者则基本没有涉及。而西方社会语境下的法治与人治之争,关注的焦点在于对统治者的治理,而非对于人民的治理,法治就是对统治者以法律来治理,人治就是以智慧和德性对其进行治理。中西方不同语境下法治与人治观念的差异,是我们讨论现代法治问题首先必须注意的问题。由于当代中国所提出的"依法治国"的治国方略,有借鉴西方社会法治理论与实践经验的意图,因此中国的"依法治国"在当代的意义也应当以对国家治理为要义,对于人民治理次之,才有理论与实践上的意义。

## (二)形式法治的基本要件

形式法治的核心范畴乃是"法律至上",也即是在实行形式法治的国家,法律具有最高的权威,在法律之上没有更高的权威。形式法治的基本要求是,

---

① 《韩非子·难三》。
② 《韩非子·显学》。
③ 《论语·为政》。

不仅人民应当服从法律的统治,更为重要的是,统治者也应当接受法律的治理,统治者实施的统治活动应当遵守法律的规定,不能以任性自由的意志替代法律的治理。此乃西方社会法治与中国传统文化中法治的关键区别。在中国传统文化的法治观念中,法治对象是人民,对于统治者而言,法律既然由统治者而出,统治者亦可以依其自由意志进行废改。然而,形式法治虽持有"法律至上"或"法律的统治而非人的统治"之理念,但仅仅依赖于此等观念无法保证形式法治之有效性,亦可能带来任意专制之统治。形式法治之法必须满足一定的形式要求,才能保证形式法治之可能性和有效性,才能避免统治者的任意对形式法治的干扰。罗尔斯认为,即使法律在道德上是恶的,是人们难以接受的,或人们难以做到的,但是只要法律坚持了某些形式上的要求,比如平等地适用于同等情况或条件,这种法律也能够给人们的行为带来可预见性,也能够在部分程度上保证法律统治的有效性,从而也就具有一定程度的正义性。[①]富勒将形式法治之法的形式要求视为是法律的道德性,或者是法律的德性,此种德性可能并不仅限于不做坏人的义务性道德,还包括做好人所必须的愿望性道德。法律只有具备这些义务和愿望的德性,才能保证人们的行为服从法律的治理,法律的治理才有可能具备有效性。[②]韦伯从另一个角度阐明了形式法治对实现法治国的重要性。韦伯认为,近现代西方法治国家文官制度人一个重要特点,在于官僚体系的科层制,即作为统治机构的官僚体系内部分工明确,权力与责任由法律明确规定;职位分为不同的等级,下级服从上级;组织成员必须具备一定的专业技能,以满足官僚体系的专业化分工,模块式管理的要求;官僚体系内部有严格的纪律要求,具有严肃的非人格化的关系,排除情感因素在行动方式中的影响,等等。官僚体系的这种体系结构,被韦伯视为法律具有形式合理性的表现,此乃西方国家实现法治所必备之要件。[③]由此观之,为保证形式法治之有效性,法治之法必须具备若干形式性要件。概括而言,一般认为法治之法的应当具备以下形式性要件。

1.法律具有普遍性

柏拉图反对法治的一个重要理由是,法律是一般性的,而法律所规范的人

①　参见[美]罗尔斯著:《正义论》,何怀宏等译,中国社会科学文献出版社1988年版。
②　参见[美]富勒著:《法律的德性》,强世功译,商务印书馆2001年版。
③　参见[德]马克思·韦伯著:《经济与社会》,阎克文译,上海人民出版社2005年版。

或事却是多样性的。法律的一般性抽象于具体的社会事实,是在忽略具体社会事实众多特征的前提下获得的,这就意味着法律必然只对具体社会事实的若干基本特征感兴趣,而对与法律抽象无关的社会事实则不予考虑。以一般性和抽象性的法律来涵摄具体社会事实的结果必然是削足适履,以法律的一般性要素强求具体社会事实的统一性,无视社会个体的具体情况,此等法治的结果必然无正义可言。法律的一般性确实存在如柏拉图所言之忽视个体正义的局限性,然而近现代社会却是从另一个角度理解法治之法的一般性的。近现代社会法治的核心内涵在于,其治理对象主要是统治者,为控制统治者滥用权力,一般性法律乃最好的工具,虽然这样可能会牺牲具体情况具体对待的个别正义,然而相对于统治者滥用权力对人民权利可能造成的侵犯而言却是值得的。概括而言,法律具有普遍性一般包含三层意思:一是就立法而言,法律规范应当是一般性的,法律应当适用于所有的人,具有足够的抽象性,不针对特殊的情况制定特殊的法律,不搞一人一法,一事一法。这也就意味着法律不能针对社会中特殊因素,比如民族、种族、性别、年龄和疾病等制定特殊的法律,不制定歧视性法律。二是在法律适用的过程中保持一般性。法律适用过程的一般性,也就是通常意义上的法律面前人人平等之义,或英美法系中的自然正义原则,即相同情况相同处理,相似情况相似处理,排除情感等非法律因素对法律适用一般性的不正当影响。三是从法律体系的角度来看,一个国家的所有法律应当保持统一性。一个国家的各种事项都由法律治理,不能有些事项以法治,有些事项以人治。不仅如此,治理各项事务的法律之间应当保持内在统一性、相互协调、相互补充,不自相矛盾。

### 2.法律必须公布

中国历史上曾经发生过法律是否公布的争论。春秋时期,郑国子产意图颁布刑法以治理国家,叔向力劝子产不要颁布法律。叔向认为,人民应当以德来治理,法律对人民的要求太低,人民即使能够遵守法律,也无助于品格的提高。不仅如此,由于法律不注重德性的要求,如果法律公之于世,则人民难免会钻法律的漏洞,法治也就收不到良好的社会效果。如果法律不颁布而掌握在统治者手上,则统治者可以根据道德的要求随意解释法律,不仅可以提高人民的道德水平,还使人民没有钻法律漏洞的可能性。子产未接受叔向的建议,执意颁布了刑法,后来的结果也如叔向所料,出现了专门研究法律漏洞并助人诉讼的人——邓析。除了叔向反对法律颁布的理由之外,还有若干反对的理由,比如法律即使颁布也无人真正去阅读和关注,除非是专门从事法律职业的人;法律以成文的形式表达,必然会存在漏洞,并不能起到约束人们行为的作用等。上述反对法律颁布的理由具有一定的合理性,确实反映了法律颁布可能带来的问题。然而,相对于法律颁布所带来的益处而言,上述反对法律颁布的理由都值得怀疑。从道德上来说,富勒提出了两条支持法律颁布的理由:第一,即使百人中仅有一人去了解公布的法律,也足以说明法律必须公布,因为至少此人有权利了解法律,而此人又是国家无法事先认定的。这条理由从个人道德权利的角度否认了不颁布法律的正当性,即使不颁布法律的社会效果要好于颁布法律,也不能由此否定人们知晓法律的道德权利。第二,法律只有公布后才能由公众评价并约束其行为。一般情况下,人们对在道德上具有善性的法律更容易接受,一旦接受之后,也更容易约束自己的行为。法律只有公布,人们才有对法律进行评价的可能性,才能通过法律公布之后的实践,理解并认同法律的善性,也只有如此,才能不断提高法律的服从性和有效性。① 从社会效果的角度来说,法律颁布也要好于法律不颁布。任何国家的统治者如果想以法律进行统治,亦须得使被统治者了解其统治的意图,否则国家统治将无法实现统治者意愿。子产与叔向的论战中亦涉及此点,例如,"守法者,非知立法之意者不能;不知立法之意者,未有不乱法者也"。② 现代法治论者们也考虑到了这点。例如,菲尼斯在解释作为其法治要素之一的"公布"(prom-ulgation)时指出,"'公布'不是单单通过印制许多清晰易读的法规、决定、格式和先例的官方文本就可以完全达成的;它还要求存在一个职业的律师阶层。律师们从事在浩瀚的法律书典里寻知引路的工作,任何需要知道自身处境的人都可以从律师那里获得咨询,而无需遭遇不应有的困难,付出不应有的代价"。③ 除了统治者的意图无法为被统治者了解所带来的负面影响之外,法律不颁布还有更为严重的负面效果。法律不颁布则意味着法律知识全部掌握在统治者手中,统治者可以对法律进行任意解释,曲解法律的内容,或者滥用法律而不受社会公众的评价。此种状况不仅被统治者无法了解统治者统治的意

---

① 参见[美]富勒著:《法律的德性》,强世功译,商务印书馆 2001 年版。

② 《深虑论》,载《逊志斋集》卷二。

③ John Finnis,Natural Law and *Natural* Rights,Oxford University Press,2011,p.271.

图,统治者内部也无法达成一致而可能导致分崩离析。

3.公主体行为应当与法律保持一致

法律制定之后,必须适用于具体的社会事件之中,才能实现法律所即期的社会效果。法律不可能自动适用,法律适用仍然需要借助于公主体的行为。在法律适用的过程中,公主体既要对具体事实进行归纳概括,也需要对法律进行解释,方能将法律适用于特定具体的社会事实之中。在此过程中,公主体对事实的概括对法律的解释,可能与立法者的意思相违背,也可能与法律所约束之人们的理解不同,如若如此,则不仅立法者的意图无法实现,人们也无法根据法律的规定形成指导自己行为的稳定预期,人们将不知道如何依法律而为,法治也就成为不可能之事。为使公主体行为与法律保持一致,至少有以下几个基本要求:首先,法律不应当溯及既往,也就是说法律不应当适用于法律颁布之前的行为,除非此种适用对于受法律约束的人来说是有利的。法律颁布之后才能为人们所了解,此乃常理。只有为人们所了解的法律才应当对人们的行为有约束力,是基本法理,法律的社会功能就是使人们的行为服务法律的治理,如要产生此种社会效果,法律所约束的行为预先为人们所知是理所当然的。当然,由此也不能完全排除法律对于颁布之前行为的适用性,如果新颁布的法律对于受法律约束的人更有利,法律的溯及既往也是可以接受的。法律不溯及既往,可以有效地促进公主体行为与法律保持一致,使公主体随意解释法律的可能性大大降低,使受法律约束的人们对于自己行为是否合法的预期性大大提高,有利于提高法律治理的实效性。哈耶克曾把法治定义为要求"政府的所有行为由事先已经确立并公布的规则来限定,规则使得用公平的确定性预见当局在给定的情况下怎样运用其强制权力成为可能"①。其次,法律未授权公主体为或不为一定行为的,公主体不得为或不为一定的行为。社会治理须通过公法与私法治理两种不同的路径,由公法治理的事项须得有法律明确的授权,并由公法明确规定公主体可以为或不为的行为,对于未经公法授权的事项,公主体不得为之,当交由私法自治处理。唯有如此,才有保证公主体行为与法律保持一致的可能性。如果法律并未授权公主体为或不为一定的行为,则公主体可能根据自己的主观意志任意为之,此等情况实不能保证公

---

①　Freidrich A.Von Hayek,*The Road to Sefdom*,1944,p.54.

主体行为与法律的一致性,也会对私法自治形成非正当性干预,导致公民无法形成稳定的行为预期,最终影响法律治理的有效性。

4.法律的内容应当明确

法律实现使人们的行为服从法律治理的社会功能,必须得首先使法律禁止或许可的行为为人们所知。法律无非通过两种方式表达,一是习惯法或判例的形式,此乃是非成文的形式,非成文并不意味着法律不使用文字来表达,只是法律使用具体案例的官方意见来表达。此种表达方式一般结合具体的案件事实,对应当予以适用的法律加以解释,法律与事实融合在一起。如此表达的法律因与相应的社会事实结合在一起,可以对人们行为的预期产生良好的效果,因为人们可以结合自己的实际情况来发现是否与公主体所判决之前例保持一致,如果一致,则法律可以适用于自己的行为。然而,此种表达法律的方式也有一些问题,主要是法律先例非常多,以致超出了任何人所可能全部了解的范围,即使是法律职业人,也需要在浩瀚的法律图书资料中寻找适用于待处理案件之法律规定,对于普通人而言,这无异于大海捞针。二是条文或成文的形式,按照法律行为的逻辑对法律条文进行归纳整理,使其具有形式合理、逻辑严密的特点。以此种方式表达的法律内容,最大的好处在于内容简便易寻,人们能够很快的获知法律所禁止或许可的行为是什么,对自己的行为也容易形成稳定的预期。然而,成文法也存在一些两难的困境。如果法律想要表达得更明确,则使用的语言应当通俗易懂,但一般情况下通俗易懂的文字发生歧义的可能也比较大,这有损于法律内容的明确性要求;如果法律表达的精深且逻辑严密,可以更好地避免法律漏洞,但是会使普通人产生理解和认识上的困难。由此,成文法的明确性就存在法律应当是“通俗法”还是“专家法”的难题。从中国古代先贤的论述来看,似乎更支持“通俗法”。商鞅认为,法律应该是为普通人而不是为圣贤订立的规则,所以“圣人为法必使之明白易知,愚知偏能知之”。[①] 晋代法律家杜预从知识角度表达了同样的观点:“法者,盖绳墨之断例,非穷理尽性之书也,故文约而例直,听省而禁简,例直易见,禁简难犯;易见则人知所避,难犯则几于刑措。”[②]在现代西方社会,有一些理论家认

---

① 《商君书》。
② 《晋书·杜预传》。

为,相对于普通人而言,公主体违反法律的可能性更大些,公主体一般都接受过法律方面的教育,阅读精深且逻辑严密的法律不成问题,因此法律内容的明确当指"专家法",只有行政官、法官、警官和检察官才会侵犯法治,立法机关只有在违反宪法对其权力的限制时才会危害法治。① 尽管对于法律内容是否应当明确,在表达方式上还存在若干疑问,然而从法律逻辑上来讲,法律内容应当明确是保证法律治理有效性的正当理由,无论对于公主体还是私主体,都需要从法律规定中获知应当如何行为,只有在公私主体获知应当如何行为的前提下,才能保证法律治理的有效性。

### 5.法律不应当自相矛盾

法律如果要获得人们的服从,必须保证法律有服从的可能性,如果法律提出了自相矛盾的行为要求,那么受法律约束的人实无服从法律之可能性。应当说,法律不应当自相矛盾乃法律形式逻辑上的必然要求。但是,法律本身对行为的要求是复杂的,至少可以区分为三种不同的情况,有些法律授权人们可以为或不为,有些法律则禁止人们为或不为。对于授权人们为或不为的法律,其实并无自相矛盾之担忧,法律所授权的行为本是人们可以为或不为的,人们为或不为都不算是法律提出了自相矛盾的要求。但是,授权性行为与义务性行为,授权性行为与命令性行为,或义务性行为与命令性行为则有发生自相矛盾的可能性。如授权性法律授权人们可以为或不为,而命令性或义务性法律却要求或禁止人们不为或为,或某命令性或义务法律要求或禁止人们为或不为,而另一些命令性或禁止性法律却要求或禁止人们不为或为,等等。换用逻辑上的术语来说,法律不应当要求人们做 A 同时又要求做非 A。富勒认为,"如果一项法律里有一条规定车主应该在 1 月 1 日换照,另一条却规定在 1 月 1 日从事任何劳动皆属犯罪行为,就会危害法治。在这样的情况下,法院应该通过解释来解决矛盾,如只承认前一条,使车主在 1 月 1 日装牌照不构成犯罪,或者只承认后一条,使车主将装牌照的时间合法地推迟到 1 月 2 日。但最好的解决办法是将这两种解释结合起来,使车主无论在 1 月 1 日还是推迟到 1 月 2 日装牌照均属合法,这样,就使得公民能够自行解决法律的矛盾而不致

---

① 参见沈宗灵:《现代西方法理学》,北京大学出版社 1992 年版,第 60 页。

损害自己。"①然而,在现实的社会中,由于社会的复杂性,法律出现自相矛盾的情况难以避免。为解决此问题,一个国家的法律体系中应当规定一些解决法律相互矛盾的原则以及相应的治理机构,比如上位法优于下位法、特别法优于一般法以及新法优于旧法等原则,并设置专门的机构,比如宪法法院或特别立法委员会等来适用这些基本原则以解决法律相互矛盾的问题。此等解决法律矛盾的设置,亦是针对社会治理的复杂性而对法律提出的形式化要求,如无此等要求,则使人们服从法律的治理当无实现之可能。

6.法律不规定过高的要求

人性是复杂的,有些人注重道德上的要求,有些人视利益为生活的全部,有些人则可能将良好的人际关系视为最值得珍惜的东西。正因为如此,人们在社会中的行为存在巨大的差异,有些人高尚,有些人仅仅不做坏事而已,而有些人则是社会秩序不稳定的主要因素。对于此等复杂的社会状况,法律如何提出"一律而普遍性"的行为要求呢? 在古代中国传统的"儒法之争"中,韩非子提出了自己的法治观。他认为,道德的要求对于人们而言是一种非常高的行为要求,不仅需要人们付出很大的努力来抵抗欲望、情感或其他因素的影响才能达到,而且对于人们行事的动机还有"诚"和"善"的要求。一些人可能基于利益或情感的考虑做到了道德上高尚的行为,然而却可能包含了不正当的动机,那么这种行为也不算是达到了道德上的要求。由于道德上的要求需要考虑内在动机,而这是除他本人之外其他人无从知悉的,这就为许多人做"伪君子"提供了帮助。因此,韩非子认为,以德治国,一是由于要求太高而能够做到的人太少,将会导致此种治理的无效;二是由于治理者缺乏相应的措施来识别行为的内在动机,不仅不利于社会治理,而且还可能会败坏社会的道德。然而,如果使用法律来治理,法律只对人们提出绝大多数人无须过多努力就能够做到的要求,对于追求道德高尚的人,任其自治。此等治理只须针对社会中有违法可能的人群,不仅减少了法律所需治理的人数,也可以间接提高法律治理的效率,而且由于法律提出的要求不高,也减少了人们违反法律的可能性,使人们无须过多的努力,无须过多地与欲望或情感作斗争就能够服从法律的治理。因此,法治必然优于德治。韩非子的论述确实有合理性,近现代西方

---

① 参见沈宗灵:《现代西方法理学》,北京大学出版社 1992 年版,第 60 页。

社会所倡导的形式法治亦包含此等内容。富勒认为,"人们通常认为,任何神智健全的立法者,甚至邪恶的独裁者,也不会有理由制定一项要求人们去做不可能做的事情的法律,但现实生活却与此相反。立法者可能微妙地、甚至善意地制定出这样的法律,这就像一位好教师为增长学生的知识而对学生提出超出其能力的学习要求。但是问题在于,倘若学生未能完全实现教师的不切实际的要求,教师可以就学生已完成部分要求而表示祝贺;如果立法不切实际,政府官员就会面临这样的困境:要么强迫公民为其不可能为之事,以至造成严重的不义;要么对公民违法视而不见,从而削弱对法律的尊重。"① 罗尔斯在《正义论》中提出的"作为公平的正义"指出,法律规则应当具备的首要德性是"必须做的即可能做的"。此种德性必须在立法、执法与司法活动中得到贯彻落实。首先在立法活动中,法律所要求或禁止的行为,应当是人们能够被合理地期待去为或不为的行为,如人们为或不为此种行为被认为是不合理的,根本不可能做到之事,则立法违反了此条原则。其次在执法活动中,作为执法行为的公主体必须相信法律能够被服从,并预设命令能够得到贯彻,而且这种诚信为守法者所认可。也就是说,执法者首先自身要相信此等法律是可以得到遵守的,并且执法者的这种确信也能够获得守法者的信任。再次在司法活动中,法官在审理具体案件时,当事人如果觉得法律所要求之行为对人们的要求过高,人们只有经过巨大的努力才能做到,那么当事人可以以此作为违法行为的辩护理由,法官也应当接受此种辩护理由作为免除当事人法律责任的正当性理由。② 康德对法律与道德的区分也体现了这种观点。康德认为,法律是他律的,需要借助于外在强制来保证其服从性,而道德是自律的,需要依赖于人们内心的信仰来保证其有效性。依赖道德自律的行为,依靠外在强制不能达到相应的效果,即使在外在行为方面与规则一致,由于内在动机的无法强制,那也不能说是当事人的行为达到了道德上的要求。

7.法律应当保持足够的稳定

人们习得一项规则并能够自觉服从,需要经过一段相当长的时间。从法律的服从性来说,习惯法一般比成文法更容易获得服从,原因在于习惯法经守

---

① Lon L.Fuller,*The Morality of Law*,Yale University Press,1969,pp.70-79.

② 参见[美]罗尔斯著:《正义论》,何怀宏译,中国社会科学出版社 1988 年版。

人们长期的实践和体验,习惯法所要求的行为已经内化为人们自觉的行事方式,人们无需过多的努力和思考就能够服从习惯法的治理。相对于习惯法,成文法则不具备这种优势,成文法表达的是立法者意图,如果需要获得人们的服从,人们亦需要经过长期的实践与体验,并内化为自觉的行事方式之后才有可能。若成文法变动频繁,或者成文法过多干预习惯法,人们便难以了解在某个时候法律是什么,也不可能在法律的指导下做长远规划,或者是当人们了解并遵从了法律时,法律又发生了变化,人们又需要重新学习方能掌握法律的内容。如此这般,人们就永远没有完全服从或遵守法律的可能性,法治国也就成为空谈。当然,法律应该适应社会的发展和变动,及时地废、改、立,但是,频繁改变的法律和溯及既往的法律一样难以获得人们的服从与遵守。法律如果不保持足够的稳定,那么一方面会破坏法律所应有的确定性、可预期性和权威性,人们将无法获知法律的具体内容是什么,也不可能以法律来指导自己的行为,并判断自己行为的合法性,法律对于人们行为指导的权威性也会相应的丧失。另一方面,不确定的法律内容,使公主体侵害私人权利和公共利益的可能性变大。随意变动的法律,不仅使人们无所适从,也给公主体留下了滥用权力的机会,公主体可以打着"法律"的旗号,以"法律"之名行私利之事,以"法律"的名义侵犯私主体的权利和公共利益。法律虽具"法律"之名,然而却并未体现法律作为公器的社会功能,与专断任意的人治没有实质区别,唯一的差别可能只在于专断任意的人治使用"权、术、势"相结合的治理手段,而这种所谓"法治"采用的则是通过"法律"的法治。

8、法律必须具备理性权威

韦伯认为,任何社会里的法律皆有权威,但不同类型的社会中权威有所差别。法律权威至少可以分为三种不同类型,第一种是卡里斯玛权威,也就是所谓"魅力型"权威,依赖于神迹或个人的英雄事迹而树立的权威,人们之所以服从此种权威,是因为表现在个人身上的独特魅力。这种权威一般存在于理性尚未开发的原始社会中。第二种是传统型权威,也就是依赖社会习惯的确认而产生的权威,此种权威并不具有独特的个人魅力,然而社会习惯却确认某些人具有相应的社会权威,比如中国传统社会中的长子继承制,其父辈可能是魅力型权威,而后代虽不具有父辈所具有的魅力,然而社会习惯却承认他们具有其父辈留下的社会权威。第三种是法理型权威,在这种类型的权威中,拥有权威的并不是某一个具体的人或群体,而是由法律构建的抽象体制,也即是由官僚体系的"科层制"所带来的权威,这种权威具有非人格化的特点,每一机构都拥有一定的职权,只接受职权范围之内的命令,由于采取分权制,任何一个机构虽拥有权威但都无法单独决定一项事务,须与其他机构相互配合、相互制约才能完成一项事务。按照韦伯的看法,近现代西方资本主义国家的法治正是以"科层制"为前提,任何国家的政府都需要有权威,否则法治断无实现之可能性,然政府所拥有的权威,是法律所构建的权威,也是法律之下的权威,而非任何个人的权威。为达此目的,西方资本主义国家一般采取三权分立的体制,将立法、执法与司法机构完全分立,分别执掌不同的法律职能,三大机构之间存在相互制约、相互牵制和相互配合的关系,并以宪法约束相互间的这种关系。在这种体制下,立法机构只具有制定法律的职能,无执法和适用法律的职能,其制定的法律还要受到执法或司法机构的审查,如审查未获得通过,则制定的法律不具备法律的身份;执法机构有执法的职能,无制定法律的职能,其执法的活动要受到立法机构的监督,也要受到司法机构的合法性和合理性审查;司法机构不具有立法和主动执法的职能,只能被动的受理案件进行法律与事实方面的审判,然而司法机构却拥有审查立法和执法活动合宪性或合法性的职能,并能够创造性的解释法律,弥补立法与执法的不足。三大公共机构分工相当明确,每一机构所要求的专业技能也有所不同,管理体制也有区别,立法机构采取议会制,一人一票,人人平等,执法机构采取行政管理体制,下级服从上级,司法机构采取独立制,法官之间不存在上下级关系,法官必须自主的作出判断。由这种体制所制定并实施的法律,权威存在于每一个机构之中,每一机构又必须以遵守并服从宪法性法律为前提,因此,权威是理性的,而非个人的,此种理性权威能够有效地防止个人滥权,避免个人专断对于法律统治的干预,保证前述之形式法治得以实现。

　　9、司法权至上

　　在西方资本主义法治国中,是议会至上还是司法权至上,在理论存在一些争议,然而在实践中司法权至上似乎是定论。英国法学家戴雪虽极力推崇议会至上的原则,即议会的立法权不受限制,拥有最高的国家主权,制定的法律不接受任何其他机构的审查。然而在实践中,拥有普通法与衡平法传统的英国法院却否认了议会立法权至上的原则,以司法权审查立法机构的立法行为和执法机构的执法行为。在美国,宪法中虽没有明确的规定联邦最高法院拥有审查参众两院和总统行为的权力,然而经过开国之初的"马伯里诉约翰逊"一案,美国奠定了联邦最高法院审查参众两院和总统执法行为的先例,称"司法审查"的权力,开创了形式法治国的典范,为众多西方资本主义国家所效仿。欧洲大陆地区的资本主义国家,一般单独设立宪法法院来行使美国联邦最高法院所享有的司法审查权力,虽然在机构上存在差异,但是在确认司法权至上这一点上却是相同的。司法权至上对形式法治的意义在于,议会虽然体现了民主的意志,但是却包含了党派之争,法律中难免包含社会优势群体的特殊利益,由此形成的法律亦可称为"多数人的暴力",与专制社会中的"专制暴力"可能只存在形式上的差别。执法机构需实现法律所要求之事,主动地介入社会治理的各项事务中,必然难以避免先入为主的预断。唯有司法机构,即可信守法律的基本原则,不受党派利益之争的影响,被动地而非主动的受理案件,在听取各方当事人的意见之后,居中作出相应的判断,可以保证法律内容的公平,也可以保障法律以公平的方式实施。确认司法权至上的原则,可以有效提高法律的公平性,有效地保证人们对法律的信心和服从性。一般情况下司法权至上包含两个基本要素:第一,法院有权审查政府的行为,以判定其是否合乎法律。如果政府行为的合法性不能由法院来审查,就难以保证政府行为的合法性。第二,司法独立。如果司法依附于法律以外的权威,便不可能依靠司法权实现法治。司法独立不仅仅是审判独立,还包含一系列关于法官任命、法官任期、法官薪金以及其他条件的独立。

## 二、法治文明的实质性

形式法治回答了法治国有效性的条件问题,然而却没有解决法治国的性质或目的问题。法治国的性质或目的问题被韦伯视为实质理性问题,与一个国家特定的意识形态或价值观念密不可分,一般情况下,形式理性是工具性的,而实质理性是价值性或目的性的,形式理性的工具性要求服务于实质理性的价值性要求,或者说正是由于有实质理性的要求,才有形式理性的外在表现。应当说,西方资本主义法治国的形成与发展,首先就是在法治国的价值理念上发生了巨大的变化,而后才在法治的形式方面有了重大的发展。一般而言,西方资本主义法治国所承认的基本观念有以下几种。

## （一）人权

人权是欧洲文艺复兴时期发展出的一个概念。文艺复兴有两大主题，一是人的发现，二是世界的发现。在人的发现方面，具体而言包括三个方面：一是人的尊严的发现，歌颂人的价值、灵魂与肉体、创造与幸福，阿尔伯蒂说："自然，即上帝赋予人理智、可教性、记忆和理性，这些神圣性质使人能研究、辨识、认识需要避免或的趋向的东西，使他以最好的方式保存自己，除了这些无价的、可企的伟大礼物之外，上帝还给予人的精神和心灵另外一种能力，这就是沉思，为了限制贪婪与无度，上帝给人谦和与荣誉的欲望。另外，上帝在人心之中建立了把人类联结在社会之中的坚固纽带，这就正义、平等、自由与互爱。"①二是人的才能的发现；三是人的自由的发现，自由被视为人类最重要的一种价值。

在哲学上讴歌人，导致了道德与法律领域对人权的普遍承认。国际社会虽然对人权的具体内容存在较大的争议，但一般认为，人权包括以下基本内容：生命权、自由权、财产权、尊严权、获取权、公正权等消极性权利，还包括发展权与民族自决权等积极性权利。人权的理论基础一般认为是来源于自然法。马里旦说过："人权的哲学基础是自然法。"通常而言，自然法的意义包括道德理论与法学理论，根据自然法的伦理学说，在某种意义上，支配人类行为的道德规范，起源于人类的自然本性或和谐的宇宙真理；依照自然法的法学理论，法律准则的权威，至少部分来自针对那些准则所具道德优势的思量。西塞罗曾说过："事实上有一种真正的法律—即正确的理性—与自然相适应，他适用于所有的人并且是永恒不变的。……人类用立法来抵消它的做法是不正当的，限制它的作用是任何时候都不被允许的，而要消灭它则是更不可能的……它不会在罗马立一项规则，而在雅典立另一项规则，也不会今天立一种，明天立一种。有的将是一种永恒不变的法律，任何时期任何民族都必须遵守的法律。"②

西方文明国家一般强调人权的普适性，并利用他们在经济，政治，文化，甚至军事方面的优势推行自己的观点；非西方国家和发展中国家强调对人权的

---

① 赵敦华著：《西方哲学简史》，北京大学出版社 2010 年版，第 59 页。
② ［美］萨贝因著：《政治学说史》，邓正来译，商务印书馆 1986 年版，第 90 页。

保障必须建立在本国的国情(包括经济基础,国民素养,传统文化等)之上,并且强烈反对前者的观点。在人类追寻统一人权标准的道路上,没有人能够回避一个无奈的现实。由于历史,地理等诸多因素的原因,有的国家能花费大量的社会资源去呵护宠物和家畜,但有的国家却在为给儿童提供最低限度的食物、医药和教育而挣扎。不仅各国之间经济发展水平有天壤之别,在文化传统方面也往往是千差万别。这些客观事实阻碍了人类对人权在现实层面的共识。历史经验表明,强制移植的人权往往会出现"水土不服"的症状。为解决这个难题,当代英国思想家米尔恩提出了"作为最低限度标准的人权",核心内容主要有两点:第一,由于社会发展的不平衡性和道德规范的多样性,得到某种共同体认可的权利,没有足够的理由被认为也同样适用于其他共同体;第二,无论社会发展和道德规范存在多么大的差异,一些最低限度的人权必须得到所有共同体的一致拥护。① 总结起来,人权标准是最低的,所以才能成为普遍的;因为是普遍的,所以也只能是最低的。

　　二次世界大战之后,在英美法等西方资本主义国家的主导下,联合国通过两部重要的与人权相关的国际法规范,对世界人权的传播与发展起到了重要的作用。第一部是《世界人权宣言》,于 1948 年 12 月 10 日由第三届联合国大会通过,是国际社会第一次就人权问题作出的世界性宣言,对于指导和促进全人类人权事业发挥了重要作用。1950 年,联合国大会将每年的 12 月 10 日定为"世界人权日"。《世界人权宣言》通过后 20 周年即 1968 年,被联合国定为"国际人权年"。《世界人权宣言》提出,"人人生而自由,在尊严和权利上一律平等;人人都有资格享受本《宣言》所载的一切权利和自由,不论其种族、肤色、性别、语言、财产、宗教、政治或其他见解、国籍或其他出身、身份。这些权利和自由可分为公民权利和政治权利以及经济、社会和文化权利两大类。"其中,公民权利和政治权利包括:生命权、人身权、不受奴役和酷刑权、人格权、法律面前人人平等权、无罪推定权、财产权、婚姻家庭权、思想良心和宗教自由权、参政权和选举权,等等;经济、社会和文化权利包括:工作权、同工同酬权、休息和定期带薪休假权、组织和参加工会权、受教育权、社会保障和享受适当

---

　　① 　参见[美]米尔恩著:《人的权利与人的多样性》,夏勇、张志铭译,中国大百科全书出版社 1995 年版。

生活水准权、参加文化生活权,等等。《世界人权宣言》还规定,权利和义务不可分离,个人在享受权利时,应依法尊重他人的权利,并服从道德、公共秩序和普遍福利的需要。第二部人权文献是对《世界人权宣言》的重要补充,即《公民权利和政治权利国际公约》,于 1966 年 12 月 16 日第二十一届联合国大会通过,并交由各成员国批准。《公民权利和政治权利国际公约》规定了公民个人所应享有的权利和基本自由。主要包括:生命、自由和人身安全的权利;不得使为奴隶和免于奴役的自由;免受酷刑的自由;法律人格权;司法补救权;不受任意逮捕、拘役或放逐的自由;公正和公开审讯权;无罪推定权;私生活、家庭、住房或通信不受任意干涉的自由;迁徙自由;享有国籍的权利;婚姻家庭权;财产所有权;思想、良心和宗教的自由;享有主张和发表意见的自由;结社和集会的自由以及参政权。《公民权利和政治权利国际公约》明确了部分权利的有条件性。比如,第四条允许缔约国在国家生存受到威胁并且正式宣布社会紧急状态的情况下,减少原本应承担的义务,但减少的程度必须是客观需要前提下的最低限度,而且不得包括纯粹基于种族、肤色、性别、语言、宗教或社会出身的理由的歧视。生命权、人格权等在任何情况下都不得进行任何形式的限制。

### (二)自由

自由是实质法治中最重要的目的之一,在西方社会拥有悠久的传统。毫无疑问,自由是人类社会期待的最美好的价值之一,自然法理论家一般将自由视为是人的自然权利,这一点可以与动物天性或本能相联系,动物天性或本能是喜好自由不喜欢拘束的,人类也有这种本能倾向。然而,政治社会中的自由却并非此种意义上的自由,人类社会的自由是社会性的,它描述的是人与人之间的关系。鲁滨逊待在孤岛上,可以说是天马行空,一个人自由自在,想做什么都可以,但这与“社会性”的自由无关。一场暴雨或暴雪阻止了你计划中的出行,这也不能说是你的“社会性”自由受到了限制。如果一定要说你的自由受到了限制,那也只可能是动物所期待的那种自由。因此,自由的概念正如哈耶克所定义的,是一种状态,在此“一些人对另一些人所施以强制,在社会中被减至最小可能之限度”。① 自由仅指人与他人之间的关系,对自由的侵犯也

① 〔英〕哈耶克著:《自由秩序原理》,邓正来译,三联书店 1997 年版,第 15 页。

只可能来自他人的强制。这种自由与你在特定条件下的选择没有关系,比如在选择食物时你所作出的决定;也与你个人能力的大小无关,比如你不慎从高处落下你无法选择回到原处,你不能说你是不自由的。这些自由的语言用法都是社会性自由的比喻性用法,只是借用了社会性自由概念的若干要素。自由的这种用法如果仅仅作为日常生活的用语,不产生政治或法律上的用途,倒也无妨。但是,如果在政治或法律上滥用自由的概念,则会给社会带来灾难性后果。只要想一想,在人类社会的历史上,有多少罪恶之事假借自由之名而行事,有多少极权专制统治借用了自由的名义,就可以明白自由观念的正确性对于政治或法律统治的重要性。

有多少行动途径可供选择固然是自由的含义之一,没有任何选择的行动途径当然不能称为自由。然而,下述问题才是自由的核心问题,即一个人可以在多大程度上按他自己的意图行事,他的行动模式有多少出于自己的设计,他的行动的目的是由其自己决定的,而非由其他人为他准备或设计的。从这个意义上来说,选择是否多,并不是自由的关键问题,是否由行动人按照自己的意图来选择,并承担自己选择的结果才是自由的关键问题。如果一个人的行动选择为其他人强制权力所干预或强迫,而必须按照权力人的指示行事,不能自主决定如何行事,那么这当然可以说这个人是不自由的。因此,自由实际上预设了下述观念作为前提,即哈耶克所言的"每一个人确获保障的私域"。在此受保证的私人领域内,任何个人意志甚至法律强制都不能干预私人的自主行动。这就意味着自由实际上就是免受强制。强制是无时不在无处不在的,一个人缺乏知识而无力对抗自然灾难也可以算做是强制,一个人受必须规律制约而无法摆脱也可以说是受到强制而不自由。然而,这并非是自由意义上的强制,自由意义上的强制,是指一个人的行动自由受到了其他人强制性权力的干预,一个人不能实现自己的行动意图,而必须实现实施权力者的意图,在这种意义上,个人没有成为自己行为的目的,而是成为实现别人意图的工具。值得注意地是,社会意义上的自由,与伦理学上经常讨论的意志自由也是有区别的。意志自由讨论的问题是,一个人行动是基于自己的意志,还是由外在因素决定的。如果是基于自己的意志,则可以说是人是有自由意志的,如果是由外在因素决定的,则人是无自由意志的。意志自由的问题虽无法定论,但以下一点应当是确定的,即个人行动是由内在动机支配的,而动机来源可能是内在的,如心理或生理上的本能需要,也可能是外在的,比如社会意识形态或法律制度的影响等。意志自由与社会性意义上的自由虽然存在区别,但还是有共通的地方。权力强制或惩罚威胁都有可能构成意志自由中的动机来源,如果排除这些权力强制或惩罚威胁,那么意志自由中的动机可能以完全不同的形式表现出来,进而间接影响个人社会性意义上的自由。

　　当然,在任何一个社会中,强制都是不可避免的,也就是说,完全放任不受任何强制的自由是不可能存在的,因为完全放任的结果必然是任何人都有可能受到其他人的强制,最终所有的人都将失去自由。要保证一个社会的延续与发展,必须要有法律,而执行或实施法律,使用强制是不可避免的。文明国家一般将法律强制授予国家或政府来行使,因为任何个人都不可能达到如国家或政府一般的中立性,难以避免在实施强制的过程中夹带"偏见"。然而,这又会带来另一个问题,国家或政府常常滥用权力,侵犯个人自由,这就需要以法律来控制国家或政府权力的行使,将国家或政府侵犯个人自由的可能性降到最低,由此才需要形式法治所要求的法律要件。

　　上述仅仅是消极性的自由观念,还存在一种积极性的自由观念。如果说上述自由乃是个人免于国家或政府的强制,那么积极性的自由观念就是只有依赖于国家或政府的强制才能享有的自由,或者就是所谓"家长式强制"的自由。这种自由观念,设定了个人知识的局限性或道德观念的非自律性,就如同一个未成年人,由于知识或社会经验的欠缺,或道德观念未定形而容易犯错误,最终可能导致无自由可言一般,国家或政府也将社会中的个体视为是未成年人,知识有局限性,道德观念上也缺乏自律,只能通过国家或政府的强制性干预,才能保证个人走上正确的道路,如马克思所言的,"由必然王国走向自由王国"。然而,此种自由观念,并非西方社会主流法治观所支持的自由观。在他们看来,只有消极自由才能保证每一个社会成员发挥自己的聪明才智,积极开拓社会未知的知识,而由国家或政府主导的知识创新或道德观念,由于以强制方式限制社会个体自由的探索,因而在面对社会未知领域时,将会表现得极其无力。从经济上来说,如果限制个人的经济自由,由国家或政府来主导,那么国家的经济将变得毫无效率可言。因此,西方世界的自由观仅仅是指免于国家或政府强制的消极性自由,只在极少数情况下允许积极性自由观念的存在。

### （三）平等

平等是实质法治的另一个重要的价值。如同自由一般,平等亦是人类社会自古以来就有的一种社会理想。公元前 1 世纪小亚细亚的奴隶起义,就提出过没有富人也没有穷人,没有奴隶也没有主人的平等理想。中国封建社会的农民起义,就提出过"均贫富,等贵贱"的主张。18 世纪法国资产阶级革命,针对封建专制和等级制度,提出并"平等"的口号,宣布在法律面前人人平等。然而,平等亦如自由一般,充满了歧义或理解上的差别。概括而言,至少存在两种基本的社会平等观,一是形式平等观,二是实质平等观。实质平等观具有悠久的历史传统,在任何类型的社会中都曾经存在过,上述无阶级差异"太阳国"理想,古代中国农民起义提出的"均贫富,等贵贱"的口号,都可以算做是实质平等观。使实质平等观成为政治或法律上的体系化理论却是文艺复兴时期的理论家。他们一般都预设人类社会曾经处于自然状态之中,无贫富或等级的差异,"自然界规定人人都是平等的",并且"自然界正把保持我们的社会品质和幸福的问题与这种平等联系起来",将自然平等的精神"均等地传给全体人民,应当使全体成员进行同样的活动,具有同样的倾向,并以同一纽带把他们联结在一起"。实质平等观一般都设定私有制是"万恶之源",是所有社会不等的根源,"在自然的状态中,不平等几乎是不存在的。由于人类能力的发展和人类智慧的进步,不平等才获得了它的力量并成长起来。由于私有制和法律的建立,不平等终于变得根深蒂固而成为合法的了。"因此,"不祥的私有制是财产和地位的不等起因,从而也是我们一切罪恶基本原因。"①在他们看来,如果要实现社会的实质平等,首先需要解决的问题就是取消私有制,实行公有制,这是社会实质平等的前提条件。然而,这又会面临着另一个困难的问题。在人类社会中,人们的天赋与机遇不可能是完全相同的,这些偶然性因素必然会造成社会不平等状况的出现,虽然法律治理努力在维系社会的平等状态,然而社会不平等的状态却总是无法避免。这可能就需要通过法治不断调整影响社会不平等的因素,而这又可能会干扰人们所享有的消极自由。为与自由的观念保持一致,实质平等观的理论家一般会承认积极自由观的合理

---

① ［法］卢梭著:《论人与人之间不平等的起因和基础》,李平沤译,商务印书馆 2007 年版,第 35—45 页。

性,认为法治能有效地提高人们对社会事实的认知程度,能够帮助人们不断提升自身的道德水平,也就是说,通过法治,虽然影响了人们所享有的消极自由,然而却可能通过提高人们能力或道德水平而间接地提升人们所享有的积极自由。由此,实质平等的社会理想与积极自由的观念融合了,能够和谐地共存于同一个理论体系之中。

形式平等观反对实质平等的观念。形式平等观的理论家一般持"法律面前人人平等"的观念,认同社会平等乃是"机会平等",而非财产与社会地位上的平等。他们认为,"世界上任何地方都存在财富与社会地位上的严重不平等,这使我们大多数人都感到愤慨。看到一些人在奢侈挥霍,另一些人则饱尝贫困的煎熬,谁都会感慨万端。在过去的一个世纪里,流传着一种神话,说自由市场资本主义,即我们所说的机会均等,加深了这种不平等,在这种制度上是富人剥削穷人。"①然而,这种说法是非常荒谬的,事实表明,正是在实行了机会均等制度的国家,人们的生活水平得到了很大的提高,而实行了实质平等的国家或地区,则正好相反,贫者越贫,富者越富,社会等级差异变得越来越明显。"工业的进步、机器的改进、所有新时代的伟大奇迹,对于有钱人来说,关系较少。古代希腊的富翁,从现代的供水管道得不到什么好处,有跑步的仆人提水来代替自来水。电视机也不足道,罗马的贵族能够在家里享受到最好的乐师和演员的表演,能够把最出色的艺术家留在家里。……一切西方资本主义的伟大成就,主要是增长了普通老百姓的利益。这些成就为人民群众提供了方便和乐趣,而在过去,这只是富人和权势者专享的特权。"②在他们看来,机会均等的原则是"法律面前人人平等"原则的直接体现,法治所需要解决的问题,并非努力地去维系社会成员在财产和社会地位上的实质平等,而是保证各社会成员在获得财产和社会地位上具有同等的资格,努力消除影响各社会成员在同等基础上自由竞争的因素,这不仅可以提高社会整体的福利水平,而且也实现了法律上所要求的形式或机会平等。由此可以看出,形式平等观与消极自由观是契合的,只要法治保证了每一个人均等地享有确获保障的私域,努力消除了民族、种族、性别和年龄等因素对于确获保障私领域的影响,就实

---

① 〔美〕弗里德曼著:《资本主义与自由》,张瑞玉译,商务印书馆2004年版,第239页。
② 〔美〕弗里德曼著:《资本主义与自由》,张瑞玉译,商务印书馆2004年版,第242页。

现了消极自由,也保证了人们之间的机会均等。他们认为,"一个社会把平等——即所谓结果均等——放在自由之上,其结果是既得不到平等,也得不到自由。使用强力来达到平等将毁掉自由,而这种本来用于良好目的强力,最终将落到那些用它来增进自身利益的人们的手中。另一方面,一个把自由放在首位的国家,最终作为可喜的副产品,将得到更大的自由和更大的平等。尽管更大的平等是副产品,但它并不是偶然得到的。一个自由的社会将促使人们更好地发挥他们的精力和才能,以追求自己的目标。它阻止某些人专横地压制他人。它阻止某些人取得特权地位,但只要有自由,就能阻止特权地位的制度化,使之处于其他有才能、有野心的人的不断攻击之下。自由意味着多样化,也意味着流动性。它为今日的落伍者保留明日进入特权阶层的机会,而且在这一过程中,使从上到下的几乎每个人都享有更为圆满和富裕的生活。"①

### (四)民主

民主一词是由希腊语"人民"和"统治或权威"等词演变而来,最初的意思是"人民的统治"。希腊历史学家希罗多德在《历史》一书中首次使用这一概念,用来指希腊城邦国家雅典的政治制度和政治实践。由此看,民主从一开始就是一个政治概念。作为一种政治制度,雅典的民主是一种公民自治的体制:公民大会拥有无上权力,权力范围包括城邦的所有公共事务;全体公民直接参与立法与司法活动;官员通过直接选举、抽签和轮流等多种方法产生;官员与普通公民一样不享有任何特权等。现代社会中,民主一般被定义为:在一定的阶级范围内,按照平等和少数服从多数原则共同管理国家事务的国家制度。在民主体制下,人民拥有超越立法者和政府的最高主权。尽管世界各民主政体间存在细微差异,但民主政府有着区别于其他政府形式的特定原则和运作方式。民主是由全体公民——直接或通过他们自由选出的代表——行使权力和公民责任的政府。民主是保护人类自由的一系列原则和行为方式。

在法治国的实质价值中,民主首先是一种意识形态,涉及的是一个国家或民族统治权的正当性问题。在人类社会的历史上,统治权源自于何处,一直是一个重大的理论与实践问题。如韦伯所述,在原始社会中,曾经存在魅力型权威(卡里斯玛),统治权的正当性在于统治者的个人魅力;在一些注重传统的

① [美]弗里德曼著:《资本主义与自由》,张瑞玉译,商务印书馆2004年版,第243页。

国家,社会习惯所认可的权威被认为具有正当性,比如统治权的长子继承制;还有一些国家的统治权借用"神授"的观念,来论证统治权的正当性。自文艺复兴时期以来,统治权的正当性基础完全为理性的权威所替代。自然法理论家们一般坚持认为,人拥有源自于自然的神圣自然权利,即所谓"天赋人权",此等天赋权利是任何政治社会的法律所不能剥夺的。也就是说,在政治社会出现之前,人类社会曾经处在"自然状态"之中,除了"自然"之外,任何剥夺人类天赋权利的行为都是不正当的。然而,人类社会处于"自然状态"必然有诸多不便之处,对于此等不便之处,自然法理论家内部亦是众说纷纭。洛克认为,处于自然状态中的人们生活必然由于规则的不确定,以及规则缺乏强制性压力而导致社会秩序混乱;霍布斯则认为,在自然状态中,由于生存斗争的存在,"人对人是狼"的关系;卢俊却认为,在自然状态中,人们难以表达社会共同体的集体意志,可能使社会分崩离析。无论自然法理论家对于人类处于"自然状态"的情况如何描述,他们都认定,人民必然会以"社会契约"的形式达成治理协议,人民直接或以委托代理的方式,通过制定法律来表达人民共同的意志,并将国家的统治权委托给政府行使,政府必须在人民共同意志所授权范围内行使统治权,并对外代表国家的意志。虽然自然法理论对于人民授予政府的权利或自己交出的权利的范围存在不同看法,但是政府并非国家统治权的最终享有者,而仅仅是统治权的被授予者这一点却是无争议的。洛克认为,人民只可能交出部分的天赋权利,人民授予政府的统治权也是有限性的,政府必然是"有限政府";而卢梭则认为,人民只有交出全部的权利,并将这些权利全部授予政府,才能形成统治国家的"公意"。由此观之,民主实际上与西方社会中传统的财产权的观念是一致的。在民主的社会中,人民是作为国家这一抽象人格体的实际所有者,享有统治这个国家至高无上的权力,政府是国家这一抽象人格体的法定代表,接受人民的授权,对国家实施实际的统治,并对外代表国家与其他国家进行交往。民主制与君主制的唯一差别可能就在于,在民主制中,是全体人民对国家这一抽象人格体享有统治权,而在君主制中,则是由君主一人独自享有国家这一抽象人格体的统治权。

其次,民主也是一种政治制度,一种国家的治理方式。在一个民主的社会中,每一个成年公民都享有平等的政治权利,可以平等地表达自己的意志,每一个成年公民的意志表达都应当受到尊重,人们通过"多数表决制",也即是少数服从多数的原则,决定是否通过相应的法律,决定法律内容的修改,也决定政府的组建方式和组成人员。民主政治的一个基本假设是,人民通过自我参与、自我决策和自我管理,尊重了每一个成年公民的政治权利,又能够通过人民的自我管理实现法治的有效性。在君主制国家中,人民是作为被统治者而存在的,法律表达的是君主的个人意志,人民无法参与到法律的制定过程中,也无法表达自己的意志,人民只是被动性的服从由君主制定的法律。在民主政治中,一般认为民主具有天然优于君主制的价值优势,民主表达的是全体人民的意志,而君主制表达的仅仅是君主一人的意志。人们更容易将君主制与"专制"和"暴力"等统治方式联系起来,而将"参与"和"协商"等统治方式与民主制相联系。然而,在法治国的实质价值或目标中,民主也有可能成为"专制"与"暴力"等统治方式的来源,如果纯粹以"多数决定制"来决定法治的方式,那么法治国也有可能出现"多数人的暴力与专制",置少数人的权利与自由于不顾。因此,在实质法治的理念中,民主不仅是一种政治制度、一种国家治理方式,民主也必须以尊重公民个人确获保障的私域作为国家治理的前提,也就是说,民主政治必须以一定范围内的公民自由为前提,没有公民的消极自由,就不可能有真正的民主政治,有的只是多数人的暴力与专制。

## 第二节　法治文明的多样性及批判

无论是形式法治,还是实质法治,其基本观念都具有抽象性和个人主义的方法论的特征,远离具体的社会实践,不注重社会结构性因素对于法治有效性的影响。形式法治从人们服从法治可能性的角度阐述了法治之法所必须具备的形式要件,实质法治则从人们所追求的价值理念的角度论述了法治之法必须具备的品质。两者都没有考虑社会实践的复杂性,以及人们认知能力或知识的局限性,没有认识到法治不仅是纯粹理性的结果,更是实践理性的结果,人们不可能在预先设定好的方案内一劳永逸地实现法治预期的社会效果,而只可能以一种渐渐的、试错的方式来不断改进法治的社会效果。当然,也不能由此否认,对法治之法抽象性描述的意义。在这一点上,就如同康德所说的,缺乏感性的知识是空洞的,缺乏理性的知识则是盲目的。就法治而言我们也可以说,缺乏对法治之法抽象性特征的认知,人们关于法治之法的知识必然是盲目的,如果缺乏对法治之法实践性特征的认知,人们关于法治之法的知识必然是空洞的。

　　除此之外,形式与实质法治对于法治之法的抽象性描述,也以个人主义作为方法论基础。一般假设,每一社会成员都具有相同的抽象人性,在他们的观念中,或者假设人是理性的(如边沁所言之"趋利避害"的本性),或者假设人是有德性的(如康德所言之"对道德规律之永恒敬畏"),或者假设人是政治性的动物(如亚里士多德对人性的设定)等。在以此种假设为理论前提的情况下,可以很自然地推论出,具有抽象人性的人在法治之法作用下的行为反应。如果假设人是功利理性的,则法律应当注重法律责任的设定与实施,才能为人们的行为提供动机,使人们的行为服从法律的治理,否则,由于法律不会为人们的行为带来利益或损失,法律将变得毫无作用,形同虚设;如假设人是道德理性的,视善良道德为人们行为的最高追求,那么法律必须具有相应的德性,或者必须具有与人们所认同德性相似的德性,才会具有使人们服从其治理的有效性;如假设人的本性是政治性的,视统治与被统治为人类社会的必然状态,则法律必然要服务于统治的需要,不同的政治体制下,对法治之法的需求也会有所区别。抽象人性的设定,忽视了人性最为本质的特征——社会性。作为社会成员的人,确实具有功利、道德或政治理性,但是此种功利、道德或政治理性,并非抽象和固定不变的,在拥有不同社会结构的社会中,人们所拥有的功利、道德和政治理性也是不同的,受社会结构的影响,不具有普遍适用性。上述形式法治与实质法治对法律的要求,以西方社会的特定社会历史条件作为理论背景,尽管理论家们并未明确地阐述这一前提。由此得出的法治观,可能仅仅适合于是西方社会,而对于拥有不同社会历史条件的中国或其他国家,其适用性存有许多疑问。概括而言,西方社会的特定历史条件与中国至少存在以下几个方面的区别。

## 一、多元性文化与官本位文化

　　所谓多元性文化是指社会中存在多种足以相互对抗、相互制衡的社会群体,每一种社会群体都拥有不同的文化传统,处于不同文化传统之下的社会群体既能够保持足够程度的独立性,又能与处于其他文化传统之下的社会群体保持合作。处于不同文化传统之下的社会群体间没有绝对的优劣差别,每一种文化及其所支持的社会群体都有其存在的合理性,没有任何一种文化绝对的优于其他文化,也不可能要求其他文化服从或服务于此种文化。多元性文化是形成上述法治观念并使法治得以存在的基本社会文化条件。只有在社会形成不同的利益集团,并享有不同的社会群体文化,谁也无法控制和驾驭其他社会群体的情形下,才会产生依赖于各方之外的第三种力量以互相达到维护利益并限制对方利益的状态。多元化文化的存在能够保证法律不会在一个统治集团居于中心地位的情形下沦为最高统治者掌控的工具。多元化文化导致构成上述法治观念的两个最基本的理念,一是法律至上,法律拥有最高权威的理念。法律之所以能够保持至上性,并拥有最高的统治权威,实际上依赖于社会中各利益集团间的分权制衡。通过对各方权力的分解和制约以使社会秩序保持在一个相对平衡的状态中,每一次对对方权力的限制同时也意味着对自己权力的限制。通过对权力施以制衡,可以满足形式与实质法治实现的三大要件:法律高于政府、司法权独立并拥有至上性以及对个人权利的保护。二是注重协商的社会契约观念。多元主义所抱持的是一种分立的观念,这就决定了各方之间的关系即不能建立在命令的基础上,也不能建立在道德的基础上,只能建立在契约的基础上。在契约理念的基础上,各方完全被视为互相享有权利并承担义务的平等主体,为了建立一种在权利义务关系基础之上的信任机制,就必然以相互协商的方式来决定统治的方式,由此才会有"民主"观念的萌芽,才会有"法律面前人人平等"理念的发育,也才会有西方社会独有的"宪政"观念的产生。

然而在中国,除春秋战国时期以外,自秦始皇建立"大一统"的政权结构以来,中国就缺乏多元性文化的社会基础,中国传统的政治文化就是单元的官本位文化。所谓官本位文化,是指"以政治权威为无上权威,使文化从属于政治权威,绝对不得涉及超过政治权威的与其他问题"①的文化。这是中国社会文化的基本特征。中国自古以来就存在一个统摄一切、高高在上的政治权威,所有活动均以此为核心展开,所有文化的缘起也不妨看做是对这个核心的说明和解释。首先,城市的起源,在西方社会是财富的积累和商业贸易的出现为主要标志,而中国城市的起源却有显著不同的标志。从考古发掘出的文物来

---

① 顾准著:《顾准文集》,中国市场出版社2007年版,第59页。

看,主要是夯土城墙、战车、兵器、宫殿、宗庙等物件,这些都是政治权力的工具与象征。其次,青铜器的使用方式也说明了这一点。中国出土的青铜器文物主要以兵器和礼器为主,很少用于农业。最后,艺术与饮食也体现了这一点。既然一切社会活动均与政治紧密相关,均服膺于政治权威,那么,必有一个高高在上的政治权威,具于万端之上,成为人们追逐的终极目标。在中国历史上,逐鹿中原、兼并列国一直被认为是伟大的王业,成就霸业会受到万民拥戴。中国的思想家如孔子、老子和孟子等人,其著作主要讨论的问题也是政治权威的行使及合理性问题。在这样的社会中,法律不能居于中心地位,甚至不能占据重要地位。只有高高在上的王权,才是最终的权威。法律虽然也有权威,但那是依附于政治的权威。在中国官本位文化的传统下,西方社会法治所强调的法律至上、分权制衡和民主等形式与实质法治的理念,在中国都不具有实施的社会文化条件,政治力量之间的争斗不是以共存为终极目标,而是消灭对方为最终目的,"胜者为王,败者为寇"乃政治斗争的常态,各种政治力量之间不可能以理性协商为基础达到共同治理的协议,而是必然以一方消灭另一方作为结局,然后由取得胜利的一方发布法律作为社会治理的工具。因此,在中国官本位文化的传统下,西方社会形式与实质法治所要求的法律至上和社会契约观念要件,缺乏社会实践性基础,也缺乏普遍适用性。中国社会实行"法治"必须考虑到中国社会传统官本位文化对于法治的影响,唯有如此,才能发展出适用于中国国情的"法治"模式。

## 二、理性精神与礼俗文化

理性精神在西方社会的文化传统中有非常悠久的历史,从词源上看,理性概念在古希腊中源出于 loges 和 nous 这两个词,即"逻各斯"的意思。柏拉图首先用理念这一概念来标识理性,表达了人类对理性的追求。他将人的理性视为是人类认识的本源。在《理想国》中,他提出了构建哲人王统治的理想国之设想,但最终没有实现其梦想。他认为法律是理性的命令和体现,是理性的结晶。法律是根据理性的一种"推定"。从法律是理性的推定出发,他提出了自己的立法主张,即立法要根据人类全部的善德来制定全面的法律,不要缺少什么就制定什么法律。亚里士多德在柏拉图的基础上进一步发展了理性主义,同时,他将法律界定为是不受主观愿望影响的理性,将自然、法律和理性等同看待。与此同时,自然法理论之集大成者斯多噶学派认为,理性是宇宙的统治力量,参透于万物之中的自然法是"普通的规律",是"正当的理性"。该学派的创始人芝诺更是明确表示,法律是理性的产物。古罗马时期的西塞罗认为,自然法先于人定法,高于人定法,人定法体现自然法,源于自然法,"法律是最高的理性,是从自然生出来的"。这种理性起源于宇宙的天性,它驱使人们从错误的行为转向正当的行为,所以这种理性尚未写成文字时,尚未成为法,它先于法而存在,并与神的理智同时并存。在深受基督教观念影响的欧洲中世纪,人们对于神学的理解和认识也不乏理性的意味。奥古斯丁就把自然法思想结合进他的神学思想之中,形成了自己的神学法律观。他认为:"上帝只想让他的有理性的被造物统治非理性的被造物,人统治野兽,而不是人统治人。"①但他认为法律产生于上帝,是正义的体现。他的法律思想虽然从本质上讲是为奴隶制辩护,并且从斯多噶学派和西塞罗的自然法思想滑向了神学自然法,但从西方法律思想传承的意义上讲,仍不失其重要意义。自文艺复兴时期以来,西方社会进入了理性主义大发展的时代,涌现了一大批提倡或论述理性主义的理论家。如近代资产阶级自然法学的创始人之一格老秀斯认为,人类的本性是自然的,人类的本性是自然法的本源,也是法律的本源。他将自然法定义为"一种正当理性命令"。洛克认为,自然体现着理性,它教导着人类过有理性的生活。自然法是最高的、永恒的,上帝本来也为它们所束缚。孟德斯鸠也认为自然法一般来说是"人的理性"。霍布斯在《利维坦》一书中认为,自然法乃是理性所发现的箴言或普遍的原则。韦伯则指出,资本主义的精神主要在于其注重形式合理性,他说:"因为特殊的法的形式主义会使有关法的机构像一台技术上合理的机器那样动作,它为有关法的利益者提供了相对而言最大的活动自由的回旋空间,特别是合理预计他的目的行为的法律后果和机会的最大的回旋空间,它把法律过程看做是和平解决利益斗争的一种特殊形式,它让利益斗争受固定的、信守不渝的游戏规则的约束。"②

理性主义传统的一个最大特色是,人们深信规范社会秩序的法律不是任意的,不代表任何个人的意志。任何根据统治者意志所颁布的法律都可能包

① 徐爱国著:《西方法律思想史》,北京大学出版社 2002 年版,第 66 页。
② [德]韦伯著:《经济与社会》,阎克文译,上海人民出版社 2005 年版,第 140 页。

含了统治者的个人偏见和主观任性,仅仅根据统治者所享有的统治权上的优势,并不能认定其所颁布的实在法是合理的。只有通过持续不断对统治者所制定的实在法进行理性上的质疑,才能保证实在法的合理性,否则实在法就有可能坠落为统治者残暴统治的工具。理性主义传统与自由主义可以说是一个问题的两个方面,坚持理性主义传统的西方国家必然会追求自由的价值。坚持理性的主要目的在于求知,或者是求得真理性知识,然而知识并非现存的,而是未知的,只有经过人们自由地探索,才能最终发现真理性知识。也就是说,只有给予人们以思想和行动上的自由,理性主义才能发挥其探索和发现真理性知识的作用。为达到自由主义设定的目的,必须通过法律限制政府权力。洛克认为,自由主义意味着:"人们可以按照他们认为合适有办法,决定他们的行动和处理他们的财产与人身,而无需得到任何人的可听命于任何人的一种对个人专制意志和他人控制的独立状态,在这种状态中,一些人对另一些人所施以的强制,在社中被减至最小可能之限度。"①

与西方社会注重理性精神不同的是,中国社会更注重以情感和家庭伦理为基础的礼俗文化。在中国的传统社会中,礼乃宰制万物的总纲,是涉及政治、道德、法律、军事、个人生活等行为的指南。作为一种文化,礼最初源于生活习惯、风俗习惯,后来发展为养生送死、祭祀鬼神的祭礼,再形成确定名分、讲信修睦的原则。礼不仅具有定名分的功能,更为重要的是,礼乃国家重器,是一切行为、道德、律令的总纲。《礼记·王制》中记载"析言破律、乱名改作、执左道以乱政,杀。作淫声、异服、奇技、奇器以疑众,杀。行伪而坚,言伪而辩,学非而博,顺非而泽以疑众,杀。假于鬼神、时日、卜筮以疑众,杀。此四诛者,不以听。凡执禁以齐众,不赦过"。就其实质而论,礼实际上就是以家庭伦理为基础建构起来的,注重等级差异,拥有高等级的人有相应的权威,权威就是真理性知识的象征,不允许对权威所表达的知识进行质疑。在中国传统的社会中,礼构建了相应的社会结构,每一社会阶层都必须坚守该阶层由礼所设定的规则,不得逾矩。由最高统治者所颁布的法律当然拥有最高权威,同时又是最具真理性的规则,人们不能对法律本身进行质疑,只能对其表示服从,即使法律中包含了残暴不人道的内容也是如此。也就是说,在中国,实在法拥

---

① [英]洛克著:《政府论》(下),叶启芳、瞿菊农译,商务印书馆2007年版,第45页。

有最高的政治权威和理性权威,其他任何社会阶层都不能对其合法性和合理性地位进行挑战。在中国古代民间社会中,俗文化占据了主流。民间的俗文化与政治生活中的礼文化其实是一致的。在礼文化的支配下,最高统治者拥有最高的政治权威和理性权威,自然不允许民间社会对最高统治者的政治与理性权威进行质疑和挑战,统治者一般只允许民间社会进行无损于统治者政治和理性权威的活动,这也就直接造就了中国古代民间社会不发达的政治和法律文化,中国古代民间社会发达的是诗文化,中国人不倡导尚兵、尚武、尚力和尚法的文化,中国的第一部诗歌总集《诗经》和第一部文献汇编《尚书》是历史上最受推崇的经典。科举取士的标准是诗文,开口尧舜禹汤,写得一手好字、一手好文章,是官场上相当重要的本领。而法律、经济等经世致用之学反而成了末流。因此,在中国传统的礼俗文化下,西方法治社会所倡导的自由、平等与民主等实质性价值以及法律的形式合理性等内容,都可能难以为中国社会所接受,中国必须在注意中国传统社会中礼俗文化对当代中国法治建设中的影响,发展出适合于本国国情的"法治"理念,才能实现中国意义上的"法治"。

### 三、市民社会与特权社会

市民社会在西方国家的文化传统中有悠久的历史,它不仅是西方国家主要的社会形态,同时也是一种重要的意识形态。最早对市民社会进行定义的当属亚里士多德,在其名著《政治学》中,将市民社会描述为一种特殊形态的政治社会。在这种政治社会中,家庭生活与公共生活有着严格的区分,对于家庭生活,公民有自主决定处理的自由与权利,而对于公共生活,尤其是涉及公共领域的立法、执法与司法活动,公民有平等参与的权利,同时也是公民的义务。古罗马时期的西塞罗发展了亚里士多德的观念,但还是将市民社会的观念局限于政治生活领域。在古希腊和古罗马的政治实践中,也体现了市民社会的政治性特征,在古希腊的政治生活中,公民拥有广泛地参与权,而在古罗马的政治实践中,由于具备了公民大会、元老院和保民官等政治机制,罗马市民参与政治生活权利是非常充分的,而且也体现了理性平等的精神。文艺复兴时期之后,市民社会逐渐与市场经济的发展联系在一起,市民社会也与由公法构建的国家观念对立起来。黑格尔在《法哲学》中第一次明确地将市民社会与国家区别开来,他把市民社会定义为"处在家庭与国家之间的差别的阶段",将其理解为私人自律的商品交换领域及其保障机制。马克思在黑格尔的基础上,进一步将市民社会定义为由"物质的交往关系"构成的社会,进一步明确了市民社会与市场经济之间的本质联系。进入 20 世纪之后,市民社会的观念从经济领域扩展到社会领域,代表人物为葛兰西和哈贝马斯等人,市民社会观念被赋予了全新的含义,市民社会不仅与市场经济有密切的联系,也与一个国家的社会和文化有不可分割的联系,在某种程度上可以视为自治的民间社团及其活动所构成的公共领域。虽然理论上对于市民社会的定义还存在较大的差异,但有一点是肯定的,那就是在市民社会中,国家与市民社会保持了一定程度的区分和独立性,市民社会的公民对于国家的政治生活有平等的参与权和参与的义务,同时市民社会也具有很强的独立性,不受国家政治生活干预,只受市民社会内部的私人自治规则的治理。概括而言,市民社会的标准特征是国家与市民社会的二元区分,市民社会能够保持相对的独立性。正是市民社会这种特征,市民社会与市场经济的发展保持了高度的一致性,市场经济需要赋予人们以经济上的自由,避免国家的过分干涉,而市民社会的观念为此提供了一个社会性基础,使国家只做国家应当做的事情,无需国家做的事情则交由市民社会自治。市民社会也与当今社会由社会团体主导的公共领域的治理紧密相关,在能够由市民自治处理好的公共事务,一般无需国家或政府的强力干涉或介入。因此,在市民社会观念及社会结构的支配下,西方法治社会所必要的法律形式要件,以及民主、自由和平等等实质价值要件,都很容易从这种社会结构中生发出来。

相对而言,中国自古以来就秉承"家国一体"的观念。中国古代经典文献《大学》,将"修身、齐家、治国和平天下"视为中国知识分子或中国人的最高道德责任。在家庭伦理中,儒家思想特别强调"爱有差等",也就是要根据亲情之不同而表现为不同的爱,人与人之间的规范关系受情感的支配,父母与子女之间的关系受"孝道"的约束,是一种最为严肃而又最具情感的规范关系,对于兄弟姐妹之间关系则以"悌"来约束,而对于朋友间的关系则以"义"来约束,对不同的人应当表现为不同的礼,对情感相应的也有差等的要求。对于此点,费孝通先生有过精彩而准确的描述。费孝通先生对中国人的人际关系有一个传神的比喻,即一块石头掉在水里所激起的涟漪,是层层叠叠的,又是一圈一圈互不干扰的,每一个中国人就处于石头掉在水里的中心点,其与其他人的关系保持着一定的差等,最内圈的当属自己的父母,次之是兄弟姐妹,以此类推。① 墨家提出的"兼相爱,交相利"的平等思想,在儒家看来实与禽兽无异。与有差等的人际关系相应的是,人们所享有的权利也是有差别的,作为家长的父母享有最高的权利,即"家长权",子女唯有服从家长权的义务,稍有不顺,则被视为"不孝"。作为一国之主的君主,也与家长一样享有最高的统治权,如有不服则被视为是对君主"不忠"。这两种行为都被视为是"十恶重罪",不得赦免,即使享有"刑不上大夫"的特权阶层也是如此。在家庭或国家的政治生活中,家庭成员或公民对家庭或国家事务是没有参与权的,一切事务由家长或君主决定。在家庭或国家中,家庭成员或公民没有个人行为自由的空间,家庭成员或公民的一切行为都被视为是与家庭或国家事务有关的行为,必须接受家庭或国家的治理,必须接受家长或君主的治理,在西方国家中个人的婚姻大事,完全是由个人决定的事务,在中国却是"父母之命"的家庭大事。因此,在中国的传统文化中,无法孕育与西方国家法治所追求的民主、自由和平等等实质性价值,也无法接受法治所要求的法律形式合理性要件。中国的"法治"必须在注意中国这一特殊国情的前提下进行理论上的建构,也必须在这一前提下进行法治的实践。

### 四、超验宗教与世俗宗教

宗教是人类社会发展到一定历史阶段才出现的一种文化现象,属于社会意识形态。主要特点为,相信现实世界之外存在着超自然的神秘力量或实体,统摄万物拥有绝对权威、主宰自然进化、决定人世命运,使人对该神秘力量产生敬畏及崇拜,并从而引申出信仰及仪式活动。在《宗教百科全书》中,宗教是这样定义的:"总的来说,每个已知的文化中都包含了或多或少的宗教信仰,它们或明了或令人疑惑地试图完美解释这个世界。当某些行为典范在特定的一个文化中得到确立时,它就将在这个文化中打下深深的历史烙印。即便宗教在形式、完整度、可信度等都应不同文化而不同,但人在社会中还是不

---

① 参见费孝通著:《乡土中国》,人民出版社2008年版。

可避免要受到宗教影响。"①宗教在世界上各个国家和民族中都存在。到目前为止,还没有发现哪个国家没有宗教。虽然世界各国都存在宗教,但是西方国家与中国的宗教在教义上存在明显的区别。如果说西方国家的宗教教义是超验性的,纯洁而抽象,那么中国的宗教教义则是经验性的,世俗而具体。

首先,宗教有救世性。在西方国家的宗教教义中,宗教的救世性与理性的宗教教义紧密联系在一起,作为宇宙之主的"上帝"并非有形的人格体,而是抽象人格体,拥有全知全能的禀性,在道德上是完善且完美的。人类在世俗社会中所遭遇到各种挫折与失败,或人性上的各种丑恶,都可以从"上帝"的观念中获得救赎,虽然肉体最终会腐朽,然而由于灵魂不灭,只要人们坚信"上帝"的存在,人们的灵魂最终将获得"上帝"的救赎。中国人信仰有形的多神教,作为世界主宰的"神"是有形的,并非全知全能,与人一样有七情六欲,"神"也必须遵守相应的"天条",自然与社会中的各种异象是"神"各种情绪的表达。中国人信仰"神"并非为了灵魂得救,而是希望不得罪"神",或渴求"神"能够保佑自己免受疾病和厄运的侵袭。也就是说,中国人信仰宗教本身也是一种功利性态度,如果所信仰的"神"能够保佑信者平安,则信者可能会坚定信仰,反之,信者可能就会转而信仰其他更灵验的"神"。概括而言,西方人信仰宗教是信仰上帝的教义,即使教义中存在不利于信者功利实现的因素,也会坚持信仰,中国信仰宗教是信仰"神"能够满足自己的功利性需求,一旦此种功利性需求未得到满足,那么信仰的坚定性就会动摇。就法治而言,西方国家之所以能够依法而治,可能并非因为法律是完美的,能够保证每一个人的利益,而可能仅仅是因为他们深信法律源自于上帝的教义。就这点而言,中国人很难坚守对法律本身的信仰,如果法律不利于某部分社会群体的利益,那么违反法律或钻法律的漏洞势必成为不可避免的事情,正因为如此,伯尔曼才说,"法律必须获得信仰,否则将形同虚设"。"没有宗教的法律将丧失它的神圣性和原动力……法律和宗教乃是人类经验两个不同的方面;但它们各自又都是对方的一个方面,它们一荣俱荣,一损俱损。"②

其次,教会是有社会权力的团体。在西方国家的宗教史上,教会掌握着人

---

① 参见《宗教百科全书》,中国大百科全书出版社 1994 年版。
② 参见[美]伯尔曼著:《法律与宗教》,梁治平译,中国政法大学出版社 2003 年版。

们的信仰,拥有众多的信徒,又保持着与国家或政府的相对独立性,因而教会是西方社会中一种非常重要的拥有社会权力的团体,教会的势力,足与国家或政府所拥有的政治权力分庭抗礼。教会与政府相对独立的这种社会二元结构,是西方社会结构的一个重要特征,可以说是西方法治社会中政治权力分权制衡原理的理论与实践来源,正是在教会与政府的二元对抗中,人们看到了法律高于教会和政府权力的可能性,教会可以依据上帝之法来对抗政府权力,而政府所拥有的世俗权力也有与教会对抗的相应优势。如果教会与政府必须保持合作,那么双方都坚守理性的法律或自然法当是最适当的做法。由此,在这种前提下,西方法治社会很容易导出"法律至上"、"法律高于政府"的法治理念。然而,中国的宗教组织与西方国家的教会存在重大的差别。多神教的体制削弱了中国宗教组织所可能拥有的社会权力,无法形成足以与世俗政权相对抗的超验权力,反而容易为世俗政权所控制,沦为世俗政权进行精神统治的工具。在中国古代社会中,当一种宗教组织慢慢变得强大时,世俗政权一般会想方设法进行控制。在中国宗教的历史上,大型寺庙的主持一般都由皇帝亲自任命,这是世俗政权强于宗教组织,并对其进行控制的表现。在此种情况下,中国社会很难出现如西方社会一般的二元社会结构,中国传统社会中一直是"大一统"的社会格局,无论何种社会团体都服从于世俗政权的统治。在此种社会结构下,法律只是世俗政权进行统治的工具,"法律至上"的观念难以形成,反而容易形成统治权至上的观念。由此,中国社会的这种社会传统,决定了很难按照西方法治国家的现成模式进行构建。

### 五、城市文明与乡土社会

西方国家的城市文明与其经济基础密不可分,城市的基本含义是先有"市场",然后才有人类聚集并共同生活在一起的"城"。在市场经济条件下,人口的流动性相对较大,人们之间很难形成稳定的以情感为基础的人际关系,人们之间信任问题也难以通过情感纽带或舆论压力来维系,而只能依靠契约的形式来维系相互间的信任。契约相对于情感或社会舆论在维系信任方面而言并无多大的优势,然而这会造就两种完全不同风格的维系信任的社会机制,依赖于情感或社会舆论的中国,发展出了以家庭伦理为基础的社会机制来维系人们间的相互信任,而西方国家则发展出了法治模式来维系信任关系。按照韦伯的看法,城市必须具备以下要素:要塞;市场;法律治理机构;社会自治团体;至少部分的自治与自主。① 城市的这些要素不仅是维系社会信任必需的机制,而且以此基础还发展出了属于城市文明独有的法律特征。包括:第一,只有在城市的范围内才有可能发展出法律面前人人平等的思想。在一个相互比较陌生的,高度聚集的社会中构建出来的人际关系,比较容易趋向于平等。不仅如此,以契约关系为基础的人际关系,自然也需要在平等的基础上建构相互间的信任。第二,城市为了在相对松散的统治下达到有效的管理,就需要不同目的、不同阶层以及同一行业的结盟,形成誓约共同体。共同体的形成提高了城市的自治性与自主性,也容易形成理性的法律。社会自治团体的存在,也对政治性治理机构或政权机构形成了有效地制约,可以限制政权机构任意地制定并实施法律,政权机构必须尊重社会团体自治的权力。第三,在城市的基础上才有可能发展出民主的政治形式,并进而发展出宪政的体制。拥有不同社会权力的多种社会团体的存在,使得任何一种专制的统治模式都难以存在,只有通过不同社会实力集团之间的相互协商才有可能实施有效的统治。在此等基础上,容易发展出法治之实质价值。

相对而言,中国古代社会虽也有城市,然而中国的城市是先有"城",而后才有"市"。古代中国的"城"首先是作为军事或政治中心而存的,在此基础上,为在城中定居的人提供生活服务才发展出了"市",也就是说,古代中国的"市场"是为定居于城中的政治机构或军事集团服务的,这与西方社会的城市发展模式存在明显的差别。正因为如此,古代中国的经济基础并不在城市,而在农村,中国主要的经济生产方式也是农业。农业在古代中国是一个非常受重视的产业,从事农业的农民也被统治者视为正统的职业,所谓"耕读世家"中的"耕"就是指农业生产者家庭,此种家庭是为统治者视从事正当职业的家庭,除此之外的职业都被视为是"三教九流",为非正统性职业。也就是说,相对西方社会的城市文明而言,中国是典型的乡土社会。所谓乡土社会,是指中国文化自始至终建立在农业文明的基础之上,中国社会的性质,是乡土性有紧密的联系。农业生产以及以农业生产有关的活动,是中国传统社会的主要生产与生活形态,对农业的重视和土地的崇敬,已成为传统文化中最重要的内

---

① 参见[德]马克思·韦伯著:《经济与社会》,阎克文译,上海人民出版社 2005 年版。

容。在乡土性的社会中,产生下列观念是理所当然的事情:首先,在乡土社会中,很难产生私权的观念。中国历史上没有产生官员与农民以外的第三个独立阶层,特别是没有产生商业阶层,使得社会没有产生商业利益观念和为商业利益而结盟的私利集团。在官与民之间,是大公与小私的两极对立,在政治权威的压制下,小私很容易就会被大公所瓦解。官与民之间争利的情形在中国历史上一直是主旋律,官在争利益时的口号无一不是为公的需要,虽有老子不争的劝谕,但那肯定是在官争利过于严重的情形下,才会有的劝谕。其次,乡土社会信奉的是世俗的鬼神,而非超验的主宰世界和人生的无形神。乡土社会将神世俗化为现实的需要,求神拜佛的主要目的,不是为人生问题寻求答案,而是为了现实需要寻求心灵上的安慰。这种鬼神观自然不会带来对法律问题的思考。最后,乡土社会有重土安迁的观念。乡土社会是一个很少流动和变动的社会。费孝通先生说,乡土社会的生活富于地方性,是一个熟悉人的社会,在一个熟悉人的社会中,我们会得到从心所欲不逾矩的自由,这与法律保障的自由完全不同。乡土社会必然是礼俗社会、道德社会、诗文社会,但绝不是现代意义上的法律社会。乡土社会所遵守的法律是根据家庭中的不同地位来适用的,而不是法律面前人人平等,在维护家庭伦常的基础上,牺牲法律的普适性是常有的事情,甚至不这样做反而被认为不恰当的。因此,在乡土文化的背景下,中国人很难接受以契约为基础的信任关系,也难以接受通过法律的治理来维系相互间信任的方式。如果发生信任问题的当事人,通过法律的治理来解决彼此间的问题,那么这也就意味着他们以情感为基础的人际关系走到了尽头,即使法律解决了彼此间的信任问题,当事人和谐的人际关系也不再存在了。也就是说,在传统的乡土文化观念中,人们实际上难以接受以法律的方式来治理相互间的关系,人们更愿意接受一种充满感情的、以人际关系和谐为目的治理方式,即使包含了一定程度的任意专制。

## 第三节　公共服务视野下的法治文明

形式法治于法律形式的要求,实质法治于人权、自由、平等和民主等诸项价值之要求,虽不乏理性的成分,亦概括了法治社会的理想形态,然而此等描述在方法论存在诸多疑问,其结论既非实践性的,也不具有普遍的适用性。自方法论而言,上述形式与实质法治之论证既存有个人主义视角的缺陷,也有忽视社会复杂性与实践性的不足。西方主流法治观的理论家们,一般都设定每一个社会成员拥有相同的人性基础,或经济理性的(功利),或道德理性的,或政治理性的,等等,不考虑每一社会成员拥有多种理性的可能性,也不考虑社会成员拥有多种理性的社会结构性来源,将社会成员所拥有之单一特殊理性视为先验的或预定的或自然赋予的。而实际上,每一社会成员所拥有的理性不仅是多样化的,而且在不同时期还会发生相应的变化。决定社会成员拥有理性的具体内容的是社会的基本结构,或是在社会长期演化过程中逐渐形成的社会制度,此种社会制度既是由人类的行动所创造,同时也限制了人类行动的范围或界限。社会制度的演化与人类行动之间存在复杂的互动关系,人类的行动可以改变社会制度的演化进程,同时社会制度也在很大程度上限制着人类行动所能达到的领域。

　　个人主义方法论的这种论证方法是自然科学惯用的一种论证方法,是人类社会认识世界和改造世界的重要理论工具,也诞生了诸多重大的理论成果。比如牛顿的力学体系,就是在抽离现实世界的诸多影响因素之后,设定物体间作用力三大公理的前提下推论而出的。牛顿的力学理论体系具有强大的解释力,获得了人们的广泛赞同。然而即使如此,在物理学进入量子力学的阶段之后,牛顿的力学体系也受到了来自爱因斯坦相对论的质疑,牛顿力学体系中所设定的公理在爱因斯坦看来,并非是毫无疑问的,至少在速度接近光速并且有大质量物体的场域中,这些公理的可靠性是有问题的。除此之外,无论是牛顿的古典物理学理论,还是当代的物理学理论,由于其都具有抽离现实世界诸多影响因素的方法论特征,因而其能够解释的物理现象也是有限的,自然界还是有许多物理现象无法获得完美的解释。西方主流法治观的理论家们无疑受到了自然科学方法论的影响,甚至可以说是通过模仿自然科学方法论而得出其结论的。因此,可以断定,西方主流法治观也如同近现代物理学体系一般,无法解释所有国家或地区的法治现象。不仅如此,此种模仿自然科学方法论的法治理论,还忽略了一个自然与社会间存在的重大差别。在自然界,作为研究对象的物体相对于研究者而言是客观的,虽然研究本身可能会对研究对象产生影响,然而此种影响并非是主观意识的反映,而只是物体间的相互作用使然。然而,在社会中,作为被研究对象的人或由人所创造出来的社会制度,不仅可以对研究过程作出有意识的主观反映,比如可以消极或积极的态度对抗或配合研究者实施的研究,而且研究者本身对研究对象——人或社会制度——的解释也是主观和有"偏见"的,其中充满了研究者本身的理解和认识,反映了研究者本身所处社会的社会意识形态。本章第二节所阐述法治之社会基础,其中的多元化文化、理性精神、市民社会、超验宗教和城市文明,实际上乃是西方法治观理论家们论述法治问题时预先设定的社会前提条件,他们正是在此种设定的社会前提条件之下,基于人性的抽象设定,才推论出其法治结论的。当然,这种法治结论放到中国的社会条件下,即官本位文化、礼俗文化、特权社会、世俗宗教和乡土社会,实际上难以适用中国建设法治社会的需要。

另外,西方主流法治观对人性的抽象设定忽略了人的本质性特征——社会性,这也直接导致了西方主流法治观实践性的缺乏,使其不仅在世界上的其他国家难以适用,即使在拥有悠久法治传统的西方国家也不断受到来自实践的反对。人性确实具有情感性、功利性、道德性和政治性,然而人性绝对不是可以由其中的任何一种性质所界定的,人性是复杂多变的,它可以包含情感性、功利性、道德性和政治性等性质中的任何一种可能的组合,而一个国家或地区特定的社会制度对人性的这种组合关系是决定性的。一个国家或地区特定的社会制度如同自然界特定地区复杂的生态环境一般,是这个国家或地区的人们在与自然界进行生存斗争,并与其他国家或地区的人们进行竞争与合作的过程中,逐渐演化而形成的,具有与这个国家或地区生存与发展的环境高度适应性的特点,即使人们可能没有认识到某种社会制度意义的情况下,也是如此,它可能反映了远远超过某个人的智慧所能够达到的认识程度。人性既然是由特定国家或地区的社会制度所决定的,那么人性的构成必然是社会性和实践性的,而非单一的,也非固定不变的,我们并不能通过设定某单一的人性为人性的本质特征,然后在此种基础上推论出相应的法治理论,只有认定人性是社会性的,是复杂多变的和实践性的,才能通过不断试错的方式找到适合一个特定国家的法治之路。

基于上述认识,本节将以公共服务论为理论基础,讨论西方主流法治观中形式与实质法治所认定之要件的合理性与局限性,意图发现一种以人的社会性为理论前提,注重实践性的法治社会新观念。

## 一、公共服务视野下的形式法治

### （一）法律的形式逻辑

西方主流法治观中对法治之法的形式要求,主要是法律具有普遍性、法律必须公布、公主体的行为应当与法律保持一致、法律内容应当明确、法律不应当自相矛盾、法律不规定过高的要求以及法律应当保持足够的稳定等,从人们服从法律治理可能性的角度来观察,实际上是一个形式逻辑的问题,认为法律为人们的行为提供了明确的行动范围,人们只有在了解了此种行动范围之后,才能为自己的行为提供指导。如果法律所界定的行为范围本身不明确,或者规定了自相矛盾的行为要求,或者规定的行动范围超出了大多数人的能力范围,或者经常发生变化人们难以掌握,那么人们的行为实际上无服从法律治理的可能性。这种思维方式与几何学有类似之处。自然界中物体的形态各异,与几何图形完全相同物体很少见,或者可以说基本上不存在。然几何学之所以成为一门科学,在于人们从多种多样的物体形态中抽象出完美而标准的形态,并发现了各种完美形态之间的逻辑关系,如二条平等线永远不相交、两点之间的直线距离最短和三角形的稳定性等诸如此类。几何学的应用性在于人们可以运用几何学的基本原理,造就自然界并不存在的完美物体,或者对自然界中存在的物体进行改造,以适合人类社会生活的需要。形式法治对于法律的形式要求,也是从实际的法律形态中抽象出来的,具有几何学意义上的完美形态。只要法治之法符合法律完美的形态要求,那么人们必然会对法律作出具有逻辑必然性的行为反应,人们才有服从法律治理的可能性,如同人们运用几何学原理就能够造就完美物体一般。

形式法治观是理性的,具有非常重大的理论和实践意义,深化了人们对于法律治理可能性的认识,有利于国家制定出形式完善的法律。但是,形式法治观却忽视了法律最重要的一种属性,即法律的社会功能。法律一种维护社会秩序的工具,而非一种认识工具,在这个意义上,法律与几何学是不能类比的。作为一种认识工具,几何学有利于提高人们对自然界构成形态的认识,有利于提高人们改造世界的能力,然而几何学的发达与否,并不会对社会秩序产生实质性的影响,即使一个国家或社会中缺乏任何几何学知识,也不会对这个国家或社会的秩序产生严重影响。作为维护社会秩序的工具,法律在任何社会类型中都是存在的(虽然有些学者,如马克思可能不赞成,但这属于对法律概念的认识不同。如果将法律做宽泛的定义,将其视为社会秩序型构的要素,那么法律在任何社会类型中存在应当无疑义),一个没有法律的社会,社会的基本结构无法得到建构,其能否存在也是一个有疑义的问题。作为一种认识工具,几何学不具备历史性,历史的沉淀只会扩大人们对几何学的认识,已被证明为错误的知识不会出现在最新发展的几何学知识中。而作为一种维护社会秩序的工具,法律明显具有很强烈的历史性,法律的内容与形式都处于逐渐演化的过程中,历史上已被证明为成功的经验不一定永远能够保持其适用性,而已经被证明为错误的经验,也有重新适用并保持治理有效的可能性。正是这种历史性的经验积累,构成了当代人们认识现有法律意义的基础或"偏见",没有这种基础或"偏见"作为前提,任何一种形式上完美的法律,都不可能实现有效治理的目标。作为一种认识工具,几何学对于人们还未获得正确认识的知识,一般采取存疑的态度,留待以后的去发现,这不会对几何学的知识体系产生任何影响,也不会对社会秩序产生任何影响。作为一种维护社会秩序的工具,法律时刻面临着来自自然和社会不可预测事件的挑战,即使法律有着如法治之法所要求的完美形式,也有可能无法应对来自自然和社会突发而不可预测事件的挑战,导致社会秩序的混乱,影响社会的稳定和谐。反过来,法律可能并不具备法治之法所要求的完美形式,然而法律却满足了应对来自自然或社会不可预测事件的挑战,能够维护社会秩序的稳定,能够使应用此等法律的民族或国家在残酷的生存竞争中延续下来。法律的目的绝对不是追求形式完美性,虽然形式完美性有助于法治的实现,有助于使人们的行为服从法律的治理,然而此种治理的结果却可能是整个国家或民族的灭亡。历史上曾经出现过墨守成规民族或国家,虽然保证了法律形式上的完美性,人们也高度地服从法律的治理,然而这些民族或国家却在残酷的生存竞争中灭亡了。由此看来,法律形式的完美性,人们行为服从规则治理的可能性并非法律治理的终极目的,法律的终极目的必然在于维护秩序的稳定与和稽,并在与其他国家或民族的生存竞争中保持不败的境地。作为一种认识工具,几何学的研究对象并不会对认识过程作出主观反应,它只是被动地接受认识和研究,只要人们认识了几何学的基本原理,在同样的条件下,人们可以按照几何学原理指导自己改造世界的实践。作为一种维护社会秩序的工具,受法律规则治理的人们,并不是一部对法律作出单一必然反应的机器,人是有主观意志的,人可以综合自己的社会经验对法律作出最符合自己利益要求的判断与反应,而这种反应是法律的研究者所不能替代的。法治之法在形式上也许是极其完美的,但是受法律治理的人们却并不一定会按照法律制定者所设想的方式行动,人们会结合自己的实际需要,结合自己的社会经验和所习得的知识,按照自己对法律的认识或理解作出自认为最理性的行为反应。因此,想通过保证法治之法在形式上的完美性来保证人们服从法律治理的可能性,只有逻辑上的可能,在法律治理社会的实践中,这种可能性是非常低的。

形式法治观对法律在形式逻辑上的要求,虽然极具理性,然而却忽视了法律发展的基本规律,也没有把握法律存在的本质性要求,即实现维护社会秩序的社会功能。从法律发展的规律来说,法律的产生发展是一个历史的过程。根据公共服务论,法律在任何社会中都是存在的,原始社会虽然没有公法,然而也有法律的存在,此时的法律并非通过人们有意识地创造而是通过自发的方式累积形成的。此时的法律缺乏公主体的介入,法律社会功能的实现,并未通过立法、执法和司法等近现代社会常见的方式,而是以社会自治的形式来实现的,这个阶段可以称为"私法自治"的阶段。原始社会"私法自治"阶段最大特色在于,法律处于自发的发展过程中,人们是在不断应对社会的不可预测事件的过程中来发展法律的,人类社会这个阶段还没有进入自觉地思考和发现法律的阶段,原始人的思维方式处于"具体问题具体分析具体处理"的阶段,他们所发展出来的法律,不可能达到近现代法治理论家所提出的形式理性的标准。因此,在原始社会中的法律中,法律不具有普遍性,而是具体事物具体治理,法律自相矛盾而能够相互共存,法律并未公开而掌握在家长或巫师手中,法律未以成文的形式表达依赖于口耳相传而具有模糊性,法律在应对突发事件时经常发生变化等违反法律形式逻辑的情况非常普遍。然而,我们并不能由此就否认,在原始社会不存在法律,根据霍贝尔的观点,原始社会同样存在以强制力做保障的,由特定主体来实施的公共规范,与国家法律具有相似的外在特征,只是具体内容存在差别。① 不仅如此,我们也不能由此否认,原始社会的私法自治是无效的,原始社会与近现代国家的社会问题是相似的,同样面临着来自自然界对生存的威胁,也面临着来自其他社会或民族的生存竞争,

---

① 参见[美]霍贝尔著:《原始人的法》,严存生等译,法律出版社2006年版。

原始社会仅仅依赖形式完美的私法是不足以应对这些事关整个社会生死存亡的生存竞争,反而是形式逻辑上并不太完美,但是却能够有效应对生存竞争,并能够保持社会稳定和谐的私法,能够收到良好的社会治理效果,这样的私法将会为社会所保存,并成为这个民族或社会的集体意识,成为这个民族或社会传统文化中的一部分。

私法自治发展到一定阶段,由于其本身的局限性,世界各地相继进入了公法治理介入私法自治的阶段。公法治理介入私法自治,在人类社会法律发展的历史上具有里程碑式的意义。马克思主义认为,法律只有在公法治理介入之后才真正形成,原始社会没有法律,只有在人类社会进入有阶级的社会之后,在经济上占优势的统治阶级在组建暴力工具之后,法律才出现。统治阶级运用法律维护社会秩序的同时,也在保障统治阶级自身的阶级利益。在这个阶段,私法的身份由公法来界定,私法的内容为公法所改造。自这个阶段始,人类社会的法律进入了自觉发展的阶段,社会的统治机构开始有意识的创造法律,并以成文的形式表达和公布法律,人类的理性开始在法律的创造与实施过程中扮演重要的角色,起着重要的作用,社会的法律治理进入了一个全新的阶段。形式法治观认为,在人类社会这个阶段,治理社会的法律应当具备法律的形式逻辑要件,否则社会的法律治理将是无效的。然而,形式法治观对此阶段法律的理解,还是存在未充分认识法律发展之规律和法律之基本社会功能的缺陷,而且还存在过于相信人类理性能力的问题。法律发展到公法治理介入社会治理的阶段之后,社会所面临的生存竞争问题并不会随着人类社会能够自觉发展法律而消失,反而是由于人类社会进入了自觉发展法律进行社会治理的阶段而提高了生存竞争的水平或层次,人类的理性能力相对于社会所可能遭遇到的不可预测的生存竞争事件而言,实在是太微不足道了,人类不可能具有如同上帝一般的"全知全能"的知识或能力,人类社会只能在社会治理的实践中,经过不断的试错,才能发现新的知识,才能淘汰旧的不适应社会发展需要的知识,才能不断地提高运用法律治理社会的能力。人类社会也许可以运用理性的能力发现法律所应当具备的完美形式逻辑要件,然而此等完美形式逻辑要件并不足以保证社会的法律治理有效地解决更高层次的生存竞争问题,解决影响社会秩序稳定与和谐的问题。

然而,上述观点不意味着法律形式逻辑的完美是不重要的,恰恰相反,公共服务论认为,法律形式逻辑的完美是非常重要的,只是形式逻辑上的完美必须服从法律维护社会秩序应对生存竞争之社会功能的需要,这就注定了法律形式逻辑上的完美是一个长期的过程,而且还会存在若干反复甚至是倒退的过程。私法的主要目的既然在于自治,允许私主体进行自愿的行动选择,那么私法所具有的形式逻辑完美性包括私法内容对私主体的自主行动而言仅具参考价值,只要私主体能够有效地实现自治,即使约束私主体的私法在形式逻辑上不那么完美,私法的存在也是有正当性的。公法的主要目的在于,为私法自治服务,于私法自治无能和不便之外进行治理,公法治理如果能够改善私法自治所维护的社会状态,不仅能够增进每一私主体的利益,也能够增进社会整体的利益,使整个社会在激烈的生存竞争中保持优势并得以延续,那么公法治理的介入就有正当性基础。公共服务论认为,上述状态是法律治理的终极的实质性的目的,法律形式逻辑完美应当要服从此目的。如果法律形式逻辑的完美有助于改善上述法律目的之现实,那么此等完美当是可以接受的,而且也是必须要接受的;反之,如果在追求法律形式逻辑完美的过程中,损害了上述法律目的,或有碍于上述目的的实现,那么法律形式逻辑完美化的过程应当暂缓实行,人们绝对不会为了追求法律形式逻辑的完美而容忍社会秩序的混乱,社会的有序生活并不依赖于法律形式逻辑的完美,而是依赖于法律治理的有效性。如果法律形式逻辑的完美对法律治理的有效性是有帮助的,那么就是可以接受的,如果是阻碍性的,那么法律形式逻辑的完美绝不能成为否认法律治理有效性的理由。因此,在公共服务论看来,法律形式逻辑的完美化绝对不是一个抽象的,通过纯粹理性研究就能够确定的问题,而是一个需要通过不断实践,并在实践中坚持目标才能解决的问题。只有通过不断地试错,才能逐渐地改善法律形式逻辑的完美程度,并且此种改进并不是直线式的,而是渐渐地,有时是反复的,甚至有时是倒退的方式。

## (二)法律与治理机构

形式法治观对法律形式的要求,除了上述对法律形式逻辑上的要求之外,还有针对治理机构的形式要求,即法律拥有理性的权威和司法权至上。在形式法治的理论家看来,法律本身所拥有的理性形式,可以消除基于个人魅力和社会习惯所形成的权威,在这样的社会中,人们通过理性的反思,破除了非理性因素在社会中所拥有的权威性影响,即所谓"去魅"。每一个人都能够理解法律存在的理由,及对自己行为限制的合理性,每一个都认为遵守法律不仅是对自己有利的事情,对于整个社会而言也是最有利的事情。人们不会轻易反对法律对社会的治理,也缺乏这样的能力反对法律的治理。对于法律治理机构而言,由于法律设置了分权体制,不同的法律机构拥有不同的治理职能,法律治理机构之间不能逾越各自的职权范围,只能在自己的职权范围内作出与治理有关的决定,各治理机构之间存在相互制约和平衡的关系,任何一种法律治理机构的治理决定都会受到来自于其他治理机构的牵制,也就是任何一种治理机构无法单独作出与治理有关的最终决定。就私主体而言,首先是受私法的治理,私主体可以自主决定其行动。一旦与其他私主体发生纠纷无法解决,或受到了治理机构的侵害,私主体可以通过多种途径维护自己的合法权益,每一治理机构的决定都有可能受到其他治理机构的否决,通过法律治理机构间的这种相互制约,不仅私主体的合法权益可以受到法律保障,法律的理性权威也得以维系,任何任意的个人权威都无法对法律治理的产生影响。法律应当具有理性的权威,具有自然科学中程序化思维的特点。在自然科学的研究中,尤其是近现代计算机科学中,为使计算机能够有效地处理一些问题,可以将要完成的任务分解为不同的功能模块,每一功能模块都有自成体系的程序化运转方式,通过不同功能模块之间的指令传递,计算机能够快速而有效地处理许多问题。在计算机程序中,为了处理完成一定的事项,每一功能模块都是必要的,其地位具有不可替代性,然而每一功能模块又不能单独地完成为计算机所设定的任务,各功能模块之间必须相互配合才能完成。在形式法治观理论家的设想中,法律法治机构的设置也应当与计算机程序中的功能模块设计一样,要区分为不同的职能,每一职能的运转都必须遵守相应的程序化,各职能间必须相互配合和制约才能实现治理的社会功能。在这种体制下,起关键作用的不是实施治理的个人,而是配置给治理机构的职位及相应职责的要求,每一个职位上的个人都可以被替代而不会影响治理的有效性,任何个人的能力或权威在法律治理机构的体制面前都是渺小的,任何履行法律职责的个体只需要具备相应职位所需求的能力就是合格的,并不需要任何个体具备超高的能力或权威。如果某一个体具备超高的能力或权威,反而被认为是具有破坏体制有效性的可能因素,因而也不会受到体制过高地赞赏。体制的最大优势被认为是,有效地限制了法律治理机构滥用权力的机会,降低了违反法律的可能性,保证了法律的服从性和法律治理的有效性。然而,如计算机程序不可避免地存在运行漏洞或 BUG 一般,法律治理的体制化也必然存在治理方面的漏洞。这一点与人类理性的局限性和社会现实的复杂性有必然联系,人们是不可能通过增进理性的能力而解决这一点的。为此,在计算机程序中,程序员必须根据运行中发现的漏洞,而不断地修补程序,使之运行得更为流畅完美。在法律治理的体制中,形式法治观的理论家们设置了司法权至上的机制,来弥补法律治理体制运行中出现的漏洞。在解决具体案件的过程中,拥有司法权的法官可能会发现法律治理的漏洞,通过设定司法权具有适用或解释法律甚至修改或创造法律的权力,就可以修补法律治理体制运行中发现的漏洞,使法律体制完美运转以实现社会有效治理的目的。

　　法律应当具有理性的权威,司法权应当保持至上性,对形式法治之实现而言非常重要。维持法律的这两项形式要求,对于防止公主体随意违反法律,具有很强的可行性。但是,此等要求,从形式上而言,是存有疑问的。计算机程序的设计,当以充分了解所需要解决的问题为前提,以全面满足计算机程序使用者的使用要求为最终目的,为此计算机程序设计者需要做大量的信息准备工具,为计算机程序设计提供方向。然而,真实的情况是,程序设计者不可能了解所有用户的需求,以及用户在使用计算机程序时可能遭遇到的问题。不仅如此,即使程序设计者充分了解了用户的需求,也不可能设计出能够全面满足用户需要的计算机程序,计算机程序设计的理性能力还未达到如此高的程度。计算机程序经常遭到来种黑客的攻击而没有完全避免之可能性就是明证。相比于计算机程序,人类社会法律治理机制的设计更为复杂:首先,法律治理机制所需要解决的问题不如计算机程序一般确定。计算机程序在设计之初一般已经大致了解所需要解决的问题,而法律治理机制在设计之初对于所需要解决的问题可能仅仅是基于对以往经验的认识,对于社会将来可能会面临的问题无法预料,也无法控制。将来所发生的社会事件可能会使已经设计好的法律治理机制彻底失去有效性。其次,法律治理机制的设计所需要获得的信息比计算机程序设计更为多样化。计算机用户使用计算机目的虽然也具有多样性,但是仅仅局限于用户生活的一部分,而非用户生活的全部。然而,法律治理机制所需要满足的,是社会成员生活方面的所有需要,社会成员拥有的生活目的之多样性,是任何法律治理机制设计者所不能完全获知的。再次,法律治理机制的运行也并非如计算机程序一般机械顺畅。计算机程序只要设置了相应的程序结构，满足了基本算法的要求，当指令下达时，程序会自动运行，基本上不会产生偏差，具有可重复性操作的典型特征。然而，法律治理机制中，即使设置了相应的治理机构，配备了相应的职位与职责要求，当一个具体的社会事件发生时，法律治理机制并不会自动按设计要求运行，法律治理机制中拥有相应职位的人还需要对社会事件进行主观判断，然后才能够决定是否启动相应的治理。也就是说，无论如何，在法律治理机制运行的过程中，拥有相应法律治理职位的人才是决定性的，人并非如机器一般只接受简单的指令就可采取行动，具体社会事件必定依赖于人的认识和判断才能够进入法律治理机制治理的范围，也才能启动相应的法律治理模块。最后，法律治理机制也与计算机程序设计一样，无法设计出完美的机制。法律治理机制比计算机程序设计面临着更多的困难，来自于社会成员实现个人利益方面的挑战也更多。如果说计算机程序的漏洞不太多，还有可修补可能性的话，那么在法律治理机制发现漏洞可以说是一种常态，对其进行及时修补的可能性非常小。除此之外，司法权至上的原则也具有形式化和过于相信法官理性能力的问题。

　　虽然可以满足法律具有理性权威或"法律具有至上性"等形式法治的要求，但是要实现法律治理之本质要求，即实现维护社会秩序的稳定和谐，保障私法自治，改善社会成员利益状况等，即是完美法律治理机制所无能为力的。如为实现形式法治之要求，不顾法律治理之本质特征，则可能会出现众多的社会问题：首先，法律治理机构可能会出现严重的"官僚主义倾向"，过分注重法律治理的形式要求，将严重影响社会治理的有效性。法律治理机构虽然可以做到严格依法治理，然而此等治理可能忽视治理的多样性，不顾社会事项治理多样化的要求，一律同等对待，无论需治理事项的轻重缓急，不考虑社会成员的特殊要求。在某种意义上说，就是不将治理对象当做活生生的人，而是当做具有同一性的机器，缺乏基本的人性关怀，使法律治理远离满足人性需求的东西，而仅仅作为一种冷冰冰的统治工具。其次，法律治理机构可能会无法应对社会突发事件或社会发展的新态势。法律治理的最大益处在于，限制法律治理机构的权力行使，使其受法律的控制，不致于超越法律的范围。然而，社会发展并非是可预料或可预测的，人类社会总处于与不可预料之事件进行持续斗争的过程中，如果按照预先设定好的法律治理机制进行治理，势必无法及时有效地解决突发性事件,也无法及时满足社会发展新态势的需要。这必然会影响国家相对于其他民族或国家的竞争力,最终可能导致国家被其他民族或国家消灭,或者是由于无法应对来自自然界的灾难而为自然所消灭。最后,存在借"法律至上"为名,为谋取个人利益之实的可能性相当大。法律制度本身具有抽象性的特征,而需要治理的社会事实都是具体的,当法律治理机构治理具体社会事件时,首先需要正确认识具体的社会事实,然后再将其涵摄在特定法律规范之下。这一过程并非如计算机程序一般简单,它需要借助于治理者的智慧,也即是主观上的认知,才能作出正确的判断。如果治理者有自己特殊的利益需求,那么其解释法律以适用于具体社会事实就可能会包含偏见,以自己的主观意见替代法律规范的原义,使法律治理的目的落空。在这种情况下,"法律至上"仅享有名义上的权威,实际权威由法律解释者享有。换句话说,法律虽然可能具有理性权威,也具有任何人不能违反的属性,然而法律还是需要由具体的人来实施,来为社会治理服务。法律治理机制所赋予治理者解释法律和实施法律的职权或职责,有可能成为其借用法律之名实现个人利益的工具。在这种情况下,法律具有理性权威,或法律至上的原则都只具有理论上的意义。

法律具有理性权威、司法权至上的形式法治观念,还与其生长的社会环境密不可分。在一个文化多元、以市民社会为主体、拥有超验宗教信仰和高度发达之城市文明的社会中,人们之间由于相互独立又必须相互合作的需要、地位上的大致平等、对源自于上帝或自然规则的信念以及发达的市场经济体制,更容易形成对法律的信仰,也容易坚定地反对个人任意的统治,人们可能更容易相信他们间的关系来自于上帝的安排或自然的杰作,对任何统治者制定的实定法抱有极其不信任的态度。反之,如果实定法与人们相信的自然法保持了高度的一致性,那么人们可能会对法律本身形成坚定不移的信念。此种法律的信念与市场经济模式存在高度的契合关系,可以维护市场经济模式配置资源的高效率,这反过来又加深了人们对法律理性的信念。在此基础上,以法律面前人人平等为基础,以平权观念为内容的市民社会很容易形成。近现代的形式法治理论家,在探讨法治之形式要件时,往往将西方国家的经济生产方式、宗教文化和社会基础视为当然之前提,然后逻辑地导出法律具有最高权威、司法权至上的法治观念。正如前述,此种观念在形式上是有疑问的,而一旦脱离了西方国家所特有的经济、宗教和社会前提,则更可以体现出其非实践性、形式性和抽象性的缺陷。

根据公共服务的观念,由公法构建的法律治理机构,及法律治理机构法律治理的目的在于为私主体的自治服务,法律治理机构在法律治理过程中,确实应当尊重自治性的私法,也应当尊重约束其本身的公法,然而此种尊重仅是一般意义上的,并不能成为一种必然的规律。法律所拥有的理性权威以及司法权的至上性,本身并非法律治理的终极目的,尊重法律的理性权威以及司法权的至上性,当以此种尊重能够解决私法自治之无能或不便为前提。如果法律的理性或司法权拥有至上性能够更好地为私法自治服务,于私法自治无能或不便时,由公法设置的法律治理机构或机制能够有效地解决私法自治过程中遭遇的社会现实问题,那么尊重法律的理性权威或司法权的至上性应当是正当的。然而,我们并不能由此就坚持一种僵化的形式化原则,视法律所拥有的理性权威或司法权的至上性为任何类型社会治理所当存的法治原则,或一个社会在发展过程中的任何阶段或时期都应当存在的法治原则,则此种尊重实是一种非实践性的态度,是严重缺乏实践理性的表现。从方法论的角度来看,这是一种典型的形而上学的理论态度,以抽象的、先验的甚至是主观上所坚信的原则来强行分割即存的社会事实,并将被阉割过的社会事实作为证明此等原则正确的证据。公共服务观念认为,法律的理性权威和司法权的至上性都只具有相对的意义,它应当服从于公法更好地服务于私法自治的基本原则,此实乃是社会需要法律治理的根本所在,也是法律治理机构保持存在的正当化理由。当法律的理性程度和司法权的至上性能够达到足以持续改进私法自治的社会状态时,即能够持续改进每一私主体的利益,同时能够在不损害任何私主体利益的前提下改进社会整体的利益时,尊重法律的理性权威和司法权的至性,就应当成为这个国家或地区法治所应当接受的法治原则。而在一个处于特定社会历史阶段的国家或地区中,当法律的理性程度或司法权的至上性还未达到足以改善私法自治社会状态的程度,或者是虽达到了此等程度,但是这个国家的经济和社会基础暂时还无法接受此种法治原则时(这也就当然无法持续地改善私法自治的社会状态),就只能以一种实践性的态度对待此种法治原则,将法治的实现视为一个需要长期建设的过程,努力地按照公共服务观念的要求持续改进每一私主体或社会整体的利益,并在实施此等法治原则能够为社会带来最佳利益的时期确认此等法治原则的适用性。以实践性的态度对待此种法治原则,可以合理地解决实施此等原则所可能带来的负面社会效应。对于尊重法律理性权威所可能带来的"官僚主义倾向",人们对运用公共服务的观念对法律进行解释,以"共赢"的态度实施法律治理,就可以合理地避免法律治理的普遍性而带来的漠视社会成员个体情况特殊性的缺陷,使法律治理过程充满了对人性的关怀;对于尊重法律理性权威和司法权的至上性所可能引发的无法应对社会突发事件的问题,只要坚持公共服务的观念,就可以在恰当的时候以恰当的方式突破法律僵化的规定,实施"紧急状态时无法律"的基本原则,按照改善每一个私主体同时不损害每一私主体利益,又能够改善社会整体利益的原则,及时有效地解决社会突发事件,维护社会秩序的稳定和谐与整体利益的持续改善,保持社会整体的竞争优势。

## 二、公共服务视野下的实质法治

### (一)人权

西方法治观所追求的人权价值,是抽象意义上的价值,虽然极具理性气质,但是却仅仅是一种理想中的价值,缺乏现实的社会基础。无论是西方法治观所注重保护的基本政治权利、人身权权和财产权利,还是当代社会提出的发展权,都必须建立在特定的社会基础之上,并不存在以抽象人性为基础的普遍性人权。在原始社会中,人类也许享有自然意义上的人身和财产权利,然而此种权利是不受保障的,人类既可能受到来自于同类的侵犯,也有可能受到自然规律的限制。相比之下,处于原始社会中的人类不会受到法律治理的侵害,然而这并不意味着原始社会中的人类所享有的权利比近现代社会中的人类所享有的权利更多。原始社会中的人类也许享有财产权,然而却无法像现代人一样住在温暖而生活条件齐备的公寓内;原始社会的人类有经济自由的权利,然而却无法像近现代社会中的人类一样只需要一天工作几小时就可以享受长时间的休闲,他们必须整天为生存而忙碌;原始社会的人类也许有更多的行动上的自由权利,然而却不能像近现代人类社会一样,可以在社会中安详的生活而不用担心来自同类的侵害。从有人类社会以来,人类就一直在为获得更多更好的人权而努力,任何以近现代世界的眼光来美化处于"自然状态"或"原初状态"社会的人们所享有的人权观念,都不是以历史的、实践的态度来对待人权问题,而是采取了片面而抽象的态度来对待人权问题。无论如何,人类社会所享有的人权,一直处于不断演化的过程中,权利的此消彼长是常态,人们不能因为社会的演化,就必然断定某种在当代社会中已经消失的人权就是最美好的人权,也不能断定当代社会所享有的人权就是人类社会中人权状况发展的终点,人们永远也不能绝对地否定将来的人类社会能发展出更适合人类生存与发展的新人权。

西方法治观所断定的普适性人权,实际上也是在西方社会特定的社会基础之上发展演化而来的,只是理论家在提出这些观点的时候,有意无意地隐藏了特定社会基础作为人类社会所享有之人权的前提。众所周知,近现代西方社会所提出的人权观,是在西方社会进入文艺复兴时期以后逐渐发展而来的。在那个时期,市场经济逐渐地成为主要的经济生产方式,宗教信仰受到了来自科学和理性的挑战,统一的宗教被新教以及其他宗教所替代,封建贵族的世俗权威阻碍了注重法律面前人人平等的资本主义生产方式的发展,城市的发展能够更好地集中生产要素,降低资本主义生产的生产与销售成本,也能够集约资源实现有效配置,使西方社会在全世界的生存竞争中保持更好的竞争力。在这种前提下,人们急切需要法律保障每个人所享有的财产权利,防止其受到来自同类的侵犯,更主要地是防止来自教会或封建贵族世俗政权的侵犯。此时提出的,财产权是一种基本人权,是"神圣不可侵犯"的人权,应当是符合社会发展需要的;在其他重要的人权中,如政治权利和人身权利,实际是都与财产权的严格保护紧密相关。只有通过严格保护政治权利和人身权利,人们才更好地享有财产权利,才能更好地保证财产权利不受侵犯,使资本主义生产方式发挥最大的生产效率。马克思和韦伯都认为,人权的基本观念与西方社会特定的社会基础有必然的联系,虽然两者对于这种联系的实质是什么有不同观念。马克思将经济基础的不同作为人权观念在西方社会发展发育的社会前提,韦伯则将西方社会特有的社会意识形态,在他看来主要是新教伦理,作为人权观念在西方社会发展的社会基础。虽然两者的观念存在差异,但是有一点却是共同的,即人权观念绝对不是抽象的,而是与一定社会历史条件相适应的产物,也可以说,人权价值是一种"地方性知识",在特定的社会历史条件下生长演化而来,与特定的社会基础存在高度的适应关系。

上述观念并不意味着一个国家或地区的人权状况是不能被积极改善的,

只能消极地等待社会无意识的演化。公共服务论认为,法治所追求的人权价值是实践性的和发展性的,应当注重与特定社会基础的适应性,但是不认同人权的改善是盲目的,是没有方向性的。如果在一个国家或地区实施法治的过程中,能够在不侵犯任何人已经享有之人权的前提下,能够持续改进每一个人的人权状况,或者是社会整体的人权状况,虽然改善后的人权状况与其他国家或地区还存在差距,此种法治亦是可以接受的,也是具有正当性的。以损害部分人的权利为代价,使部分群体的权利状况能够达到其他国家或地区人权状况的同等水平的法治,是不具备正当性的;脱离一个国家或地区特定的社会基础,全盘照抄人权状况较好国家或地区的法治模式,忽视社会发展的渐进性特征,人类社会又缺乏足够的理性能力,是难以保证改善每一个人的人权状况,以及社会整体的人权状况的。因此,人权虽然是法治所追求的实质价值之一,而且是最重要的价值之一,但是世界上并不存在抽象的人权价值,只有与特定社会基础相适应的才可能是这个社会最好的人权价值。公共服务论的实践性理论态度,契合了人权价值发展演化的基本社会规律,对于任何社会法治建设和人权保障都有重要的意义。

**(二)自由**

西方法治观所追求的自由价值,是一种消极性的自由价值,也是一种抽象的、片面的自由价值观,未从辩证的角度来看待自由对人类社会生存与发展的重要意义。无论是洛克、戴雪,还是哈耶克,自由主义者一般都坚持认为,人的自由就是"不受强制"的自由,或享有"确获保障的私域"的自由。在他们的观念中,社会成员的个人自由,就如同几何或数学的集合观念,都存在有行动的清晰边界,在边界范围之内,每一社会成员都不受任何外在的人为强制,而只受自然的强制。对于行动的边界,实际上就是自由必须受到法律限制的范围,每一社会成员都必须遵守由法律所划定的行动边界,唯有如此,每一社会成员的在法律划定的边界之内才能够享有充分的自由。为保障这种自由,需要限制任何社会成员侵犯其他社会成员"确获保障的私域",控制公主体或政府权力的行使,使公主体或政府服从公法的治理,不干涉尤其是不侵犯社会成员所享有之"确获保障的私域"。在哈耶克看来,法治所应当保障的消极自由,如同电磁学实验中所展示的现象。在电磁学实验中,铁屑随着磁场的产生而排列成有规律的线性状态,在做实验之前,人们可以大致预期铁屑排列成的线性形状,但是却缺乏预测每一铁屑具体位置的理性能力。每一铁屑的具体位置取决于电磁场的作用力,也取决于每一铁屑的初始位置和与其他铁屑之间的相互碰撞关系,甚至还取决于实验场地的摩擦力的大小等情况,这些具体情况超出了人类理性所能预测的能力。① 在法律治理的过程中,电磁力的作用相当于法律对于人行为的约束,人们也许可以大致预测人们行动的方向,但缺乏预测每一社会成员在社会中具体地位和状况的理性能力。法律规定了人们行动的界限,人们可以大致预测人们所不能做的事情,但是每一社会成员在社会中的具体位置却取决于多种无法预测的因素,有客观环境的因素,比如家庭出身、受教育程度和个人的机遇,等等,还有主观上的因素,比如性格、态度和个人的人生观、价值观,等等。不仅如此,一个人在社会中将与哪些人发生互动,以及在互动中将如何行动,行动的后果以及此后果对他将来在社会中所处位置的影响等因素,更是不可预测。因此,在他看来,法治所能够做的事情仅仅在于划定每一社会成员行动的边界,为每一社会成员提供稳定的行动预期,也就是保障社会成员的消极性自由,法治不应当干预人们在法律所划定之行动边界内的行动,治理机构没有必要对此进行法律治理,也没有能力实施此种法律治理(因为法律治理机构缺乏能够预测每一社会成员行动取向的理性能力)。如果法治强行介入社会成员自治的范围,那么不仅会干扰社会成员自主作出行为的决策,还会产生其他严重的社会后果。一个最典型的社会后果是,治理机构由于缺乏治理的理性能力,需要治理的社会事务复杂多变,可能导致法律治理社会的无效,使社会秩序陷入混乱的状态。其次,由于社会成员可能会对治理机构的法律治理形成心理上的依赖,社会成员可能会失去主动性和创造性,这会影响社会的知识创新、经济创新或其他方面的创新,可能导致人类社会的文明发展进入停滞的状态。最后,由于治理机构对所有的社会行动都进行法律治理,这会形成单一化的政治、经济和文化结构,具有此种结构的社会无法经受不可预测之社会与自然事件的挑战,很可能在在一场大的社会或自然灾难之后,社会由于缺乏应对的知识或经验而归于毁灭。此外,这也不利于人们道德水平的培养。在一个由法律全权治理的社会中,所有的个

---

① 参见[英]哈耶克著:《法律、立法与自由》,邓正来译,中国大百科全书出版社 2000 年版。

人不幸都可要求法律的治理,社会成员可能会失去对他人命运关心的兴趣和为善的动机,为善的道德观念将会消失,最终仅剩下忠诚于法律治理的道德观念,这对人类社会而言无疑是一场更大的灾难。

西方法治观所追求的消极自由,是一种抽象的、片面的自由观,未从历史发展和辩证的角度来考察自由的问题。从历史发展的过程来看,在政治社会产生之前的原始社会中,由于没有治理机构的介入,个人的消极自由可能是极其充分的,人们可以做自己想做的任何事情。然而,在原始社会中,这种状态并不能给人们带来极大的自由感。首先,人们可能并不清楚自己行为的界限在于何处,也就是说,对于个人"确获保障私域"的范围并不清楚。每个人虽然都可以任意而为,但也无法阻止其他人对自己行动自由的干涉或侵犯。在这种情况下,最有可能出现的社会状态是,每个人都享有最大范围的消极自由,而每个人也都无法感觉到消极自由的存在。其次,人们行动的界限与人们的知识水平或认知能力紧密相关。在原始社会中,由于人类社会的知识水平普遍较低,人们对行动界限应当在何处于缺乏理性的认识,这可能会在很大程度上限制人们享有消极自由的水平。比如,在某些民族的法治史上曾经有这样的案例:如果一个人恰好经过一个杀人现场,这个人会被视为是与谋杀有关的人而会被定罪。从现代社会所拥有的知识水平来考察这一案件,我们会觉得这种法律无异于天方夜谭,而在原始社会这却是真实的案例。由此可以认为,消极自由的范围明显与人们认识世界的能力紧密相关,而人们认识世界的能力属于积极自由的范畴。积极自由与消极自由之间是辩证关系,积极自由的扩张也许会在很大程度上提高消极自由的范围与程度,也有可能限制某些消极自由,而提高其他消极自由的范围与程度;反之,某些消极自由的限制可能会在很大程度上提高积极自由的范围与程度,进而对其他消极自由产生积极的效应。比如,在原始社会中,对财产权可能不存在任何法律上的限制,人们对财产享有极大的消极自由,然而人们所能够获得的财产数量与质量都无法与近现代社会相比。在近现代社会中,人们的财产权受法律限制比资本主义初期要多得多,然而近现代社会中人们所享有的财产数量与质量也显著的增加了,人们所享有的利益比几个世纪前也更多了。最后,自由都是社会性的,与特定的社会结构紧密相关,没有超脱于特定社会结构的抽象的消极自由。即使如西方法治观论者所强调,每一个人都有"确获保障的私域",这也不意味着每一个社会成员都可以脱离其他社会成员而生活,他只有在与其他社会主体相互交往的过程中才能实现消极自由。比如一个人可以享有财产上的自由,可以随意对财产施加自己的意志,然而此种自由依赖于社会结构的作用。也就是说,一个人可以随意对其财产施加自己的意志,但是其意志的来源却并非凭空产生的,而是社会结构从外在的方面强加于他的,使得他的行动自由并不能超脱于社会性的影响。一个处于近现代社会中的人,是难以理解原始人在当时的社会状态中对其行动自由的理解的,在近现代人看来不自由的行动,也许在原始人看来就是自由的,作为消极自由观的支持者,绝对不能以根据其所生活于其中的社会给他的"偏见"或"前理解"所得出的消极自由观,来普遍化其消极自由范围或程度的观念,将这种观念强加于其他国家或民族所追求的自由价值中。

公共服务论认为,实施法治所应当追求的自由价值,是一种基于特定社会历史条件下的、具体的和实践性的自由。这个世界没有固定范围的,如同数学中集合一般的消极自由。人们所能够享有的消极自由,始终处于发展变化之中,某种消极自由的扩张可能以其他消极自由的缩小甚至完全消失作为代价,这取决于社会发展过程中社会结构性因素的变化对人们社会意识形态所产生的影响,在社会发展的某个时期,人们可能更看重思想上的自由,而在另一个时期人们则可能更看重财产上的自由,而这两种自由可能存在此消彼长的关系。随着社会的发展,人类的知识水平可能会得到极大的提高,这会进一步改变人们消极自由的观念,原来被视为极其珍贵的消极自由,可能会被其他类型的消极自由所替代。人们只有持续不断的社会实践中,通过试错的方式才能发现,在一个特定的社会中,最佳消极自由的范围与程度是什么,任何超越特定社会历史条件的消极自由观,都是缺乏实践性基础的,强行推行这种消极自由观,并不会扩大人们的消极自由,反而可能有损于人们已经享有的消极自由。因此,寄希望于划定社会成员的行动范围,确立法律治理机构的行动范围来保障社会成员所享有的消极自由,实是一种典型的形而上学的自由观念。在西方社会特定的历史条件下,也许这种消极自由观有存在的合理性和实施的可行性,然而一旦脱离了这一前提,这种消极自由观的合理性和可行性都可能存有疑问。公共服务论认为,对社会成员消极自由的保障,必须基于这个国家或地区特定的社会历史条件,这个国家或地区社会成员的理性水平或知识水平,以及特定社会的结构性因素等。然而,否认消极自由的普遍性,并不意味着法律治理保障社会成员的消极自由是盲目的和任意的。只要治理机构在治理社会的过程中,能够始终坚持公共服务观念的基本原则,即改进每一社会成员所认可的利益或社会整体的利益,而又同时不损害某些社会成员的利益,在治理社会的实践中,不断地探索法律治理的最佳途径,以实现特定社会历史条件下特定国家或地区的人们所能够享有的最佳消极自由,那么任何一种法律治理的模式都是合理的,都具有正当性的基础。如果法律治理坚持维护上述形而上学式的消极自由观,严格地限制法律治理机构的行动界限而没有任何变通余地,对社会成员的行动界限采取僵化的法律标准,那么这个社会可能会因为无法应对社会发展的需要而导致社会秩序混乱,人们无法安居乐业,最终社会每一个成员的消极自由都可能不会增加,反而会受到更大的损害。

### (三)平等

西方社会法治观所倡导之平等价值,是一种形式上的平等,也即是所谓"法律面前人人平等"意义上的平等,或者说是一种机会平等的观念。在他们看来,人的自然禀赋、在社会中奋斗可能会遇到的机遇以及家庭等因素,虽然会对个人在社会中的竞争产生不利的影响,然而只要法律并不对此种因素进行歧视性规定,将任何人视为是法律上平等的主体,那么由个人天赋、机遇或家庭出身等因素所造成不平等是可以接受的,而且是必须予以接受的。唯有如此,才能保证社会成员足够的求上进的动力,才能保证社会的活力和社会财富创造的最大化。机会平等的法治观,实际上是以治理的法律应当具备某些特定要素为前提的,即法治之法应当是禁止性的法律,也就是规定人们不得为某些行为的法律,法治之法不应当以规定人们当为的行为作为主要的构成部分。如果法治之法要求人们主动地为一定的行为,由于现实社会中个人能力与机遇的差异,人们可能无法同等地实现法律所要求行为,人们可能会因此而受到法律的不同对待,这样就无法实现法律面前人人平等的状态,或者是无法实现由法律治理所保障的机会平等。如果法治之法只规定人们所不应当做的行为,而且此种禁止性要求并不需要人们过多的努力就能达到,即使是社会中能力或机遇最差的社会成员也能够实现法律所要求的行为,法律治理就能够平等地对待每一个社会成员,其所保障的机会平等才有实现的可能性。对法律未禁止的行为,则交由社会成员自主决定,个人将凭借自身的能力、机遇和努力程度等因素获得不同的社会地位,此种社会地位的差异是事实上的不平等,而非法律上的不平等,这是任何法治社会都无法避免的事情,法律治理对此种社会状态也是无能为力的。如果法律对此种情况进行治理,那么由此产生的社会后果可能会非常严重:

首先,法律治理机构缺乏治理的能力。如果法律治理需要维护人们之间事实上的平等,治理机构就需要持续不断地了解社会成员在社会中的发展状态,以及社会成员在行动过程中所拥有的天赋、才能和机遇等个人性因素,才有可能采取适当的治理措施来维护社会事实上的平等。然而,此种要求超出了任何法律治理机构所能够达到的理性程度,是无法完成的任务。即使在某一个时期达到了事实上大致的平等,治理机构也无法长久维系这种平等状态,因为随着社会的发展变化,个人能力与机遇的改变,人们间事实的平等状态必然会被打破,治理机构将陷入无穷无尽的治理任务之中而无法自拔。

其次,影响社会成员行为的主观积极性。如果将法律没有禁止的事情交由个人自己来处理,那么个人就有足够的主观动机去实现个人的人生目标,虽然从道德上来看,个人是为了私利而行动,然而此种为私利而行动的行为却是对社会发展有利的,个人在为自己创造最大利益的同时,也为社会的发展作出了巨大的贡献。然而,如果法律治理对此进行干涉,那么有实现自己人生目标之主观动力的人可能会丧失追求的动力,懒惰的人则可能会坐享其成,等待治理机构对其糟糕的生存与发展状态进行治理。

再次,治理机构可能会蜕变为专制残暴的统治机构,威胁社会成员的基本人权。由于治理机构承担着维护社会实质平等的任务,社会事实上之不平等的状况由治理机构来判断,这使得治理机构享有巨大的治理权力,这种权力可以强大到不受任何法律控制,极易蜕变为一种专制残暴的权力,对社会成员的基本人权肆意践踏。

最后,社会缺乏创新精神,可能出现生存危机。由于治理机构需要对社会中所有的不平等状况进行治理,治理机构本身又缺乏治理的理性能力,分散性地掌握在社会成员手中的信息或知识无法在法律治理的过程中体现出来,治理机构缺乏多样化的智力或意见来源,这使得治理机构无法应对社会发展过程中诸多复杂社会状况,最终可能导致社会整体上出现生存与发展的危机。

西方法治观所倡导的形式平等观,是一种抽象的平等观,忽视了平等所应当具有的社会性意义,也忽视了平等的实践性含义。将平等视为与社会结构性因素无关抽象观念,完全由个人的行动结果决定,未从辩证的角度来看待社会平等问题,认为社会平等状况不存在持续改进的可能性。从方法论的角度来观察,形式平等观从社会的某个横截面来考察社会平等问题,未从纵向的角度来考察社会平等的发展演变,无视社会发展过程中累积形成的结构性因素,或者直接将西方社会的结构性因素作为理论的隐含前提,忽视了不同社会类型或不同国家或地区社会之间的结构性差异。西方法治观所倡导之形式平等观念,无疑是有其直接的经济、政治、社会和文化根源的。

从经济上来说,西方社会有着悠久的市场经济传统,注重商业贸易。市场经济体制的活力在于市场主体的自由竞争,这容易产生机会平等的治理观念。而在中国,农业是主要的经济活动,商业贸易一直受到国家或社会的歧视。农业生产活动更注重劳动的集体性、合作性、长期性和稳定性,个人力量虽大,但如无集体协作,则农业活动难以维系,命令服从的指挥模式比相互协商的竞争模式更有利于农业生产,在这种经济基础之下,很难形成机会平等的观念。

从政治上来说,西方社会更注重个体对统治活动的参与性,强调个体观念表达的正当性。只有每一社会成员都拥有相等的法律地位才能做到这一点。在中国传统的社会中,更注重统治活动的整体性,个体的观念应当以集体的方式表达才具有正当性,代表集体的人与被代表的人之间在法律地位上存在差异。

从社会和文化角度来看,西方社会的市民文化和城市文明,相对于中国传统社会中的特权文化与乡土文明而言,更容易生成强调个体自主发展的机会平等观念。在中国文化中,统治者的角色如同家长一般,不仅应当关心被统治者的生活,而且还应当平等对待每一个家庭成员,在某些家庭成员因能力或机遇不济而受苦时,家长包括其他家庭成员有责任提供必要的帮助。

中西方国家间的社会结构性差异,在很大程度上决定了人们对社会平等问题的认识和理解。形式平等观除未考虑平等的社会性问题之外,还存在实践性不足的问题,未考虑事实上的不平等对社会可能造成的影响。西方法治观对法治之法的要求,仅限于禁止性法律,法律治理所追求的平等也仅限于禁止性法律对所有人适用的平等性,在此基础上允许社会中存在事实上的不平等。不仅允许这种不平等,还将此种不平等视为法律治理之必然结果。实际上,社会总是处于不断变化发展的过程中,法律所禁止的行为亦非固定不变的,而是随着社会的变化而变化的。一种法律所允许的行为,可能会导致社会事实上不平等状态的扩大,最终会影响社会的稳定和谐。一种法律允许的行为可能会其他法律所禁止,此种禁止又构成了法律治理所倡导之形式平等的基础。比如,西方法治社会的发展历程中,民法允许企业间的自由联合,然而此种联合的结果最终导致了垄断,垄断的结果与法律允许自由联合的目的不符,最终西方社会的大多数国家都出台了反垄断法,对因垄断而导致的不平等状态进行治理。由此观之,实质平等与形式平等实际上是一种辩证关系,当社会处于实质不平等时,形式平等可能是极其荒谬而又难以通过治理来维系的。正如某些理论家说的,法律确实保障每一个人的平等权利,有些人天天住豪华五星级宾馆的权利,而有些人也有住在街边或大桥底下的权利。当社会地位的实质差异越来越大时,寄希望于法律治理所维护的形式平等来保障社会秩序的稳定和谐,促进社会整体利益的实现,这无异于天方夜谭。实质上的平等也有可能改变形式平等的内容,使形式平等在一个不同的层面上体现出来。而形式上的平等是实质上能够平等的基础或前提,当一个社会中不具备最基本的形式平等时,谈论实质平等是一件奢侈的事情。

公共服务论认为,法律治理所倡导的社会平等,在私法自治的情况下,如能够保障私主体间自愿的相互合作,那么维护的实际上是一种机会平等。西方法治观对机会平等的看法,可能正是源自于此。然而,私法自治可能会带来一些其自身无能力或不便解决的问题,比如恃强凌弱的强迫,弱肉强食,等等,公法治理介入的正当性正在于此,公法治理应当要保障私主体间自愿的相互合作,维护最基本的机会平等。然而,公法治理的介入并不能通过维护机会平等就能够一劳永逸地解决所有社会问题。在社会不断发展的过程中,由机会平等所带来的实质上不平等可能会越来越严重,这反过来又会影响法律治理维护机会公平的有效性。比如,在市场经济条件下,当法律治理维护了基本的机会公平之后,社会的贫富悬殊可能会越来越大,社会贫富阶层之间的对立可能会日趋严重,最终会影响到社会基本秩序的稳定,这对贫者和富者都是不利的。公共服务论所倡导的平等观,是一种实质平等与形式平等辩证发展的观念,法律治理应当在这两种平等之间保持合理的平衡,机会平等可能会带来社会资源配置的效率和人们创造社会财富的主动性,而实质平等而有利于维护社会秩序的稳定。反之,机会平等可能会造成社会阶层冲突对立状况加剧,而实质平等则可能带来社会资源配置的无效率。如果法律治理能够在这两种平等之保持合理的平衡,并且此种平衡能够改进每一个社会成员的利益,或者是社会整体的利益,同时又不会损害任何社会成员或群体的利益,那么法律治理所倡导的实质与形式平等间的均衡就是可以接受的,也具有相应的正当性。然而,实质平等与形式平等间的平衡关系,并没有一种普遍适用性的模式,不同的社会类型下,以及不同的社会历史条件下,实质平等与形式平等间的平衡关系也有所不同,只有在不断地法律治理实践中,坚持了公共服务观念的基本原则,才有可能发现实质平等与形式平等的最佳平衡模式。

### (四)民主

西方法治观所保障的民主价值首先是一种道德上的信仰,以若干先验性观念作为基础,比如"天赋人权"、"社会契约"和"人民主权"等;其次才是一种社会治理的方式,通过民众的参与来治理社会。在法治社会中,治理社会的法律源自于民主政治,又是民主政治得以施行的保障。因此,在西方法治观的理论家们看来,任何超越于法律之上,并构成法律效力渊源的其他统治权都缺乏正当性,比如一个人之治的君主统治权,或少数人之治的贵族统治权,都不能成为一个国家法律的效力渊源,因为这会使社会中的某个人或某些人超越于法律之上,不受法律的治理。只有一个国家或地区的全体人民作为一个抽象的主体才能享有一个国家或地区的最高统治权,这一抽象主体作为法律效力的渊源,从理论上保证了社会中的任何一个人或群体都不享有超越于法律之上的权威,又容易在法律治理的实践中形成对法律的信仰,保证法律治理的理性和有效性。在这个意义上,民主观念更像是一种宗教信仰,差别在于宗教教义一般具有神秘和超验的特征,而民主观念体现的则是人类对自身理性的一种信念,相信只有社会的自主治理才具有道德上的正当性,而不需要依赖于超验的"上帝"或者是由"上帝"选定的君主或其他群体。

作为一种社会治理的方式,民主观念体现在法律治理的过程中。西方国家普遍采用代议制民主和三权分立的政治体制,通过全民公选的方式选举议员和总统,由议员组成的议会履行制定法律的职责,并负责审核总统的行政决定,批准政府的预算,法官一般由总统提名,由议会表决通过。所有治理机构成员的任期都是固定的,任期满了之后,必须重新进行选举,以保证治理机构不至于成为特权阶层专享之职位。在西方法治社会中,民主主要通过民意的方式表达在法律的内容中,以总统为代表之行政机构的主要职能是执行法律,落实民意。民意可以决定法官的任职,可以挑选出民意支持的法官。通过这样一种法律设置,作为一种道德信仰或意识形态的民主,演化为确实可以支配法律治理或运作的一种治理方式。

民主作为一种社会治理的道德信仰或政治意识形态确实具有合理性,甚至可以说是人类社会发展至今所获得的最具理性的社会治理方面的观念。但是,需要注意的是,社会治理是实践性过程,并非静态的社会存在,其固然需要美好而理性的观念作为指导,但更重要的是,社会历史条件或特定的社会结构才是决定社会治理有效性的关键因素。作为一种社会治理的道德信仰或政治意识形态,民主也许具有普遍适用性,但是作为一种社会治理的法律制度,却没有普遍有效性。一个特定的国家或地区,只有认同民主的法律治理,才可能是理性的统治或法律治理,这已经成为当今世界各国的共识,然而这并不意味着任何国家的民主治理方式都应当是相同的。无论哪个国家,治理首先必须保证的是治理的有效性,如果采用民主理念先进国家的民主治理模式,并不能改善这个国家或地区的社会治理,反而会带来负面的效应,那么此种民主治理模式就缺乏接受的正当性。应当看到,西方法治社会所主张的民主治理模式,有其特定的社会基础或结构。市场经济体制的经济基础、虔诚的基督教信仰、注重平等的市民社会以及发达的城市文明等因素,才是决定西方法治社会民主治理模式有效性的关键所在,缺乏相同社会基础或结构的国家或地区,必须从自身的社会基础或结构出发,才能发现最有利于本国或本地区的最优民主治理方式。

公共服务论与民主的法律治理方式存在高度的契合性。公共服务观认为,在公法治理介入之前,人类社会处于私法自治的阶段,治理所体现的正是社会成员全体的意志。公法治理介入的正当性在于私法自治的无能或不便,公法治理实际上是补私法自治之不足,公法治理应当是能够改进处于私法自治阶段每一社会成员的利益,或者是能够在整体上改进社会利益,同时又不至于损害某些社会成员或群体的利益。民主作为一种政治上的意识形态,其意图是将社会治理的决定交由受法律治理的人们自己来决定,由人们自己来判断何种治理方式对社会整体或每一社会成员是有利的,而不是交由社会中的某个人或某些群体来判断,这种判断难免包含特殊利益方面的考虑,不能在保证不损害任何社会成员或群体利益的前提下改进社会整体或所有社会成员的利益。可以这样说,民主观念与公共服务观念实质上互为表里的关系,在治理社会的过程中,公共服务观念必须以民主的方式来表达,否则公共服务就仅仅停留在理念的层面,而民主观念也必须坚持公共服务观念,否则民主观念可能会为"多数决定制"或"少数服从多数"的原则所误导,成为暴民的统治。公共服务论坚持实践性的理论态度,对待民主的法律治理也是如此。一个国家或地区民主的法律治理,必须以这个国家或地区特定的社会历史条件或社会结构性因素作为前提,以改善社会整体或每一社会成员的利益,同时不损害任何社会成员或群体的利益为原则,不断地以试错的方式,在治理社会的实践中,探索最适合这个国家或地区的民主治理方式。

### 三、公共服务视野下的社会主义法治文明

中国当代社会法治文明一般是指在建设中国特色社会主义历史进程中形成的法治理念。以马克思主义法律思想为指导,以新中国民主法治实践为基础,继承和发扬了我国传统法律文化的优秀成果,吸引与借鉴了西方法治文明的合理因素,是科学的法治理念。社会主义法治理念,是马克思主义法律观中国化的最新成果,是中国特色社会主义理论体系的重要组成部分,是中国共产党执政治国理念的有机组成部分。在社会主义法治理念中,回答了社会主义法治理念的基本内容,分析了社会主义法治理念的基本特征和本质属性,描述了社会主义法治理念的基本价值内涵,对于指导推动社会主义法治实践,加快社会主义法治国家,具有十分重要的意义。本节将首先概括社会主义法治理念的理论基础,然后分析社会主义法治理念的价值内涵,最后将讨论社会主义法治理念与公共服务观念的基本关系。

#### (一)基本内涵

社会主义法治理念的提出,是中国共产党以马克思主义理论为指导,吸收借鉴人类法治文明的优秀成果,对我国社会主义法治建设实践所做的科学总结,是马克思主义法学理论与中国社会主义法治实践相结合的重大理论创新。既反映了现代法治文明的一般要求,又具有鲜明的中国特色;既体现了党的领导、人民当家做主和依法治国的有机统一,又体现了讲法治和讲政治的

有机统一。社会主义法治理念的基本内涵包括五个方面,即依法治国、执法为民、公正正义、服务大局和党的领导,这五个方面的内容是一个相辅相成的具有内在逻辑联系的整体,体现了内容与形式、手段与目的、价值与效果的辩证统一。

1.依法治国是社会主义法治理念的核心内容

依法治国,就是要使宪法和法律成为一切国家机关、社会团体和个人行为规范的最高准则,在全社会形成尊重法律、信任法律、遵守法律、按法律办事的氛围和环境。依法治国就是要体现法律的公平正义价值,充分保障公民的权利,约束国家机关的权力,防止国家权力的滥用,这是依法治国的核心。党的十七大报告指出,要"实现国家各项工作法治化,保障公民合法权益","维护群众合法权益","维护职工合法权益","尊重和保障人权,依法保证全体社会成员平等参与、平等发展的权利","保障人民的知情权、参与权、表达权、监督权","完善民主监督机制","建设服务型政府","建立健全决策权、执行权、监督权既相互制约又相互协调的权力结构和运行机制"。这些要求充分体现了社会主义民主法治的要求。依法治国,就是要建立公开、公正的程序规范,并以此规范国家权力的运行,这是全面落实依法治国的关键。为此党的十七大报告提出,要"健全组织法制和程序规则,保证国家机关按照法定权限和程序行使权力、履行职责","推进社会主义民主政治制度化、规范化、程序化,为党和国家长治久安提供政治和法律制度保障"。

2.执法为民是社会主义法治理念的本质要求

社会主义法治的根本目的是保障人民群众的合法权益。执法为民,就是要求政法机关做到保护人民利益与维护法律权威的高度统一,这充分体现了我们党的宗旨和执政理念,体现了社会主义法治的根本性质和价值取向。执法为民的提出具有很强的现实性和针对性。执法为民的价值取向,表明人民是政法机关的服务对象。执法机关要端正执法态度,改进执法作风,切实做到权为民所用、情为民所系、利为民所谋,绝不能损害人民利益。执法为民的价值取向,表明我国的法治是人民的法治,执法必须为民,也只能为民。执法为民的价值取向,突出了"主权在民"的原则。中华人民共和国的一切权力属于人民,执法者必须运用人民赋予的权力为人民服务。执法为民重点在"执法",核心是"为民",关键要坚持以人为本。这就要求政法队伍加强自身建设,做到严格、公正、文明执法,进一步规范执法行为,寓服务于执法之中,充分体现法治的人文精神和司法的人文关怀。

3.公平正义是社会主义法治理念的价值追求

公平和正义作为两个法律概念,既相互联系,又具有不同的含义。一般而言,公平注重于对法律形式和诉讼过程的评价,正义侧重于对法律内容及实践结果的评价;公平是正义的外在生命,正义是公平的内在灵魂;公平是前提,正义是结果,二者联系紧密,共同构成社会主义法治的价值准则。公平是正义的构成要素。在法律意义上,公平就是立场客观,不偏不倚。概括来讲,公平主要有三个原则。一是平等性。即在法律面前人人平等,反对特权,也禁止歧视,在同行条件下提供平等的法律服务和司法保护。二是中立性,即在执法过程中,何人不能做自己案件的"法官",仲裁者不能对争议双方有好恶偏见。三是客观性,即反对主观臆断,反对感情用事,司法决定要以事实为基础,以理性推理为依据,以法律为准绳。党的十七大报告强调,要加强宪法和法律实施,坚持公民在法律面前一律平等,维护社会公正正义,维护社会主义法制的统一、尊严、权威。这为我们更好地掌握社会主义法治的公平原则,提出了明确要求和基本遵循。正义蕴涵多种价值内涵。通俗地讲,正义三项基本要求。一是主张创制法律时设定权利和义务的合理性。应根据经济社会发展的实际情况规定公民的权利义务,权利与义务要保持一致性。二是强调是非分明、惩恶扬善,维护社会秩序。尊重合法权益,追究违法行为,是法治的基本正义。责任是法律的生命,违法必究,是实现社会主义法治的基本要求和有力保障。无论是公民、法人违法,还是执法机关违法,都必须依法追究责任,否则必然导致有法不依,损害法律的权威。三是救助弱者,重点维护弱势群体的权益。法治应当保证全体社会成员都能享有公民的权利。党的十七大报告指出,要通过发展增加社会物质财富、不断改善人民生活,又要通过发展保障社会公平正义、不断促进社会和谐。这深刻揭示了在我国社会实现正义的根本途径。

4.服务大局是社会主义法治理念的重要使命

法律作为社会关系的调节器,对公民权益的实现以及社会秩序的形成具有直接影响。为国家大局服务,是法的基本功能之一,也是法治的基本使命。法治要顾及全局、把握大局,就是要服务于国家的中心工作。服务大局是检验社会主义法治建设和政法工作成效的重要准则。当前的大局,就是深入贯彻落实党的十七大精神,高举中国特色社会主义伟大旗帜,为建设富强民主文明和谐的社会主义现代化国家打造良好的法治环境。社会主义法治建设服务于中国特色社会主义事业全局,要正确处理三对关系。一是依法履行职责与服务大局的关系。服务大局是政法战线的重大政治责任,要将立足本职工作与服务大局结合起来。二是严格执法与服务大局的关系。要着眼于大局,准确地适用法律,在法律规定的范围内,运用法律手段为中国特色社会主义事业发展打造良好的社会环境。三是法律效果与社会效果的关系。要坚持法律正义与社会正义的统一、法律效果与社会效果的统一。

5.党的领导是社会主义法治理念的根本保证

一个国家实行什么样的法治模式,是与该国的国情特别是政治制度相适应的。建设社会主义法治国家,必须始终坚持中国共产党的领导。坚持党的领导是中国社会主义法治建设的核心问题。正是有了党的坚强领导,才有当代中国法治化的进程。离开了党的领导,中国的法治建设就会迷失方向,就会失去其社会主义性质,这是我国社会法治建设的根本经验。党对法治建设的领导,体现在依法治国的整个过程之中。这就是党领导立法、带头守法、保证执法,不断推进国家经济、政治、文化社会生活的法制化、规范化。要把坚持党的领导和社会主义法治建设统一起来,把依法治国与党的依法执政统一起来,贯彻落实党的路线方针政策和严格执法统一起来,把加强党对政法工作的领导与司法机关依法独立行使职权统一起来,在党的领导下不断开创中国特色社会主义法治建设的新局面。

**(二)本质属性**

2007年12月26日,胡锦涛同志在全国政法工作会议代表和全国大法官、大检察官座谈会上明确提出:"大法官、大检察官要在党的十七大精神指引下,始终保持高度的政治意识、大局意识、责任意识、法律意识、廉洁意识,始终坚持党的事业至上、人民利益至上、宪法法律至上,切实承担起带领广大法官、检察官和其他工作人员保障科学发展、促进社会和谐的历史使命和政治责任,为建设公正高效权威的社会主义司法制度而不懈努力。"这是我们党第一次正式提出"三个至上"即"党的事业至上、人民利益至上、宪法法律至上"的重要观点。既是对社会主义民主法治建设规律的科学总结,是我国社会主义法治的根本原则,也是社会主义法治理念的本质属性。具体而言为如下几

方面

### 1.人民利益至上是根本

按照马克思列宁主义哲学基本原理,人类社会形态的更替,要经历原始社会、奴隶社会、封建社会、资本主义社会和共产主义社会;共产主义社会的第一阶段是社会主义社会。我们从这些社会的名称上,可以理解到它们的本质。原始社会,显然是人类的初始阶段,一切都具有萌芽的状态。这样的社会尽管有其公正正义的一面,但它在各个方面都是落后的,绝对不是人类理想的社会。奴隶社会,是建立在残酷压迫奴隶基础上的制度,表现为地主阶级对广大农民的实物的、劳役的剥削。资本主义社会,是少数人利用资本,对无产阶级的剩余价值的无偿占有。这些都是建立在剥削劳动人民财富的基础上,少数人的利益占据着主导地位的社会。社会主义社会,是劳动群众占有生产资料,由国家组织社会化的大生产,为全体人民谋幸福的一种进步文明的社会制度。我们正处在这样的社会里,人民的利益占据了主导地位,社会的一切活动、国家的一切组织都必须围绕实现这个最根本的利益来开展。任何违背和无视人民利益的言行,都是与社会主义的原则格格不入的。人民利益至上,是社会主义制度的优越性的集中体现。

人民利益至上是社会主义宪法法律的最高价值。马克思主义认为,一切历史活动都是以追求一定目的人的活动,人民是社会物质同室的享受者。但在不同历史阶段和社会环境,人民的地位和作用很不一样。《共产党宣言》曾经指出:"过去的一切运动都是少数人的或者为少数人谋利益的独立的运动。"其实,历史一切进步力量的代表人物多少都与人民的利益联结在一起,或者至少在主观上都是力图表明自己是以民为本、为民谋利的。胡锦涛同志说过:"政法工作搞得好不好,最终要看人民满意不满意。要坚持以民为本,坚持执法为民,坚持司法公正,把维护好人民权益作为政法工作的根本出发点和落脚点,着力解决人民最关心、最直接、最现实的利益问题,为人民安居乐业提供国家有力的法治保障和法律服务。"

### 2.党的事业至上是实现人民利益至上的条件

人民利益不可能抽象地存在,必须在特定的社会组织形式中体现出来。从本质上说,没有无利益的政治,也没有无政治的利益。任何阶级、集团利益的实现,都必须通过政治活动才能做到。任何体现了事实上利益主张的政治,都必须以政党的形式出现。社会主义中国,生产资料由劳动群众共同占有,人民根本利益具有高度一致性。因此,必然表现为执政党的唯一性。中国革命的历程告诉我们,没有中国共产党,就不能凝聚多民族人民群众的力量,取得中国革命的胜利。社会发展进步的经验告诉我们,如果没有共产党的领导,在这样一个幅员辽阔、民族众多、资源不足、灾害不断的国度里,就不能够组织众多的社会要素有效地改造自然,取得让世人惊叹的社会主义事业建设成就。因此,认识和深刻理解中国的国情离不开中国共产党领导下的政治。只有在这样的政治作用下,才能维护好、实现好和发展好人民利益。党的事业至上,是建立在人民利益至上的基础上的,没有人民利益至上,也就没有党的事业至上。所以,党的事业至上,是实现人民利益至上的必要条件。党的事业至上,对于所有中国共产党人来说,这是最根本的要求,对于拥护党的广大群众来说也应该具备这样的信念。我们党的事业与人民的事业是完全一致的,党的事业本质上就是人民的事业。因为,中国共产党是中国工人阶级的先锋队,同时是中国人民和中华民族的先锋队。中国共产党的一切奋斗和工作都是为了造福人民,除了为人民的利益奋斗外,党没有自己另外的特殊的利益。

3.宪法法律至上是人民利益至上、党的事业至上的保障

利益是关系的结果。任何人的利益,都必须通过人与人的关系来实现,纯粹自我的、孤立的利益是不可能有的。一方面,社会关系一旦出现就必然有一个秩序的问题。没有秩序的社会关系,就会造成利益的损害乃至丧失;另一方面,利益是需要维护的,我们要维护利益其实也就是建立共同遵守的秩序并维护它。维护特定的利益和秩序有多种方法,包括习惯的、道德的、宗教的、法律的。其中,法律是最后的也是最重要的手段。如果利益和秩序缺少法律的规范,也就没有了国家强力的保障,也就时刻有被损害和破坏的可能。文化大革命时期,有人砸烂了公、检、法,国家没有了法制,实行人治,导致了正当利益得不到有效保护的社会秩序混乱,造成一种严重的政治灾难后果,阻碍了社会的进步。历史的教训告诉我们,人民的利益,以及体现人民利益的秩序,是不能没有法律作为保障的。同时,在社会关系中,党的领导与人民利益之间的关系是具有根本性的关系,这种根本性的关系更需要法律来加以规范。加强党的执政能力建设,其中一个很重要的内容,就是要做到依法执政。党维护和实现人民的利益,只有在法律规定的范围内活动,才能真正代表和实现人民群众的

根本利益。宪法法律至上与人民利益至上和党的事业至上并不矛盾。正如温家宝同志所讲的："科学、民主、法制、自由、人权,并非资本主义所独有,而是人类在漫长的历史进程中共同追求的价值观和共同创造的文明成果。"宪法法律至上绝对不是资本主义的专利品,恰恰是人类社会特别是近代社会巨大进步的思想结晶,是对治国规律的宝贵总结,是建设法治国家题中应有之义。

总的来说,人民利益至上、党的利益至上、宪法法律至上既相互独立又相互联系。"三个至上"是紧密相连的,一荣俱荣,一损俱损,强化任何一个"至上",就等于是在实现另两个"至上";而削弱任何一个"至上",也就是对另外两个"至上"的损害。所以,在三者的关系中,人民利益至上是根本,党的事业至上是实现人民利益至上的条件,宪法法律至上是人民利益至上和党的事业至上的保障。没有人民利益至上和党的事业至上,宪法法律至上就彻底失去了方向。

### (三)中国当代社会法治文化与公共服务论的契合性

#### 1.形式上的契合性

根据社会主义法治理念,依法治国是法治的核心要求,宪法法律至上是法治的本质要求之一。这个观念实际上就是法治在法律形式上的要求,要实现法治,宪法法律必须具有至上性,治理社会的法律已基本成型,已经制定的法律获得了普遍的服从,可以说是最为基本的要求。如果此等要求尚无法在整体上实现,则谈论法治无异于天方夜谭。社会主义法治理念将法治之法的形式性要求摆在实现法治的核心地位,应当是在总结新中国成立以来社会治理实践经验的基础上提出的。在文化大革命时期,社会各项事务的治理没有基本的法律作为规范基础,完全依赖于个人意志的决定。实践证明,此种"人治"的社会治理方式,严重危害到了国家安全、社会秩序以及社会整体利益的改善,整个国家的竞争力既无法提高,人民群众的生活水平也受到严重的影响。在这种历史条件下,中国选择"依法治国"的治国方略,满足了时代与社会的现实需求。将社会各项事务的治理纳入法律治理的范围,严格限制治理机构治理社会的权力,保障公民的基本权利,既为人们的行为提供了稳定的行为预期,也实现了社会秩序的稳定和国家的长治久安。由"人治"的治理模式,向"法治"的治理模式的转变,既改善了每一个社会成员的生存与发展状况,或者说是利益,也从整体上改善了国家的生存与发展状况,使每一个中国人的权利受到了法律的充分保障,人们获得了前所未有的物质财富,也使中国提高了整体实力,提高了在国际上的影响力。这说明法治是人类社会在长期的历史发展过程总结出来的具有普遍性的治理社会的规律,并非为西方资本主义国家所独有,只要一个国家实施法治能够改善每一社会成员的利益或社会整体的利益,同时又不损害某个人或某些群体的利益为代价,任何国家都会在恰当的时候实施此种社会治理模式。中国经过长期的社会治理实践而提出的"依法治国"的治国方略,正印合了公共服务观念基本原则的要求。根据公共服务观念的基本原则,只要一种社会治理模式的改革能够改善每一社会成员或社会整体的利益,同时又不会损害某个人或某些群体的利益,那么此种改革就具有正当性。根据社会主义法治理念,宪法法律至上并非唯一的具有至上性的原则,人民利益至上、党的事业至上也是法治的本质属性。不仅如此,人民利益至上还是"三个至上"中的最根本的因素。也就是说,无论是宪法法律至上,还是党的事业至上,都是为了人民的利益。这也就意味着,选择"法治"还是"人治",最终起决定作用的是人民的利益是否受到了保障,得到了改善。而对于"法治"的形式性要求,人民利益的至上性可以起到评判的作用,法治之法的形式性要求,如果能够改善人民的利益,那就是可以接受的,反之则不能接受。法治应当是为人民的利益服务的,而非为法治之法的形式服务的。从这个角度说,社会主义法治理念中,对于依法治国的核心要求,保证宪法与法律的至上性等法治形式要求,与公共服务观念的三大原则是契合的。

2.实质上的契合性

社会主义法治理念的基本内涵中,包含了两个重要的范畴,即执法为民和公平正义。执法为民具有很强的现实性和针对性。执法为民的价值取向,表明人民是党政机关的服务对象。执法机关要端正执法态度,改进执法作风,切实做到权为民所用、情为民所系、利为民所谋,绝不能损害人民利益。执法为民的价值取向,表明我国的法治是人民的法治,执法必须为民,也只能为民。具体而言,执法为民要求,实现从单纯执法向以人为本、注重疏导、加强服务转变;实现从重实体轻程序,重形式轻效果向实体与程序并重、形式与效果统一转变;实现从片面强调公民责任向强化执法机关责任转变。对于公平正义的价值观念,社会主义治理理念认为,公平是正义的构成要素,公平主要由平等性、中立性和客观性三大原则构成;法律实施行为首先要符合法律的要求,即具有合法性,合法性是最大的正义,其次要求具有合理性,要正确地行使自由裁量权,所采取的措施、作出的决定合乎理性,符合案件事实、情节、执法对象本身的情况,符合社会公共利益、公平的原则和刑事政策的要求,减少任意性,增强规范性和确定性,防止滥用职权、显失公平;公平正义要求实施法治的过程中,平等对待任何人或群体,反对特权,禁止歧视;公平正义的观念还体现为法律实施的及时性和高效性,迟来的正义是非正义,要求执法机关打击控制违法犯罪、维护社会稳定的执法能力与水平在时间上有效率,在成本上控制到最低,并能够实现最佳的社会效果;公平正义还要求,正义不仅要实现,还要以人们看得见的方式实现,要保证执法机关的执法在程序上的公平性。为达到此要求,程序公正首先要保障的还是在实体上的公正性;其次是赋予当事人充分的权利并提供权利被侵犯时的救济渠道,有效地保障人权;最后要规范执法行为,克服执法者的随意性,防止权力滥用。无论是执法为民还是公平正义的价值,其实质的落脚点在于人民利益的至上性,也就是持续改善人民的利益,这一点应当说与公共服务观念的三大原则是不谋而合的。

### 3.实践上契合性

社会主义法治理念的基本内涵中,还包括了服从大局和党的领导两个重要的范畴。执法工作服务大局,就是要保障社会主义经济建设、政治建设、文化建设与和谐社会建设,为全面建设小康社会,建设富强民主文明的社会主义国家,创造和谐稳定的社会环境和公正高效的法治环境。为此,首先要把握大局。正确认识法律的独立性和服务大局的关系。法律的独立性并不是指法律的内容可以脱离现实社会生活,而在于它反映社会生活的独特的形式。从立法上看,无论是经济立法、政治立法,还是社会立法,实际是对现实社会占主导地位的社会关系的确认。它以法律的形式使这种关系获得国家意志的属性,取得人人必须遵守的地位。司法和执法则使上升为法律的统治阶级意志具体化,成为指导具体案件的标准。法律监督则反映全国人民意志的宪法作为衡量一切法律、行政法规、地方性法规的合宪性的准绳。因此,无论哪个法律领域,从事法律工作都必须讲政治,都必须服务于大局。所以,法律的独立性是指法律作为上层建筑由经济基础决定,而又反作用于经济基础的属性。法律反作用于经济基础的一个重要形式就是法律一旦把社会生活的一般条件确定下来,取得了法律的尊严,就不允许任何人的恣意行为,无论是统治者还是被统治者都必须一体遵行。这表面上看来是法律决定了一切,实际上法律之所以取得这样的地位,恰恰是由于它所确认和保护的社会关系在社会生活中的主导地位。因此,法律的独立性是相对的,而不是绝对的。由于不同社会的经济、政治和文化结构的差异,法律制度也表现为不同程度的差别,很难把在一种社会制度中所通行的法律制度原封不动地照搬到另一种完全不同的社会制度中。不同社会制度的法律具有许多相似性、共同性,这是法的相对独立性的另一种表现。但是这并不能否认它们之间在本质上、在服务的社会关系上的根本差异。因此,在构建一个国家的法律制度时,在借鉴其他国家的法律制度时,基本的立场是必须从自己国家的国情出发,而不能盲目地照抄、照搬外国的制度。中国的基本国情是中国共产党领导的多党合作、政治协商制度,而不是西方的多党制;是人民代表大会制度,而不是西方的三权分立制度;是公有制占主导的、多种经济成分共同发展的社会主义经济制度,而不是西方的私有制占主导的经济制度。所有这些社会制度的特点,特别是它们占主导的经济制度。所有这些社会制度的特点,特别是它们占主导地位的方面决定了中国法律制度在基本制度层面上不能照搬西方,虽然我们可以借鉴其中有益的成分。如果基本社会制度不同,却要照搬其他国家的法律,以为通过法律变革就可以改变社会的基本制度,这种的幻想不可能不在现实面前碰壁。另外,大局是历史的、发展的,服务大局的目标任务和基本内容也随着大局本身的发展变化而变化。改革开放以来,中国特色社会主义伟大成就呈现出的发展局面,说明了这一点。

中国共产党对国家和社会生活的领导主要是政治、思想、组织领导。其中,政治领导是根本、思想领导是灵魂、组织领导是关键。坚持党对社会主义法治的思想领导,就是要坚持马克思主义在法治意识形态领域的指导地位,不搞指导思想多元化。牢固树立党的领导理念,就是要坚持党在建设中国特色社会主义事业中的领导核心地位,坚持党对社会主义法治建设的领导,坚持党对法治工作的领导,坚持马克思主义在法律意识形态领域的指导地位,坚持用党的基本理论和马克思主义法治武装头脑。党的政治领导主要是政治原则、政治方向、重大决策的领导,核心是路线、方针和政策的领导。坚持走中国特色社会主义法治发展道路,坚持和完善中国特色社会主义司法制度,坚持党的基本路线和方针政策。党的组织领导,主要就是通过推荐重要干部,充分发挥党组织的作用,失去党的路线、方针、政策的贯彻落实。要坚持党要管党、从严治党的原则,切实把各级政法部门党组织建设好,确保党的路线方针政策在各项政法工作中得到落实。特别是要坚持党管干部的原则,加强各级政法部门领导班子建设,严把政法部门主要领导的提名、考察、推荐、审批关,使政法部门的领导权牢牢掌握在对党和人民绝对忠诚可靠的人手中。

社会主义法治理念中,服务大局的基本内涵,体现了法治应当注重社会结构性因素的观念,强调社会制度或结构性因素对于法律治理社会有效性的制约作用,任何一个国家的法律治理方式的选择,都不能超越这个国家特有的社会历史条件,照搬照抄发达国家的法治模式,实际上就是将应用于其他国家特定社会历史条件的法律治理模式,不顾中国特殊国情适用中国的社会治理过程中。将先进的法律治理模式当做法治的核心,而非将法治所要实现的目标当做法治的核心。如果引进的法律治理模式并不能改进社会成员的利益,或人民的利益,那么此种法律治理模式就没有在中国适用的正当性基础。从这个角度来说,服务大局与公共服务观念在强调社会结构性因素对法治模式制约性的观念上是契合的。党的领导体现了法治注重实践性的观念。任何国家的法治都不能在一个假设的前提下开始,而必须在特定的社会历史条件下进行。中国近现代的发展历程证明,只有通过中国共产党的领导,中国才能获得独立,推翻"三座大山"的压迫,才能在近几十年的改革开放中,取得令世界瞩目的成绩。公共服务论强调从一个国家特定的社会历史条件出发,经过实践检验来判断一种法律治理模式的有效性。中国长期以来的法律治理实践表明,党的领导确是中国法治有效性的必要保证。

# 主要参考文献

[1] 赵敦华著:《西方哲学简史》,北京大学出版社 2001 年版。

[2] 中共中央马克思恩格斯著作编译局:《马克思主义经典著作选读》,人民出版社 1995 年版。

[3] 沈宗灵著:《现代西方法理学》,北京大学出版社 2000 年版。

[4] 张维迎、柯荣住:《诉讼过程中的逆向选择及其解释——以契约纠纷的基层法院判决书为例的经验研究》,《中国社会科学》2002 年第 2 期。

[5] 何勤华著:《西方法学史》,中国政法大学出版社 1996 年版。

[6] 顾准著:《顾准文集》,中国市场出版社 2007 年版。

[7] 徐爱国著:《西方法律思想史》,北京大学出版社 2002 年版。

[8] 费孝通著:《乡土中国》,人民出版社 2008 年版。

[9]《宗教百科全书》,中国大百科全书出版社 1994 年版。

[10]《马克思恩格斯选集》(第 1—4 卷),人民出版社 1995 年版。

[11] 杨悦新著:《理性看待辩诉交易——访中国政法大学博士生导师宋英辉教授》,《法制日报》2002 年 4 月 28 日。

[12] 张成福、党秀成著:《公共管理学》,中国人民大学出版社 2001 年版。

[13] 卓越、赵蕾著:《加强公共服务绩效评价的思考》,见《21 世纪的公共管理:机遇与挑战(第三届国际学术研讨会文集)》2008 年。

[14] 潘鸿雁:《公共服务社会化:政府、社会组织、社区三方合作研究》,《中共中央党校学报》2009 年第 4 期。

[15] 柏良泽著:《公共服务研究的逻辑和视角》,《中国人才》2007 年第 3 期。

[16] 陈昌盛、蔡跃洲著:《中国政府的公共服务:体制变迁与地区综合评估》,中国社会科学出版社 2007 年版。

[17] 孙晓莉著:《中外公共服务体制比较》,国家行政学院出版社 2007 年版。

[18]《毛泽东选集》第三卷,人民出版社 1991 年版。

[19] [法]孟得斯鸠著:《论法的精神》,张雁深译,商务印书馆 1995 年版。

[20] [古罗马]查士丁尼著:《法学总论——法学阶梯》,张企泰译,商务印书馆 2001

年版。

[21]［意大利］朱塞佩·格罗索著:《罗马法史》,黄风译,中国政法大学出版社 1996年版。

[22]［意大利］桑德罗·斯奇巴尼选编:《民法大全选译——公法》,张礼洪译,中国政法大学出版社 1999 年版。

[23]［美］伯尔曼著:《法律与宗教》,梁治平译,三联出版社 2002 年版。

[24]［英］哈耶克著:《法律、立法与自由》,邓正来译,中国大百科全书出版社 2000年版。

[25]［法］狄骥著:《公法的变迁》,郑戈译,辽海出版社 1999 年版。

[26]［美］汉密尔顿著:《美国宪法原理》,严欣淇译,中国法制出版社 2005 年版。

[27]［德］奥托·迈耶著:《德国行政法》,刘飞译,商务印书馆 2002 年版,中文序言。

[28]［美］麦克斯·J.斯基德摩、马歇尔·卡特·特里普著:《美国政府简介》,张帆、林琳译,中国经济出版社 1998 年版。

[29]［英］威廉·韦德著:《行政法》,徐炳等译,中国大百科全书出版社 1997 年版。

[30]［美］米德玛著:《科斯经济学:法与经济学和新制度经济学》,罗丽群译,格致出版社 2010 年版。

[31]［法］勒内·达维德著:《当代主要法律体系》,漆竹生译,上海译文出版社 1984年版。

[32]［美］戴维·比瑟姆著:《马克斯·韦伯与现代政治理论》,徐鸿宾译,浙江人民出版社 1989 年版。

[33]［英］凯尔森著:《法与国家的一般理论》,沈宗灵译,中国大百科全书出版社 1999年版。

[34]［古希腊］柏拉图著:《理想国》,郭斌和、张竹明译,商务印书馆 2002 年版。

[35]［古希腊］亚里士多德著:《政治学》,吴寿彭译,商务印书馆 1983 年版。

[36]［英］格老秀斯著:《战争与和平法》,何勤华等译,上海人民出版社 2005 年版。

[37]［英］霍布斯著:《利维坦》,黎思复、黎廷弼译,商务印书馆 1986 年版。

[38]［英］洛克著:《政府论》,叶启芳、瞿菊农译,商务印书馆 1986 年版。

[39]［法］卢梭著:《社会契约论》,何兆武译,商务印书馆 2005 年版。

[40]［美］罗尔斯著:《正义论》,何怀宏等译,中国社会科学文献出版社 1988 年版。

[41]［美］哈斯著:《史前国家的演进》,陈加贞等译,求实出版社 1988 年版。

[42]［德］亨利希·库诺著:《马克思的历史、社会和国家学说》,袁志英译,商务印书馆 1978 年版。

[43]［俄］杜林著:《国家概论》,商务印书馆 1985 年版。

[44]［俄］考茨基著:《伦理学和唯物史观》,董亦湘译,商务印书馆 1985 年版。

[45]［德］马克思·韦伯著:《经济与社会》,阎克文译,上海人民出版社 2005 年版。

[46]［英］基思·福克斯著:《政治社会学》,陈崎等译,华夏出版社 2008 年版。

［47］［古希腊］亚里士多德著：《尼可马可伦理学》，廖申白译，商务印书馆 2003 年版。

［48］［英］哈特著：《法律的概念》，张文显译，中国大百科全书出版社 1995 年版。

［49］［日］美浓布达吉著：《公法与私法》，黄冯明译，周旋勘校，中国政法大学出版社 2003 年版。

［50］［美］德沃金著：《认真对待权利》，信春鹰译，中国大百科全书出版社 1995 年版。

［51］［法］狄冀著：《法律与国家》，冷静译，中国法制出版社 2010 年版。

［52］［美］富勒著：《法律的德性》，强世功译，商务印书馆 2001 年版。

［53］［美］霍菲尔德著：《基本法律概念》，张书友编译，中国法制出版社 2009 年版。

［54］陈新明著：《公法学札记》，法律出版社 2010 年版。

［55］［德］萨维尼著：《历史法学派的基本思想》，郑永流译，法律出版社 2009 年版。

［56］［英］梅因著：《古代法》，沈景一译，商务印书馆 2010 年版。

［57］［英］罗素著：《西方哲学史》，何兆武、李约瑟译，商务印书馆 2008 年版。

［58］［德］马克斯·韦伯著：《经济与社会》，林荣远译，商务印书馆 2004 年版。

［59］［法］卢梭著：《论人与人之间不平等的起因和基础》，李平沤译，商务印书馆 2007 年版。

［60］［英］亚当·斯密著：《国民财富的性质与原因的研究》，郭大力、王亚男译，商务印书馆 2008 年版。

［61］［法］萨伊著：《政治经济学概论》，陈福生、陈振骅译，商务印书馆 1997 年版。

［62］［英］穆勒著：《政治经济学原理及其在社会哲学上的若干应用》（上卷），赵荣潜、桑炳彦、朱泱译，商务印书馆 1991 年版。

［63］［英］马歇尔著：《经济学原理》，陈良璧译，商务印书馆 2010 年版。

［64］［美］米德玛编：《科斯经济学：法与经济学和新制度经济学》，罗君丽等译，格致出版社 2010 年版。

［65］［英］边沁著：《人性论》，关文运译，商务印书馆 1980 年版。

［66］［德］伽达默尔著：《真理与方法》，洪汉鼎译，商务印书馆 2007 年版。

［67］［美］庞德著：《法理学》，邓正来译，中国政法大学出版社 2004 年版。

［68］［美］庞德著：《通过法律的社会控制》，沈宗灵译，商务印书馆 1984 年版。

［69］［美］霍姆斯著：《哈佛法律评论：法理学精粹》，许章润译，法律出版社 2011 年版。

［70］［英］维特根斯坦著：《逻辑哲学论》，王平复译，中国社会科学出版社 2009 年版。

［71］［美］房龙著：《宽容》，张蕾芳译，译林出版社 2009 年版。

［72］［法］卢梭著：《爱弥尔》，李平沤译，商务印书馆 1976 年版。

［73］［德］马克思·韦伯著：《经济与社会》，阎克文译，上海人民出版社 2005 年版。

［74］［美］萨贝因著：《政治学说史》，邓正来译，商务印书馆 1986 年版。

［75］［美］米尔恩著：《人的权利与人的多样性》，夏勇、张志铭译，中国大百科全书出版社 1995 年版。

［76］［英］哈耶克著:《自由秩序原理》,邓正来译,三联书店 1997 年版。

［77］［美］弗里德曼著:《资本主义与自由》,张瑞玉译,商务印书馆 2004 年版。

［78］［美］伯尔曼著:《法律与宗教》,梁治平译,中国政法大学出版社 2003 年版。

［79］［美］霍贝尔著:《原始人的法》,严存生等译,法律出版社 2006 年版。

［80］Lon L.Fuller, *The Morality of Law*, Yale University Press, 1965.

［81］J.Vickers, "Concepts of Competition", *Oxford Economic Papers*, v.47.

# 后　记

　　一年多前的一个月明之夜,李燕凌教授邀约我漫步于浏阳河畔。

　　那晚,我们谈到学院的法学学科建设。他嘱咐我带着一班年轻教师集中精力主攻宪法与行政法,并梳理一下这些年的研究,形成一些文字性成果。说实在的,我一直对宪法与行政法倾注了大量心血。但是,作为一个既无行政管理实践经历,亦无行政法学司法实践的年轻人,我深感无从入手。不过,那晚的散步确实是一个重要转折。李燕凌先生是一位热情胜于盛夏的学者,他在谈及新公共管理运动与传统公共行政的根本冲突时,兴奋地倾吐了自己的见解。在他认为,不管是传统公共行政中强调公平、正义这些基本教义,还是新公共管理运动强调科学管理的各种绩效追求,矛盾冲突的根本则在于对公共管理和公共服务基本价值的统一认同。李燕凌教授提出,不论是传统的公共行政,还是标签意义上的新公共管理运动,现代公共管理活动必须、也只能以公法为规范前提,在中国特色社会主义法治文明建设中,依法行政是公共服务的基本前提。在我的推动下,李燕凌教授的这些观点深深吸引了法学理论基础深厚的多位法学系年轻教师。公共管理实践应当以一个国家的公法为规范前提,公法研究应当注重一个国家政府的治理实践。这一基本理念成为大家共同研究公法体系的思想基础。在李燕凌教授的倡导和主持下,法学系多位老师组成了研究团队,对公共管理与公法的交叉研究进行了多次探讨,对公共服务作为公法精神的观点达成了共识。李燕凌先生亲自主持讨论确定丛书书名、写作提纲,多次修改章、节、目的安排,甚至对许多观点和文字进行重要修改。可以说,有关公共管理方面的理论阐释,多源于他的思想。

　　这三本公法系列丛书终于可以付梓了,作为作者之一,真是感慨万千。将一个学术上的新观点变成理论上的新成果非常艰苦。对于公共管理与公法交叉研究这样一个全新课题,我时刻有如履薄冰、驾驭维艰之感。一年多时间里,我与李燕凌先生不断地相互鼓励。此外,我的同事、好友江万里、江虹和涂小雨三位年轻博士研究生,给予我们许多重要的讨论并贡献了他们的智慧。我和李燕凌教授还向湛中乐教授、肖北庚教授、陈运雄教授、廖秀健教授、陈叶兰博士、罗晓霞博士做过多次讨教,得到他们无私帮助。人民出版社洪琼先生和编辑们的包容、悉心及严谨,更是深深感动我们。在此一并表示感谢!

清澈的浏阳河,愿你稍作缓流,聆听一只自由鸟的歌唱。

贺林波

2012 年 10 月 8 日夜

责任编辑:洪　琼

文字编辑:张　立

**图书在版编目(CIP)数据**

公共服务视野下的公法精神/贺林波　李燕凌 著. -北京:人民出版社,2013.6
ISBN 978 - 7 - 01 - 011871 - 0

Ⅰ.①公…　Ⅱ.①贺…②李…　Ⅲ.①社会服务-关系-公法-研究
　Ⅳ.①C926②D90

中国版本图书馆 CIP 数据核字(2013)第 053545 号

## 公共服务视野下的公法精神
GONGGONG FUWU SHIYE XIA DE GONGFA JINGSHEN

贺林波　李燕凌　著

**人民出版社** 出版发行
(100706　北京市东城区隆福寺街 99 号)

北京新魏印刷厂印刷　　新华书店经销

2013 年 6 月第 1 版　2013 年 6 月北京第 1 次印刷
开本:710 毫米×1000 毫米 1/16　印张:20
字数:320 千字　印数:0,001-2,000 册

ISBN 978 - 7 - 01 - 011871 - 0　定价:52.00 元

邮购地址 100706　北京市东城区隆福寺街 99 号
人民东方图书销售中心　电话 (010)65250042　65289539